STRAFRECHT BT 1

Straftaten gegen Eigentum und Vermögen

2021

Dr. Rolf Krüger
Rechtsanwalt, Fachanwalt für Strafrecht
in Münster

ALPMANN UND SCHMIDT Juristische Lehrgänge Verlagsges. mbH & Co. KG
48143 Münster, Alter Fischmarkt 8, 48001 Postfach 1169, Telefon (0251) 98109-0
AS-Online: www.alpmann-schmidt.de

Zitiervorschlag: Krüger, Strafrecht BT 1, Rn.

Dr. Krüger, Rolf
Strafrecht BT 1
Straftaten gegen Eigentum und Vermögen
18., neu bearbeitete Auflage 2021
ISBN: 978-3-86752-781-1

Verlag Alpmann und Schmidt Juristische Lehrgänge
Verlagsgesellschaft mbH & Co. KG, Münster

Unterstützen Sie uns bei der Weiterentwicklung unserer Produkte.
Wir freuen uns über Anregungen, Wünsche, Lob oder Kritik an:
feedback@alpmann-schmidt.de.

INHALTSVERZEICHNIS

LITERATUR

Verweise in den Fußnoten auf „RÜ“ und „RÜ2“ beziehen sich auf die Ausbildungszeitschriften von Alpmann Schmidt. Dort werden Urteile so dargestellt, wie sie in den Examensklausuren geprüft werden: in der RechtsprechungsÜbersicht als Gutachten und in der Rechtsprechungs-Übersicht 2 als Urteil/Behördenbescheid/Anwaltsschriftsatz etc.

RÜ-Leser wussten mehr: Immer wieder orientieren sich Examensklausuren an Gerichtsentscheidungen, die zuvor in der RÜ klausurmäßig aufbereitet wurden. Die aktuellsten RÜ-Treffer aus ganz Deutschland finden Sie auf unserer Homepage.

Abonnenten haben Zugriff auf unser digitales RÜ-Archiv.

Fischer	Strafgesetzbuch und Nebengesetze, 68. Auflage 2021
Kindhäuser/Böse	Strafrecht Besonderer Teil II, Straftaten gegen Vermögensrechte, 11. Auflage 2020
Krey/Hellmann/Heinrich	Band 2, Vermögensdelikte, 18. Auflage 2021
Lackner/Kühl	Strafgesetzbuch mit Erläuterungen, 29. Auflage 2018
LK-Bearbeiter	Strafgesetzbuch, Leipziger Kommentar, Laufhütte/Rissing-van-Saan/Tiedemann Band 8, 12. Auflage 2010 Band 9, Teilband 1, 12. Auflage 2012
MünchKomm/Bearbeiter	Münchener Kommentar zum Strafgesetzbuch, Joecks/Miebach/Sander Band 4, 3. Auflage 2017
NK-Bearbeiter	Nomos Kommentar Strafgesetzbuch, Kindhäuser/Neumann/Paeffgen 5. Auflage 2017
Rengier	Strafrecht Besonderer Teil I, Vermögensdelikte, 22. Auflage 2020
Sch/Sch/Bearbeiter	Schönke/Schröder, Strafgesetzbuch, Kommentar, 30. Auflage 2019

SK-Bearbeiter	Systematischer Kommentar zum Strafgesetzbuch, Rudolphi/Horn/Samson/Günther/Hoyer, Band 5, 9. Auflage 2019
Wessels/Hillenkamp/Schuhr	Strafrecht Besonderer Teil 2, Straftaten gegen Vermögenswerte, 43. Auflage 2020

1. Teil: Begriffe und Strukturen

- **Eigentum ist das umfassende Gebrauchs- und Verfügungsrecht eines Rechtssubjekts an einer Sache unabhängig von ihrem wirtschaftlichen Wert.** 1

- **Vermögen ist jeder geldwerte Gegenstand eines Rechtssubjekts, der zum Wirtschaftsverkehr gehört.** Ob der Gegenstand auch unter dem Schutz der Rechtsordnung stehen muss, ist umstritten, s.u. Rn. 341 ff.

Eigentum und Vermögen sind Individualrechtsgüter. Da sie übertragen werden können, gehören sie aber nicht zu den höchstpersönlichen Rechtsgütern wie Leben, Leib, Freiheit und Ehre.[1]

Auch wenn Eigentum in aller Regel an einer werthaltigen Sache besteht, sind Eigentumsdelikte gesetzestechnisch keine bloßen Spezialfälle der Vermögensdelikte. Das zeigt sich daran, dass Eigentumsdelikte keinen Vermögensschaden oder Bereicherungsabsicht voraussetzen.

Beispiele: Diebstahl gemäß § 242[2] ist auch an einem wertlosen Erinnerungsfoto möglich. Wer nur als „Machtdemonstration" eine fremde Sache zerstört, ist aus Sachbeschädigung gemäß § 303 Abs. 1 auch dann strafbar, wenn er dem Eigentümer gleichzeitig den Wert der Sache in Bargeld ersetzt.

A. Gesetzessystematik

2 Eigene Abschnitte für Eigentums- und Vermögensdelikte gibt es im StGB nicht. Der Gesetzgeber listet die Kernvorschriften in den Abschnitten 19–22, 24 und 27 schlagwortartig nach ihren deliktischen Erscheinungsformen auf; außerdem finden sich zahlreiche Vermögensstraftaten verstreut im StGB im Sachzusammenhang mit Nichtvermögensdelikten.

Beispiele: Das unerlaubte Entfernen vom Unfallort gemäß **§ 142**, das ausschließlich die Beweisinteressen des Unfallgeschädigten schützt, steht im 7. Abschnitt „Straftaten gegen die öffentliche Ordnung", die Kreditgefährdung gemäß **§ 187** im 14. Abschnitt „Beleidigung". Die einfache Brandstiftung gemäß **§ 306**, die ein Spezialfall der Sachbeschädigung ist, hat der Gesetzgeber im 28. Abschnitt bei den „Gemeingefährlichen Straftaten" eingeordnet.

I. Delikte an fremdem Eigentum und eigentumsverwandten fremden Rechten

3 **1.** Tatobjekt der **Eigentumsdelikte** ist immer eine fremde Sache. Nach der Angriffsintensität lassen sich die Eigentumsdelikte in folgende Gruppen unterteilen:

a) Zueignungsdelikte, bei denen der Täter den Willen haben muss, sich oder einem Dritten die Verfügungsmacht an der fremden Sache zu verschaffen und den Eigentümer dauerhaft davon auszuschließen, wie **Diebstahl (§§ 242 ff.) und Unterschlagung (§ 246)**.

Tritt noch Zwang hinzu, kommt **Raub** gemäß **§§ 249 ff.** oder **räuberischer Diebstahl** gemäß **§ 252** infrage.

---

1 Vgl. AS-Skript StrafR BT 2 (2020), Rn. 1.

2 §§ ohne Gesetzesangabe sind solche des StGB.

Die Ausnutzung der besonderen Verhältnisse des Straßenverkehrs zur Ermöglichung eines Raubes gegenüber Kfz-Führer oder Beifahrer ist als **räuberischer Angriff auf Kraftfahrer** gemäß **§ 316 a** strafbar.

b) Schädigungsdelikte, die nur eine Beeinträchtigung der fremden Sache verlangen, ohne dass der Täter darüber hinaus noch einen Vorteil erstreben muss. Hauptfall ist die **Sachbeschädigung, § 303**.

Spezielle Formen der Sachbeschädigung sind die **Zerstörung von Gebäuden** gemäß **§ 305**, von **Arbeitsmitteln** nach **§ 305 a** und die **einfache Brandstiftung** gemäß **§ 306**.

c) Gefährdungsdelikte, die ausnahmsweise das fremde Eigentum schon im Vorfeld der Schädigung schützen, wie das Herbeiführen einer Brandgefahr gemäß § 306 f.

4 **2.** Straftatbestände zum Schutz **sonstiger Verfügungs- und Gebrauchsrechte** sind: Entziehung elektrischer Energie, **§ 248 c**, Gebrauchsanmaßung an Kraftfahrzeugen und Fahrrädern, **§ 248 b**, sowie an Pfandsachen, **§ 290**, ferner Jagdwilderei, **§ 292**, Fischwilderei, **§ 293**, Pfandkehr, **§ 289**, und Datenveränderung, **§ 303 a**.

II. Delikte zum Schutz des Vermögens als Ganzes und einzelner Vermögensrechte

5 **1.** Auch die Delikte, die den **„Ist-Bestand"** des Vermögens als solches schützen, lassen sich nach Angriffsintensität ordnen:

a) Bereicherungsdelikte setzen voraus, dass der Täter durch Willensbeugung einen Vermögensschaden herbeigeführt hat, um sich oder einem Dritten dadurch eine vermögensmäßige Besserstellung zu verschaffen.

aa) Die Willensbeugung durch **Täuschung** ist strafbar als **Betrug, § 263**.

Spezielle Formen der Täuschung und täuschungsähnliche Verhaltensweisen werden erfasst durch Computerbetrug, **§ 263 a**, Subventionsbetrug, **§ 264**, Kapitalanlagebetrug, **§ 264 a**, Kreditbetrug, **§ 265 b**, Sportwettbetrug, **§ 265 c**, Ausschreibungsbetrug, **§ 298** und Erschleichen von Leistungen, **§ 265 a**.

bb) Die Willensbeugung durch Nötigungsmittel ist strafbar als **Erpressung, §§ 253 ff.**

Entführt oder bemächtigt sich der Täter eines anderen, um dadurch eine Erpressung zu ermöglichen, ist schon dies als **erpresserischer Menschenraub** gemäß **§ 239 a** strafbar. Wer die besonderen Verhältnisse des Straßenverkehrs gegenüber Fahrer oder Beifahrer eines Kfz ausnutzt, um eine Erpressung zu begehen, verwirklicht **§ 316 a**.

b) Die bloße **Schädigung** fremden Vermögens ist nur dann strafbar, wenn sie durch einen dem Vermögen nahestehenden Täter geschieht. Hauptfall ist die **Untreue, § 266**.

Untreueähnliche Verhaltensweisen sind: Das Vorenthalten und Veruntreuen von Arbeitsentgelt durch Arbeitgeber, **§ 266 a**, und der Missbrauch von Scheck- und Kreditkarten durch den Karteninhaber, **§ 266 b**.

c) In Einzelfällen kann sogar die **Vermögensgefährdung** strafbar sein, wie die Kreditgefährdung, **§ 187**, der Versicherungsmissbrauch, **§ 265**, oder der Wucher **§ 291**.

2. Zudem existieren Schutzvorschriften für **spezielle Vermögenspositionen**, nämlich zur Sicherung von Schadensersatzansprüchen als Geschädigter eines Unfalls im Straßenverkehr durch **§ 142**,[3] vor Schmälerung der späteren Insolvenzmasse zum Nachteil von Gläubigern, **§§ 283 ff.**, und vor Vereitelung eines Anspruchs bei drohender Einzelzwangsvollstreckung, **§ 288**. 6

III. Vermögens-Anschlussdelikte

Zeitlich nach einem Eigentums- oder Vermögensdelikt können noch **Vermögens-Anschlussdelikte** verwirklicht sein. Das wichtigste ist die **Hehlerei, § 259**. Deren Unrechtskern liegt darin, dass eine vom Vortäter verschiedene Person die durch die Vortat geschaffene rechtswidrige Vermögenslage vertieft. 7

Begünstigung, § 257, und Geldwäsche, § 261, können, müssen aber nicht Vermögensvortaten zum Gegenstand haben. Sie sind insofern keine echten Vermögensdelikte.[4]

B. Gemeinsamkeiten

Die Vermögensdelikte sind wegen der Übertragbarkeit von Vermögenspositionen zwar keine höchstpersönlichen Straftaten, aber allesamt **einwilligungsfähig**. 8

Beispiele: Der Feststellungsverzicht des Unfallgeschädigten bei § 142 wirkt ebenso rechtfertigend wie die Einwilligung des Eigentümers bei der Brandstiftung nach § 306.

Wie in anderen Regelungsbereichen ist auch der strafrechtliche Vermögensschutz nicht umfassend, sondern **fragmentarisch**. Dies ist kein Zufall oder Fehler, sondern Folge des Bestimmtheitsgrundsatzes und rechtspolitischer Selbstbeschränkung des Gesetzgebers. Das Strafrecht hat nicht die Funktion, alle zivilrechtlich relevanten Fehlverhaltensweisen zu kriminalisieren, sondern als **ultima ratio** nur die besonders verwerflichen und sozialschädlichen Handlungen zu bekämpfen. Deshalb gibt es auch keine generalklauselartige „allgemeine Vermögensstrafnorm". Konsequenzen daraus: 9

Die **Schädigung fremden, dem Täter nicht nahestehenden Vermögens** (etwa wirtschaftliche Existenzvernichtung im Konkurrenzkampf) ist **straflos**!

Die bloße **Verhinderung von Vermögenszuwachs** (etwa bei einer Täuschung über hohe Zinsgewinne) unterfällt keiner Strafnorm!

Die meisten Vermögensdelikte sind nur bei **vorsätzlichem, nicht aber bei fahrlässigem Verhalten** unter Strafe gestellt. Daher ist die Schädigung betreuten Gesellschaftsvermögens durch sorgloses Missmanagement oder die Schädigung von Staatsvermögen durch leichtfertige Amtsträger nicht strafbar. Auch ist die fahrlässige Sachbeschädigung nicht unter Strafe gestellt.

3 Dazu AS-Skript StrafR BT 2 (2020), Rn. 446 ff.

4 S. dazu AS-Skript StrafR BT 2 (2020), Rn. 683 ff. und Rn. 697 ff.

Vermögensdelikte sind in den meisten Examensaufgaben Prüfungsschwerpunkt*. Im Grundstudium werden sie leider kaum gelernt. Wer hier „auf Lücke setzt", macht einen nicht wiedergutzumachenden Fehler! Sie brauchen aber nur einen kleinen Ausschnitt der Vermögensdelikte bis in die Einzelheiten zu kennen. Hier die „Hitliste":*

- *Diebstahl und Unterschlagung*
- *Betrug und Computerbetrug*
- *Raub und Erpressung*
- *Hehlerei*

Zu Untreue, Scheck- und Kreditkartenmissbrauch sowie zur Sachbeschädigung genügen Basis- und Strukturwissen.

Die übrigen Vermögensdelikte brauchen Sie nur dem Gesetzeswortlaut nach zu kennen oder sie sind nach den Prüfungsordnungen schon gar kein Pflichtfachstoff.

Dementsprechend ist auch das vorliegende Skript gewichtet.

2. Teil: Zueignungsdelikte, Bereicherungsdelikte und verwandte Straftaten ohne Zwang

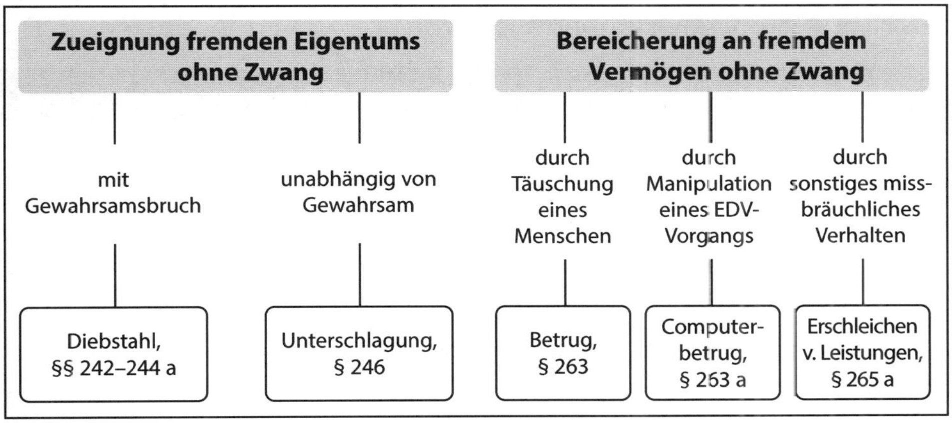

1. Abschnitt: Zueignungsdelikte ohne Zwang

Tatobjekt aller Zueignungsdelikte ist eine **fremde bewegliche Sache**. Die Fremdheit richtet sich ausschließlich nach dem BGB. Ist die Eigentumslage nicht offenkundig, müssen in einer strafrechtlichen Klausur auch die einschlägigen Vorschriften des Mobiliarsachenrechts geprüft werden. 10

Der eigentliche Eigentumsangriff liegt bei den Zueignungsdelikten darin, dass der Täter den Willen manifestiert, das Tatobjekt in die eigene oder die Verfügungsmacht eines Dritten zu überführen und den Eigentümer dauerhaft aus dessen Verfügungs- und Nutzungsmöglichkeit zu verdrängen. **Zueignungsabsicht ist nicht identisch mit Bereicherungsabsicht**. Der Täter muss keine vermögensmäßige Besserstellung wollen; auch wertlose Gegenstände kann man sich oder einem Dritten verschaffen und den Eigentümer davon ausschließen. Hier zeigt sich erneut die Sonderstellung der Eigentumsdelikte im System der Vermögensstraftaten.

Deshalb ist die häufig anzutreffende Formulierung von der Aneignung als „Einverleibung in das eigene oder ein Drittvermögen“ schief und bei wertlosen Gegenständen sogar falsch.

A. Diebstahl, §§ 242–244 a, 247, 248 a

Der Diebstahl ist das zentrale Delikt zum Schutz fremden Eigentums an beweglichen Sachen und als **Grundtatbestand** in **§ 242 Abs. 1** geregelt. Die **§§ 244** und **244 a** enthalten **Qualifikationen**. § 243 ist keine tatbestandliche Qualifikation, sondern nur unselbstständige Strafzumessungsvorschrift des Diebstahls. Die **§§ 247, 248 a** enthalten auch keine Tatbestände, sondern nur besondere Strafverfolgungsvoraussetzungen. 11

§ 242 Abs. 1 kombiniert zwei Angriffe: Zum einen die Wegnahme und zum anderen die Zueignung. Die **Wegnahme** richtet sich gegen den Gewahrsamsträger, die **Zueignung** gegen den Eigentümer. Gewahrsamsinhaber und Eigentümer müssen **nicht dieselbe Person** sein. Deshalb ist Diebstahl auch dann möglich, wenn die Sache einem anderen als dem Eigentümer entwendet wird, sogar dann, wenn sie dem Dieb weggenommen wird. **Objektiv** verwirklichen muss der Täter nur die Wegnahme; die Zueignung als das eigentliche Tatziel braucht nicht eingetreten zu sein. Für die Diebstahlsvollendung reicht es, dass der Täter die in der Zukunft liegende **Zueignung im Zeitpunkt der vorsätzlichen Wegnahme nur beabsichtigt** hat.

Aufbauschema: Diebstahl, §§ 242, 243, 247, 248 a (außer §§ 244, 244 a)
1. Fremde bewegliche Sache
2. Wegnahme
3. Vorsatz
4. Absicht, sich oder einem Dritten die Sache zuzueignen
5. Rechtswidrigkeit der erstrebten Zueignung und Vorsatz diesbezüglich
6. Rechtswidrigkeit als allgemeines Verbrechensmerkmal
7. Schuld
8. Besonders schwerer Fall gemäß § 243
9. Antrag gemäß §§ 247, 248 a

I. Die Deliktsmerkmale des einfachen Diebstahls, § 242

1. Sache

12 **Sache ist jeder körperliche Gegenstand, sofern er Objekt von Rechten sein kann.** Umstritten ist, ob diese Definition einen eigenen strafrechtlichen Sachbegriff beschreibt[5] oder ob der Begriff der Sache im Strafrecht wegen der Anbindung an die Fremdheit und damit an das bürgerlich-rechtliche Eigentum „zivilrechtsakzessorisch" ist.[6] Letztlich wirkt sich diese Streitfrage nicht aus:

13 **a) Unkörperliche Gegenstände** als solche sind keine Diebstahlsobjekte, selbst wenn sie einen hohen wirtschaftlichen Wert besitzen.

Beispielsweise kann kein Diebstahl an Forderungen, Urheberrechten und Daten begangen werden. Auch sog. Buchgelder (Guthaben auf Bankkonten) sind keine Sachen;[7] ebenso wenig Energien und Kräfte.[8]

Sobald aber unkörperliche Gegenstände in einer Sache „verkörpert" sind, ist Diebstahl daran möglich.

Beispielsweise an Wertpapieren, Manuskripten oder Datenträgern. Auch eine Geldautomatenkarte, die den Zugriff zum „Giralgeld" eröffnet, kann gestohlen werden.

14 **b) Unerheblich ist der Aggregatzustand**, sodass auch fließendes Wasser, Heizdampf und Leuchtgas „Sachen" i.S.d. § 242 sein können.[9]

---

5 So die h.M., vgl. MünchKomm/Schmitz § 242 Rn. 24; Fischer § 242 Rn. 3.
6 So z.B. SK-Hoyer § 242 Rn. 3.
7 OLG München JZ 1977, 409.
8 RGSt 32, 165, 187.
9 Vgl. RGSt 44, 335.

c) Lebende Menschen sind keine Sachen. Ihre Herabstufung zu einem bloßen Objekt wäre mit dem Grundrecht auf Achtung der Menschenwürde (Art. 1, 2 GG) unvereinbar. Auch lebenden menschlichen Embryos, die sich nicht zum Menschen, sondern als Mensch entwickeln, kommt bereits Menschenwürde zu.[10] Sie sind daher auch keine Sachen im Sinne der Eigentumsdelikte. 15

d) Beim **menschliche Leichnam** wurde früher die Sacheigenschaft verneint, weil man darin einen „Rückstand" der menschlichen Person sah, der aus Pietätsgründen dem Rechtsverkehr entzogen sei.[11] Heute wird die Sacheigenschaft der Leiche zu Recht bejaht: Ein verstorbener Mensch ist kein Rechtssubjekt mehr. Auch ergibt sich daraus, dass am Leichnam Aneignungsrechte begründet werden können (z.B. zugunsten eines anatomischen Instituts) oder über Organe zu Transplantationszwecken (§ 4 TPG) verfügt werden kann, sodass der Körper des Verstorbenen nicht dem Rechtsverkehr entzogen ist.[12] 16

e) Natürliche Körperteile sind auch keine Sachen, solange sie mit dem Körper des Trägers verbunden sind. Zur „Sache" werden sie jedoch mit der Abtrennung vom Körper. 17

Umstritten ist, ob dies auch bei natürlichen Körperteilen gilt, die nur **vorübergehend vom Körper getrennt** werden und später wieder eingefügt werden sollen. Die zivilrechtliche Rspr. erkennt im Zusammenhang mit § 823 Abs. 1 BGB an, dass Körperbestandteile, die nach dem Willen des Rechtsträgers nur deshalb entnommen werden, um sie später aus medizinischen Gründen wieder mit seinem Körper zu vereinigen, auch während ihrer Trennung vom Körper mit diesem weiterhin eine funktionale Einheit bilden. Ihre Beschädigung oder Vernichtung sei daher Körperverletzung.[13] Ein Teil des Schrifttums will diese Rspr. auch auf das Strafrecht anwenden.[14] Die Gegenstimmen im Schrifttum halten die Übertragung der zivilrechtlichen Argumentation auf das Strafrecht für unzulässig. Dies würde dazu führen, dass nicht mehr nur die körperliche Integrität Rechtsgut der §§ 223 ff. wäre, sondern die Entfaltung des Selbstbestimmungsrechts. Dies ginge über den Wortsinn, den Sprachgebrauch und die begrenzte Schutzfunktion der Körperverletzungstatbestände hinaus und sei deshalb verbotene Analogie.[15]

Kritik: Dieser Ansicht ist zu folgen. Aus strafrechtlicher Sicht besteht kein Bedürfnis für eine Ausdehnung der Körperverletzungsdelikte auf „ausgelagerte Körperteile" als solche. Vielmehr genügt es, die Körperverletzung in dem Moment zu bejahen, in dem das zur Heilung oder Wiederherstellung des ursprünglichen Zustandes notwendige Körperteil nicht zur Verfügung steht und deshalb ein pathologischer Zustand des Patienten selbst verbleibt.

f) Umstritten ist auch die rechtliche Behandlung **medizinischer Implantate**, die als sog. Supportiv-Implantate Körperfunktionen unterstützen (wie z.B. ein Herzschrittmacher) oder als sog. Substitutiv-Implantate Körperteile ersetzen (wie z.B. künstliche Hüftgelen- 18

---

10 BVerfGE 88, 203, 252.

11 Larenz/Wolf, Allg. Teil des Bürgerl. Rechts, 9. Aufl., § 20 Rn. 9.

12 Vgl. MünchKomm/Schmitz § 242 Rn. 30.

13 BGHZ 124, 52, 54.

14 Freund/Heubel MedR 1995, 194.

15 Laufs/Reiling NJW 1994, 775; i.E. auch NK-Paeffgen/Böse § 223 Rn. 2; Wessels/Hillenkamp/Schuhr Rn. 76.

ke oder Goldzähne). Nach einer Meinung soll die Implantation an der Sacheigenschaft nichts ändern.[16] Eine differenzierende Ansicht stellt die Supportiv-Implantate den lose mit dem Körper verbundenen Gegenständen gleich und bejaht fortbestehende Sacheigenschaft des Trägers daran. Die Substitutiv-Implantate verlieren danach aber die Sacheigenschaft mit der Einpflanzung und erlangen sie erst wieder mit dem Tod des Trägers oder der Trennung vom Körper.[17] Die h.M. behandelt alle Implantate gleich. Mit Einpflanzung verlieren sie ihre Sacheigenschaft und erlangen sie erst wieder, wenn der Träger verstorben ist oder wenn sie explantiert werden.[18]

Zu der Anschlussfrage, ob Leichen, Körperteile und Implantate „fremd" i.S.d. Eigentumsdelikte werden, s.u. Rn. 28.

19 **g) Lebende Tiere** sind nach allgemeiner Auffassung taugliche Tatobjekte der Eigentumsdelikte. Dem steht auch § 90 a S. 1 BGB nicht entgegen, obwohl darin ausdrücklich bestimmt wird, dass „Tiere keine Sachen" sind, um ihre Eigenbedeutung als Mitgeschöpfe und Schmerz empfindende Wesen gegenüber der leblosen Natur zu betonen. Vertreter eines eigenen strafrechtlichen Sachbegriffs halten § 90 a BGB als rein zivilrechtliche Vorschrift im Strafrecht für irrelevant.[19] Für diejenigen, die den straf- und zivilrechtlichen Sachbegriff als identisch ansehen, gilt zwar zunächst die negative Aussage des § 90 a S. 1 BGB; diese wird aber durch § 90 a S. 3 BGB wieder aufgehoben, wonach „die für Sachen geltenden Vorschriften entsprechend anzuwenden" sind. In dieser Gleichstellungsregelung wird kein Verstoß gegen das Analogieverbot (Art. 103 Abs. 2 GG) gesehen. Da der Gesetzgeber selbst die Gleichstellung vorschreibt, fehlt es schon an der für die Analogie notwendigen Regelungslücke.[20]

20 **h)** Das Wort „eine" hat keine zahlenmäßig begrenzende Wirkung, sondern es soll verdeutlichen, dass „irgend" eine, d.h. **jede fremde bewegliche Sache** Tatobjekt sein kann. Werden **mehrere Sachen** bei derselben Gelegenheit weggenommen, liegt nur ein einziger Diebstahl, also nur eine Tatbestandserfüllung vor (tatbestandliche Bewertungseinheit) und nicht etwa gleichartige Tateinheit gemäß § 52 Abs. 1 Alt. 2.[21] Das gilt sogar dann, wenn verschiedene Eigentümer betroffen sind.[22]

2. Beweglich

21 **Beweglich sind alle Sachen, die von ihrem bisherigen Standort fortgeschafft werden können.** Daher gibt es keinen Diebstahl an Grundstücken. Allerdings genügt es, dass die Sache erst durch die Tat als selbstständiges Tatobjekt entsteht und transportfähig gemacht wird.

Beispiel: Der Schäfer lässt seine Tiere unbefugt fremde Grundstücke abweiden. – Diebstahl bzgl. des abgefressenen Grases.[23]

---

16 Krey/Hellmann/Heinrich Rn. 10.
17 MünchKomm/Schmitz § 242 Rn. 94; NK-Kindhäuser § 242 Rn. 13.
18 SK-Hoyer § 242 Rn. 5.
19 Rengier § 2 Rn. 7; Graul JuS 2000, 215.
20 BT-Drs. 11/7369 S. 6 f.; Lackner/Kühl § 242 Rn. 2.
21 Vgl. dazu AS-Skript StrafR AT 2 (2021), Rn. 437 ff.
22 BGH RÜ 2019, 301.
23 LG Karlsruhe NStZ 1993, 543, auch ausführlich zu den übrigen Diebstahlsvoraussetzungen.

3. Fremd

Fremd ist eine Sache, an der ein anderer als der Täter bei Versuchsbeginn der Wegnahme Eigentum hat. 22

Ob die Fremdheit zur Tatzeit erfüllt ist, lässt sich je nach Fallgestaltung aus **zwei verschiedenen Blickwinkeln** ermitteln: 23

a) Eigentum eines anderen

Häufig genügt der durch die **o.g. Definition** vorgezeigte Weg, d.h., man sucht im Fall irgendeine vom Täter verschiedene Person, die Eigentum an der Sache hat. Dieses Eigentum kann **Miteigentum, Gesamthandseigentum, Vorbehalts- oder auch Sicherungseigentum** sein. Wer der andere Eigentümer ist, muss nicht bekannt sein, wenn nur feststeht, dass ein solcher existiert. Die Person des Eigentümers kann allenfalls bei der Frage Bedeutung erlangen, ob in den Fällen der §§ 247, 248 a der Antragsteller auch tatsächlich der Eigentümer war, denn nur dann ist der Antrag auch wirksam vom Verletzten gestellt. 24

b) Kein Eigentum eines anderen

Oft gibt der Fall aber auch Anlass, die Fremdheit von seinen Gegenbegriffen aus, also **negativ** zu erschließen. Dann ist die vorgenannte Definition zu erweitern:

Fremd ist eine Sache dann, wenn sie im Eigentum eines anderen steht, was ausgeschlossen ist, wenn sie

- **nicht eigentumsfähig oder**
- **herrenlos ist oder**
- **im Alleineigentum des Täters steht.**

Klausurhinweis: *In Klausurlösungen findet man häufig den Satz: „Fremd ist eine Sache dann nicht …" und es folgen dann die genannten drei Fallgruppen. Das ist falsch, denn eine Negativ-Beschreibung ist keine Definition, sondern nur ein logischer Rückschluss. Auch wenn Sie auf einen der Ausschlussgründe für die Fremdheit hinauswollen, beginnen Sie trotzdem immer mit der positiven Beschreibung des Fremdheitsbegriffs und fügen erst dann den infrage kommenden Ausschlussgrund an!*

aa) Fehlende Eigentumsfähigkeit

(1) Nicht eigentumsfähig sind solche Sachen, die nicht verkehrsfähig sind (res extra commercium). Dazu gehören **mangels Abgrenzbarkeit** atmosphärische Luft und fließendes Wasser.[24] 25

(2) Die Eigentumsfähigkeit einer Sache wird nicht dadurch beeinträchtigt, dass der **Handel mit ihr verboten** ist. Das gesetzliche Verbot der Übertragung ändert nichts daran, dass ein gesetzlicher Eigentumserwerb (insbesondere durch Produktion und Bear- 26

24 MünchKomm/Schmitz § 242 Rn. 25.

beitung nach §§ 950, 953 BGB) möglich bleibt. Daher können nach h.M. auch **illegal hergestellte oder erworbene Drogen** Gegenstand eines Eigentumsdelikts sein.[25]

Zur Frage, ob dem Besitz solcher Drogen Vermögenswert i.S.d. §§ 253, 263 zukommt, s.u. Rn. 381.

bb) Eigentümerlose Sachen

27 Eine Sache, die bei der Ansichnahme durch den Täter im Eigentum keiner Person steht, ist nach der zivilrechtlichen Diktion **herrenlos** (§ 958 Abs. 1 BGB). Sie ist damit kein taugliches Tatobjekt eines Eigentumsdelikts.

(1) Die Herrenlosigkeit kann zunächst daraus folgen, dass **das Tatobjekt zuvor keinen Eigentümer** hatte.

28 **(a)** Aus diesem Grund sind nach h.M. **Leichen, Leichenteile, Organe und dem Körper Verstorbener entnommene Implantate** herrenlos. Da der lebende menschliche Körper und seine Teile keine eigentumsfähigen Sachen sind, kann danach auch kein Eigentum im Wege des Erbgangs übergehen.[26] Es besteht allenfalls ein Aneignungsrecht der Erben, das aber strafrechtlich nicht geschützt ist. Die Gegenauffassung meint, dass, da mit der Trennung eines Implantats vom lebenden Körper analog § 953 BGB das Eigentum in der Person des vormaligen Trägers wieder entstehe, auch Eigentum des Erben gemäß § 1922 BGB mit der Trennung bejaht werden müsse.[27] Diese Auffassung hat sich jedoch nicht durchgesetzt.

Aktuell – auch für Examensklausuren – ist die Problematik bei **Zahngold eingeäscherter Verstorbener**, das Mitarbeiter von Krematorien zum eigenen Weiterverkauf an sich bringen: Nach der dargestellten Argumentation der h.M. sind Eigentumsdelikte an dem Zahngold (§§ 242, 246) mangels Fremdheit ausgeschlossen.[28]

Gegeben ist Störung der Totenruhe gemäß § 168 Abs. 1, wenn man mit dem BGH unter „Asche" nicht nur den pulverartigen Rest der Verbrennung, sondern alle Verbrennungsrückstände einschließlich vom Feuer nicht versehrter anorganischer Stoffe versteht.[29] Tateinheitlich mitverwirklicht ist bei öffentlichen Krematorien auch Verwahrungsbruch im Amt gemäß § 133 Abs. 1, 3.

29 **(b) Wilde Tiere** und Fische **in Freiheit** sind herrenlos (vgl. § 960 Abs. 1 S. 1 BGB) und daher allenfalls von den §§ 292 ff. geschützt. Dies gilt nach h.M. auch nach Inbesitznahme durch den Wilderer oder Dritte.[30] Nur durch Verarbeitung gemäß § 950 BGB oder durch gutgläubigen Erwerb endet die Herrenlosigkeit. **Wilde Tiere in Tiergärten und Fische in Teichen** sind dagegen nicht herrenlos (§ 960 Abs. 1 S. 2 BGB) und damit taugliche Diebstahlsobjekte. Auch **Haustiere** werden nicht durch Entlaufen herrenlos (wohl aber unter Umständen gewahrsamslos).[31]

30 **(2)** Der in Strafrechtsklausuren häufigere Fall der Herrenlosigkeit betrifft Tatobjekte, an denen der vormalige **Eigentümer sein Eigentum aufgegeben** hat: Die Eigentumsauf-

---

25 BGH RÜ 2017, 578; a.A. Engel NStZ 1991, 520; ähnlich auch BGH RÜ 2016, 644.
26 Vgl. Lackner/Kühl § 242 Rn. 2; LG Mainz MedR 1984, 199.
27 SK-Hoyer § 242 Rn. 16.
28 OLG Bamberg RÜ 2008, 308; BAG RÜ 2015, 84.
29 BGH RÜ 2015, 581.
30 LK-Schünemann § 292 Rn. 36.
31 Fischer § 242 Rn. 6.

gabe (= Dereliktion) setzt nach § 959 BGB zunächst die **Willenserklärung des Verfügungsberechtigten** voraus, auf das Eigentum zu verzichten. Dieser Wille ist durch Auslegung zu ermitteln. Da die Erklärung keinen Empfänger hat, kommt es nur auf ihren objektiven Erklärungsgehalt an.

Werden z.B. Gegenstände in den **Müll** geworfen oder zum **Sperrmüll** gestellt, ergibt sich aus diesen Umständen grundsätzlich der Wille, die Sache endgültig los zu sein.

Anders ist dies bei **persönlichen Schriftstücken, Bankunterlagen** oder alten Zahlungskarten. Hier hat der Eigentümer ein Interesse daran, dass nicht jeder Dritte sie an sich nimmt und für sich verwertet. Gewollt ist vielmehr eine Übereignung an das Müllentsorgungsunternehmen zwecks Vernichtung.[32] Wer **Sammelgut für eine Hilfsorganisation** an die Straße stellt, will es nur an diese Organisation übereignen und nicht derelinquieren.[33] 31

Auch Supermärkte, die **nicht mehr verkäufliche Lebensmittel** zur Entsorgung in Abfallcontainern lagern, wollen wegen ihrer Verantwortung für die gesundheitliche Unbedenklichkeit das Eigentum an diesen Lebensmitteln nur auf das beauftragte Entsorgungsunternehmen übertragen, sie aber nicht mehr in den Verkehr gelangen lassen. Daher ist das sog. „Containern" in der Regel als Diebstahl strafbar.[34] 32

Erforderlich ist zudem die Betätigung des Verzichtswillens durch den **Realakt der Besitzaufgabe**, wobei es die h.M. genügen lässt, dass der Eigentümer den Besitz verliert; völlig besitzlos muss die Sache nicht werden.[35] 33

Hinweis: *Wer eine Sache verliert oder vergisst, verliert damit nicht auch sein Eigentum, denn* ***beim unbewussten Besitzverlust fehlt es immer am Eigentumsverzichtswillen****! Eine andere Frage ist, ob die Sache durch den Verlust der tatsächlichen Sachherrschaft des vormaligen Besitzers gewahrsamslos geworden ist (dazu unten Rn. 54). Nur wenn auch dies zu bejahen ist, scheidet Diebstahl aus. Infrage kommt dann aber immer noch Unterschlagung nach § 246 Abs. 1.*

cc) Eigentum des Täters

Hat der Täter schon **vor Versuchsbeginn der Wegnahme Eigentum am Tatobjekt** besessen oder erlangt, z.B. durch Erbgang gemäß § 1922 BGB, kann er auch dann keinen Diebstahl mehr daran begehen, auch wenn er fremden Gewahrsam daran bricht. Kannte der Wegnehmende sein Eigentum nicht, kommt nur (untauglicher) Diebstahlsversuch infrage. Auch wenn eine Übereignung nach der Wegnahme wieder wirksam angefochten wurde, begründet das keinen Diebstahl, weil es im Strafrecht wegen des Simultaneinätsprinzips keine Rückwirkung wie bei § 142 BGB gibt.[36] 34

Wird der Täter umgekehrt erst **nach der Wegnahme Eigentümer**, etwa gemäß §§ 929 S. 2, 1922 BGB, ändert das nichts an der vorherigen Diebstahlsvollendung, denn nach 35

32 OLG Hamm bei Jahn JuS 2011, 755; LG Ravensburg NJW 1987, 3142.
33 Vgl. BGH RÜ 2016, 86.
34 BayObLG,RÜ 2020, 173.
35 Beck OK/Kindl, BGB, 57. Edition, § 959 Rn. 4.
36 Vgl. AS-Skript StrafR AT 1 (2021) Rn. 84.

dem Simultaneitätsprinzip ist entscheidend, dass die Sache im Wegnahmezeitpunkt für ihn fremd war.

36 Erlangt der Täter **zeitgleich oder sogar durch den Gewahrsamswechsel Eigentum**, unterscheidet die h.M.:

37 Bei einem **gesetzlichen Eigentumserwerb** gemäß **§§ 946 ff. BGB** genügt es für die Tatvollendung, dass die Sache zumindest im Zeitpunkt des Versuchsbeginns fremd war.

Beispiel: Der Täter verzehrt die Lebensmittel noch vor dem Bezahlen im Supermarkt.

38 Liegt ein **rechtsgeschäftlicher Übertragungsakt** der Sache vor und war der Gewahrsamswechsel Teil dieses Vorgangs, entfällt nach h.M. die Fremdheit des Tatobjekts, obwohl die Sache vorher noch in fremdem Eigentum stand. Das macht es notwendig, im Einzelfall genau zu untersuchen, ob dem Gewahrsamswechsel tatsächlich eine dingliche Einigung zugrunde lag, ob diese wirksam war und ob ggf. alle Bedingungen erfüllt waren.[37]

39 Bedingungen können nicht nur für die Fremdheit, sondern auch für die Wegnahme bedeutsam sein. Eine Wegnahme ist – soviel vorweg (ausführlich unten Rn. 82 ff.) – ausgeschlossen, wenn der Gewahrsamsinhaber mit dem Gewahrsamswechsel einverstanden war. Das gilt jedoch nicht, wenn das Einverständnis unter Vorbehalte gestellt war, die der Täter nicht erfüllt hat. Diese beiden Gesichtspunkte prägen die herrschende **Lehre vom modifizierten Einverständnis.**[38] Zweck dieser Lehre ist es, den Eigentümer und Gewahrsamsinhaber, der sich rationalisierter Vertriebsmethoden bedient, rechtlich so zu stellen, als wenn er bei jeder Gewahrsamsübertragung anwesend wäre.

Bedingungen des Übereignungswillens und Vorbehalte der Zustimmung zur Gewahrsamsübertragung sind indes nicht dasselbe. Die Übereignung ist ein Rechtsgeschäft, die Gewahrsamsübertragung ein Realakt. Bedingungen, die sich auf die Übereignung beziehen, sind durch Auslegung der Willenserklärung gemäß §§ 133, 157 BGB zu ermitteln; Bedingungen für die Zustimmung zum Gewahrsamswechsel müssen sich aus den äußeren Umständen ergeben.

Nachfolgend die klausurwichtigsten Problembereiche im Zusammenhang mit rechtsgeschäftlichem Eigentumserwerb beim Diebstahl:

(1) Verbotene und sittenwidrige Geschäfte

40 Ist das Tatobjekt eine Sache, die zur **Erfüllung eines gesetzlich verbotenen (§ 134 BGB) oder sittenwidrigen (§ 138 BGB) Geschäfts** übertragen worden war, führt dies nicht zwangsläufig zur Nichtigkeit der Übereignung. Da im Sachenrecht der Abstraktionsgrundsatz gilt, wonach die Nichtigkeit des Kausalgeschäfts grundsätzlich die Wirksamkeit des Erfüllungsgeschäfts nicht berührt, wird der Empfänger in vielen Fällen Eigentümer des Geleisteten.

Beispiel: Wer einer Prostituierten Geld für ihre sexuellen Dienste gibt, verliert das Eigentum daran, und zwar auch bei Vorkasse. Auch wenn man auf Prostitution gerichtete Vereinbarungen für sittenwidrig

---

37 Abl. MünchKomm-Schmitz § 242 Rn. 43 f.; SK-Hoyer § 242 Rn 19.

38 BGHSt 35, 152, 159 f.; Sch/Sch/Bosch § 242 Rn. 36 a; begrenzend auf die Fälle des technischen Defekts aber MünchKomm/Schmitz § 242 Rn. 100 ff.; SK-Hoyer § 242 Rn. 55.

und nichtig hält, folgt aus § 1 S. 1 ProstG, dass die Prostituierte für ihre Dienste Geld verlangen und behalten darf. Der Kunde, der ihr nach Erbringung der sexuellen Dienste das Geld wieder wegnimmt, begeht also Diebstahl. Nimmt er ihr vorher das Geld wieder weg, ist ebenfalls Diebstahl gegeben, wenn der Täter wusste, dass die Rückforderung gemäß § 814/§ 817 BGB ausgeschlossen war.[39]

Die sachenrechtliche Einigung ist jedoch nichtig, wenn durch das Verbot oder die Sittenwidrigkeit auch und gerade die Vermögensverschiebung verhindert werden soll.[40] 41

Beispiel: Daher findet wegen § 134 BGB i.V.m. § 29 BtMG bei **Drogengeschäften** weder an den Drogen noch am Geld ein Eigentümerwechsel kraft Rechtsgeschäfts statt.[41] Daraus folgt: Werden dem Dealer Drogen entwendet und bejaht man mit der ganz h.M. ihre Eigentumsfähigkeit (s.o. Rn. 26), steht das der Strafbarkeit aus Diebstahl nicht entgegen, weil Gewahrsamsinhaber (Dealer) und Eigentümer (Hersteller) personenverschieden sein dürfen (s.o. Rn. 11). Nimmt der Käufer aber dem Dealer das von ihm zuvor gezahlte Geld wieder weg, begeht er wegen der vorherigen Nichtigkeit der Übereignung gemäß §§ 134 BGB, 29 BtMG kein Eigentumsdelikt daran.

(2) SB-Tankstellen

Fall 1: Schwarztanken

A fuhr mit seinem Pkw an einer Selbstbedienungstankstelle vor. Als er ausstieg, bemerkte er, dass der Tankwart T eilig in die Waschhalle lief, um dort eine Störung der Anlage zu beheben. A beschloss spontan, dies auszunutzen. Er tankte Kraftstoff im Wert von 51 € und fuhr schnell weg, ohne zu bezahlen. Wie erwartet, hatte der Tankwart den Vorgang nicht beobachtet. A konnte aber anhand der Aufzeichnung der Videoüberwachungsanlage ermittelt werden. Strafbarkeit des A?

I. **Betrug, § 263**, setzt voraus, dass A den T getäuscht hat. Hierfür ist eine intellektuelle Einwirkung auf dessen Vorstellungsbild erforderlich. Nimmt ein Tankwart den (zahlungsunwilligen) Kunden beim Tanken wahr, so spiegelt der Kunde schlüssig seine Zahlungswilligkeit und -fähigkeit vor. Eine betrugsbegründende Täuschung ist dann gegeben. Im vorliegenden Fall hatte T den A aber nicht gesehen.

II. Ein nach § 263 Abs. 2 strafbarer **versuchter Betrug** scheidet ebenfalls aus, weil A wusste, dass T ihn nicht vor Beendigung des Tankvorgangs bemerken würde; ihm fehlte damit der Tatentschluss für eine Täuschung.[42]

III. Infrage kommt **Diebstahl** am Benzin gemäß **§ 242 Abs. 1**, durch Betanken und Wegfahren.

1. Das Benzin müsste für A eine fremde bewegliche Sache gewesen sein. Fremd ist eine Sache, wenn sie im Eigentum eines anderen als des Täters steht. Ursprünglich war der Kraftstoff Eigentum des Tankstellenbetreibers. A könnte aber durch das Tanken Alleineigentümer geworden sein. 42

Unerheblich ist, dass A noch Benzin in seinem eigenen Tank hatte. Selbst wenn ein gesetzlicher Eigentumserwerb gemäß § 948 i.V.m. § 947 Abs. 2 BGB im Zeitpunkt der Vermischung infrage kommen sollte,[43] hätte dieser in der juristischen Sekunde des Einfüllens noch nicht vorgelegen.

---

39 BGH RÜ 2015, 786.

40 MünchKomm/Armbrüster, BGB, 8. Aufl., § 134 Rn. 10.

41 BGHSt 31, 145; BGHSt 48, 322, 325 f.; BGH RÜ 2003, 500.

42 Nach st.Rspr. des BGH ist beim unbeobachteten Täter im Regelfall **von einem versuchten Betrug auszugehen**, vgl. BGH RÜ 2016, 507.

43 Vgl. Palandt/Herrler, BGB, 80. Aufl., § 948 Rn. 4 für den Eigentümer der eindeutig größeren Menge.

a) Nach einer älteren Mindermeinung erwirbt der Fahrer schon durch das Einfüllen des Benzins nach § 929 S. 1 BGB Eigentum: Mit dem Abheben des Zapfventils biete der Kunde den Abschluss eines Kaufvertrages und die Übereignung des Treibstoffs an. In dem Zulassen der Selbstbedienung liege die schuldrechtliche und dingliche Annahme des Angebots durch den Tankwart sowie die Besitzverschaffung.[44] Demnach ist Diebstahl mangels Fremdheit zu verneinen (aus demselben Grund entfällt dann auch Unterschlagung, § 246 Abs. 1).

b) Die heute h.M. lehnt einen so frühzeitigen Eigentumserwerb ab; lediglich die Begründungen variieren:

Viele Vertreter des Schrifttums ziehen eine Parallele zum Kauf im SB-Laden und meinen, dass Kaufvertrag und Übereignung erst an der Kasse zustande kämen.[45]

Die Rspr. nimmt heute mehrheitlich an, dass der Kaufvertrag über das Benzin bereits mit dem Einfüllen geschlossen werde,[46] dass **die Übereignung aber erst an der Kasse gegen Zahlung** stattfinde. Es sei interessenwidrig, den Tankstellenbetreiber, der ohnehin schon durch den Besitzverlust an dem Benzin und durch die räumliche Distanz zum Tankvorgang in der schlechteren Position sei, durch einen vorzeitigen Eigentumsverlust strafrechtlich völlig schutzlos zu stellen.

Mit der h.M. ist das Benzin für A fremd geblieben.

2. A müsste es auch weggenommen haben. Dies setzt Gewahrsamsbruch voraus. Hier hat der Gewahrsamswechsel nach der Verkehrsanschauung schon im Zeitpunkt des Umfüllens in den Kfz-Tank vorgelegen, weil dieser eine eigene Herrschaftssphäre des Kfz-Führers ist. In dem Aufstellen eines Selbstbedienungstankplatzes liegt aber ein **generelles Einverständnis** des Betreibers in den Gewahrsamswechsel. Dies gilt sowohl für den Fall, dass das Betriebspersonal das Einfüllen des Benzins bewusst zugelassen hat, als auch dann, wenn die Angestellten den Tankvorgang – wie hier – überhaupt nicht bemerkt haben. Das Einverständnis ist auch **nicht bedingt (durch die Zahlungsbereitschaft)**, denn die Angestellten hätten selbst bei Bemerken des Tankvorgangs zugestimmt, weil niemand die fehlende Zahlungswilligkeit als innere Tatsache erkennen konnte.[47]

IV. Gegeben ist jedoch eine **Unterschlagung, § 246 Abs. 1**, als A mit dem Wagen davon fuhr und sich dadurch das fremde Benzin zueignete. Die Zueignung war auch rechtswidrig, da der Tankwart lediglich in die Entnahme, nicht aber in das Wegfahren ohne vorherige Zahlung des Kaufpreises eingewilligt hat.

Ergebnis: A ist strafbar wegen Unterschlagung.

---

44 OLG Düsseldorf NStZ 1982, 249; JR 1985, 207, 208; Herzberg NStZ 1983, 251.

45 Borchert/Hellmann NJW 1983, 2799; Deutscher JA 1983, 125, 127; Ranft JA 1984, 1, 4 f.; Seelmann JuS 1985, 199, 202.

46 OLG Koblenz NStZ-RR 1998, 3644; BGH RÜ 2011, 488.

47 Ranft JA 1984, 1; vgl. zum Einverständnis unten Rn. 84 ff.

(3) Waren- und Geldspielautomaten

Der Aufsteller eines Warenautomaten ist nur unter der Bedingung mit der Erlangung von Waren einverstanden, dass der Automat mit den dafür vorgesehenen Zahlungsmitteln bedient wird, der Ausgabemechanismus fehlerfrei funktioniert und unbeeinflusst in Gang gesetzt wird.

Weichen schon die Umstände der Erlangung so stark von dem vom Automatenaufsteller vorgesehenen Ablauf ab, dass er – seine Anwesenheit unterstellt – nicht mit der Entnahme einverstanden wäre, so ist regelmäßig die Wegnahme einer fremden Sache zu bejahen.[48] 43

Nach h.M. begeht deshalb Diebstahl, wer sich Ware durch **Einwurf von Falschgeld oder Münzen in Fremdwährung aus einem Warenautomaten** verschafft.[49] Diebstahl begeht auch, wer den **technischen Fehler** in der Geldrückgabeautomatik eines Geldspielautomaten ausnutzt, um größere Beträge zu erlangen;[50] Diebstahl liegt ferner vor, wenn der Täter durch Beeinflussung der Mechanik eines Geldspielautomaten **mittels eines Drahtes** Gewinnausschüttungen herbeiführt.[51] Diebstahl – und nicht Computerbetrug (§ 263 a) bzw. Automatenmissbrauch (§ 265 a) – ist auch dann zu bejahen, wenn der Täter einen mit **Klebestreifen versehenen Geldschein** in einen Geldwechselautomaten einführt und diesen nach Ausgabe des Wechselgeldes mithilfe des Streifens wieder aus dem Automaten herauszieht.[52]

Entspricht dagegen der äußere Verschaffungsakt dem vom Aufsteller gewollten und in dem Automaten durch technische Vorkehrungen abgesicherten, also „objektivierten" Ablauf, muss sich der Aufsteller so behandeln lassen, als wäre er mit der Entnahme einverstanden, und zwar selbst dann, wenn der Täter aus sonstigen Gründen regelwidrig handelt.[53] In aller Regel entfallen dann sowohl die Fremdheit als auch der Gewahrsamsbruch. 44

Deshalb scheiden nach h.M. Diebstahl und Unterschlagung aus, wenn der Täter einen **Geldspielautomaten** leer „spielt", indem er in Kenntnis des Programmablaufs gezielt Gewinnstellungen durch Tastendruck herbeiführt.[54]

(4) Selbstbedienungskasse

An einer Selbstbedienungskasse ohne Kassenpersonal scannt der Kunde den Barcode auf der Ware selbst ein und entrichtet den ausgewiesenen Betrag in bar oder mit ec- oder Kreditkarte.

Scannt der Kunde statt des auf der Ware aufgebrachten Strichcodes den von einem bil- 45
ligeren Produkt stammenden Barcode ein und entfernt sich nach Bezahlung des geringeren Preises mit der Ware, liegt **Diebstahl** gemäß **§ 242** vor: Die Ware ist fremd geblieben, weil eine Übereignung sich gar nicht auf die tatsächlich mitgenommene Ware be-

48 Vgl. OLG Düsseldorf NJW 2000, 158.
49 BGH MDR 1952, 563; OLG Celle NJW 1997, 1518; OLG Düsseldorf StV 1999, 154.
50 OLG Koblenz NJW 1984, 2424.
51 BayObLG JR 1982, 291.
52 OLG Düsseldorf NJW 2000, 158.
53 NK-Kindhäuser § 242 Rn. 49.
54 BayObLG NStZ 1990, 595 ff.; a.A. LG Saarbrücken NJW 1989, 2272.

zog, sondern nur auf diejenige, die durch den ihr zugewiesenen Strichcode eingescannt und bezahlt worden ist. Die teure Ware ist auch weggenommen worden, weil kein Einverständnis des Gewahrsamsinhabers vorliegt: Der Verkäufer ist nur unter der Bedingung mit dem Gewahrsamswechsel einverstanden, dass die Kasse äußerlich ordnungsgemäß bedient wird, wozu insbesondere das korrekte Einscannen der Ware gehört.[55]

46 Scannt der Käufer den **richtigen Preis der Ware** ein, veranlasst dann aber – was ihm das Kassensystem erlaubt – eine elektronische Lastschrift von seinem Konto, die später mangels Kontodeckung nicht eingelöst wird, begeht er keinen Diebstahl (und auch kein sonstiges Vermögensdelikt). Eigentum und Gewahrsam an der Ware werden ihm mit Willen des Kassenaufstellers übertragen, weil er die Bedingung äußerlich ordnungsgemäßer Bedienung der Kasse erfüllt hat.[56] (Zur Strafbarkeit wegen Computerbetrugs gemäß § 263 a, s.u. Rn. 481.)

(5) Geldautomaten

Bei Verfügungen an einem Geldautomaten muss sich der Nutzer zunächst mit Karte und PIN als Berechtigter legitimieren.

47 Wer mit der **eigenen Giro- oder Kreditkarte** Bargeld am Automaten abhebt, begeht kein Eigentumsdelikt, selbst wenn keine Kontodeckung vorhanden ist und keine online-Verbindung zur kontoführenden Bank besteht. Das Geld wird ihm wegen Einhaltung des äußerlich korrekten Ablaufs übereignet und der Gewahrsam daran willentlich übertragen.[57]

48 Verschafft sich der Täter eigenmächtig eine **fremde Girocard oder Kreditkarte** mit der dazugehörigen PIN und hebt er selbst Bargeld am Geldautomaten ab, hat er den Automaten zwar äußerlich ordnungsgemäß bedient. Das Geld bleibt aber trotzdem für ihn fremd. Der Zahlungsdienstleister will das Geld nach §§ 133, 157 BGB nämlich nur an die durch Karte und PIN als Kontoinhaber identifizierte Person übereignen, weil er sonst gemäß § 675 u S. 1 BGB keinen Erstattungsanspruch erlangt. Bei technisch ordnungsgemäßer Bedienung ist der Automatenaufsteller jedoch mit der Gewahrsamsübertragung an die Person einverstanden, die sich als Verfügungsberechtigter legitimiert und die Automatenverfügung veranlasst hat. Der etwaige Vorbehalt, dass dies auch tatsächlich der Kontoinhaber sein müsse, wird mangels einer über die PIN-Eingabe hinausgehenden Identitätskontrolle beim Gewahrsamswechsel nicht anerkannt. Damit scheidet Diebstahl an dem Geld gemäß § 242 Abs. 1 aus.[58] In solchen Fällen ist eine Unterschlagung gemäß § 246 Abs. 1 am Geld gegeben, die in aller Regel hinter vorherigen Delikten zur Erlangung von Karte und PIN oder hinter einem Computerbetrug durch unbefugte Datenverwendung gemäß § 263 a Abs. 1 Mod. 3 zurücktritt (ausführlich dazu unten Rn. 471).

49 Rechtlich noch nicht geklärt ist, ob Diebstahl gemäß § 242 Abs. 1 vorliegt, wenn **der Täter sich in den vom Karteninhaber begonnenen Vorgang der Geldabhebung ein-**

---

55 OLG Hamm RÜ 2013, 714; Jäger JA 2014, 155; Fahl NStZ 2014, 244; Rengier § 2 Rn. 76 f.; gegen Diebstahl Fischer § 242 Rn. 18 a; zur den urkundsrechtlichen Problemen des Austauschs von Barcode-Etiketten AS-Skript StrafR BT 2 (2020), Rn. 594.

56 OLG Rostock WM 2019, 1968.

57 MünchKomm-Schmitz § 242 Rn. 105.

58 BGH RÜ 2018, 102.

mischt, indem er sein Opfer, nachdem dieses Karte und PIN eingegeben hat, ablenkt, dann selbst den Auszahlungsbetrag eintippt und das Geld dem Ausgabeschacht entnimmt.

Einigkeit beseht darüber, dass die Geldscheine auch in diesem Fall noch Eigentum der Bank und damit für den Täter fremd sind: Eine Übereignung an ihn hat gemäß § 929 S. 1 BGB nicht stattgefunden, weil das mit der Geldausgabe konkludent abgegebene Übereignungsangebot aufgrund der vertraglichen Beziehungen und der Interessenlage der Beteiligten an den berechtigten Kartennutzer, nicht aber an einen Nichtberechtigten gerichtet war. Zu einer Übereignung an den Karteninhaber ist es auch nicht gekommen, weil dieser durch den Täter an der Entgegennahme des Geldes und damit an der Annahme des Angebots gehindert wurde.[59]

Umstritten ist aber, ob eine Wegnahme, also ein Gewahrsamsbruch, in dem Moment vorliegt, in welchem der Täter das Geld an sich nimmt: Sowohl der 2. als auch der 3. Strafsenat gehen davon aus, dass der Bankkunde noch keinen Gewahrsam an dem Geld erlangt hat, das Geld also noch im Gewahrsam der den Geldautomaten betreibenden Bank steht, solange es im Ausgabefach des Automaten liegt. Es kommt dann darauf an, ob ein Einverständnis der den Automaten betreibenden Bank in die Gewahrsamserlangung des Täters vorliegt. Der 2. Strafsenat des BGH und ein Teil des Schrifttums bejahen das, weil das Einverständnis in den Gewahrsamsverlust allein durch die technisch ordnungsgemäße Ingangsetzung des Automaten bedingt sei.[60] Eine Wegnahme liegt danach nicht vor. Der Täter ist nur wegen Unterschlagung gemäß § 246 Abs. 1 strafbar. Dem widerspricht der 3. Strafsenat in einem bisher noch nicht beantworteten Anfragebeschluss an den 2. Strafsenat. Das Einverständnis des Geldinstituts sei wegen der vorherigen Legitimation durch Karte und PIN auf die Person des Karteninhabers beschränkt.[61] Folgt man dieser Ansicht, liegt Diebstahl vor.

Auch der 4. Strafsenat des BGH bejaht in einer aktuellen Entscheidung Diebstahl, aber mit einer ganz anderen Begründung: Das Geld wird danach dem Karteninhaber weggenommen. Derjenige, der durch Karte und PIN die Geldausgabe in Gang gesetzt habe, erlange nach der Verkehrsanschauung zumindest Mitgewahrsam an dem Geld im Ausgabefach des Geldautomaten, weil der Abhebende bereits Zugriff darauf habe und auch durch den von ihm ausgelösten Auszahlungsvorgang (antizipierten) Herrschaftswillen besitze.[62]

Im Ergebnis würden der 3. und 4. Strafsenat auf der Grundlage ihres Verständnisses bezüglich des persönlich beschränkten Einverständnisses (3. Strafsenat) bzw. des bereits vorhandenen Mitgewahrsams des Karteninhabers (4. Strafsenat) eine Wegnahme und damit **Diebstahl** erst recht annehmen, **wenn der Täter bis zum Abschluss des Auszahlungsvorgangs abwartet und erst dann das Geld aus dem Ausgabefach ergreift.** 50

Drängt der Täter den Bankkunden sogar mit **Gewalt** vom Automaten weg, ist nach den beiden letzten Ansichten sogar **Raub** gemäß **§ 249** gegeben. 51

59 BGH RÜ 2019, 719; zustimmend BGH, Beschl. v. 03.03.2021 – 4 StR 338/20, BeckRS 2021, 7199.

60 BGH RÜ 2018, 102; zustimmend Brand NJW 2018, 245; Jäger JA 2018, 309, 31[illegible].

61 BGH RÜ 2019, 719.

62 BGH, Beschl. v. 03.03.2021 – 4 StR 338/20, BeckRS 2021, 7199.

Tatobjekt des Diebstahls

Fremde bewegliche Sache

Sache
ist jeder körperliche Gegenstand unabhängig vom Aggregatzustand

Erfasst werden:

- **Feste Stoffe, Flüssigkeiten, Gas**
- **Leichen(-teile)**
- **Lebende Tiere (§ 90 a S. 3 BGB)**

Nicht erfasst werden:

- **Kräfte**
- **Energien**
- **unverkörperte Rechte**
- **Forderungen**
- **Daten**
- **Giralgeld**
- **lebende Menschen**
- **lebende Embryonen**

Beweglich
ist jeder Gegenstand, der (ggf. durch die Tat) fortgeschafft werden kann

Fremd
ist eine Sache, die im Eigentum eines anderen steht

Es genügt:

Allein- oder Mit- oder Gesamteigentum irgendeines vom Täter verschiedenen Rechtsträgers

Fremdheit ist ausgeschlossen bei:

- **nicht eigentumsfähigen Sachen** (atmosphärische Luft, Meer, fließende Gewässer)
- **herrenlosen Sachen** (nach Dereliktion, bei Tieren in Freiheit, Leichen[-teilen], bei einer Leiche entnommenen medizinischen Hilfsmitteln)
- **Sachen im Alleineigentum des Täters** (durch Rechtsgeschäft, § 929 BGB, oder durch vorherigen Erbgang, § 1922 BGB)

4. Wegnahme

Wegnahme ist Bruch fremden und Begründung neuen, nicht notwendig tätereigenen Gewahrsams. Diese allgemein anerkannte Definition muss in aller Regel durch folgende drei Gedankenschritte weiter aufgeschlüsselt werden:

a) Fremder Gewahrsam

Gewahrsam ist das von einem Herrschaftswillen getragene tatsächliche Herrschaftsverhältnis einer Person über eine Sache unter Berücksichtigung der Verkehrsauffassung.[63] Der Gewahrsam muss zumindest auch von einer anderen Person ausgeübt werden. Hat der Täter Alleingewahrsam oder übergeordneten Mitgewahrsam an der Sache oder ist sie gewahrsamslos, scheidet Diebstahl aus. Infrage kommt dann nur Unterschlagung gemäß § 246. 52

aa) Tatsächliches Herrschaftsverhältnis

Grundlage des Gewahrsams ist die **tatsächliche Beziehung**, die ohne Überwindung von Hindernissen den unmittelbaren Zugriff auf die Sache ermöglicht. Dieses **„faktische Haben"** ist streng vom Eigentum und vom Besitz i.S.d. BGB zu unterscheiden. Eigentum und Gewahrsam können auseinanderfallen; nicht einmal auf die Rechtmäßigkeit oder Rechtswidrigkeit des Gewahrsams kommt es an! 53

Beispiel: A hat dem E dessen iPhone entwendet. B sieht das Handy und angelt es unbemerkt aus der Jackentasche des A, um es zu behalten. – Diebstahl liegt vor, denn B hat an dem für ihn fremden – dem E gehörenden – Handy den Gewahrsam des A gebrochen, um es sich rechtswidrig zuzueignen.

Auch der **zivilrechtliche Besitz ist für den Gewahrsam nicht maßgebend**, weil die verschiedenen Besitzformen nicht untrennbar mit der tatsächlichen Sachherrschaft verbunden sind.

Beispiele: Der mittelbare Besitzer i.S.v. § 868 BGB ist in der Regel kein Gewahrsamsinhaber. Der Auslieferungsfahrer, der seine Fahrtroute selbst bestimmt, mag nach § 855 BGB keinen Besitz haben, ist strafrechtlich aber sogar Inhaber des Alleingewahrsams.

bb) Herrschaftswille

Dieses subjektive Element des Gewahrsams ist schon bei **natürlichem** und **generellem Beherrschungswillen** gegeben. 54

Daher können auch **Kinder, Geisteskranke oder Betrunkene** Gewahrsam haben, sofern sie nur in der Lage sind, diesen natürlichen Willen zu entfalten. Da **juristische Personen** keinen Willen bilden können, haben sie auch keinen Gewahrsam.[64] Wenn verkürzt von „Gewahrsam der Post, des Warenhauses" etc. gesprochen wird,[65] ist damit regelmäßig der Gewahrsam des Dienst-/Geschäftsstellenleiters oder gesetzlichen Vertreters gemeint.[66]

63 Vgl. BGHSt 16, 271.
64 Vgl. RGSt 60, 271.
65 Vgl. BGH wistra 1989, 18.
66 Sch/Sch/Bosch § 242 Rn. 29.

Der Herrschaftswille braucht auch nicht auf einen bestimmten Gegenstand fixiert zu sein. Es genügt ein **genereller Wille**, bezogen auf alle Gegenstände, die sich im Herrschaftsbereich des Betreffenden befinden.[67]

Hinweis: *Auch die Bearbeiter, die wissen, dass eine Sache nicht schon dadurch herrenlos geworden ist, dass sie verloren wurde (s. den Hinweis oben Rn. 30), übersehen allzu oft Diebstahl, wenn die Sache in einer generellen Gewahrsamssphäre verloren wurde.*

Beispiel: A hat in der S-Bahn sein Portemonnaie verloren. B findet es und behält es für sich. – Diebstahl und nicht nur (Fund-)Unterschlagung! Die Geldbörse war fremd – das Verlieren oder Vergessen macht eine Sache nicht herrenlos. B hat sie weggenommen, denn der Leiter der Bahnverwaltung hatte wegen seines generellen Herrschaftswillens Gewahrsam an der Geldbörse, den B zum Zweck der Zueignung gebrochen hat.

Erlischt der Herrschaftswille, endet der Gewahrsam. Folglich können Tote auch keinen Gewahrsam mehr haben. Die Besitzfiktion des § 857 BGB hat für den an der tatsächlichen Sachherrschaft orientierten Gewahrsam keine Bedeutung.

cc) Verkehrsanschauung als Regulativ

Diese „sozial-normative" Komponente wird sowohl bei der Herrschaftsmacht als auch beim Herrschaftswillen wirksam.

(1) Fortbestehender Gewahrsam nach der Verkehrsanschauung trotz faktisch beschränkter Herrschaftsmacht

(a) Räumliche Trennung von der Sache

55 Die **räumliche Entfernung von der Sache** hindert das Fortbestehen des Gewahrsams nicht, wenn die Beeinträchtigung der Herrschaftsausübung nur vorübergehend ist. Daher behält der **Wohnungsinhaber** auch während einer Urlaubsreise Gewahrsam an den Sachen in seiner Wohnung.[68] Der an einem allgemein zugänglichen Ort **geparkte Pkw** bleibt im Gewahrsam des Parkenden.[69] Auch frei herumlaufende **Haustiere** bleiben im Gewahrsam ihres Herrn, solange sie die Gewohnheit haben zurückzukehren.[70]

56 Sachen, die der Gewahrsamsinhaber in seiner Gewahrsamssphäre **verlegt** hat, bleiben nach der Verkehrsanschauung in seinem Gewahrsam, sodass beispielsweise das vermisste, zufällig zwischen die Polster des Sessels geratene Schmuckstück nicht gewahrsamslos geworden ist.[71]

57 Sogar Sachen, die der Gewahrsamsträger außerhalb eines räumlich umgrenzten Gewahrsamsbereichs – z.B. auf der Straße – abgestellt und kurzfristig **vergessen** hat, bleiben im Gewahrsam dessen, der sie abgestellt hat, sofern er weiß, wo sie sind, und sofern er sie ohne äußere Hindernisse zurückerlangen kann. Gewahrsamslos werden Sachen,

---

67 Sch/Sch/Bosch § 242 Rn. 30.
68 RGSt 30, 89; BGH NJW 1961, 2266.
69 OLG Hamburg MDR 1970, 1027.
70 RGSt 50, 185; BGH MDR 1954, 398.
71 Vgl. Sch/Sch/Bosch § 242 Rn. 26.

die außerhalb eines räumlich begrenzten Herrschaftsbereichs längere Zeit zurückgelassen oder **verloren** worden sind.[72]

(b) Mitgewahrsam

Der Gewahrsam an einer Sache kann auch mehreren Personen zustehen. Die h.M. unterscheidet dabei zwischen **gleichrangigem und über- bzw. untergeordnetem Mitgewahrsam.**[73] Bei Gleichrangigkeit kann jeder Mitgewahrsamsinhaber den Mitgewahrsam des anderen brechen; auch bei Verletzung des übergeordneten Gewahrsams durch den untergeordneten Mitgewahrsamsträger liegt Wegnahme vor. Entzieht dagegen der übergeordnete Gewahrsamsinhaber dem untergeordneten Mitgewahrsam dessen Sachherrschaft, ist eine Wegnahme zu verneinen. 58

Mitgewahrsamsverhältnisse in den verschiedenen Lebensbereichen gestalten sich folgendermaßen:

Persönlicher Aufenthalts- und Wohnbereich

Eheleute haben an gemeinsam benutztem Inventar der ehelichen Wohnung gleichrangigen Mitgewahrsam.[74] **Wirt** und **Gast** haben an Gläsern, Bestecken usw. Mitgewahrsam;[75] an den aufgetragenen Speisen und Getränken hat der Gast regelmäßig Alleingewahrsam.[76] 59

Arbeits- und Dienstverhältnisse

Der **Filialleiter**, der eine Zweigstelle selbstständig führt, hat im Verhältnis zum Geschäftsinhaber regelmäßig Alleingewahrsam.[77] **Kassierer und Schalterangestellte**, die allein die Kasse verwalten und über deren Inhalt abrechnen müssen, haben in aller Regel auch Alleingewahrsam am Kasseninhalt. Ohne ihre Mitwirkung darf niemand Geld aus der Kasse nehmen, damit bei Fehlbeträgen die Verantwortlichkeit festgestellt werden kann. Das generelle Kontroll- und Weisungsrecht des Dienstherrn gegenüber seinen Bediensteten begründet nicht ohne Weiteres Mitgewahrsam des Dienstherrn.[78] 60

Arbeitnehmer in einem Kauf- oder Warenhaus haben, sofern sie ein gewisses Maß an **Eigenverantwortlichkeit** besitzen und innerhalb eines räumlich begrenzten Bereichs zuständig sind, innerhalb einer größeren Abteilung untereinander gleichgeordneten Mitgewahrsam und im Verhältnis zum Geschäftsführer (Abteilungsleiter) untergeordneten Mitgewahrsam.[79] Verkäufer in kleineren Ladengeschäften unter Leitung des Geschäftsherrn, Lehrlinge oder Hausangestellte, die weisungsabhängige Hilfstätigkeiten ausführen, haben im Verhältnis zum Geschäftsherrn allenfalls untergeordneten Mitge- 61

72 BGH RÜ 2021, 240, 242.
73 Vgl. BGHSt 10, 400; Fischer § 242 Rn. 14 a.
74 Krey/Hellmann/Heinrich Rn. 26.
75 BayObLGSt Band 9, 376.
76 LK-Vogel § 242 Rn. 78.
77 RGSt 60, 271.
78 BGH NStZ-RR 2001, 268; BGH RÜ 2018, 375.
79 Generell für Alleingewahrsam des Abteilungsleiters Wessels/Hillenkamp/Schuhr Rn. 101.

wahrsam;[80] von Rspr. und h.Lit. wird diesem Personenkreis mit der Bezeichnung als „Gewahrsamshüter" sogar jeglicher Gewahrsam abgesprochen.[81]

Diese Unterschiede sind nur begrifflicher Art: Entwendet der Angestellte selbst die Sache, ist er – vorbehaltlich der übrigen Diebstahlsvoraussetzungen – nach allen Ansichten Täter des § 242.

62 Wird ein **Fahrer** zur Auslieferung von Waren oder zur Ablieferung von Geld auf den Weg geschickt, so behält der Geschäftsherr den übergeordneten Gewahrsam an Kraftfahrzeug und Ladung, wenn seine Einwirkungsmöglichkeit und sein Beherrschungswille auch noch während der Fahrt fortbestehen. Das wird bei kürzeren Strecken und der Einhaltung eines vorgeschriebenen Weges bejaht, sodass der Angestellte, der die Sachen eigennützig verkauft oder das mitgegebene Geld für sich verbraucht, Diebstahl begeht. Besteht dagegen **keine vorgegebene Marschroute** oder handelt es sich um eine **Fernfahrt, deren Ablauf der Auftraggeber auch nicht mit technischen Mitteln überwachen kann, so hat der Transportfahrer Alleingewahrsam**. Verwertet er die Sache eigennützig, so liegt kein Diebstahl, sondern veruntreuende Unterschlagung vor.[82]

Verwahrung verschlossener Behältnisse

63 Hier steht der Gewahrsam am Inhalt grundsätzlich demjenigen zu, der Herrschaftswillen und Herrschaftsmacht am Behältnis hat (z.B. Kofferraum des Pkw, Briefkasten).

Sind **Verwahrer des Behältnisses und Schlüsselbesitzer personenverschieden**, so wird nach den Kriterien der Beweglichkeit und Zugänglichkeit differenziert:

Ist das Behältnis **fest mit einem Gebäude verbunden oder kann es nur mit großen Anstrengungen fortgeschafft werden**, so billigt die Verkehrsauffassung dem **Schlüsselinhaber Alleingewahrsam** zu, und zwar auch dann, wenn sich das Behältnis in einer fremden und nicht frei zugänglichen Herrschaftssphäre befindet, z.B. in einem Bankschließfach.[83]

Ist das Behältnis **leicht zu transportieren und kann der Schlüsselinhaber nur mit Zustimmung des Verwahrers an das Behältnis herankommen**, so hat der Verwahrer gleichzeitig mit dem Zugriff auf das Behältnis auch Zugriff auf den Inhalt, den er wegschaffen oder veräußern kann. Nach h.M. hat damit der **Verwahrer den Alleingewahrsam** – z.B. bei Bekannten abgestellter Koffer oder in einer Gaststätte aufgestellte Sammelbüchse.[84]

(2) Fortbestehender Gewahrsam nach der Verkehrsanschauung trotz fehlenden aktuellen Herrschaftswillens

64 Grundsätzlich bleibt der einmal begründete Gewahrsam so lange bestehen bis der Inhaber seine Einwirkungsmöglichkeit verliert. Durch eine vorübergehende Verhinderung der Ausübung tatsächlicher Gewalt wird der Gewahrsam nicht beseitigt. Nach der Verkehrsauffassung gilt dies auch für den Gewahrsamswillen: Ein ständig aktualisiertes Bewusstsein der Sachherrschaft ist für den Fortbestand des Gewahrsams nicht erforderlich; der Gewahrsamsinhaber braucht „nicht ständig auf der Lauer zu liegen". **Auch Schlafende, Bewusstlose oder Verletzte, die nicht fähig sind, etwas zum Schutz der**

80 Vgl. LK-Vogel § 242 Rn. 78.
81 Vgl. BGHSt 8, 273, 275; Sch/Sch/Bosch § 242 Rn. 33.
82 Vgl. BGHSt 2, 317; BGH StV 2001, 13.
83 BGHSt 22, 180, 183; Sch/Sch/Bosch § 242 Rn. 34.
84 BGHSt 22, 180, 183; Rengier § 2 Rn. 32; Wessels/Hillenkamp/Schuhr Rn. 107.

neben ihnen liegenden Sachen zu unternehmen, behalten Gewahrsam daran.[85] Das gilt sogar dann, wenn sie das Bewusstsein bis zu ihrem Tod nicht wiedererlangen.[86] **Tote** haben aber **keinen Gewahrsam** mehr, weil sie keinen Sachherrschaftswillen mehr bilden können.

b) Neuer Gewahrsam

Neuer Gewahrsam liegt vor, wenn der Täter – oder mit dessen Willen ein Dritter – die Herrschaft über die Sache derart erlangt hat, dass er sie ungehindert durch den alten Gewahrsamsinhaber ausüben und dieser seinerseits über die Sache nicht mehr verfügen kann, ohne die Verfügungsgewalt des Täters zu beseitigen. 65

aa) Tätereigener neuer Gewahrsam ist nicht erforderlich

Da Wegnahme nach der Definition **nicht erfordert**, dass der Wegnehmende neuen Gewahrsam in seiner Person begründet, kann der Gewahrsamswechsel **auch zugunsten eines Dritten** erfolgen.[87] Deshalb kann jemand Mittäter oder mittelbarer Täter eines Diebstahls werden, auch wenn er das Diebstahlsobjekt zu keiner Zeit in die Hand bekommen hat. 66

Beispiele:

A rempelt den Passanten P an, damit der Komplize B einen Taschendiebstahl begehen kann. – Gemeinschaftlicher Diebstahl.

V veranlasst seinen 9-jährigen Sohn S, in der Theatergarderobe Wertsachen aus Mänteln zu entwenden und an einen Hehler weiterzugeben – Diebstahl in mittelbarer Täterschaft.

bb) Gewahrsamsentziehung und -begründung sind auch durch mehrere Handlungen möglich

Zumeist vollziehen sich Gewahrsamsverlust und Begründung neuen Gewahrsams in einem Akt. Möglich ist aber auch, dass der neue **Gewahrsams erst aufgrund einer weiteren Handlung zu einem späteren Zeitpunkt hergestellt wird als die Gewahrsamsentziehung.**[88] Dann ist die Tat erst mit der Begründung neuer Sachherrschaft vollendet. 67

Beispiel: Der Täter wirft die fremde Sache an einer bestimmten Stelle aus dem fahrenden Zug oder Lkw, und holt sie später dort ab.

cc) Mit Gewahrsamserlangung auch nur eines Beutestücks ist die Tat vollendet

Der Moment der Erlangung neuen Gewahrsams markiert die **Schnittstelle** zwischen (noch rücktrittsfähigem) **Versuch** und (nicht mehr rücktrittsfähiger) **Tatvollendung.** Endgültig geborgen braucht die Sache auch noch nicht zu sein.[89] Die Gewahrsamssicherung ist nur die tatsächliche Beendigung des Diebstahls. 68

---

85 BGHSt 4, 210, 211;BGH RÜ 2021, 240, 241 f.

86 BGH JZ 1985, 592; NK-Kindhäuser § 242 Rn. 36.

87 Vgl. OLG Hamm NStZ-RR 2014, 209; Sch/Sch/Bosch § 242 Rn. 42.

88 Sch/Sch/Bosch § 242 Rn. 43 m.w.N.

89 BGHSt 20, 194, 195.

69 Will der Täter **mehrere Sachen** bei derselben Gelegenheit, also durch dieselbe Tat erbeuten, und hat er Gewahrsam auch nur an einem Beutestück erlangt, ist die Tat **vollendet**, selbst wenn hinsichtlich der übrigen Objekte der Gewahrsamswechsel noch aussteht.[90] Bezüglich der noch nicht erlangten Beute ist nicht einmal ein selbstständiger Versuch gegeben, weil dann wenn der Täter tatsächlich weitere Tatobjekte entwendet hätte, der Tatbestand auch nicht erneut verwirklicht worden wäre, sondern insgesamt nur ein einziger Diebstahl vorläge (s. oben Rn. 20).[91]

70 Der Zeitpunkt der Gewahrsamserlangung entscheidet auch über die **rechtliche Einordnung nachträglich ausgeübten Zwangs**: Hat der Täter im Moment der Anwendung von Personengewalt oder Drohung mit Leibes- oder Lebensgefahr noch keinen Gewahrsam erlangt, wird die Tat zum **Raub** gemäß **§ 249**. War der Gewahrsam zu diesem Zeitpunkt schon übergegangen, kann die Tat nur noch als **räuberischer Diebstahl** gemäß **§ 252** strafbar sein (sofern die zuvor erfolgte Wegnahme ein Diebstahl war). Ausführlich dazu unten Fall 2.

dd) Beobachtung hindert die Tatvollendung nicht

71 **Diebstahl ist keine heimliche Tat.** Der Täter kann die Tat vor den Augen anderer begehen. Die Beobachtung – zufällig oder planmäßig, dauernd oder nur vorübergehend –, auch eine körperliche Unterlegenheit des Täters oder seine Bereitschaft zur Rückgabe, geben dem Bestohlenen lediglich die Möglichkeit, den ihm bereits entzogenen Gewahrsam **wiederzuerlangen.**[92] Sogar wenn der Täter im Einzelhandelsgeschäft eine mit intaktem Sicherungsetikett versehene Sache einsteckt und Gefahr läuft, beim Durchschreiten der Ausgangsschleuse optisch-akustischen Alarm auszulösen, wird vollendeter Gewahrsamswechsel bejaht.[93]

72 Etwas anderes gilt nur, wenn der beobachtete Täter aufgrund der Tatumstände (räumliche Nähe zum Eingreifen bereiter Personen, Umfang und Gewicht der Beute, Alarmeinrichtungen) **nicht die geringste Möglichkeit** hätte, die Beute an sich zu nehmen oder damit zu entkommen.[94]

ee) Auch für den neuen Gewahrsam ist die Verkehrsanschauung maßgeblich

(1) Wichtigstes Kriterium: Einbringung in die Körperlichkeitssphäre

73 Die Körperlichkeitssphäre eines Menschen schafft eine Tabuzone, die sozial und rechtlich respektiert wird. Wer diese Tabugrenze überschreitet, muss mit Widerstand rechnen und darf dies nur, wenn er einen Rechtfertigungsgrund dafür besitzt. Weil keine intensivere Herrschaftsbeziehung an einer Sache möglich ist als die physische Nähe,[95] be-

90 BGH RÜ 2010, 373.

91 BGH RÜ 2010, 373; RÜ 2019, 301, 302.

92 Seit BGHSt 16, 271, 273 f. ständige Rspr., vgl. BGH RÜ 2008, 713.

93 BayObLG NJW 1995, 3000.

94 OLG Hamm NStZ-RR 2014, 209 m. Anm. Hecker JuS 2015, 276; Jäger JA 2015, 390; Brüning ZJS 2015, 310 zum Abtransport von Speditionsgut durch einen kriminellen Lkw-Fahrer.

95 BGHSt 16, 271, 274.

gründet die Körperlichkeitssphäre zugleich eine Gewahrsamssphäre. Diese Gewahrsamssphäre bleibt auch dann erhalten, wenn man sich in einem fremden Gewahrsamsbereich aufhält. Die Körpersphäre wird dann zu einer *Gewahrsamsenklave* (daher auch die Begriffe Enklaventheorie bzw. Sphärenformel). Aufbauend darauf kann neuer Gewahrsam auch in einem fremden Gewahrsamsbereich begründet werden, wenn der Täter eine Sache in diese Gewahrsamsenklave bringt.

Deshalb liegt immer eine Wegnahme vor, wenn der Täter noch im Einkaufsbereich des Supermarkts Lebensmittel oder Getränke **verzehrt**.[96]

In den übrigen Fällen hängt der Gewahrsamswechsel von der **Größe** des Gegenstandes ab: 74

- Bei **kleinen, leicht beweglichen Sachen** (die man gewissermaßen in der Hand verschwinden lassen kann), wie Geldscheine, Schmuckstücke usw., genügt schon das **Ergreifen und Festhalten** der Sache mit dauerndem Herrschaftswillen für die Begründung neuen Gewahrsams. Denn von diesem Zeitpunkt an muss der vormalige Gewahrsamsinhaber Gewalt anwenden, um die Sache zurückzuerlangen.[97]
- Bei **größeren**, aber noch leicht transportablen Gegenständen gilt:
  - Das Verbergen des Gegenstandes **unter der Kleidung oder in einer mitgeführten Tasche** genügt für den Gewahrsamswechsel.[98] Sogar wenn der Täter ein noch mit Preisschild versehenes Kleidungsstück über der eigenen Kleidung anzieht, kann neuer Gewahrsam begründet sein, sofern Publikumsverkehr oder bauliche Gestaltung das Entkommen erleichtern.[99]
  - Sachen, die der Täter **offen** in der Hand trägt oder die er in ein Behältnis gelegt hat, das üblicherweise noch **kontrolliert** wird (z.B. Einkaufswagen im Selbstbedienungsladen), fallen erst dann in seinen Gewahrsam, wenn er den Kassenbereich verlassen hat.[100]
- Bei **großvolumigen oder schweren Sachen, deren Abtransport mit Schwierigkeiten verbunden ist**, ist der Gewahrsamswechsel erst vollzogen, wenn der Täter die fremde Gewahrsamssphäre verlassen hat.[101]

(2) Verstecken bei jederzeitigem Zugriff

Aufbauend auf dem Grundsatz, dass nach der Verkehrsanschauung neuer Gewahrsam begründet werden kann, auch wenn sich die Sache noch in fremder Herrschaftssphäre befindet, kann auch schon das **Verstecken** in den Räumen des Bestohlenen die Tat vollenden. Voraussetzung ist aber, dass **der Täter jederzeit ungehinderten Zugang zu dem Versteck hat und die Beute ungehindert abtransportieren kann**.[102] 75

96 OLG Köln NJW 1986, 392.
97 BGH RÜ 2019, 303.
98 BGH RÜ 2019, 303.
99 BGH NStZ 1988, 270 f.
100 BGH NStZ-RR 2013, 276; OLG Köln NJW 1984, 810.
101 BGH NStZ 1981, 435.
102 Vgl. RGSt 12, 355; KG JR 1966, 308.

Muss der Täter aber erst noch fremdes Hausrecht verletzen, um an das Versteck zu kommen und muss er damit rechnen, von schutzbereiten Personen am Abtransport gehindert zu werden, ist die Tat noch nicht vollendet.[103] Entgegen vereinzelter Rspr.[104] liegt in einem solchen Fall im Verstecken der Beute auch noch kein Versuchsbeginn, sondern frühestens mit dem Betreten der Räumlichkeit zum Abtransport.[105]

(3) Gewahrsamslockerung genügt nicht für Wegnahme (Abgrenzung Diebstahl und Betrug)

Kein Gewahrsamsverlust, sondern bloße Vorstufe dessen, ist die vom Täter veranlasste **Gewahrsamslockerung**.

(a) Kurzfristige Überlassung der Sache

76 Lediglich eine Gewahrsamslockerung liegt vor, wenn der vormalige Gewahrsamsinhaber dem Täter eine Sache überlässt, dieser aber nur kurz und in räumlicher Nähe zum bisherigen Gewahrsamsinhaber damit hantieren kann. In solchen Fällen macht die Verkehrsanschauung von den vorgenannten Grundsätzen, wonach man bei kleineren Gegenständen schon mit Ergreifen oder Schaffung einer Körperbeziehung Gewahrsam erlangen kann, Ausnahmen. **Hier liegt die „erste Weiche" zwischen Diebstahl und Betrug …**

…und zugleich eine sehr häufige ***Klausurfalle****. Viele Bearbeiterinnen und Bearbeiter halten irrtümlich schon die Gewahrsamslockerung für den Gewahrsamsverlust. Wenn dem Vorgang dann Täuschung zugrunde liegt, bejahen sie vorschnell ein Einverständnis des Opfers, verneinen den Diebstahl und kommen zum Betrug. Wenn der Täter dann noch Gewalt verübt, können diese Bearbeiter natürlich weder Raub nach § 249 noch räuberischen Diebstahl gemäß § 252 annehmen. Die Klausur ist an früher Stelle in die falsche Richtung gelöst worden. Wie viele Punkte es dafür gibt, ist leicht zu ahnen.*

Fall 2: Täuschungsbedingte Gewahrsamslockerung und anschließende Wegnahme

Mit der Vorspiegelung, nur eben kurz telefonieren zu wollen, brachte A den B dazu, ihm sein Handy zu überlassen. Tatsächlich wollte A auf diese Weise in den Besitz des Handys kommen, um es zu behalten. In dem Glauben, er werde sein Mobiltelefon wieder zurückerhalten, nahm B seine SIM-Karte aus dem Gerät, legte eine ihm von A übergebene neue SIM-Karte ein und überreichte A das Handy. Als B kurz abgelenkt war, drehte sich der ca. zwei Armlängen entfernt stehende A um und rannte für B überraschend mit dem Handy davon. B nahm die Verfolgung auf. Als A nach 100 m die Verfolgung durch B bemerkte, drohte er ihm mit erhobener Faust, um ihn daran zu hindern, ihm das Handy wieder abzunehmen. B gelang es aber, einen Polizisten auf den Vorfall aufmerksam zu machen, der A daraufhin festnahm. Wie hat sich A strafbar gemacht? (Fall nach BGH RÜ 2017, 171)

---

103 BGH RÜ 2011, 505.

104 LG Potsdam NStZ 2007, 336.

105 Vgl. Walter NStZ 2008,156.

I. A könnte sich gemäß **§ 242 Abs. 1** wegen **Diebstahls** des Handys strafbar gemacht haben, als er B zur Überlassung des Mobiltelefons veranlasste.

1. Das Handy stand im Eigentum des B und war damit für A eine fremde bewegliche Sache.

2. A müsste das Mobiltelefon auch weggenommen haben. **Wegnahme** ist Bruch fremden und Begründung neuen Gewahrsams. Gewahrsam ist die vom Willen getragene Herrschaft über eine Sache.

Klausurhinweis: *Erst wenn man den Zeitpunkt des Gewahrsamswechsels präzisiert hat, kann man die Frage erörtern, ob dieser Gewahrsamswechsel vom Einverständnis des Gewahrsamsinhabers getragen war oder nicht.*

Schon aus der Definition der Wegnahme folgt, dass die bloße **Gewahrsamslockerung** oder Verschaffung von **Mitgewahrsam** für die Tatvollendung nicht ausreichen, sondern dass tatsächlich Gewahrsamsverlust aufseiten des vormaligen Gewahrsamsinhabers eingetreten sein muss. Insbesondere wenn eine Sache vom Gewahrsamsinhaber einem anderen nur **kurzfristig und in räumlicher Nähe zum bisherigen Gewahrsamsinhaber im Rahmen einer auch nur schlüssig getroffenen Absprache** überlassen wird, liegt noch kein Gewahrsamswechsel, sondern nur eine Gewahrsamslockerung vor. Dies gilt auch, wenn es sich um kleine oder leicht transportable Gegenstände handelt, an denen „an sich", also ohne eine besondere Absprache zwischen den Beteiligten, mit Ergreifen oder Einbringen in eine körperliche Herrschaftssphäre der Gewahrsamswechsel vollzogen wäre. 77

Klausurhinweis: *Die Bearbeiter machen in Übungsarbeiten mit derartigen Fallkonstellationen häufig den Fehler, den Gewahrsamswechsel ohne Berücksichtigung etwaiger Absprachen und Vereinbarungen allein wegen der Schaffung einer Körperlichkeitsbeziehung zu bejahen. Da das Opfer dem Täter diese Herrschaftsmacht bewusst eingeräumt hat, müssen sie dann ein Einverständnis bejahen und Diebstahl verneinen. Dieses Ergebnis ist – wie die weitere Falllösung zeigt – falsch.*

B wollte dem neben ihm in unmittelbarer Nähe stehenden A das Handy nur für kurze Zeit überlassen. Die tatsächliche Einwirkungsmöglichkeit auf das Mobiltelefon wurde allein durch die Aufgabe der Sicherung, die Sache unmittelbar bei sich zu tragen, noch nicht beseitigt. Vielmehr konnte B nach der Übergabe, aber vor dem Weglaufen des A, bei freiwilliger oder erzwungener Mitwirkung des Empfängers oder mit körperlicher Gewalt wieder auf das Handy zugreifen. Der fortdauernde Sachherrschaftswille ergibt sich aus der Vorstellung, das Telefon unverzüglich zurückzuerhalten. Damit liegt in der Aushändigung des Mobiltelefons noch keine Wegnahme.

Diebstahl scheidet insoweit aus.

II. A könnte sich gemäß **§ 263 Abs. 1** wegen **Betrugs** strafbar gemacht haben, indem er B zur Aushändigung des Handys veranlasste.

1. Mit der Vorspiegelung, telefonieren zu wollen, hat A den B schlüssig über seinen Willen zur Rückgabe des Handys getäuscht.

2. B glaubte, sein Handy zurückzuerhalten und unterlag damit einem Irrtum.

78 3. Fraglich ist, ob die Übergabe des Handys eine Vermögensverfügung war. Dieses ungeschriebene Tatbestandsmerkmal, das Betrug als Selbstschädigungsdelikt charakterisiert, erfasst grundsätzlich jedes Verhalten, das irrtumsbedingt zu einer unmittelbaren Vermögensverminderung geführt hat. Geht es – wie hier – darum, dass sich der Täter den Besitz an einer Sache verschafft hat, muss diese Definition noch präzisiert werden: Da sich Diebstahl (als Fremdschädigungsdelikt) und Betrug (als Selbstschädigungsdelikt) an derselben Sache durch denselben Handlungsakt gegenseitig ausschließen, darf ein Verhalten, das die Voraussetzungen einer Wegnahme erfüllt, keine unmittelbar vermögensmindernde Verfügung sein. Um dies zu erreichen, klammert die h.M. zunächst alle Mitwirkungsakte, die lediglich auf eine Gewahrsamslockerung an der Sache gerichtet sind, die also nur den Gewahrsamswechsel vorbereiten, als Vermögensverfügung aus. Würde man nämlich in der täuschungsbedingten Gewahrsamslockerung eine der Vermögensminderung gleichstehende Vermögensgefährdung sehen (dieser Begriff ist beim Betrug sonst anerkannt), so wäre, nach dem dann verwirklichten Betrug, Diebstahl durch Bruch des beim Opfer verbliebenen „Rest-Gewahrsams" möglich. Darüber hinaus wird ausnahmsweise beim Sachbetrug **Verfügungsbewusstsein** verlangt. Dessen Inhalt ist deckungsgleich mit dem tatbestandsausschließenden Einverständnis in den Gewahrsamswechsel (s. dazu die nachfolgenden Fälle). **Eine täuschungsbedingte Gewahrsamslockerung des Opfers genügt für die Vermögensverfügung nicht. Entscheidend ist, ob sich das Opfer in dem Zeitpunkt, in dem es den Gewahrsam völlig verliert, dessen bewusst ist und dem Gewahrsamsverlust – irrtumsbedingt, aber sonst innerlich frei – zustimmt.**[106]

Wie dargestellt, hat B dem A irrtumsbedingt nur Mitgewahrsam eingeräumt. An einen endgültigen Gewahrsamsverlust dachte er gar nicht.

Mangels Vermögensverfügung scheidet Betrug aus.

III. A könnte **Diebstahl** gemäß **§ 242 Abs. 1** begangen haben, als er mit dem Handy weglief.

1. In diesem Moment verlor B seinen Mitgewahrsam, weil er den Zugriff auf das Mobiltelefon verlor. Das Verhalten widersprach auch dem Willen des B. Der Vorgang wurde damit zur Wegnahme einer fremden beweglichen Sache.

2. A handelte vorsätzlich, in der Absicht rechtswidriger Zueignung, rechtswidrig und schuldhaft.

IV. A könnte sich wegen **räuberischen Diebstahls** nach **§ 252** strafbar gemacht haben, als er B mit erhobener Faust drohte.

1. B hatte wahrgenommen, wie sich A eigenmächtig mit dem Handy entfernte. Er hat A damit auf frischer Tat betroffen.

106 Vgl. BGHSt 17, 206, 209; BGH 1987, 307; BGH RÜ 2016, 711; BGH RÜ 2017, 171.

2. Durch das Erheben der Faust hat A dem B schlüssig mit gegenwärtiger Leibesgefahr gedroht.
3. Dies geschah alsbald nach Vollendung der Wegnahme, aber noch vor Erlangung gesicherten Gewahrsams und somit vor Beendigung eines Diebstahls, mithin zu einem Zeitpunkt, als sich A immer noch „bei" dem Diebstahl befand.
4. A handelte vorsätzlich und mit dem zielgerichteten Willen, sich den Besitz des Handys zu erhalten. Darauf dass ihm dies nicht gelungen ist, kommt es nicht an, da die Beuteerhaltungsabsicht nur ein subjektives Tatbestandsmerkmal ist.
5. Auch Rechtswidrigkeit und Schuld liegen vor.

V. Mitverwirklicht ist eine Nötigung gemäß **§ 240**.

Konkurrenzen und Ergebnis: Als Tatbestandselemente des räuberischen Diebstahls treten der Diebstahl und die Nötigung im Wege der Spezialität dahinter zurück.

A ist strafbar wegen räuberischen Diebstahls.

(b) Erschleichen des Einlasses in eine Wohnung, um dort zu stehlen

Hier liegt kein Betrug durch Einlassen in die Wohnung, sondern **allein (Trick-)Diebstahl** 79
durch die anschließende Entwendung vor.

(c) Ablenken oder Weglocken

Fällt das Opfer auf das Ablenkungsmanöver herein, liegt ebenfalls keine täuschungsbe- 80
dingte Vermögensverfügung vor, sondern nur eine Gewahrsamslockerung. Die spätere Wegnahme ist allein **(Trick-)Diebstahl.**

(d) Aushändigung zur Besichtigung, zur Anprobe, zur schnellen Reinigung, aus vorgetäuschter Behilflichkeit

Der Täter geht zum Schein eine Vereinbarung mit dem Opfer ein, die ihm kurzfristigen 81
Zugriff auf die Sache gestattet, und er nutzt diese Kommunikationsbeziehung aus, um sich mit der Sache davonzumachen. – Gegeben ist **(Trick-)Diebstahl**.

***Klausurhinweis**: Ob Sie bei Fällen im Grenzbereich zwischen Betrug und Diebstahl mit dem einen oder anderen Straftatbestand beginnen, ist keine Frage des logischen Vorrangs. Zeitlich liegt oft die Täuschung früher, sodass man durchaus mit Betrug beginnen kann. Da die Einschränkungen der Vermögensverfügung beim Sachbetrug aber aus dem Diebstahl abgeleitet werden, ist die Darstellung einfacher, wenn Sie zunächst Diebstahl untersuchen.*

c) Gewahrsamsbruch

82 Die Wegnahme setzt wesensnotwendig ein **Handeln ohne den Willen des Gewahrsamsinhabers** voraus. Ist er mit dem Verlust seines Gewahrsams einverstanden, entfällt folglich bereits das Tatbestandsmerkmal der Wegnahme.

Hinweis: *Die bloße Beobachtung des Gewahrsamswechsels (s.o. Rn. 71) oder das passive Gewährenlassen sind noch kein Einverständnis! Nur wenn der Sachverhalt weitergehende Hinweise auf eine innere Zustimmung gibt, kann die Wegnahme ausgeschlossen sein.*

83 Da das **Einverständnis** auf die faktische Position der Sachherrschaft bezogen ist und keinen Verzicht auf den Eigentumsschutz darstellt, folgt es anderen Regeln als die Einwilligung in die Zueignung. **Folgende Voraussetzungen** müssen erfüllt sein:

aa) Einverständnis des Gewahrsamsinhabers oder eines zur Disposition über den Gewahrsam Berechtigten

84 Erforderlich ist zunächst die innere Zustimmung in den Gewahrsamsverlust **durch den Gewahrsamsinhaber oder eine Person, die über den Gewahrsam disponieren darf**.

Bei mehreren **(gleichgeordneten) Mitgewahrsamsinhabern müssen alle Mitgewahrsamsinhaber** einverstanden sein.[107] Bei mehrstufigen Gewahrsamsverhältnissen gilt: Da der übergeordnete Mitgewahrsamsinhaber keinen Gewahrsamsbruch gegenüber dem untergeordneten begehen kann,[108] entfällt die Wegnahme, wenn der übergeordnete Gewahrsamsinhaber mit dem Gewahrsamswechsel einverstanden ist. Weiß umgekehrt der übergeordnete Gewahrsamsinhaber nichts von der Entziehung der Sache, ist aber der untergeordnete Mitgewahrsamsinhaber oder ein Gewahrsamshüter mit dem Gewahrsamsverlust einverstanden, kann dies nach der Rspr. den Tatbestand ausschließen, wenn der Gewahrsamshüter die unmittelbare Einwirkungsmöglichkeit auf die Sache hat und deshalb über sie unabhängig von der Mitwirkung des anderen Gewahrsamsinhabers tatsächlich verfügen kann (zu dieser für die Abgrenzung zwischen Trickdiebstahl und Sachbetrug besonders wichtigen und umstrittenen Fallkonstellation ausführlich unten beim Betrug, Fall 21).[109]

bb) Vor dem Gewahrsamswechsel

85 Das Einverständnis muss – das folgt aus dem Erfordernis der Simultaneität der Deliktsmerkmale – **vor Versuchsbeginn der Wegnahme** vorgelegen haben.[110] Ist es erst nach Versuchsbeginn, aber vor Vollendung erteilt worden, bleibt es bei dem bis dahin begangenen Versuch. Gänzlich unbeachtlich ist eine Zustimmung, die erst nach Vollendung der Wegnahme erklärt wurde.

---

107 Vgl. BGHSt 8, 273.

108 Vgl. BGHSt 10, 400.

109 BGHSt 18, 221.

110 Vgl. Sch/Sch/Bosch § 242 Rn. 36.

cc) Zustimmung in den Gewahrsamsverlust an der konkreten Sache

Das Opfer muss sich im Zeitpunkt des Verlustes der tatsächlichen Herrschaft **bewusst sein, dass es den Gewahrsam nicht nur lockert, sondern völlig preisgibt** (s.o. Fall 2). Die bloße Wahrnehmung und die nur passive Duldung der Sachentziehung sind keine Zustimmung. Darüber hinaus muss sich die Zustimmung auf den konkreten Gegenstand beziehen. 86

Fall 3: „Vorbeischmuggeln" von Waren an der Kasse; Konkretisierungsgrad des Einverständnisses in den Gewahrsamswechsel

In dem Supermarkt S nahm A eine CD aus dem Verkaufsregal und legte sie so in den mitgeführten Einkaufswagen, dass sie in einem offenen Karton zwischen mehreren Tetrapack-Milchtüten hochkant stand. Auf diese Weise konnte die CD, wie von A beabsichtigt, von der Kassiererin K nicht gesehen werden. K berechnete nur die Milch. A bezahlte diese, nicht aber die CD, und schob den Einkaufswagen danach an der K vorbei aus dem Kassenbereich hinaus. Bevor er die CD einstecken konnte, wurde er vom Hausdetektiv, der den Vorgang beobachtet hatte, aufgehalten. Strafbarkeit des A? Strafantrag ist gestellt. (Fall nach OLG Düsseldorf NStZ 1993, 286)

I. A könnte einen **Diebstahl** an der CD gemäß **§ 242 Abs. 1 schon durch Verstecken** zwischen den Milchtüten begangen haben.

1. Als A die CD ergriff und in dem Karton mit den Tetrapack-Tüten verbarg, stand diese noch im Eigentum des S und war für A eine fremde bewegliche Sache.

2. Fraglich ist, ob schon in dem Verbergen eine vollendete Wegnahme gesehen werden kann. Dann müsste bereits dadurch der vormals bestehende Gewahrsam des Supermarktleiters aufgehoben und neuer Gewahrsam begründet worden sein. Zwar erlangt der Täter nach der Verkehrsanschauung an kleineren, leicht transportablen Sachen neuen Gewahrsam, wenn er sie in ein mitgeführtes Behältnis steckt oder in seiner Kleidung verbirgt. Eine solche Gewahrsamsenklave bildet ein Einkaufswagen gegenüber dem Supermarktpersonal jedoch nicht. Weil das Geschäftspersonal befugt ist, den Inhalt des Wagens zu kontrollieren, ist der Zugriff des Geschäftsinhabers und seiner Mitarbeiter auf die Ware nicht beschränkt. Das gilt auch dann, wenn die Ware in dem Einkaufswagen unter anderen Gegenständen versteckt wird. Der Gewahrsam ist auch nicht davon abhängig, dass der Inhaber weiß, wo sich die Sachen in seinem Herrschaftsbereich im Einzelnen befinden, sofern er ungehinderte Zugriffsmöglichkeit darauf behält.[111]

II. Hat A **Diebstahl** gem. **§ 242 Abs. 1** an der CD begangen, als er die **Kasse passierte?**

1. Dann müsste die CD in diesem Zeitpunkt noch fremd gewesen sein. Die Kassiererin könnte dem A aber durch den Abfertigungsvorgang das Eigentum daran übertragen haben, § 929 S. 1 BGB. Ob dies der Fall ist, muss durch Auslegung der sachenrechtlichen Einigung gemäß §§ 133, 157 BGB ermittelt werden. Hierfür ist

111 OLG Düsseldorf NJW 1988, 922, 923; NStZ 1993, 286; i.E. ebenso OLG Köln NJW 1984, 810.

trotz des im BGB geltenden Abstraktionsprinzips der Inhalt des zwischen den Beteiligten geschlossenen Kaufvertrages heranzuziehen, weil der Verkäufer mit der Übereignung seine Kaufvertragsverpflichtung erfüllen will. Der zwischen A und S, mit K als seiner Vertreterin, durch Präsentieren der Waren an der Kasse zustande gekommenen Kaufvertrag bezog sich aus der Sicht der Kassiererin als Erklärungsempfängerin nur auf den Gegenstand, der auch tatsächlich zur Bezahlung vorgelegt wurde. Das von K gleichzeitig abgegebene Übereignungsangebot war folglich auf die Milchpackungen gerichtet. Vom Empfängerhorizont der K aus gesehen hat A nur dieses Übereignungsangebot angenommen. Die sachenrechtliche Einigung hatte nicht die CD zum Gegenstand. Diese blieb für A fremd.

2. Fraglich ist, ob A die CD weggenommen hat.

a) Ein Täter, der in einem Selbstbedienungsladen mit Waren im Einkaufswagen die Kasse passiert, erlangt regelmäßig dann eigenen Gewahrsam, wenn er entweder die Kassenzone räumlich verlassen hat oder wenn das Kassenpersonal die Abfertigung des Täters als abgeschlossen ansieht. Unter diesen Umständen ist nicht mehr mit Kontrollen zu rechnen, und dem Wegschaffen der Sachen steht kein nennenswertes Hindernis mehr entgegen.[112] Bejaht man im vorliegenden Fall einen Gewahrsamswechsel, so wird dieser auch durch die Beobachtung des Hausdetektivs nicht gehindert.

87 b) Dieser Gewahrsamswechsel könnte mit tatbestandsausschließender Zustimmung geschehen sein, weil K die Abfertigung des A als abgeschlossen ansah, nachdem dieser den Kaufpreis für die Milch bezahlt hatte. Da die Kassenangestellte von dem Geschäftsinhaber gerade zu dem Zweck eingesetzt worden war, den Warenausgang in ihrem Bereich zu kontrollieren, würde dieses Einverständnis stellvertretend für alle vormaligen Mitgewahrsamsinhaber an der Ware gelten. Fraglich ist aber, ob überhaupt ein auf die CD gerichteter Übertragungswille der K angenommen werden kann, denn sie hatte die CD in dem Einkaufswagen gar nicht bemerkt. Die Beantwortung dieser Frage hängt davon ab, wie stark das Einverständnis beim Merkmal „Wegnahme" auf die einzelne Sache konkretisiert sein muss.

Hinweis*: Daraus folgt zugleich eine weitere Präzisierung der Grenzziehung zwischen Diebstahl und Betrug:* ***Da das Einverständnis in den Gewahrsamswechsel beim Diebstahl und das Verfügungsbewusstsein beim Sachbetrug inhaltsgleich sind****, wird der Anwendungsbereich des Betruges bei täuschungsbedingter Sacherlangung umso größer, je geringer die Anforderungen an das Einverständnis in den Gewahrsamswechsel beim Diebstahl sind.*

Ganz überwiegend wird heute ein Einverständnis in den Gewahrsamswechsel nur dann angenommen, wenn der zur Gewahrsamsübertragung Befugte auch **den Willen hat, den Gewahrsam an dem konkreten Gegenstand aufzugeben**. Dieser Wille konkretisiere sich bei einem Selbstbedienungskauf auf die Waren, die das Kassenpersonal in der Kasse registriere. Nur auf diese Waren be-

112 OLG Köln NJW 1984, 810; Brocker JuS 1994, 919, 923; a.A. OLG Düsseldorf NStZ 1993, 286.

ziehe sich der Kaufvertrag, und nur diese sollten auch übereignet werden. Das bedeutet aber nicht, dass jeder Irrtum in Bezug auf den Gegenstand das Einverständnis unwirksam macht. Vielmehr gilt folgende – im Einzelnen allerdings umstrittene – Unterscheidung:

- Täuscht der Täter das Kassenpersonal durch seine Manipulation über Eigenschaften oder über den Kaufpreis des **an der Kasse vorgezeigten Tatobjekts**, liegt ein konkretisiertes Einverständnis vor. Die täuschungsbedingte Übertragung begründet dann Betrug.[113] 88

  Eine solche, für das wirksame Einverständnis in den Gewahrsamswechsel unschädliche Täuschung wird von vielen dieser Meinungsgruppe auch dann angenommen, wenn das Tatobjekt nach einem Totalaustausch in der Verpackung einer billigeren Ware präsentiert wird (Zigaretten **anstelle** von Windeln im Windelkarton).[114]

- Wird die Sache durch Verstecken zwischen anderen Waren oder durch Verdecken im Einkaufswagen am Kassenpersonal **vorbeigeschmuggelt**, so liegt kein Einverständnis vor. Wer als Kassierer nichts von der fraglichen Sache weiß, verfügt nicht irrtumsbedingt, sondern überhaupt nicht. 89

  Dem Vorbeischmuggeln steht es nach überwiegender Ansicht in dieser Meinungsgruppe gleich, wenn der Täter an der Kasse eine Originalverpackung präsentiert, in der er vorher **zusätzlich** zur Kaufsache das Tatobjekt versteckt hat.[115]

Damit fehlt auch im vorliegenden Fall ein wirksames Einverständnis, weil K die CD nicht bemerkt hat. In dem Vorbeischmuggeln der CD an der Kasse liegt eine vollendete Wegnahme.

3. A handelte vorsätzlich, in der Absicht rechtswidriger Zueignung, rechtswidrig und schuldhaft. Der nach § 248 a wegen Geringwertigkeit der CD grundsätzlich erforderliche Strafantrag ist gestellt.

III. **Betrug** gemäß **§ 263 Abs. 1 gegenüber der K und zum Nachteil des S?**

1. Zwar ist die Kassiererin durch schlüssiges Verhalten des A – das Präsentieren des Einkaufswagens – über die Vollständigkeit der vorgelegten Waren getäuscht worden. Sie hatte auch eine entsprechende Fehlvorstellung.
2. In dem Passierenlassen der Kasse liegt jedoch weder eine Vermögensverfügung über den Besitz noch über etwaige Herausgabeansprüche nach den §§ 985, 862 BGB: Wegen des Exklusivitätsverhältnisses zwischen Diebstahl und Betrug muss der vom Täter erlangte Besitz auf einer **bewussten Vermögensverfügung**, also einer willentlichen Preisgabe des Gewahrsams beruhen. Verlangt man dafür ein auf den Gegenstand konkretisiertes Verfügungsbewusstsein – deckungsgleich mit dem Einverständnis in den Gewahrsamswechsel –, so lag keine Vermögens-

113 Vgl. BayObLGSt 1988, 5; BGHSt 41, 198; Brocker JuS 1994, 919; Fahl JuS 2004, 885.

114 OLG Hamm OLGSt § 263 S. 165; Rengier § 13 Rn. 91; Wessels/Hillenkamp/Schuhr Rn. 639; für Diebstahl: Sch/Sch/Eser/Bosch § 242 Rn. 36; SK-Hoyer § 263 Rn. 169.

115 NK-Kindhäuser § 242 Rn. 55; Wessels/Hillenkamp/Schuhr Rn. 639; für Betrug hingegen Rengier § 13 Rn. 88; Fahl JuS 2004, 885, 889.

verfügung an der CD vor. Die Herausgabeansprüche nach Zivilrecht besaßen daneben keinen selbstständigen Vermögenswert, sodass in ihrer (unbewussten) Nichtgeltendmachung auch keine vermögensmindernde Verfügung gesehen werden kann.

Ergebnis: A ist strafbar wegen Diebstahls.

---

dd) Natürlicher Wille genügt

90 Da das Einverständnis in den Gewahrsamsverlust bildlich gesprochen die Umkehrung des Herrschaftswillens ist, genügt zu seiner Wirksamkeit der **natürliche Wille**, der auch bei Geisteskranken, Kindern oder Betrunkenen vorhanden sein kann.[116] Geschäftsfähigkeit oder Einsichtsfähigkeit, wie sie für eine rechtfertigende Einwilligung verlangt werden, müssen nicht vorliegen.

ee) Irrtümer sind unbeachtlich; nicht aber, wenn diese zur Unfreiwilligkeit führen

91 Entscheidend ist nur der tatsächliche Wille des Opfers, nicht etwa der mutmaßliche oder hypothetische Wille. **Daher ist das Einverständnis selbst dann wirksam, wenn es durch Täuschung erschlichen worden ist**. Ein Einverständnis liegt aber dann nicht mehr vor, wenn das Opfer **unfreiwillig** am Gewahrsamswechsel mitwirkt oder diesen erzwungenermaßen duldet. Hier liegt eine weitere **Weiche** zwischen Trickdiebstahl und Sachbetrug:

Fall 4: Vorgetäuschte Beschlagnahme; Wegnahme wegen Unfreiwilligkeit des Gewahrsamsverlusts

A betritt das Weingeschäft des W, gibt sich dort als „Lebensmittelkontrolleur" aus und „beschlagnahmt" von allen angebotenen Rotweinen aus Italien je eine Flasche – angeblich, um den Wein auf Rückstände von Pflanzenschutzmitteln zu untersuchen. Verärgert über den zu erwartenden Umsatzverlust wegen des sich ankündigenden Weinskandals fügt sich W in sein Schicksal und händigt dem A zwölf verschiedene Flaschen aus, mit denen A einen italienischen Abend bei Freunden befeuchtet. Strafbarkeit des A? (Variante der Beschlagnahme-Fälle BGH NJW 1952, 796; 1953, 73)

I. Infrage kommt **Diebstahl an den Weinflaschen, § 242**.

1. Die Weinflaschen samt Inhalt waren für A fremde bewegliche Sachen. A müsste diese weggenommen haben.

   a) Spätestens mit Verlassen der Weinhandlung hat A den vormaligen Gewahrsam des W an dem Wein aufgehoben und neuen, eigenen Gewahrsam daran begründet.

---

116 Rengier § 2 Rn. 42.

b) Ein Gewahrsamsbruch ist aber ausgeschlossen, wenn in der Aushändigung des Weins ein wirksames Einverständnis in den Gewahrsamswechsel liegt.

aa) Als W dem A die Weinflaschen mitgab, ging er davon aus, dass diese zu Analysezwecken verbraucht würden. Ihm war also klar, den Gewahrsam an der Ware nicht nur zu lockern, sondern sogar endgültig zu verlieren.

bb) Das Bewusstsein der Preisgabe bezog sich auch auf die konkreten, dem A mitgegebenen Weinflaschen.

cc) Fraglich ist, ob die Wirksamkeit des Einverständnisses wegen Willensmängeln ausgeschlossen ist, denn W glaubte, einen Lebensmittelkontrolleur vor sich zu haben. Allein dieser Irrtum wäre unbeachtlich.

- Ein wirksames Einverständnis liegt sogar dann noch vor, wenn **neben die Täuschung noch eine Drohung in Motivkonkurrenz** tritt, sodass beide Mittel für die Willensentschließung des Adressaten ursächlich sind, nämlich weil er sich irrt und weil er das angedrohte Übel fürchtet.[117] 92

  Beispiel: A will von der B Geld. Er spiegelt ihr Rückzahlungswilligkeit vor; als sie zögert, droht A der B, sie wegen ihrer früheren Tätigkeit als Prostituierte in Misskredit zu bringen. Erst danach lässt B es geschehen, dass sich A aus der Kasse bedient. – Wirksames Einverständnis in den Gewahrsamswechsel, daher kein Diebstahl, aber Betrug gemäß § 263 (über die Rückzahlungswilligkeit) und Erpressung gemäß § 253 (wegen der Drohung) in Tateinheit.[118]

- **Wird die Drucksituation für das Opfer jedoch so stark, dass es – wenn auch infolge der Täuschung – keine andere Möglichkeit mehr sieht, als den Gewahrsam an der Sache zu verlieren, so ist das Einverständnis mangels Freiwilligkeit unwirksam.** In diesem Fall spielt es auch keine Rolle, ob das Opfer an dem Gewahrsamswechsel äußerlich mitwirkt oder diesen nur geschehen lässt. 93

Bei Vortäuschung einer behördlichen Beschlagnahme wird das Opfer zu der Vorstellung gebracht, es müsse den Verlust der Sache dulden, weil Widerspruch zwecklos sei und körperlicher Widerstand zu anderen Unzuträglichkeiten führen würde. In einem solchen Fall ist für einen eigenen freien Willensentschluss, der nur durch Irrtum beeinflusst ist, kein Raum. Vielmehr beugt sich das Opfer dem vermeintlichen Zwang.[119] Da auch W glaubte, ihm bleibe angesichts der hoheitlichen Zwangsbefugnisse eines Lebensmittelkontrolleurs keine andere Wahl, als den Verlust der Weinflaschen hinzunehmen, lag kein wirksames Einverständnis vor. Trotz äußerlicher Weggabe durch W hat A die Weinflaschen weggenommen.

2. Er handelte vorsätzlich. Da er den Wein für sich verbrauchen wollte, beabsichtigte er auch die rechtswidrige Zueignung. Rechtswidrigkeit und Schuld sind gegeben.

117 NK-Kindhäuser § 253 Rn. 48.

118 Vgl. BGHSt 9, 245.

119 BGH NJW 1952, 796; 1953, 73 (**unbedingt nachlesen!**).

II. **Betrug** gemäß **§ 263** gegenüber und zulasten W kann daneben nicht mehr angenommen werden: Wegen der über den Irrtum hinausgehenden Zwangslage liegt in der Aushändigung des Weins keine freiwillige Vermögensverfügung.

III. **Erpressung** gemäß **§ 253** (ebenso Nötigung gemäß § 240) verlangen als Tathandlung eine Drohung, also die Inaussichtstellung eines Übels. Hier hat A zwar durch die Behauptung, Amtsträger zu sein, schlüssig zum Ausdruck gebracht, über Zwangsmittel zur Durchsetzung der Beschlagnahme zu verfügen, doch hat er ihre Anwendung noch nicht angekündigt.

IV. Verwirklicht ist **Amtsanmaßung** nach **§ 132 Alt. 1**, da sich A als Inhaber eines von ihm nicht bekleideten öffentlichen Amtes ausgegeben und er durch die „Beschlagnahme" eine als hoheitlich erscheinende Handlung vorgenommen hat.[120]

V. **§ 132 a Abs. 1 Nr. 1** ist zu verneinen, da die Erklärung, „Lebensmittelkontrolleur" zu sein, kein Führen einer förmlichen Amtsbezeichnung bedeutet.[121]

Ergebnis: A ist strafbar gemäß §§ 242, 132, 52.

---

ff) Das Einverständnis kann durch Bedingungen eingeschränkt sein

94 Hier werden die bereits oben im Zusammenhang mit der Fremdheit dargestellten Einschränkungen nach der **Lehre vom modifizieren Einverständnis** bedeutsam, wenn es um automatisierte Verkaufsvorgänge geht (s.o. Rn. 39 ff.).

gg) Keine Kundgabe oder Kenntnis des Täters erforderlich

95 Das Einverständnis muss nicht **nach außen kundgetan** worden sein;[122] es muss dem Täter auch nicht bekannt gewesen sein.[123] War es ihm unbekannt, so liegt Versuch vor.

Hauptfall hierfür ist die **Diebesfalle:** Um in einer Behörde häufig vorkommende Diebstähle aufzuklären, legt X einen von der Polizei mit Silbernitrat präparierten Geldschein in seine Manteltasche und lässt den Mantel einige Stunden unbeobachtet. Später kann der Angestellte A anhand der Silbernitratflecken an den Händen als Täter bei der Entwendung ermittelt werden. – Kein vollendeter Diebstahl. Bei einer sog. Diebesfalle ist im Regelfall davon auszugehen, dass der Berechtigte mit der Aufhebung seines Gewahrsams einverstanden ist. Denn der Täter soll die Sache gerade in seinen Gewahrsam bringen, damit er überführt werden kann.[124] Gegeben ist untauglicher Diebstahlsversuch, weil der Täter wegen seiner Unkenntnis des Einverständnisses glaubte, eine Wegnahme zu begehen (s. auch unten Rn. 96). Ob zugleich in dem Versuch der Wegnahme eine Manifestation des Zueignungswillens und damit eine vollendete Unterschlagung liegt, ist umstritten.[125] Natürlicher Wille genügt.

---

120 Vgl. Sch/Sch/Sternberg-Lieben § 132 Rn. 5.

121 Vgl. BGHSt 26, 267.

122 Vgl. SK-Hoyer § 242 Rn. 52.

123 Rengier § 2 Rn. 64.

124 OLG Celle JR 1987, 253; OLG Düsseldorf NJW 1988, 83; StV 1991, 265.

125 OLG Celle JR 1987, 253 f.; Otto JZ 1993, 559, 563; dagegen Wessels/Hillenkamp/Schuhr Rn. 118.

Tathandlung des Diebstahls: Wegnahme

Bruch fremden, Begründung neuen Gewahrsams

Fremde bewegliche Sache	Gewahrsamsbruch	**Fremde bewegliche Sache**
Vor Versuchsbeginn Gewahrsam irgendeines anderen	▶▶▶▶▶	Vollendung erst durch neuen, nicht notwendig tätereigenen Gewahrsam

Tatsächliches Herrschaftsverhältnis über die Sache unabhängig von Besitz und Eigentum

und

Herrschaftswille im Sinne eines natürlichen, auch generellen Beherrschungswillens

unter

Berücksichtigung der Verkehrsanschauung, insbesondere

- trotz beschränkten Zugriffs, etwa bei vorübergehender räumlicher Trennung, kann (Mit-)Gewahrsam fortbestehen
- auch ohne aktuellen Herrschaftswillen eines Schlafenden oder bis zum Tod bei Bewusstlosen bleibt Gewahrsam bestehen

Einverständnis lässt Wegnahme entfallen:

Abzustellen ist auf den **natürl. Willen des Gewahrsamsinhabers oder einer dispositionsbefugten Person**

Maßgeblich ist der **Wille im Zeitpunkt des Gewahrsamswechsels**; bei Automaten: sofern dieser defektfrei ist und ordnungsgemäß bedient wird (modifiziertes Einverständnis)

Wille muss auf Übertragung und nicht nur Lockerung des Gewahrsams an **konkreter Sache gerichtet sein**

Irrtümer sind unbeachtlich; handelt das Opfer aber auf **Druck, sodass es glaubt, den Gewahrsamswechsel nicht verhindern zu können**, so ist das Einverständnis unwirksam (Beschlagnahme-Fall!)

Kundgabe und Kenntnis des Täters sind keine Wirksamkeitsvoraussetzungen; bei Unkenntnis aber Versuch

Nicht notwendig gesichertes, tatsächliches Herrschaftsverhältnis über die Sache

und

Herrschaftswille

unter

Berücksichtigung der Verkehrsanschauung, insbesondere

- für Entwendungen in fremder Sphäre gilt:
  - bei kleinen Gegenständen genügt schon das Ergreifen
  - bei größeren, noch transportablen Gegenständen genügt Verbergen am Körper oder in mitgeführter Tasche
  - bei schweren Sachen erst mit Verlassen der fremden Sphäre Vollendung
- Beobachtung hindert die Vollendung grundsätzlich nicht, denn Diebstahl ist keine heimliche Tat

5. Vorsatz

96 Der Vorsatz des Diebes muss **im Zeitpunkt der Wegnahme** alle Umstände, welche die „fremde bewegliche Sache" und die „Wegnahme" objektiv ausfüllen, mit den Mindestanforderungen des **dolus eventualis** umfasst haben.

Dazu gehören zumindest Möglichkeitsbewusstsein und Billigung des fremden Eigentums sowie zumindest die laienhafte Bewertung des Eigentums als umfassendes Verfügungsrecht, kurz gesagt: der Unterschied von „Mein und Dein". Der Täter muss ferner das Bestehen fremden Gewahrsams und die Überführung in neuen Gewahrsam ohne Zustimmung des vormaligen Gewahrsamsträgers in sein Vorstellungsbild aufgenommen haben und er muss zumindest vereinfacht den sozialen Sinngehalt des Begriffs „Gewahrsam" gekannt haben. Fehlt eines dieser subjektiven Erfordernisse, handelt der Täter unvorsätzlich. Stellt er sich irrtümlich alle vorgenannten Erfordernisse vor, ist ein untauglicher Versuch gegeben.

Beispiele:

Verwechselt A beim Verlassen des Lokals die an der Garderobe aufgehängten Mäntel und entfernt sich mit dem Mantel eines anderen Gastes, fehlt ihm schon der Vorsatz für das Merkmal „fremd".

Weiß der diebische Mitarbeiter M nicht, dass der auf dem Tisch liegende Geldschein präpariert ist, damit dieser später bei ihm gefunden werden kann, so fehlt M die Kenntnis des Einverständnisses in den Gewahrsamswechsel. Da er sich spiegelbildlich damit ein Handeln ohne Zustimmung des Gewahrsamsinhabers vorstellt, ist Diebstahlsversuch zu bejahen (zur Diebesfalle auch oben Rn. 95).

97 Da der objektive Tatbestand keine Begrenzungen auf ganz bestimmte Sachen und bestimmte Personen als Eigentümer enthält, muss sich der Diebstahlsvorsatz auch nur auf irgendeine Sache im Eigentum irgendeiner anderen Person beziehen. Irrtümer über die Identität des Eigentümers oder Eigenschaften des Tatobjekts sind deshalb für den Vorsatz unbeachtliche Motivirrtümer.

98 Auch wenn der Täter eine bestimmte Sache stehlen will, seinen **Wegnahmewillen im Rahmen eines einheitlichen Geschehens** hinsichtlich der Tatobjekte **verengt, erweitert** oder **sonst ändert**, bleibt der Diebstahlsvorsatz derselbe, sodass auch nur eine Tat vorliegt.[126]

6. Zueignungsabsicht zu eigenen Gunsten oder zugunsten eines Dritten

99 Die Zueignungsabsicht kennzeichnet den Eigentumsangriff des Diebstahls. Dieser besteht darin, dass der Täter den Eigentümer aus seiner tatsächlichen Verfügungsposition an der Sache verdrängen („Enteignung") und sich oder einem Dritten diese faktische Verfügungsmacht verschaffen will („Aneignung"). Da die Zueignungsabsicht ein **subjektives Tatbestandsmerkmal** ist, kommt es nicht darauf an, ob die Vorstellung tatsächlich verwirklicht wurde oder ob sie überhaupt realisierbar war.[127] Auch muss der

RÜ-Video 02/21

126 BGH RÜ 2019, 301,302.

127 Allg. Ansicht, vgl. Rengier §2 Rn. 86; unzutreffend daher BayObLG RÜ 2021, 101, 102 f., mit RÜ-Video 02/21 unter t1p.de/mwcf. Das Gericht leitet die Zueignungsabsicht vom Zueignungsbegriff der Unterschlagung ab (s.u. Rn. 260) und verlangt, der Täter müsse beabsichtigen, seinen Zueignungswillen objektiv zu manifestieren.

Täter seinen Zueignungswillen nicht nach außen hin manifestieren. Ausreichend ist, dass er diesen Willen tatsächlich besitzt.

Nur wenn sich der Täter gar keine Vorstellungen über die Verwendung seiner Beute gemacht hat, ist auch noch keine Zueignungsabsicht gegeben.

a) Zeitliche Simultaneität von Wegnahme und Zueignungsabsicht

Die Zueignungsabsicht muss **bei der Wegnahme**, also zumindest bei der letzten Ausführungshandlung, vorgelegen haben.[128] War das nicht der Fall, so kann die spätere Zueignung nur noch Unterschlagung gemäß § 246 sein. 100

Beispiel: A entwendet ein Fahrzeug für eine Spazierfahrt und will es später wieder zurückbringen. Erst während der Fahrt entschließt er sich, das Auto zu verkaufen. – Mangels Zueignungsabsicht kein Diebstahl, sondern unbefugter Fahrzeuggebrauch gemäß § 248 b, der in Tatmehrheit zu der durch den Verkauf verwirklichten Unterschlagung gemäß § 246 Abs. 1 steht.

b) Sachliche Kongruenz von Wegnahmeobjekt und Zueignungsgegenstand

§ 242 verlangt dass der Täter gerade die Sache, die er auch weggenommen hat, sich oder einem Dritten zueignen will.

aa) Hat der Täter zum Zweck der Erlangung **ganz bestimmter Beute** einen anderen Gegenstand weggenommen, an dem er kein auch nur vorübergehendes Gebrauchsinteresse hat – meist ein Behältnis, das der Täter nicht benötigt (s. aber unten Rn. 116) – und **erlangt er den erstrebten Gegenstand nicht**, so scheitert die Tatvollendung: **Auf das Weggenommene bezog sich nicht die Zueignungsabsicht, und das, was sich der Täter zueignen wollte, hat er nicht weggenommen.**[129] Gegeben ist lediglich Diebstahlsversuch hinsichtlich der in Aussicht genommenen Beute. 101

Beispiel: A entwendet eine Lederjacke, in der er Geld vermutet. Die Jacke interessiert ihn nicht; er will sie später wegwerfen. Die Jacke ist jedoch leer. Da hinsichtlich der Jacke keine Aneignungsabsicht – auch nicht als Behältnis – bestand, fehlt die Zueignungsabsicht. A ist nur strafbar wegen Diebstahlsversuchs an dem vermuteten Geld, §§ 242 Abs. 1, 2, 22.

bb) Ändern sich das Tatobjekt oder die Vorstellungen des Täters darüber im Verlauf der Tat, so ist für die Frage, ob Wegnahme- und Zueignungsobjekt noch deckungsgleich waren, der **Zeitpunkt der letzten Ausführungshandlung** entscheidend. 102

Erkannte der Täter im Moment des Gewahrsamswechsels, dass er eine für ihn unbrauchbare Sache in der Hand hielt, ist der Diebstahl (oder ggf. der Raub gemäß § 249) nicht vollendet, sondern nur versucht.

Beispiel: T reißt der O überraschend – also ohne Personengewalt – einen Geldschein aus der Hand, den O wider Erwarten so fest in der Hand hält, dass er zerreißt. T erkennt, dass das von ihm erlangte Reststück zu klein ist, um es bei einer Bank einzutauschen. – Kein vollendeter, sondern nur versuchter Diebstahl.[130]

128 BGH RÜ 2004, 205.

129 BGH StV 1990, 408; BGH RÜ 2014, 29.

130 BGH RÜ 2014, 574 zu § 249.

103 **cc)** War der Täter beim letzten Ausführungsakt der Wegnahme **fest davon überzeugt, den von seiner Zueignungsabsicht umfassten Gegenstand zu erlangen**, so ist der Diebstahl vollendet. War der Gegenstand tatsächlich ein anderer als erwartet oder für den Täter unbrauchbar, ist dies ein für den Vorsatz unbeachtlicher Identitätsirrtum; die Zueignungsabsicht als rein subjektives Merkmal ist trotzdem in Bezug auf den weggenommenen Gegenstand gegeben.

Beispiel: A will sich in den Besitz eines Autos bringen, um es zu behalten. Er versucht, dem Fahrzeugeigentümer E den von diesem festgehaltenen Schlüssel zu entreißen. A erlangt dadurch nur den am Schlüsselgriff montierten Transponder für die elektronische Türentriegelung. Den Schlüssel für das mechanische Zündschloss behält E. In der irrigen Annahme, mit dem Transponder das Auto starten zu können, entfernt sich A – Vollendeter Raub, § 249. A hat den für ihn fremden Transponder mittels Gewalt weggenommen und wollte dies auch. Er beabsichtigte, sich den weggenommenen Gegenstand durch Gebrauch als Zündschlüssel anzueignen und wollte den E auf Dauer enteignen. Dass er dieses Ziel mit dem Transponder tatsächlich nicht erreichen konnte, spielt keine Rolle.[131]

c) Zueignungselemente

aa) Absicht der Selbstzueignung

Fall 5: Aneignungsabsicht plus Enteignungsvorsatz

G verbüßt eine mehrjährige Freiheitsstrafe. Nach der Gefängnisordnung muss er grau-blaue Drillichkleidung tragen, durch die er sofort als Häftling erkennbar ist. Beim Austragen des Essens gelingt es ihm, dem begleitenden Vollzugsbeamten V unbemerkt die Schlüssel abzunehmen. Wie geplant, eröffnet sich G damit die Freiheit. Er wirft die Schlüssel danach – auch das hatte zu seinem Plan gehört – in einen nahen Fluss. Bevor er sich auch der lästigen Kleidung entledigt, wird G wieder gefasst.

Strafbarkeit des G? Der zuständige Staatsanwalt bejaht aus Präventionsgründen das besondere öffentliche Verfolgungsinteresse.

104 I. **Gefangenenbefreiung** gemäß **§ 120** kommt nicht in Betracht, da die reine Selbstbefreiung schon nicht tatbestandsmäßig ist.[132]

II. **Auch Vollstreckungsvereitelung** gemäß **§ 258 Abs. 2** kann durch den ausschließlich zu eigenen Gunsten handelnden G nicht verwirklicht worden sein, weil er kein „anderer“ im Sinne des Tatbestandes ist.

III. **Verwahrungsbruch an den Schlüsseln** gemäß **§ 133 Abs. 1** setzt voraus, dass sich die Schlüssel „in dienstlicher Verwahrung“, also in staatlichem Besitz zum Zweck der Bewahrung und Erhaltung um ihrer selbst willen, befanden. Gegenstände, die wie die Schlüssel zum Gebrauch durch die Behörde bestimmt sind, werden nicht i.S.v. § 133 verwahrt, sondern unterstehen nur dem allgemeinen strafrechtlichen Schutz.

IV. In Betracht kommt **Diebstahl an den Schlüsseln** gemäß **§ 242 Abs. 1**.

1. Die Schlüssel standen im Eigentum des Landes, in dem die JVA liegt. Durch die heimliche Entziehung ohne den Willen des V hat G die Schlüssel vorsätzlich weggenommen.

131 BGH RÜ 2004, 205.

132 Vgl. BGHSt 4, 396, 400.

2. Fraglich ist, ob G auch in Zueignungsabsicht gehandelt hat, also Aneignungs- und Enteignungsvorsatz hatte. **105**

a) Durch die Aneignungskomponente unterscheidet sich der Diebstahl von der reinen Sachentziehung, die nur unter den Voraussetzungen der §§ 303, 274, 133 strafbar ist. Für die Aneignung ist auch **keine wirtschaftliche Besserstellung** erforderlich, denn § 242 verlangt Zueignungs- und nicht Bereicherungsabsicht. Auch braucht der Täter nicht den Willen zu haben, die Sache dauernd in seiner Herrschaftsgewalt zu belassen. **Ein nur vorübergehender Gebrauchsnutzen reicht aus**. Dieser muss aber über die bloße Gewahrsamserlangung hinausgehen. Ferner muss der Täter zielgerichteten Willen für den Gebrauchsvorteil besessen haben. Ist dieser nur erkannte Nebenfolge der zu ganz anderen Zwecken erfolgten Wegnahme, reicht das nicht aus. **Die Absicht bezieht sich damit auf die Aneignungskomponente**.[133]

Nach diesen Grundsätzen hatte G bezüglich der Schlüssel Aneignungsabsicht, denn er wollte sich durch den Gebrauch der Schlüssel für eigene Zwecke an die Stelle des Berechtigten setzen. Dass die geplante Nutzung nur von kurzer Dauer sein sollte, ist ebenso unerheblich wie der Umstand, dass die Schlüssel für G keinen Geldwert hatten.

b) Bei der Entwendung der Schlüssel müsste G auch **Enteignungswillen** besessen haben. Dieses Merkmal grenzt den Diebstahl von der bloßen Gebrauchsanmaßung ab, die nur ausnahmsweise in den Fällen der §§ 248 b, 290 mit Strafe bedroht ist. Im Gegensatz zur Aneignungsabsicht muss der Enteignungswille darauf gerichtet sein, den Berechtigten **auf Dauer** von seiner Sachherrschaft auszuschließen. Hinsichtlich der Enteignung genügt **dolus eventualis**, denn typischerweise interessiert sich ein Dieb für die Erlangung der Sache; was später mit ihr geschieht, ist ihm gleichgültig.[134] Der Enteignungswille ist nur dann zu verneinen, wenn der Täter bei der Wegnahme **Rückführungswillen** hatte, also einen dauernden Verlust der Sache für den Eigentümer nicht wollte und auch nicht billigend in Kauf nahm.

G hatte die Rückführung der Schlüssel in die Sachherrschaft des V nicht geplant; er wollte die Schlüssel später – wie auch geschehen – wegwerfen.

c) Fraglich ist, ob es der Zueignungsabsicht entgegensteht, dass die Aneignung durch den Gebrauch und die Enteignung durch das Wegwerfen auf zwei verschiedenen Handlungen beruhen. Ein Teil des Schrifttums verneint in solchen Fällen Diebstahl. Erforderlich sei eine innere Verknüpfung zwischen Aneignung und Enteignung, d.h.: Die Enteignung muss danach („stoffgleich" bzw. „korrespondierend") **durch** vorübergehende Aneignung bewirkt werden.[135] Gegen diese Auffassung wendet die h.M. ein, dass dann für die gesamte Dauer der Entziehung der Sache auch deren Gebrauch erstrebt sein müsse, wodurch erhebliche Strafbarkeitslücken entstünden. Danach genügt es, dass An- und

133 BGH RÜ 2019, 512 zur Wegnahme eines Handys, um wieder zurück ins Gefängnis zu kommen.

134 Vgl. im Ergebnis BGH NStZ 1981, 63; Fischer § 242 Rn. 41.

135 Vgl. SK-Hoyer § 242 Rn. 84; MünchKomm/Schmitz § 242 Rn. 156.

Enteignung – wie im vorliegenden Fall – auf zwei Willensbetätigungen beruhen.[136]

G hat auch in der Absicht rechtswidriger Zueignung gehandelt und rechtswidrig und schuldhaft einen Diebstahl an den Schlüsseln begangen.

3. Ob es sich bei den Schlüsseln um eine geringwertige Sache i.S.v. § 248 a handelt, hängt davon ab, ob es hierfür überhaupt einen Verkehrswert gibt und – bejahendenfalls – ob dieser unter der Mindestwertgrenze von 25 € liegt. Selbst wenn dies anzunehmen wäre, ist die Tat auch ohne Strafantrag verfolgbar, nachdem der Staatsanwalt das besondere öffentliche Verfolgungsinteresse bejaht hat.

V. Ob auch **Diebstahl bezüglich der Anstaltskleidung** gemäß **§ 242** vorliegt, erscheint dagegen zweifelhaft.

1. G hat auch diese für ihn fremden Sachen vorsätzlich weggenommen, als er das Gefängnis verließ.

106 2. Fraglich ist die Zueignungsabsicht. Zwar hatte G Eventualvorsatz bzgl. der Enteignung des Landes als Eigentümer, weil er sich der Kleidung möglichst bald entledigen wollte; die Aneignung, also der kurzfristige Gebrauch während der Flucht, war dagegen nicht mit zielgerichtetem Willen **beabsichtigt**, sondern – wegen der Gefahr der Wiedererkennung und Wiederergreifung als Strafgefangener – sogar höchst unwillkommene Folge der Selbstbefreiung.[137]

VI. **Unterschlagung** an der Anstaltskleidung gemäß **§ 246 Abs. 1** scheitert an einer Zueignungshandlung. Das Verlassen der Justizvollzugsanstalt manifestiert nicht eindeutig den An- und Enteignungswillen.

VII. Indem G die Schlüssel in den Fluss geworfen hat, wo sie in absehbarer Zeit verrosten, hat er zumindest eine **versuchte Sachbeschädigung** nach **§§ 303 Abs. 1 und 2, 22** begangen. Diese erneute Betätigung des Herrschaftswillens ist jedoch im Verhältnis zu dem weitergehenden Diebstahl mitbestrafte Nachtat.[138]

VIII. Hinsichtlich der Gefängniskleidung hatte G zwar Tatentschluss für einen **Sachbeschädigungsversuch**, zum unmittelbaren Ansetzen i.S.v. § 22 ist es jedoch nicht mehr gekommen, weil er vorher wieder ergriffen wurde.

Ergebnis: G ist wegen Diebstahls (an den Anstaltsschlüsseln) strafbar.

---

bb) Drittzueignungsabsicht

Aufbau: *Wird Eigenzueignungsabsicht bejaht, braucht Drittzueignungsabsicht nicht mehr geprüft zu werden. Auf diese kommt es – subsidiär – erst an, wenn Zueignungsabsicht zugunsten des Täters zu verneinen ist.*[139]

107 Bei der Absicht der Zueignung zugunsten eines Dritten ändert sich nur der Begünstigte der Aneignung. Statt des Täters der Wegnahme ist dies eine weitere Person – nur nicht

136 Wessels/Hillenkamp/Schuhr Rn. 160.

137 Vgl. im Ergebnis BGH MDR 1960, 689; Fischer § 242 Rn. 41 a.

138 Vgl. Fischer § 242 Rn. 59.

139 Vgl. Rengier § 2 Rn. 157.

der Eigentümer, weil dann wieder der Enteignungswille entfällt. Die Zueignungselemente sind dieselben wie bei der Selbstzueignung. Auch Drittzueignung erfordert **dolus directus I hinsichtlich der Aneignung zugunsten des Dritten und dolus eventualis hinsichtlich der Enteignung des Eigentümers.**

d) Inhalt der Zueignung

Mit der Feststellung, dass sich die Zueignungsabsicht auf das Wegnahmeobjekt beziehen muss, ist noch nicht geklärt, was eigentlich Inhalt der Zueignung ist und wo die Grenzen zur Sachentziehung, zur Gebrauchsanmaßung und zur Bereicherung liegen. Dazu wurden verschiedene Zueignungstheorien entwickelt, die zur heute gebräuchlichen **Vereinigungsformel** geführt haben. **108**

aa) Substanztheorie

Dem Wortlaut des § 242 („die Sache sich oder einem Dritten rechtswidrig zuzueignen") am nächsten kam die früher herrschende **Substanztheorie**. Danach muss der Täter die weggenommene **Sache selbst** seinem Vermögen einverleiben wollen.[140] **109**

Kritik: Der Schwachpunkt dieser Theorie fällt sofort auf, wenn der Täter eine Sache als Wertträger (Biermarken, Sparbücher) entwendet, um sie wirtschaftlich für sich zu nutzen und danach – körperlich unverändert, aber entwertet – an den Eigentümer zurückgelangen zu lassen.

Um auch diese Fälle zu erfassen, verstehen einige unter „Substanz" auch den Entzug des Funktionsnutzens der Sache, sog. **erweiterte** oder **modifizierte Substanztheorie**.[141]

bb) Sachwerttheorie

Einen Schritt weiter ging die **Sachwerttheorie**. Diese sah das Wesen der Zueignung darin, dass der Täter – ohne Rücksicht darauf, wo die Sache selbst endgültig verbleiben soll – **den in der Sache verkörperten wirtschaftlichen Wert** dem Vermögen einverleibt.[142] **110**

Kritik: Die reine Sachwerttheorie erklärt zwar, warum in der Entwendung von Wertträgern zum Zweck ihrer Einlösung Diebstahl zu sehen ist. Unklar ist jedoch, wie die Fälle zu behandeln sind, in denen die Sache keinen wirtschaftlichen, sondern nur persönlichen Affektionswert hat. Ferner ist fraglich, ob Diebstahl auch dann vorliegt, wenn die Sache in anderer Weise als ihrem wirtschaftlichen Zweck entsprechend gebraucht wird. Schließlich wird die Zueignungsabsicht zur Bereicherungsabsicht umgedeutet, wenn man eine wirtschaftliche Wertminderung des Tatobjekts verlangt.

cc) Vereinigungsformel

Seit einer Entscheidung des RG aus dem Jahre 1927[143] dominiert in Praxis und Lehre die sog. **Vereinigungsformel,** eine Kombination aus Sachsubstanz- und Sachwerttheorie. **111**

---

140 Binding, Lehrbuch Bd. 1 S. 264; RGSt 24, 22.
141 MünchKomm/Schmitz § 242 Rn. 132.
142 RGSt 40, 10; 49, 405.
143 RGSt 61, 228, 233.

Danach setzt Zueignung voraus, dass der Täter entweder die Sache selbst oder den in ihr verkörperten Wert der eigenen oder der Herrschaftsmacht eines Dritten einverleibt. In Abgrenzung der Zueignung zur Bereicherung ist Sachwert dabei nicht schon jeder denkbare wirtschaftliche Vorteil durch den Gebrauch der Sache (*lucrum ex negotio cum re*), sondern nur ein nach Art und Funktion bestimmungsgemäß mit der Sache verknüpfter Wert (*lucrum ex re*).[144]

Klausurhinweis: *In einer Strafrechtsarbeit kommt es heute nicht mehr auf die Entfaltung der Theorien an. Gehen Sie stattdessen von der Vereinigungsformel aus. Prüfen Sie hierbei vorrangig die Substanzzueignung und erst nach Verneinung eine Sachwertzueignung. Der Schwerpunkt liegt in der Subsumtion des Einzelfalles.*

e) Fallgruppen

Um bei der Fülle von Lebenssachverhalten die Orientierung zu behalten, sollte man gedanklich von den Fallgruppen ausgehen, die nach h.M. als Zueignung angesehen werden.

aa) Substanzzueignung bei fehlendem Rückführungswillen und geplantem Behalten, Gebrauchen, Weitergeben der Sache

Soll die weggenommene Sache nicht mehr an den Eigentümer zurückgelangen, so ist der **Enteignungswille des Täters bzgl. der Sache selbst unproblematisch**. In der Mehrzahl dieser Fälle lässt sich auch die **Aneignungsabsicht** mit **Sachsubstanzerwägungen** begründen:

(1) Behaltenwollen der Sache

112 Der klarste Fall erstrebter Sachzueignung liegt vor, wenn der Täter die **Sache um ihrer selbst willen haben oder behalten will**. Dafür genügt aber nicht schon die Besitzbegründung, weil anderenfalls Gewahrsamserlangung und Zueignung identisch wären. Vielmehr muss der Täter **an der weggenommenen Sache ein eigenes Interesse** haben.

113 **Die Zueignungsabsicht fehlt** deshalb, wenn der Täter plant:

- die Sache dem Berechtigten vorzuenthalten, um ihn dadurch zu ärgern oder zu kompromittieren,

  Häufiges **Klausurbeispiel:** Entwendung einer „Lederkutte" (Motorradjacke) mit den Erkennungszeichen eines Motorradclubs, nur um den Eigentümer durch den Entzug der Jacke zu demütigen und den eigenen Machtanspruch zu demonstrieren,[145]

- die Sache nur zu **beschädigen, zu zerstören**, **wegzuwerfen** oder **beiseite zu schaffen**.

  Beispiele: Entwendung einer Strafakte, um sie verschwinden zu lassen;[146] Wegnahme eines Handys, um Telefonanrufe damit zu verhindern.[147]

---

144 BGHSt 4, 236, 238 f.; 60, 190, 192; 24, 115, 119; 35, 152, 157; Fischer § 242 Rn. 34 f.

145 BGH RÜ 2011, 309.

146 BGH NJW 1977, 1460.

147 BGH RÜ 2018, 579.

(2) Verbrauch

Zueignung setzt nicht die Fortexistenz des Objekts voraus. Wer eine Sache bestimmungsgemäß verbrauchen will, hat auch dann Zueignungsabsicht, wenn dadurch der Gegenstand vernichtet wird. 114

Beispiel: Wer also Genussmittel oder Drogen entwendet, um sie zu konsumieren, ist Täter eines Diebstahls.[148]

(3) Vorübergehender Gebrauch und anschließende Preisgabe der Sache

Da die Aneignung nicht auf Dauer erstrebt sein muss, genügt es für die Zueignung der Sache auch, wenn der Täter sie nicht behalten, sondern sie **nur kurzfristig gebrauchen und danach zerstören** oder so preisgeben will, dass sie für den Eigentümer schwer oder gar nicht erreichbar ist. 115

(a) Der vorgesehene Gebrauch ist in der Regel **funktionstypisch**.

Beispiel: Entwendung eines Kraftfahrzeugs, um es nach einer Spazierfahrt irgendwo unverschlossen stehen zu lassen und es damit dem Zufall zu überlassen, ob der Eigentümer sein Kfz zurückerhält.

In diese Kategorie fällt auch die **Wegnahme eines Behältnisses**. Das Behältnis kann selbst Objekt des Diebstahls sein, auch wenn der Täter sein eigentliches Augenmerk auf den Inhalt gelegt hat. Wird der erhoffte Inhalt dann nicht vorgefunden, kann die Tat also trotzdem vollendet sein. Das aber nur, wenn der Täter das Behältnis nicht mehr an den Eigentümer zurückgelangen lassen wollte, also diesbezüglich Enteignungswillen hatte, und wenn er sich die Sache wenigstens vorübergehend aneignen wollte. Die vorübergehende Aneignung kann darin liegen, dass der Täter das Behältnis – auch nur kurzfristig – als Transportmittel benötigt, weil damit aus seiner Sicht die Beute leichter fortgeschafft werden kann. Braucht der Täter das Behältnis dagegen nicht zur Transporterleichterung, sondern muss er es notgedrungen mitnehmen, weil er am Tatort keine Zeit hat, Behältnis und Inhalt zu trennen, so liegt hinsichtlich der Aneignung allenfalls direkter Vorsatz vor, aber nicht die erforderliche Aneignungs-„Absicht" (ähnlich wie oben im Fall 5 bei der Mitnahme der Gefängniskleidung). Gegeben ist dann nur Diebstahlsversuch hinsichtlich des erhofften, aber nicht weggenommenen Inhalts.[149] 116

(b) Für die Aneignung der Sachsubstanz genügt auch ein **funktionsatypischer** Gebrauch, vorausgesetzt der Gegenstand soll nicht wieder an den Berechtigten zurückgelangen. 117

Beispiel: Ein Fetischist entwendet Damenunterwäsche, um sich damit sexuell zu befriedigen und die entwendeten Stücke anschließend fortzuwerfen. – Vollendeter Diebstahl.[150]

---

148 BGH RÜ 2015, 439.

149 Vgl. BGH RÜ 2014, 29 zu § 249.

150 OLG Hamburg MDR 1954, 697.

(4) Weitergabe an einen Dritten

Rechtsgeschäftliche Übertragung der Sache an Dritte

118 Wer **dinglich** – trotz Unwirksamkeit in den Fällen des § 935 Abs. 1 BGB – über den Gegenstand **verfügt**, indem er ihn **veräußert**, eignet sich nach h.M. die Sache an. **Durch ein solches Verfügungsgeschäft maßt sich der Täter Befugnisse über eine Sache an, die nur dem Eigentümer zustehen**. Überwiegend wird hierin schon eine Eigenzueignung der Sache gesehen, weil sich jeder, der sich so verhalte, als übertrage er Eigentum, in einem logischen Durchgangsstadium die Befugnisse eines Eigentümers anmaße.[151]

Bei der geplanten Veräußerung braucht sich der Täter nicht als Eigentümer zu bezeichnen. Der Erwerber braucht auch nicht an das Eigentum des Veräußerers zu glauben. Entscheidend ist, dass der Täter der Wegnahme vorhat, mit der Weiterübertragung in die Kernbefugnisse eines Eigentümers, nämlich sein Verfügungsrecht, einzugreifen.

Diebstahl liegt also auch dann vor, wenn der Täter die Sache später als angeblicher Beauftragter des Eigentümers weiterverkaufen und den Kaufpreis für sich einkassieren will oder wenn er die Sache an einen Hehler weiterveräußern will.[152]

119 In **unentgeltlichen Verfügungen** sieht ein Teil des Schrifttums Eigen- und Drittzueignungsabsicht zugleich: Wer als freigiebiger Schenker auftrete, wolle auch, dass der Beschenkte die Sache für sich nutze.[153]

Mit der Gegenansicht ist auch in der unentgeltlichen Verfügung – unabhängig von einer Vermögensersparnis des Täters für ein anderes Geschenk – eine Eigenzueignung der Sache selbst zu sehen. Die Annahme von Drittzueignungsabsicht gleichzeitig neben Selbstzueignungsabsicht steht im Widerspruch zum Gesetzeswortlaut (sich „oder" einem Dritten) und zur Intention des Gesetzgebers des 6. StrRG. Die Drittzueignungsabsicht wurde nur deshalb in das Gesetz aufgenommen, um die Fälle zu erfassen, die vordem nicht unter die Eigenzueignungsabsicht subsumiert werden konnten.[154] Daher ist die Drittzueignung subsidiär gegenüber der Eigenzueignung.

120 Umstritten ist auch die Beurteilung **anonymer Zuwendungen**, also solchen Überlassungen der Sache an Dritte, bei denen der Täter gar nicht in Erscheinung treten will.

Beispiel: Die Putzfrau P hatte beim Reinigen eine französische Kristallvase grob fahrlässig umgestoßen und zerstört. Sie fürchtete um ihren Arbeitsplatz, falls die Sache herauskam. Da die Vase aber für sie unerschwinglich war, sah sie keinen anderen Ausweg, als in einem exklusiven Einrichtungshaus eine Vase desselben Typs zu entwenden und an die Stelle der zerstörten Vase zu stellen. Strafbarkeit der P?

Wegen der fehlenden Eigentumsanmaßung verneinen viele die Aneignungsansicht zu eigenen Gunsten. Gegeben ist danach ausschließlich eine Drittzueignung.[155] Die Gegenansicht bejaht zutreffend eine Eigenzueignung der Sachsubstanz, weil es hierfür nur auf den Eingriff in die Verfügungsrechte des Eigentümers ankommt.[156]

---

151 Vgl. z.B. Kindhäuser/Böse § 2 Rn. 85, 86; Jäger JuS 2000, 651; Wessels/Hillenkamp/Schuhr Rn. 168.
152 LK-Vogel § 242 Rn. 166; Kindhäuser/Böse § 2 Rn. 90.
153 Vgl. Sch/Sch/Eser/Bosch § 242 Rn. 57; Krey/Hellmann/Heinrich Rn. 101.
154 Vgl. BT-Drs. 13/8587 S. 43; im Ergebnis auch Kindhäuser/Böse § 2 Rn. 111.
155 Wessels/Hillenkamp/Schuhr Rn. 169.
156 Rengier § 2 Rn. 153.

Schlichte Weitergabe an einen Dritten

Die Fälle, in denen der Täter die Sache offen an einen Dritten weitergegeben hat, **ohne dass die Weitergabe ihrerseits Verfügungscharakter** i.S.e. „Quasi-Übereignung" besaß(!), lassen sich für den Wegnehmenden als täterschaftlicher **Diebstahl mit Drittzueignungsabsicht** erfassen. Denn: Plant der Wegnehmende, den Gegenstand an einen Dritten weiterzugeben, ist normalerweise davon auszugehen, dass dieser ihn entweder behält, gebraucht oder sonst für sich nutzt. Im Regelfall kann also bei Weitergabe an einen Dritten auch Aneignungsabsicht der Sache zu dessen Gunsten bejaht werden. Dies gilt selbst dann, wenn der Wegnehmende dabei weitere Motive verfolgt. Die Drittaneignung muss nur Neben- oder Zwischenziel sein. 121

Es lassen sich aber nicht alle Fälle über die Drittzueignungsabsicht lösen:

So ist auch Drittaneignung nicht beabsichtigt, wenn der Dritte etwas mit der Sache anfangen soll, das nicht als Einverleibung der Sache oder ihres funktionsspezifischen Wertes angesehen werden kann.[157] 122

Beispiele: Dem Dritten soll die Sache ausschließlich zu dem Zweck verschafft werden, sie zu zerstören oder sie als Druckmittel gegenüber dem Eigentümer einzusetzen (s.u. Rn. 132). – Kein Diebstahl, weil in der Person des Dritten schon keine Aneignung beabsichtigt ist.

Drittzueignungsabsicht ist auch zu verneinen, wenn die außerhalb der Zueignung liegenden Motive des Wegnehmenden so dominieren, dass die Drittaneignung nur noch zu einer für sicher oder sogar nur noch für möglich gehaltenen Nebenfolge absinkt. Dann fehlt der – auch bei der Drittzueignung erforderliche – dolus directus I hinsichtlich der Aneignung. 123

Beispiel: A entwendet eine Sache ausschließlich, um deren Eigentümer durch die Sachentziehung zu schädigen. Da er nicht als Täter der Wegnahme auffallen will, gibt er den Gegenstand einem Freund weiter. Ob dieser sie für sich behält oder nutzt, interessiert den A nicht. – Kein Diebstahl, und zwar mangels Drittzueignungsabsicht. Infrage kommt allenfalls Unterschlagung gemäß § 246 Abs. 1 durch die Weitergabe, weil bezüglich der Drittzueignung als Tathandlung der Unterschlagung dolus eventualis (nach h.M. sowohl hinsichtlich der Enteignungskomponente als auch der Aneignungskomponente) ausreicht (ausführlich dazu unten Rn. 269 ff.).

Die beiden letzten Fallkonstellationen, bei denen der Wegnehmende einem Dritten zwar de facto die Aneignung ermöglicht, diesbezüglich aber keine Absicht im rechtstechnischen Sinne besessen hat, sondern ggf. nur dolus directus II oder dolus eventualis, lassen sich nur mithilfe der **mittelbaren Täterschaft** lösen. Der Wegnehmende ist dann kein Täter des Diebstahls. Vielmehr hat der Veranlasser – sofern er auch im erstgenannten Beispiel Eigenzueignungsabsicht besitzt – den Diebstahl gemäß § 25 Abs. 1 Alt. 2 „durch" den als „dolos-absichtslos" handelnden Vordermann als Tatmittler begangen. Der Wegnehmende ist im zweiten Beispiel zugleich strafbar wegen Beihilfe zu dieser Diebstahlstat, die als schwerere Straftat die täterschaftliche Unterschlagung verdrängt.[158]

157 Vgl. Rengier § 2 Rn. 167; Wessels/Hillenkamp/Schuhr Rn. 166.

158 Lackner/Kühl § 242 Rn. 26 a; ausführlich zur Problematik dieser Rechtsfigur AS-Skript StrafR AT 2 (2021), Fall 5 Rn. 77 ff.

(5) Rückgabe an den Eigentümer unter Leugnung seines Eigentums

124 Umstritten sind die Fälle, in denen der Täter die weggenommene Sache zwar äußerlich unverändert an den Eigentümer zurückgeben will, aber durch den Rücknahmeakt einen Vermögensvorteil vom Eigentümer zu erlangen sucht. Abgrenzungskriterium zur Bereicherung ist hier nur noch das formale Moment der Eigentumsanmaßung durch **Leugnung fremden Eigentums**.

Klausurhinweis: *Die „Rückübertragungsfälle" sind äußerst beliebte Klausurmotive beim Diebstahl!*

Fall 6: Sachwertzueignung durch Rückverkauf an den Bestohlenen; Pfandflaschen-Problematik

A brauchte Bier, hatte aber kein Geld. Deshalb ging er zum Getränkemarkt des G. Dort entwendete er von dem offen zugänglichen Hinterhof eine Kiste mit Leergut standardisierter Einheits-Glasflaschen für Mineralwasser. Das Leergut stellte er dem G auf den Tresen und ließ sich für das Pfandgeld ein paar Flaschen Weizenbier geben. Am nächsten Tag beschaffte er sich auf dieselbe Weise eine Kiste leerer Bierflaschen einer örtlichen Brauerei mit spezieller Flaschenform und Bügelverschluss. Auf diesen Flaschen war eingeprägt, dass die Flaschen Eigentum der Brauerei waren. A kannte diesen Aufdruck. Auch für diese Flaschen ließ er sich das Pfandgeld von G in bar auszahlen. Strafbarkeit des A? Etwa erforderliche Anträge sind gestellt.

A. **Entwendung der Kiste Mineralwasser-Leergut**

I. Durch Fortschaffen vom Hof könnte sich A wegen **Diebstahls** strafbar gemacht haben, **§ 242 Abs. 1**.

1. Die Flaschen und der Kunststoffkasten standen entweder im Eigentum des G oder des Getränkeherstellers. Sie waren in jedem Fall für A fremde bewegliche Sachen.

2. G hatte nach der Verkehrsanschauung Gewahrsam an allen Gegenständen, die zum Geschäftsbetrieb gehörten und im räumlichen Zusammenhang dazu standen. Diesen Gewahrsam hat A – wenn auch nur für kurze Zeit – gebrochen, als er das Leergut vom Hinterhof schaffte. A handelte vorsätzlich.

3. Fraglich ist , ob er Zueignungsabsicht besaß. Die Beurteilung hängt davon ab, ob G Eigentümer dieses Leerguts war und ob A dies wusste. Diese sachenrechtliche Vorfrage richtet sich nach der Art des Leerguts:

125 Werden Getränke in wiederverwendbaren **Einheitsflaschen** vertrieben, also solchen, die weder durch Aufdruck oder eine bestimmte Erscheinungsform einem Hersteller zugeordnet werden können, so wird der Erwerber auf jeder Handelsstufe nicht nur Eigentümer am Inhalt, sondern auch an der Flasche.[159] Als G das Leergut von den Kunden gegen Auszahlung des Pfandgeldes zurück-

159 BGH RÜ 2007, 526; RÜ 2018, 786.

genommen hatte, hatte er Eigentum an den Flaschen und an dem Behälter gemäß § 929 S. 1 BGB erworben. Diese sachenrechtliche Zuordnung entspricht dem Vorstellungsbild in der Rechtsbevölkerung: Derjenige, der die Flasche erwirbt, wird ihr Eigentümer. Es kann lebensnah davon ausgegangen werden, dass A insoweit keine abweichenden Vorstellungen hatte. Folglich wollte A dem **Eigentümer G dessen eigene Sachen zurückübertragen** und sich dabei durch die Vortäuschung, die Getränke zuvor selbst ordnungsgemäß gekauft zu haben, **als Eigentümer aufspielen**. Ob in solchen Fällen noch Zueignungsabsicht bejaht werden kann, ist umstritten

a) Ein Teil des Schrifttums verneint dies: Durch die Rückveräußerung erhalte der Eigentümer die Sache unverändert zurück. Das Pfandgeld als bloße Gegenleistung sei auch kein funktionsspezifischer Sachwert. Die Rückgabe ziele vielmehr auf einen Vorteil aus dem Vermögen des G ab, ein „lucrum ex negotio cum re".[160] Danach ist A nicht wegen Diebstahls strafbar.

b) Rspr und h.Lit. sehen das anders: Werde die Sache **unter Vortäuschung des Eigentums des Täters** an den Eigentümer „zurückverkauft", so liege darin keine Wiederherstellung der bisherigen Eigentümerposition, sondern gerade die **Leugnung der Rechte des Eigentümers**.[161]

   Einige sehen darin eine **Substanzzueignung** Die Verdrängung des Eigentümers von seiner Verfügungsmacht liege schon in der Wegnahme selbst. Dem Eigentümer werde nur eine vom Täter abgeleitete Wiedererlangung der Verfügungsmacht gewährt.[162]

   Andere nehmen eine Sachwertzueignung an, wenn die Funktion des Gegenstandes gerade darin bestehe, als Verkaufsware in einer Handelskette zu dienen. Dann sei der vom Eigentümer zu zahlende Betrag genau der wirtschaftliche Wert, welcher der Sache als **funktionsspezifischer Wert** entzogen werde.[163] Diese Grundsätze müssen sinngemäß gelten, wenn es nicht um eine Handelskette zum Endverbraucher, sondern rückwärts zum Hersteller geht. In beiden Fällen geht es um Geld gegen Ware, und G hat Ware zurückerhalten, für die er schon einmal gezahlt hatte.[164]

   Mit der h.M. handelte A in Zueignungsabsicht.

4. Die von ihm erstrebte Zueignung war rechtswidrig, da er keinen Anspruch auf das Pfandgeld hatte und dies auch wusste.

5. Rechtswidrigkeit und Schuld sind gegeben.

6. Der wegen der Geringwertigkeit des Pfandguts grundsätzlich erforderliche Strafantrag ist gestellt, § 248 a.

---

160 LK-Vogel § 242 Rn. 165; SK-Hoyer § 242 Rn. 95; speziell zu Pfandflaschen Hellmann JuS 2001, 353, 354.

161 BGH RÜ 2018, 786; Rengier § 3 Rn. 134.

162 NK-Kindhäuser § 242 Rn. 83.

163 Vgl. RGSt 57, 199; Sch/Sch/Bosch § 242 Rn. 50; Wessels/Hillenkamp/Schuhr Rn. 172 f.

164 Vgl. auch Rengier § 2 Rn. 134; OLG Hamm NStZ 2008, 154, 155; gegen eine Sachwertzueignung BGH RÜ 2018, 786, 787.

II. Durch Einlösen des Leerguts könnte A zudem einen **Betrug** gegenüber und zulasten des G begangen haben, **§ 263 Abs. 1**. Er spiegelte schlüssig vor, **Eigentümer** dieser Flaschen zu sein, versetzte G in einen entsprechenden Irrtum und veranlasste ihn dadurch zur Verrechnung des Pfandgeldes mit dem Kaufpreis für das Weizenbier als vermögensmindernde Verfügung. Diese Vermögensminderung wurde nicht dadurch kompensiert, dass G dafür die Pfandflaschen erhielt: G war selbst Eigentümer dieser Flaschen, und die Wiederbeschaffung des Besitzes ist schon deshalb kein anrechenbarer Vermögenswert, weil A nach §§ 858, 861 BGB zur Rückverschaffung verpflichtet war. Mithin hat G auch einen Schaden erlitten. A handelte vorsätzlich und wollte sich rechtswidrig und schuldhaft in Höhe des Pfandbetrages bereichern. Als bloße Verwertungstat, die sich wiederum gegen den bereits durch den Diebstahl Geschädigten richtete, tritt der Betrug jedoch hinter § 242 zurück.

III. Da der Hinterhof frei zugänglich war, also kein „befriedetes Besitztum" darstellte, ist **Hausfriedensbruch** gemäß **§ 123 Abs. 1 Alt. 1** schon tatbestandlich zu verneinen.

Zwischenergebnis: Bezüglich des Mineralwasser-Leerguts ist A wegen Diebstahls strafbar.

B. **Die Entwendung des Bierflaschen-Leerguts**

I. Fraglich ist, ob auch **Diebstahl an den Bierflaschen** samt Container angenommen werden kann.

1. Auch hierbei handelte es sich um für A fremde bewegliche Sachen, die dieser durch das Fortschaffen aus dem Hinterhof vorsätzlich weggenommen hat.

2. Die Zueignungsabsicht hängt auch hier vom Vorstellungsbild des A bezüglich des Eigentums am Leergut ab.

126 Bei **Individualflaschen**, die dauerhaft so gekennzeichnet sind, dass sie sich von Flaschen anderer Hersteller unterscheiden und eindeutig als Eigentum eines bestimmten Herstellers erkennbar sind, wird das Eigentum daran nicht auf den jeweiligen Erwerber des Flascheninhalts übertragen. Vielmehr **bleibt der Hersteller hier Eigentümer der Verpackung**. Auch gutgläubiger Zwischenerwerb ist dann ausgeschlossen.[165] Das wusste A aufgrund der ihm bekannten Flaschenprägung auch. Konsequenzen für die Zueignungsabsicht:

Anders als bei der Rückgabe des Mineralwasser-Leerguts beinhaltet die Pfandeinlösung der Individualflaschen nicht die Behauptung, selbst Eigentümer zu sein. **Vielmehr erfolgt hier die Rückgabe zum Zweck der Rückführung der Flaschen an den Eigentümer in Anerkennung seiner Eigentumsposition und nicht unter Anmaßung eigenen Eigentums wie beim Rückverkauf.**

Diebstahl scheidet hier nach allen Ansichten aus.

Hinweis: *Achten sie in einer Klausur genau auf die Angaben im Fall zum Vorstellungsbild des Täters. Nach dem vorliegenden Sachverhalt kannte A ausnahmsweise die unterschiedlichen Eigentumsverhältnisse an den Individualflaschen und Einheitsflaschen. Im Regelfall wird ein Täter aber davon ausgehen, dass das Eigentum auch bei Individualflaschen im Vertriebsweg auf den jeweiligen Erwerber der Getränke übergeht. Nach seiner Vorstellung will er auch in diesem Fall den (vermeintlichen) Eigentü-*

165 BGH RÜ 2007, 526; BGH RÜ 2018, 786.

mer enteignen und beabsichtigt, durch Rückgabe in das Pfandsystem sich selbst an die Stelle des wahren Eigentümers zu setzen (s.o. Rn. 125). Da die Zueignungsabsicht ein rein subjektives Merkmal ist, kommt es nur auf diese Vorstellung und nicht auf die objektive Sachlage an. Der Irrtum des Täters begründet dann bei gleichzeitiger Wegnahme vollendeten Diebstahl![166]

II. **Pfandkehr** gemäß **§ 289 Abs. 1 Alt. 2** setzt voraus, dass dem G an den Pfandflaschen ein Gläubigerrecht zustand und dass A die für ihn fremden Flaschen zugunsten des Eigentümers weggenommen hat.

G hatte die Flaschen gegen Zahlung des Pfandes von den vormaligen Verbrauchern zurückerhalten. Diese hatten mit dem Kauf des Inhalts zugleich ein **leiheähnliches Gebrauchsrecht**[167] an den Flaschen erhalten und schlüssig an G gegen Zahlung des Pfandes abgetreten. G war damit Inhaber dieses Gebrauchsrechts. Mit der Entfernung vom Hof hat A den Gewahrsam an dem Leergut gebrochen und es damit zugleich aus dem Machtbereich des Gebrauchsberechtigten entfernt. Damit ist die Tathandlung nach allen zu § 289 vertretenen Auffassungen erfüllt (s. dazu unten Rn. 239).

Ein Handeln zugunsten des Eigentümers ist nur zu bejahen, wenn man dafür ausreichen lässt, dass A dafür gesorgt hat, dass die Flaschen an den Hersteller und Eigentümer, nämlich die Brauerei zurückgelangten.[168] Mit der überwiegenden Gegenansicht ist jedoch für das Handeln „zugunsten" eines anderen eine vorrangig altruistische Tendenz zu verlangen.[169] Diese lag bei A nicht vor, denn ihm kam es in erster Linie auf das Pfandgeld an.

III. Infrage kommt **Betrug** gegenüber und zulasten des G, **§ 263 Abs. 1**.

1. Durch Präsentieren der Individualflaschen hat A zwar nicht schlüssig behauptet, deren Eigentümer, wohl aber, deren berechtigter Besitzer zu sein und deshalb einen Anspruch auf das Pfandgeld zur Entstehung bringen zu dürfen. Die Behauptung war unwahr, weil A gegenüber G nach § 861 BGB zur Herausgabe verpflichtet war. G ging zumindest als sachgedankliches Mitbewusstsein davon aus, mit A einen berechtigten Besitzer der Flaschen vor sich zu haben.

2. Mit der Auszahlung des Pfandgeldes hat er über sein Vermögen verfügt. Die Rückverschaffung des Besitzes an den Flaschen kompensiert diese Minderung nicht, weil A zur Herausgabe des Besitzes rechtlich verpflichtet war. Ein Vermögensschaden liegt also auch vor.

3. Vorsatz, Absicht rechtswidriger Bereicherung, Rechtswidrigkeit und Schuld sind gegeben. Der nach § 263 Abs. 4 i.V.m. § 248 a erforderliche Strafantrag ist gestellt.

Ergebnis: A ist strafbar wegen Diebstahls gemäß § 242 (an dem Mineralwasser-Leergut) in Tatmehrheit (§ 53) mit Betrug gemäß § 263 (durch Kassieren des Pfandes für das Bier-Leergut).

---

166 BGH RÜ 2018, 786, 787; abl. bei nur rechtlicher Überdehnung des Zueigungsbegriffs als Wahndelikt Wessels/Hillenkamp/Schuhr Rn. 173.

167 BGH RÜ 2007, 526.

168 So OLG Hamm NStZ 2008, 154, 155; Hellmann JuS 2001, 353, 355.

169 AG Flensburg RÜ 2006, 152; Schmitz/Goeckenjan/Ischebeck Jura 2006, 821, 826; vgl. auch Fischer § 289 Rn. 5.

bb) Sachwertzueignung trotz geplanter Rückgabe an den Eigentümer nach einer die Sache verschlechternden Nutzung

Eine weitere Gruppe problematischer Zueignungsfälle ist dadurch gekennzeichnet, dass der Täter die Sache **zwar an den Eigentümer zurückgelangen** lassen, diese aber **vorher für sich oder durch einen Dritten nutzen** will. Durch Ausweichen auf die Drittzueignung kann man den in diesen Fällen liegenden Problemen nicht entgehen. Für die **Aneignungsabsicht** genügt auch der kurzfristige Gebrauch, sodass sich in diesen Fällen die Substanzaneignung schnell begründen lässt. Fraglich ist aber, ob die Sache irgendwie schlechter geworden ist, denn nur dann liegt nicht nur eine Gebrauchsanmaßung oder eine Bereicherung für den Täter vor, sondern auch eine **Enteignung des Eigentümers**.

(1) Übermäßiger Gebrauch und anschließende Rückgabe

127 Die Nutzung eines Gegenstandes als solche ist nicht stets An- und Enteignung, auch wenn mit dem Gebrauch eine minimale Wertminderung verbunden ist. Sonst wäre die nur ausnahmsweise nach den §§ 248 b, 290 unter Strafe gestellte Gebrauchsanmaßung immer Diebstahl oder Unterschlagung. Andererseits kann auch nicht nur eine Gebrauchsanmaßung vorliegen, wenn dem Eigentümer die Sache völlig abgenutzt zurückgegeben wird.

Beispiel: Wer eine Taschenlampe entwendet, um diese mit entleerten Batterien wieder zurückzulegen, hat die Absicht der Sachwertzueignung.

Daher schlägt die Gebrauchsanmaßung in Zueignung um, wenn der Gebrauch zum Verbrauch wird.[170] Wann dies der Fall sein soll, ist umstritten: Zum Teil wird auf eine wesentliche Wertminderung abgestellt.[171] Andere ziehen die Grenze dort, wo der Gebrauch die Abnutzung im Rahmen einer Leihe überschreiten würde.[172]

(2) Überlanger Gebrauch und anschließende Rückgabe

128 **Nach h.M. kann eine Gebrauchsentwendung auch durch ihre Dauer zur Zueignung werden, nämlich dann, wenn ein objektiver Betrachter den Verlust der Sache für den Eigentümer als endgültig ansehen und eine Ersatzbeschaffung für unvermeidbar halten muss.**[173]

Beispiel: Also ist auch die Entwendung eines Saisonartikels (Ski, Rasenmäher) während der zeitlich begrenzten Nutzbarkeit ein Fall, bei dem der Eigentümer sich die Gebrauchsmöglichkeit durch Neuerwerb wiederbeschaffen muss.

---

170 Vgl. RGSt 44, 335 ff. bei Entziehung von Wärmeenergie durch Ableiten von Heizdampf.

171 OLG Hamm JMBl. NRW 1962, 110 f. bei einer Wertminderung von mehreren Prozent infolge unbefugter Pkw-Benutzung; Fricke MDR 1988, 538 f. schlägt vor, ab einem Wertverlust von 50% Zueignung anzunehmen.

172 NK-Kindhäuser § 242 Rn. 92.

173 Kindhäuser/Böse § 2 Rn. 106; BGHSt 34, 309, 312 für die mehr als 2-jährige Benutzung von Baugeräten.

(3) Entzug eines sonstigen funktionsspezifischen Nutzens als Sachwertzueignung

Der Wert einer Sache erschöpft sich nicht in ihrem Gebrauch. Sie kann vielmehr **noch andere wertprägende Funktionen** erfüllen. 129

Wichtigster Anwendungsfall hierfür sind **Wertpapiere oder -marken, die eine Forderung verbriefen.** Nimmt der Täter beispielsweise ein Sparbuch, um es nach einer Geldabhebung zurückzulegen, so liegt in der Abhebung keine nennenswerte „Abnutzung" des Sparbuchs selbst. Dem Forderungsinhaber wird aber der in dem Buch verkörperte Sachwert, nämlich die darin verbriefte Forderung entzogen. Das Wertpapier ist damit – wie eine leergebrannte Taschenlampenbatterie – zu einer **„Hülle ohne Inhalt"** geworden.[174]

Vergleichbare Konstellationen, die unter Zueignung aus Sachwertgesichtspunkten zu subsumieren sind:

- Der Täter entwendet **Theaterkarten, Fahrkarten, Zahlungsmittel in Ferienclubs, Biermarken oder sonstige Wertträger** bei dem ausgebenden Unternehmen oder Veranstalter, um die darin verkörperte Berechtigung auszunutzen und den Wertträger gleichzeitig an den Eigentümer zurückgelangen zu lassen.
- Der Täter entwendet **vorbereitete Quittungen**, um als **vermeintlicher Inkassobote** Geld einzuziehen. Hier soll nach verbreiteter Ansicht aufgrund der Befreiungswirkung der Quittung gemäß § 370 BGB das eingezogene Geld Sachwert der Quittung sein.[175] Andere halten dagegen, dass die Quittung hier nur als Täuschungsmittel für eine betrügerische Bereicherung anzusehen sei.[176]

Auch **andere Faktoren** können funktionsspezifischer und damit zueignungsfähiger Sachwert sein, ohne dass die Gebrauchsfähigkeit der weggenommenen Sache als solche darunter leidet. Für die h.M. ist insbesondere der **Neuwert einer zum Verkauf stehenden Sache** ein für den Wirtschaftsverkehr wesentlicher Umstand: Das fabrikneue Fahrzeug kann auch schon nach kurzfristigem Gebrauch nur noch als Vorführ- oder Gebrauchtwagen verkauft werden; Bekleidungsstücke können nach Gebrauch nur noch im Second-Hand-Shop verkauft werden. Für den Verkäufer, der die Sachen als Neuwaren angeschafft hat, sind sie damit ihrer wirtschaftlichen Funktion und damit ihres Werts beraubt.[177] 130

Weiteres Beispiel: Der Täter entwendet eine vor der Tür seines Nachbarn abgelegte **Tageszeitung**, die er zwei Tage später sauber und ordentlich gefaltet zurücklegen will. – Vollendeter Diebstahl, obwohl die Möglichkeit, die Zeitung zu lesen, nicht beeinträchtigt worden ist. Zueignungsgegenstand war der wertbildende und funktionstypische **Aktualitätswert** der Zeitung.

cc) Keine Zueignung, wenn die Sache ohne Verschlechterung oder Eigentumsleugnung zu Bereicherungszwecken benutzt wird

Diebstahl scheidet immer aus, wenn die Sache **ohne nennenswerte Gebrauchsminderung oder Entzug eines sonstigen funktionsspezifischen Sachwerts und ohne Leugnung fremden Eigentums zurückgegeben** werden soll. Zur Vervollständigung 131

174 BGHSt 8, 273; Wessels/Hillenkamp/Schuhr Rn. 174.
175 Rengier § 2 Rn. 124.
176 Krey/Hellmann/Heinrich Rn. 94.
177 OLG Celle NJW 1967, 1921, 1922; Sch/Sch/Bosch § 242 Rn. 53.

die nachfolgenden Fallkonstellationen, die in Klausuren zum „Standard-Repertoire" gehören:

(1) Eigenmächtige Inpfandnahme

Fall 7: Sachentzug als Druckmittel

A nimmt B dessen verschlossenes Fahrrad weg, um ihn auf diese Weise zur Rückzahlung einer fälligen Forderung zu veranlassen. „Notfalls" will er das Fahrrad veräußern. Noch bevor A bei B anrufen kann, erscheinen zwei Polizeibeamte bei ihm, nehmen ihm das Fahrrad ab und geben es dem B wieder zurück. Strafbarkeit?

I. **Diebstahl, § 242 Abs. 1?**

1. A hat vorsätzlich das fremde Fahrrad weggenommen.
2. Fraglich ist die Zueignungsabsicht. Primär hatte A den Plan, durch die Besitzentziehung die Erfüllung der ihm zustehenden Forderung zu erzwingen. Erst wenn B trotz des Drucks nicht zahlte, wollte A das Fahrrad verkaufen.

a) Bei diesem „gestuften Tatplan" rechnete A zumindest mit der Möglichkeit, dass es zum Verkauf kommen könnte. Er hatte also dolus eventualis für eine dauernde Enteignung des B.

132 b) Zweifelhaft ist, ob Aneignungsabsicht bestand.

aa) Das vorrangige Ziel – das Vorenthalten des Besitzes als Druckmittel – ist keine Aneignung der Sache selbst, weil A den B durch den Sachentzug nur zur Rückzahlung motivieren wollte, ohne den Gegenstand selbst zu benutzen. Auch leugnete A das Eigentum des B nicht. **Allein die Möglichkeit, eine Sache als Druckmittel einsetzen zu können, ist kein funktionsspezifischer wertbildender Umstand.**[178]

bb) Die Vorstellung vom Verkauf als zweite Stufe des Plans erfüllt zwar die Voraussetzungen eines bereits endgültig gefassten Vorsatzes zur Substanzaneignung durch Verfügung, aber lediglich in Form bedingten Vorsatzes, und das reicht für Zueignungsabsicht nicht aus.

Diebstahl scheidet aus.

II. In Betracht kommt **versuchte Erpressung, §§ 253 Abs. 1, 3, 22**.

1. Zur Tatvollendung ist es nicht gekommen, weil B nichts gezahlt hat.
2. A müsste Tatentschluss besessen haben.

Er wollte B den Verkauf seines Fahrrades ankündigen für den Fall, dass dieser die offene Forderung nicht beglich, ihm also mit einem empfindlichen Übel drohen. Dadurch sollte B zu einer Geldzahlung, also einer Handlung mit vermögensmindernder Wirkung, veranlasst werden.

Fraglich ist, ob A auch Schädigungsvorsatz besaß. Soweit er die Zahlung seiner Forderung beanspruchte, wäre kein Vermögensschaden bei B eingetreten, weil dieser zugleich mit der Erfül-

178 BGH RÜ 2018, 582, 583 zum Raub gemäß § 249.

lung von seiner Schuld befreit worden wäre (§ 362 BGB). Durch die Nichtrückgabe der Sache trotz Herausgabeverpflichtung gemäß §§ 985, 861 BGB wären Besitz und Eigentum weiterhin beeinträchtigt gewesen. Ob hierin ein eigener Vermögensschaden liegt, ist zweifelhaft, weil der Besitzverlust schon vorher eingetreten war.

Bejaht man trotzdem Schädigungsvorsatz, so fehlte dem A aber die Absicht rechtswidriger und stoffgleicher Bereicherung: Der Besitz an dem Fahrrad als solcher hatte für ihn keinen Vermögenswert in Form eines Gebrauchswerts. Die Funktion einer Sache, als Druckmittel dienen zu können, ist auch kein eigenständiger Vermögenswert.[179] Die Bereicherung, die A primär durch die Geldzahlung erstrebte, war – was A wusste – nicht rechtswidrig, weil er einen einredefreien Anspruch darauf hatte.[180] Die Bereicherung schließlich, die durch den Verkauf des Fahrrades eingetreten wäre, erstrebte A wiederum nicht, weil er den Verkauf nur notfalls durchführen wollte.

A hatte somit keinen Tatentschluss für eine Erpressung.

III. **Versuchte Nötigung gemäß §§ 240 Abs. 1, 3, 22** scheidet ebenfalls aus. Zwar hatte A Tatentschluss, den B durch Drohung mit einem empfindlichen Übel zu einer Handlung zu nötigen.[181] Vor dem unmittelbaren Ansetzen zur Drohung gemäß § 22 ist die Tatausführung durch die Polizeibeamten aber unmöglich gemacht worden.

Ergebnis: A ist straflos.[182]

---

(2) Kurzfristige Entwendung einer Geldautomatenkarte

A kennt die Geheimzahl der Geldautomatenkarte seiner früheren Freundin F. Während **133**
sie im Skiurlaub ist, entwendet er die Karte und veranlasst damit zur Bezahlung seiner Weihnachtseinkäufe Kontoabbuchungen zulasten der F an den bargeldlosen Zahlungspunkten verschiedener Warenhäuser. Wie geplant legt A danach die Karte unbemerkt wieder zurück. – Kein Diebstahl. Zwar hat A die Karte weggenommen. Die Karte selbst wollte sich A auch zum vorübergehenden Gebrauch aneignen, ihm fehlte aber der Enteignungswille an der Sachsubstanz, weil er die Karte wieder zurückgeben wollte. **Die mithilfe der Karte erlangten Waren sind ebenso wenig deren Sachwert wie die Möglichkeit, mit der Karte täuschen zu können.** Gegeben ist Computerbetrug gemäß § 263 a Abs. 1 Mod. 3 (ausführlich dazu unten Fall 29, Rn. 474 ff.).

(3) Wegnahme eines Verwarnungszettels

Nimmt der Täter einen Verwarnungszettel wegen Falschparkens von der Windschutz- **134**
scheibe eines anderen Autos, um diesen zur Täuschung des Ordnungsamtsbediensteten an dem verbotswidrig abgestellten eigenen Kraftwagen anzubringen und später wieder an dem anderen Fahrzeug zu befestigen, fehlt ebenfalls die Zueignungsabsicht. Dazu OLG Hamburg:[183] „Der Zettel sollte lediglich zu einem Täuschungsmanöver dienen, ein etwa vorübergehender Polizeibeamter oder -bediensteter sollte nämlich glau-

---

179 BGH NJW 1982 2265; a.A. Bernsmann NJW 1982, 2214, 2217.

180 BGH RÜ 2018, 582, 583.

181 Vgl. BGH NStZ-RR 1998, 235.

182 Zur Parallelproblematik im Zusammenhang mit Zueignungsdelikten bei Lösegelderpressung durch Sachentzug BGHSt 26, 346.

183 OLG Hamburg NJW 1964, 736, 737.

ben, der Angeklagte sei bereits wegen des verbotswidrigen Parkens aufgeschrieben … worden. Der Angeklagte wollte also … den Zettel … **nur gebrauchen, nicht aber wollte er ihn sich zueignen.**"[184] (Übrigens liegt in diesem Fall nicht einmal Betrug gemäß § 263 vor. Zwar ist der Ordnungsbeamte getäuscht worden, doch liegt in dem Nichterheben des Verwarnungsgeldes keine Vermögensverfügung, weil § 263 nicht den staatlichen Sanktionsanspruch schützt, s.u. Rn. 351).

(4) Wegnahme, um Finderlohn zu erlangen

135 Der Täter entwendet eine Sache, um sie als vermeintlicher Finder gegen Finderlohn dem Eigentümer zurückzubringen. – Kein Diebstahl. **Der erstrebte Finderlohn stellt keinen Sachwert dar**, da er nicht mit der Fundsache selbst unmittelbar verknüpft ist. Der Finderlohn ist auch nicht mit dem Veräußerungswert der Sache vergleichbar, da hier die Rückgabe an den Eigentümer gerade unter Anerkennung des fremden Eigentums geschieht.[185]

(5) Entwendung fremder Dienstausrüstung zur Abwehr von Ersatzansprüchen

136 Der Täter ist Soldat. Um einer Inanspruchnahme für den Verlust von Ausrüstungsgegenständen bei seiner Abmusterung zu entgehen, entwendet er seinem Kameraden die entsprechenden Teile. – Kein Diebstahl, da die **abgewehrte Ersatzforderung kein Sachwert der entwendeten Teile** ist. Auch ein Vergleich mit den Rückveräußerungsfällen scheidet aus, da hier die Ausrüstungsgegenstände **als dem Bund gehörend** zurückgegeben werden sollen.[186]

RÜ-Video 02/21

7. Rechtswidrigkeit der erstrebten Zueignung

137 Das Wort „rechtswidrig" in § 242 ist von der Rechtswidrigkeit als allgemeinem Verbrechensmerkmal zu unterscheiden. Das Tatbestandsmerkmal bezieht sich auf das Verb „zueignen" und nicht auf die durch die Konjunktion „um zu" ausgedrückte Absicht.

Hinweis: *Daher gilt es als grober Fehler, von „rechtswidriger Zueignungsabsicht" zu sprechen. Sagen und schreiben Sie immer nur:* ***„Absicht rechtswidriger Zueignung"*** *oder* ***„Rechtswidrigkeit der erstrebten Zueignung"****!*

138 So wie die Zueignung selbst hat auch die hierauf bezogene Rechtswidrigkeit **objektive und subjektive Elemente**: Bei der Zueignung wird geprüft, ob das vom Täter subjektiv erstrebte Ziel nach objektiver juristischer Beurteilung An- und Enteignung gewesen wäre. Bei der Rechtswidrigkeit der Zueignung wird gefragt, ob das vom Täter erstrebte Ziel – wäre es realisiert worden – **objektiv im Widerspruch zur Eigentumsordnung gestanden hätte und ob der Täter bezüglich dieses Widerspruchs Vorsatz hatte**. Die

184 Vgl. auch OLG Karlsruhe NStZ 1990, 282.

185 Wessels/Hillenkamp/Schuhr Rn. 187 f.

186 BayObLG RÜ 2021, 101 mit RÜ-Video unter t1p.de/52j. Vgl. BGHSt 19, 387; BGH JZ 1985, 198; im Ergebnis ebenso der Fall des BayObLG RÜ 2021, 101 m. RÜ-Video unter t1p.de/mwcf, wo die Wegnahme von Dienststiefeln nicht der Abwehr von Ersatzansprüchen bei der Abmusterung diente, sondern durch ihre Rückgabe an den Bund als Eigentümer (!) die Herausgabe eines anderen Stiefelpaars in der für den Täter passenden Schuhgröße erschlichen werden sollte.

Rechtswidrigkeit der (erstrebten) Zueignung ist deshalb wie ein **normatives, vorsatzbedürftiges Tatbestandsmerkmal** zu behandeln.

a) Keine objektive Rechtmäßigkeit der Zueignung

aa) Der Widerspruch zur Eigentumsordnung fehlt, wenn der Täter oder der durch die Weitergabe der Sache zu begünstigende Dritte einen fälligen und einredefreien **Speziesanspruch** auf die weggenommene Sache hatte (aus §§ 433 Abs. 1, 2174 BGB); denn in diesem Fall kann er einem Herausgabebegehren des Eigentümers den Arglisteinwand aus § 242 BGB entgegenhalten.[187] 139

Dies gilt nicht bei einer **Gattungsschuld.** Hier steht das Recht auf Auswahl und Konkretisierung nicht dem Gläubiger, sondern gemäß § 243 BGB dem Schuldner zu. Deshalb begeht derjenige einen Diebstahl, der nur einen Gattungsanspruch hat und eine Sache aus der Gattung entwendet.

bb) Die ganz h.M. lässt auch bei **Erlaubnissätzen**, die die dauerhafte Enteignung des Eigentümers gestatten, bereits den Tatbestand entfallen.[188] Dazu gehören: 140

- **Sachenrechtliche Regeln** wie **§ 904 BGB**, wenn nur durch Verbrauch einer Sache eine Gefahr beseitigt werden kann (z.B. Verbandsmaterial für die Versorgung eines Unfallverletzten) oder **§ 910 BGB**, der unter bestimmten Voraussetzungen das Behalten vom Überhang eines Baumes oder Strauches gestattet;
- Die **erklärte Einwilligung** des Eigentümers/Alleinverfügungsberechtigten, sofern die Zustimmung nicht bereits ein konkludentes Übereignungsangebot ist, dessen Annahme nach den Voraussetzungen der §§ 929, 931 BGB die Fremdheit beseitigt, und sofern durch die Einwilligung nicht schon die Wegnahme als Gewahrsamsbruch tatbestandlich ausgeschlossen ist.

  Auch wenn die Einwilligung in die Zueignung den Tatbestand ausschließt, also Einverständnis ist, folgt sie doch den Regeln der rechtfertigenden Einwilligung, muss also frei von rechtsgutbezogenen Irrtümern und von einer einwilligungsfähigen Person abgegeben worden sein. Insofern unterscheidet sie sich von der Einwilligung in den Gewahrsamswechsel. Letztere schließt die Wegnahme schon dann aus, wenn nur der tatsächliche Wille eine Zustimmung zum Gewahrsamsverlust enthielt (vgl. oben Rn. 83 ff.).

- Die **mutmaßliche Einwilligung**, zumeist in der Fallgruppe des offensichtlich weichenden Interesses, z.B. beim eigenmächtigen Geldwechsel.

b) Vorsatz bezüglich der Rechtswidrigkeit der Zueignung

Der Wegnehmende muss die Umstände kennen oder billigend in Kauf nehmen, welche die erstrebte Zueignung objektiv rechtswidrig machen. Da es sich um ein normativ geprägtes Merkmal handelt, muss der Täter zudem zumindest eine laienhafte Parallelwertung darüber besitzen, dass sein Tatziel im Widerspruch zur Eigentumsordnung steht. 141

aa) Irrtümer im Zusammenhang mit schuldrechtlichen Ansprüchen

***Hinweis:** Dies sind die häufigsten Fälle in Klausuren:*

---

187 Vgl. BGHZ 10, 69.

188 SK-Hoyer § 242 Rn. 98; Wessels/Hillenkamp/Schuhr Rn. 201 ff.

(1) Unkenntnis eines Speziesanspruchs

142 War die erstrebte Zueignung schon objektiv nicht rechtswidrig, so begründet die **irrige Annahme von Umständen**, bei deren Vorliegen die Zueignung rechtswidrig wäre, einen untauglichen Versuch.

Beispiel: E ist verstorben und hat seinem Nachbarn N, der ihn jahrelang versorgt und gepflegt hatte, durch Testament ein Bild vermacht (§ 2174 BGB). N weiß davon nichts und entwendet das Bild aus dem Haus der Erben. – Nur versuchter Diebstahl!

(2) Irrige Annahme eines Anspruchs

143 War die erstrebte Zueignung objektiv rechtswidrig und **glaubt sich der Täter „im Recht"**, so taucht häufig die Frage auf, ob diese Fehlvorstellung Tatbestandsirrtum oder lediglich für den Vorsatz irrelevanter Subsumtionsirrtum (ggf. Verbotsirrtum) ist. Die Anwendung der allgemeinen Regeln der Irrtumslehre[189] ergibt hier Folgendes:

(a) Sachverhaltsirrtum

144 **Stellt sich der Täter irrtümlich einen Sachverhalt vor, bei dessen Vorliegen die Zueignung tatsächlich nicht rechtswidrig wäre – insbesondere einen Speziesanspruch auf die Sache –**, fehlt der Vorsatz für die Rechtswidrigkeit der Zueignung und damit für den Diebstahl.

Abwandlung des vorhergehenden Beispiels: E hatte dem N mehrfach gesagt, dass er ihm das Bild testamentarisch vermacht habe, was tatsächlich nicht stimmt. In der Vorstellung, sich das Bild nehmen zu dürfen, schafft N es aus dem Haus der Erben fort. – N ist straflos.

(b) Rechtsirrtum als Tatbestandsirrtum

145 Glaubt der Täter aufgrund eines Rechtsirrtums, einen Anspruch zu haben oder dass ein gegebener Anspruch die Zueignung des weggenommenen Gegenstandes erlaube, so kann die erforderliche **Parallelwertung in der Laiensphäre** fehlen. Auch dann ist der Vorsatz ausgeschlossen. Dies ist besonders bei Geldschulden ein häufiges Problem.

Fall 8: Rechtfertigung der Zueignung von Bargeld zur Befriedigung von Geldschulden

S hatte das Surfbrett des A fahrlässig beschädigt, verweigerte aber trotz mehrfacher Aufforderung jeden Schadensersatz. A sah nur einen Weg, um an die von ihm verauslagten Reparaturkosten i.H.v. 60 € zu kommen: Er entwendete heimlich aus der am Strand zurückgelassenen Geldbörse des S drei 20-€-Scheine. Als S den Verlust bemerkte, erklärte A, nun seien sie „quitt". S erstattete Strafanzeige.

A könnte einen **Diebstahl** gemäß **§ 242 Abs. 1 an dem Geld** begangen haben.

1. Indem er die Geldscheine, die im Eigentum des S standen, aus der Geldbörse nahm, hat er fremde bewegliche Sachen vorsätzlich weggenommen. Weil A das Geld behalten wollte, handelte er in der Absicht, es sich zuzueignen.

---

189 Ausführlich AS-Skript StrafR AT 2 (2021), Rn. 325 ff.

2. Die erstrebte Zueignung war rechtswidrig, wenn A einen Zustand herbeiführen wollte, der objektiv und subjektiv im Widerspruch zur Eigentumsordnung stand. A war Gläubiger eines zivilrechtlichen Schadensersatzanspruchs in Geld aus §§ 823 Abs. 1, 249 Abs. 2 BGB. Fraglich ist, ob dies den Diebstahlsvorwurf bei eigenmächtiger Befriedigung durch Wegnahme von Bargeld des Schuldners ausschließt:

   a) In der zivilrechtlichen Lit. wird vielfach vertreten, dass bei Geldzeichen die Funktion als Zahlungsmittel für in Geld bemessene Verbindlichkeiten im Vordergrund stehe. Daher seien Geldschulden keine Sachschulden, sondern **Wertverschaffungs- oder Wertsummenschulden.**[190] Ein großer Teil der strafrechtlichen Lehre zieht hieraus die Konsequenz, dass Geld zwar als fremde bewegliche Sache grundsätzlich dem strafrechtlichen Eigentumsschutz unterstehe, dass aber der Eigentumsschutz hinter der Funktion als Zahlungsmittel zurücktrete, wenn damit eine bestehende Schuld getilgt werde. Setze der Täter eine fällige Geldschuld eigenmächtig durch, so werde dem Opfer nur das weggenommen, was es auch schulde. **Diese Auffassung verneint bei eigenmächtiger Befriedigung einer fälligen und gerichtlich durchsetzbaren Geldschuld schon die objektive Rechtswidrigkeit der Zueignung.**[191]

   b) Nach h.Rspr. im Zivilrecht stehen **Geldschulden den Gattungsschulden gleich.**[192] Also hat der Gläubiger einer Geldschuld keinen Anspruch auf den vorgefundenen Geldschein, ebenso wenig wie der Obstkäufer ein Recht zur Übereignung einer ganz bestimmten Frucht besitzt. In beiden Fällen stellt derjenige, der sich eigenmächtig selbst bedient, einen von der Eigentumsordnung nicht gewollten Zustand her. Die strafrechtliche Rspr. **bejaht deshalb in diesen Fällen die objektive Rechtswidrigkeit der erstrebten Zueignung.** Hiernach ist weiter zu prüfen, ob der Täter Vorsatz bzgl. der Rechtswidrigkeit der Zueignung hatte. Daran fehlt es, wenn er überzeugt ist, einen Anspruch auf die Sache zu haben, der in Wirklichkeit nicht besteht. An dieser Stelle operiert die Rspr. mit einer Irrtumsvermutung: Bei Geldschulden bestehe in der Bevölkerung die Vorstellung, der Gläubiger könne sich aus beliebigen, ihm zugänglichen Zahlungsmitteln des Schuldners befriedigen. Nach Auffassung der Rspr. steht also die Geldschuld in der Anschauung der Bevölkerung einer Speziesschuld gleich. Dieser zivilrechtliche Rechtsirrtum nimmt dem Täter regelmäßig die richtige **Parallelwertung in der Laiensphäre** für das strafrechtliche Merkmal der Rechtswidrigkeit der Zueignung. Das hat zur Konsequenz, dass **bei eigenmächtiger Befriedigung einer fälligen und einklagbaren Geldschuld der Vorsatz bzgl. der Rechtswidrigkeit der Zueignung entfällt, § 16 Abs. 1 S. 1.**[193]

Letztlich verneinen also alle Auffassungen Diebstahl am Geld.

Ergebnis: A ist straflos.

---

190 MünchKomm/Grundmann § 245 Rn. 84; Palandt/Grüneberg § 245 Rn. 12.

191 Rengier § 2 Rn. 193; Sch/Sch/Bosch § 242 Rn. 59.

192 Vgl. BGHZ 83, 300.

193 BGHSt 17, 87, 91; BGH StV 1988, 526, 529; 1990, 407; StV 2000, 78.

(c) Verbotsirrtum

146 Weiß der Täter trotz seines Rechtsirrtums, dass die Rechts- und Eigentumsordnung die Zueignung der konkreten Sache nicht gestattet, insbesondere dass ihm kein Anspruch gerade auf den weggenommenen Gegenstand zusteht, so besitzt er die erforderliche Parallelwertung und damit Vorsatz. Der Täter befindet sich dann allenfalls in einem Irrtum über das Eingreifen rechtlich nicht anerkannter Selbsthilferechte. Eine solche Überdehnung der Rechtsordnung erzeugt nur einen Verbotsirrtum (der regelmäßig vermeidbar ist, § 17 S. 2).

Beispiele:

Nimmt der Gläubiger einer **Geldschuld** an, er dürfe sich einen **beliebigen Gegenstand** des Schuldners verschaffen und quasi als Wertersatz behalten, so begeht er Diebstahl.

Der Drogenhändler glaubt, ihm stehe aus dem **Verkauf von Drogen** eine Forderung gegen den Drogenkäufer zu. Dass dieses Zahlungsbegehren wegen § 134 BGB i.V.m. § 29 BtMG nichtig ist, weiß der Dealer zwar nicht, wohl aber, dass er seinen „Anspruch" **nicht gerichtlich durchsetzen** könnte. In dem weiteren Rechtsirrtum, sich bei einer bestehenden Schuld aus vorgefundenen Barzahlungsmitteln befriedigen zu können (s. dazu den vorangegangenen Fall), nimmt er dem Drogenkäufer Geld weg. – Vollendeter Diebstahl. Da für die Parallelwertung in der Laiensphäre schon das Bewusstsein genügt, die vermeintliche Forderung nicht vor Gericht durchsetzen zu können, weiß der Täter, dass er gar kein von der Rechtsordnung geschütztes Recht besitzt. Der zusätzliche Irrtum über die Rechtsnatur von Geldschulden entlastet ihn nicht.[194]

bb) Irrtümer über sonstige Rechtfertigungsgründe der Zueignung

147 Verortet man mit der h.M. auch sonstige Rechtfertigungsgründe, welche die Zueignung gestatten, beim Tatbestandsmerkmal der Rechtswidrigkeit der Zueignung (s.o. Rn. 140), begründet die irrige Annahme der einen solchen Rechtfertigungsgrund ausfüllenden Umstände einen Tatbestandsirrtum gemäß § 16 Abs. 1 S. 1, sonstige Irrtümer begründen nur einen Verbotsirrtum nach § 17. Der Streit zwischen den Vorsatz- und Schuldtheorien über die rechtliche Behandlung von Irrtümern über Rechtfertigungsgründe braucht nicht erörtert zu werden.

194 BGH RÜ 2008, 643.

Absicht rechtswidriger Zueignung

Zueignungsabsicht

Der Täter muss im Zeitpunkt der Wegnahme durch Anmaßung eigentümerähnlicher Befugnisse beabsichtigen, sich oder einem Dritten die auch nur vorübergehende Verfügungsmacht an der weggenommenen Sache selbst oder ihrem funktionsspezifischen Sachwert zu verschaffen **(Aneignungsabsicht)** und zumindest billigend in Kauf nehmen, dass der Eigentümer auf Dauer aus seiner Verfügungsmacht verdrängt wird **(Enteignungsvorsatz)**. Aneignung und Enteignung müssen nicht auf derselben Handlung beruhen.

Zueignungsobjekt nach der Vereinigungsformel

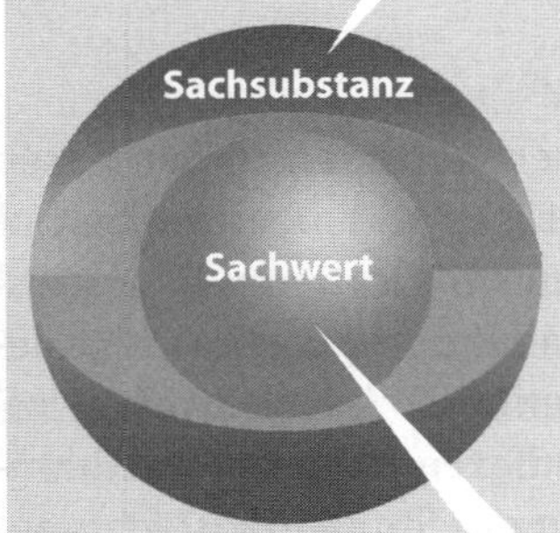

Fallgruppen der Zueignung

Zueignung der Sachsubstanz, wenn die Sache nicht an den Berechtigten zurückgelangen soll (Enteignungsvorsatz)

und

Absicht des Täters auf Enteignung durch
- bestimmungsgemäßen **Verbrauch**
- **Behalten** der Sache
- **Gebrauch** der Sache (auch kurzfristig)
- **Verfügung** über die Sache oder subsidiär Drittaneignung durch schlichte Weitergabe
- wenn sich der Täter oder ein Dritter durch **Rückveräußerung an den Eigentümer** Vermögensvorteile vom Eigentümer verspricht und die Rückveräußerung **unter Leugnung fremden Eigentums** geschieht.

Zueignung des Sachwerts, wenn Sache **zwar an Berechtigten** zurückgelangen sollte, aber durch den Täter oder einen Dritten
- **vorheriger Verbrauch** oder **überlanger** oder **übermäßiger Gebrauch** gewollt ist;
- sonstiger **Entzug eines funktionsspezifischen Sachwerts** gewollt ist

Abgrenzung zu anderen Vermögensangriffen

↔ Sachentziehung, ggf. Sachbeschädigung, wenn an der Sache kein Eigeninteresse besteht.

↔ Bereicherung, wenn die Sache nur zu Fälschungs-, Erpressungs-, Täuschungszwecken (insbes. Rückveräußerung in Anerkennung fremden Eigentums) gebraucht werden soll.

↔ Gebrauchsanmaßung bei nur kurzfristigem Gebrauch ohne nennenswerte Verschlechterung der Sache.

Objektive und subjektive Rechtswidrigkeit der erstrebten Zueignung

Rechtswidrig ist die Zueignung, wenn die geplante An- und Enteignung im Widerspruch zur Eigentumsordnung steht.
- Die Rechtswidrigkeit entfällt objektiv insbesondere dann, wenn der Täter einen Anspruch auf die konkrete Sache hat.
- Der Vorsatz bezüglich der Rechtswidrigkeit der Zueignung entfällt, wenn sich der Täter Umstände vorstellt, bei deren Vorliegen er tatsächlich einen Anspruch auf die konkrete Sache hätte, nach der Rspr. ferner bei eigenmächtiger Befriedigung eines rechtlich anerkannten Zahlungsanspruchs aus weggenommenen Bargeld.

8. Rechtswidrigkeit als allgemeines Verbrechensmerkmal

148 Wie bereits gesagt, unterscheidet die h.M. bei § 242 die Rechtwidrigkeit der (erstrebten) Zueignung und die Rechtswidrigkeit als allgemeines Verbrechensmerkmal (s.o. Rn. 137). Prüft man dann alle Erlaubnissätze, die das Behalten oder Verwerten der Sache betreffen, schon beim Tatbestandsmerkmal „Rechtswidrigkeit der erstrebten Zueignung", bleibt für die Rechtswidrigkeit als allgemeines Verbrechensmerkmal nur noch zu fragen, ob für die **Wegnahmehandlung** als solche ein Rechtfertigungsgrund eingreift. Das können alle Rechtssätze sein, die nur die Sachentziehung erlauben, wie insbesondere **§ 32 StGB, § 229 BGB** sowie alle **öffentlich-rechtlichen Beschlagnahmebestimmungen**. Damit besteht die Möglichkeit, dass die Rechtswidrigkeit der Zueignung und die Rechtswidrigkeit der Wegnahme auseinanderfallen.

Beispiel: A greift B mit einem Dolch an. Um den Angriff zu brechen, schlägt B den A nieder. Dabei fällt A der Dolch aus der Hand. B gefällt die Waffe und er will sie behalten. Bevor A das Messer wieder ergreifen und damit zustechen kann, nimmt B es an sich, verschwindet damit und legt es zu Hause zu seiner Waffensammlung. – Diebstahl scheidet aus. Zwar hat B die fremde bewegliche Sache in Zueignungsabsicht weggenommen. Auch war die Zueignung rechtswidrig, weil das Behalten zur Angriffs- und Gefahrenabwehr nicht erforderlich war. Doch war die Wegnahme gerechtfertigt, weil B den bevorstehenden Angriff nur brechen konnte, indem er A das Messer entzog, § 32. Gegeben ist spätestens mit Einverleibung in die Waffensammlung Unterschlagung, § 246 Abs. 1.

9. Antragserfordernisse

a) Haus- und Familiendiebstahl, § 247

149 Der Sinn dieser Vorschrift liegt in der Rücksichtnahme auf den Verletzten. Hinter dessen Interesse, ungestört von einer Einmischung des Staates die Diebstahlsangelegenheit intern zu bereinigen, soll das Strafverfolgungsrecht des Staates zurücktreten.[195] Rechtstechnisch wandelt § 247 den Diebstahl (und die Unterschlagung) nicht etwa in Privilegierungen um, sondern schafft durch das absolute Antragserfordernis eine **Strafverfolgungsvoraussetzung für Personen, die zu dem Geschädigten in einem bestimmten engen persönlichen Verhältnis stehen.** Ein Übergang des Strafantragsrechts auf Angehörige nach dem Tod des Verletzten ist gesetzlich **nicht** vorgesehen. Ein Haus- oder Familiendiebstahl ist dann nicht verfolgbar!

Beispiel: Nach der Scheidung von ihrem Ehemann H kommt A auf die Idee, dessen Mutter I zu bestehlen. Sie überredet den U, die Tat auszuführen. U bricht in das Haus der I ein und entwendet dort Schmuck. Dann trifft er auf I, die er erwürgt, um eine strafrechtliche Verfolgung zu verhindern. Anschließend verlässt er mit dem Schmuck das Haus. H als Erbe der I stellt wenige Tage später Strafantrag. Weil nicht H, sondern I Verletzte des schweren Wohnungseinbruchdiebstahls war, aber keinen Strafantrag mehr stellen konnte, kann A als Ex-Schwiegertochter und Angehörige der I (§§ 1589, 1590 BGB, § 11 Abs. 1 Nr. 1 a) für ihre Beteiligung am Wohnungseinbruchdiebstahl nicht bestraft werden.[196]

***Klausurhinweis**: Die vorgenannte Konstellation ist in NRW Teil eines Examensfalles geworden, s. dazu blog.alpmann-schmidt.de.*

195 Vgl. BGHSt 10, 400, 403.
196 BGH RÜ 2017, 307.

aa) Schon nach dem einschränkungslosen Wortlaut ist die Vorschrift für **alle Diebstahlsfälle (und Unterschlagungsdelikte) anwendbar** – also auch für die Strafschärfungen der §§ 243, 244, 244 a (und § 246 Abs. 2) und sogar für die in § 244 Abs. 4 und § 244 a normierten Verbrechen! Darüber hinaus wird in zahlreichen anderen Vorschriften auf § 247 verwiesen, vgl. §§ 248 c Abs. 3, 259 Abs. 2, 263 Abs. 4, 263 a Abs. 2, 265 a Abs. 3, 266 Abs. 2. Nicht anwendbar ist die Vorschrift beim Raub oder räuberischen Diebstahl.[197] **150**

bb) Der Täter (oder sonst Diebstahlsbeteiligte) muss zum **Verletzten** in einer **persönlichen Nähebeziehung** gestanden haben. Umstritten ist, auf welchen Personenkreis hierbei abzustellen ist: **151**

Ein Teil des Schrifttums betrachtet beim Diebstahl **nur den Eigentümer** als Verletzten. Zwar schütze § 242 über § 246 hinaus auch vor einem Gewahrsamsbruch. Letzterer stehe jedoch nicht alternativ neben dem Eigentum, sondern sei allenfalls kumulativ als Ausfluss des Eigentums miterfasst.[198] Nach dieser Ansicht besteht also das Antragserfordernis auch dann, wenn zwar zwischen dem Eigentümer und dem Täter, nicht aber zwischen dem Täter und dem Gewahrsamsinhaber die gesetzlich geforderte Nähebeziehung bestanden hat.

Die ganz h.M. sieht demgegenüber **sowohl im Eigentümer als auch im Gewahrsamsinhaber die durch den Diebstahl Verletzten**. Gehört nur eine dieser Personen zu der in § 247 bezeichneten Gruppe, die andere jedoch nicht, besteht kein Antragserfordernis und der Täter ist von Amts wegen zu verfolgen.[199] Bei der Person des Gewahrsamsinhabers ist aber auch nach h.M. nur auf den Träger übergeordneten Mitgewahrsams abzustellen. Untergeordnete Mitgewahrsamsinhaber oder Gewahrsamshüter bleiben im Rahmen des § 247 außer Betracht.[200]

cc) Hauptfälle des § 247 sind der **Angehörigendiebstahl** und der Diebstahl im Zusammenhang mit **häuslicher Gemeinschaft**. **152**

Daneben nennt das Gesetz noch Taten gegen den Vormund und Betreuer (nicht umgekehrt!). Dazu §§ 1773 ff., 1896 ff. BGB.

Der Begriff des **Angehörigen ist in § 11 Abs. 1 Nr. 1 a legaldefiniert** und umfasst Verwandte und Verschwägerte in gerader Linie, Ehegatten und Verlobte. Ein **Verlöbnis** wird nur dann anerkannt, wenn ein auf einem ernstlich gemeinten Willensentschluss beruhendes Eheversprechen beider Partner vorliegt. Ist dieser ernsthafte Wille bei einem von ihnen – auch wenn der andere keine Kenntnis davon hat – nicht vorhanden oder inzwischen aufgegeben worden, so liegt unabhängig von der zivilrechtlichen Beurteilung kein strafrechtlich relevantes Verlöbnis vor.[201] **153**

Die einmal begründete strafrechtliche Angehörigenbeziehung ist praktisch **unauslöschlich**, denn sie besteht auch nach Beendigung der familienrechtlichen Beziehung fort. **154**

S. dazu das eingangs gebildete Beispiel des Wohnungseinbruchs bei der Ex-Schwiegermutter.

---

197 Vgl. Sch/Sch/Bosch § 247 Rn. 2.

198 Sch/Sch/Bosch § 247 Rn. 10 ff.

199 BayObLG NJW 1963, 1464; MünchKomm/Hohmann § 247 Rn. 11.

200 Vgl. BGHSt 10, 400.

201 BGH JZ 1989, 256.

155 Unter **häusliche Gemeinschaft** fallen alle tatsächlichen Wohn- und Haushaltsgemeinschaften, die auf freiem Entschluss beruhen und von dem Willen geprägt sind, für eine gewisse Dauer zusammenzuleben und die mit dem Eintritt in die Gemeinschaft verbundenen Verpflichtungen zu übernehmen.[202] Entscheidend ist das Bestehen einer solchen Gemeinschaft zur Zeit der Tat; die nachträgliche Beendigung lässt das Antragserfordernis nach h.M. unberührt.[203]

Beispiele: Mitglieder einer Zweck-Wohngemeinschaft, Partner einer nichtehelichen Lebensgemeinschaft oder Bewohner eines Klosters oder Altersheims.

Gegenbeispiele: Soldaten in einer Kaserne, Insassen in einer Justizvollzugsanstalt oder die in einem Flüchtlingslager Untergebrachten. An dem ernsthaften Willen, auf eine gewisse Dauer zusammenzuleben, fehlt es, wenn einer der Beteiligten das gemeinsame Wohnen von vornherein dazu ausnutzen will, strafbare Handlungen gegenüber anderen Mitgliedern der Gemeinschaft zu begehen.[204] In diesem Fall besteht kein Antragserfordernis nach § 247.

b) Diebstahl geringwertiger Sachen, § 248 a

156 **aa)** Anwendbar ist diese Vorschrift **„in den Fällen der §§ 242 und 246"** nur für den Diebstahl ohne Straferschwerung und für die (einfache und veruntreuende) Unterschlagung. Darüber hinaus wird in praktisch allen Vermögensdelikten (ohne Zwangskomponente) auf § 248 a verwiesen, vgl. §§ 248 c Abs. 3, 259 Abs. 2, 263 Abs. 4, 263 a Abs. 2, 265 a Abs. 3, 266 Abs. 2, 266 b Abs. 2.

157 **bb)** Die Tat muss eine **geringwertige Sache** zum Gegenstand gehabt haben. Ausgangspunkt ist der **Verkehrswert** der Sache, d.h. ihr Verkaufswert.[205] Werden bei einer Tat mehrere Sachen entwendet, entscheidet der Gesamtwert.[206] Maßgeblich ist nach dem BGH ein Gesamtwert von unter **25 €**.[207] Es überwiegen jedoch mittlerweile die Stimmen in der obergerichtlichen Rspr.[208] und in der Lit.,[209] die **50 €** als Obergrenze der Geringwertigkeit ansetzen.

158 Hat eine Sache zwar **keinen messbaren Verkehrswert**, weil sie kein Gegenstand des Handelsverkehrs ist, aber einen hohen Funktionswert für den Täter, ist sie nicht geringwertig. Ein Strafantragserfordernis besteht dann nicht.[210]

Beispiele: Strafakten, Ausweise, Geldautomatenkarten

159 Da es sich bei § 248 a um eine prozessuale Norm handelt, entscheidet hier allein die objektive Lage. **Ein Irrtum des Täters über die Geringwertigkeit ist als Irrtum über eine Prozessvoraussetzung generell unbeachtlich.**[211]

---

202 Vgl. BGHSt 29, 54, 56 f.

203 OLG Celle JR 1986, 385 m. Anm. Stree.

204 BGHSt 29, 54, 57 f.

205 Vgl. BGH NStZ 1981, 62.

206 OLG Düsseldorf 1987, 1958.

207 BGH, Beschl. v. 09.07.2004 – 2 StR 176/04, BeckRS 2004, 07428.

208 OLG Hamm NJW 2003, 3145; OLG Zweibrücken NStZ 2000, 536; OLG Frankfurt RÜ 2017,16.

209 Lackner/Kühl § 248 a Rn. 3; MünchKomm/Hohmann § 248 a Rn. 6; Rengier § 3 Rn. 40.

210 Fischer § 248 a Rn. 4; a.A. MünchKomm/Hohmann § 248 a Rn. 4, der die Ermittlung eines hypothetischen Marktpreises verlangt.

211 H.M., Fischer § 248 a Rn. 6.

cc) Rechtsfolge des § 248 a ist eine **eingeschränkte Antragsabhängigkeit**: Geprüft wird zunächst, ob ein Strafantrag des Verletzten wirksam gestellt ist.[212] Fehlt ein solcher, so kann der Mangel dadurch überwunden werden, dass die Staatsanwaltschaft das **besondere öffentliche Verfolgungsinteresse bejaht**.

Ob die Staatsanwaltschaft wegen eines besonderen öffentlichen Interesses die Strafverfolgung für geboten hält, ist eine (gerichtlich nicht überprüfbare) **Ermessensentscheidung**.[213]

***Aufbau**: Sind in einem zu begutachtenden Fall ersichtlich noch Qualifikationen gegeben und prüfen Sie aus Darstellungsgründen § 242 isoliert als erstes Delikt, brauchen Sie die Antragserfordernisse noch nicht anzusprechen. Dies geschieht erst nach Bejahung der Strafschärfung: Das Antragserfordernis des § 247 gilt auch für qualifizierten Diebstahl, während das Antragserfordernis des § 248 a entfällt.*

Antragserfordernisse beim Diebstahl

§ 247 (gilt für §§ 242–244 a)	**§ 248 a (gilt nur für § 242)**
Strafverfolgung nur auf Antrag, wenn zwischen Diebstahlsbeteiligtem und Verletztem (= Eigentümer und Gewahrsamsinhaber, h.M.) persönliche Nähe im Tatzeitpunkt bestand, nämlich: ■ **Bei Angehörigenbeziehung** gemäß § 11 Abs. 1 Nr. 1a, ■ bei **häuslicher Gemeinschaft**, d.h. freiwilligem und auf gewisse Dauer angelegtem Zusammenleben, ■ oder wenn der Verletzte **Vormund/Betreuer** war.	War das Tatobjekt objektiv (Irrtum des Täters unbeachtlich) geringwertig (Verkehrswert nicht höher als **25 €,** nach neuerer Ansicht **50 €**): ■ Grundsätzlich Antrag des Verletzten (Eigentümer oder Gewahrsamsinhaber, h.M.) erforderlich. ■ Aber bei Bejahung besonderen öffentlichen Verfolgungsinteresses durch die StA ist die Tat auch ohne Antrag verfolgbar.

10. Tatbestandliche Bewertungseinheiten und Konkurrenzen zu anderen Vermögensdelikten

Da es bei § 242 nicht auf ganz bestimmte Tatobjekte ankommt, liegt dann, wenn der Täter mehrere Objekte durch dieselbe Handlung oder in natürlicher Handlungseinheit weggenommen hat, keine Mehrheit selbstständiger Diebstahlsdelikte, sondern **nur ein einziger Diebstahl** in Form **tatbestandlicher Bewertungseinheit** vor. Das gilt auch, **160**

212 Zur Prüfungsfolge AS-Skript StrafR AT 1 (2021), Rn. 406 ff.

213 Vgl. Sch/Sch/Bosch § 248 a Rn. 26.

wenn die Sachen verschiedenen Eigentümern gehören (s. schon oben Rn. 20, 95).

161 **Raub** gemäß **§ 249** und **räuberischer Diebstahl** gemäß **§ 252** enthalten alle Diebstahlselemente und sind durch die zusätzliche Zwangskomponente zur Gewahrsamserlangung oder -sicherung gegenüber § 242 Sondertatbestände. Sie verdrängen deshalb den Diebstahl im Wege der Spezialität (s. dazu oben schon Fall 2 a.E.).

162 Verbraucht oder verwertet der Dieb die gestohlene Sache, ist er nicht mehr aus **Unterschlagung** gemäß **§ 246** strafbar. Umstritten ist lediglich, ob diese Zweitzueignung schon nicht tatbestandsmäßig ist oder als mitbestrafte Nachtat zurücktritt (s.u. Rn. 279 ff.).

163 Eine **Beschädigung oder Zerstörung** der weggenommenen Sache gemäß **§ 303** ist ebenso mitbestrafte Nachtat wie der **Betrug** gemäß **§ 263** durch Leugnen des Besitzes (s.u. Rn. 282 ff.). Wird die weggenommene Sache durch eine **Brandstiftung** gemäß **§ 306** zerstört, steht diese nach der Rspr. wegen des erhöhten Unrechts (Verbrechen!) in Tatmehrheit zum vorangegangenen Diebstahl.[214]

164 Zerstört oder beschädigt der Täter dagegen zum Zweck der Wegnahme eine **andere Sache**, so steht die **Sachbeschädigung** gemäß **§ 303 in Tateinheit zum Diebstahl.**[215]

II. Diebstahlsqualifikationen, §§ 244, 244 a

165 Sowohl § 244 (Diebstahl mit Waffen, Bandendiebstahl, Wohnungseinbruchdiebstahl) als auch § 244 a (Schwerer Bandendiebstahl) sind **echte Tatbestände** mit eigener Versuchsstrafbarkeit. Bei § 244 folgt die Strafbarkeit des Versuchs aus Abs. 2, bei §§ 244 Abs. 4, 244 a aus dem **Verbrechenscharakter** der Taten, §§ 23 Abs. 1, 12 Abs. 1.

Aufbau: *Häufig kommen in einem Fall Strafschärfungen sowohl nach § 243 als auch nach §§ 244, 244 a infrage. Empfehlenswert ist,* ***die Qualifikationen der §§ 244, 244 a nach Bejahung des § 242, aber vor etwaigen Regelbeispielen und Prozessvoraussetzungen zu prüfen****. Als Tatbestände gehen die Qualifikationen bloßen Strafzumessungsregeln vor, denn sie ändern in einem Urteil bereits den Schuldspruch. § 243 ist dagegen nur bei der Strafzumessung zu § 242 zu berücksichtigen und wird beim Schuldspruch wegen Diebstahls nicht einmal erwähnt. Ist eine Qualifikation erfüllt, können Sie in Ihrer gutachtlichen Lösung einen besonders schweren Fall des Diebstahls gemäß §§ 242, 243 knapp im Urteilsstil feststellen und bei Bejahung im Wege der Gesetzeskonkurrenz hinter § 244 oder § 244 a zurücktreten lassen. Kommen Sie in Ihrer Falllösung zu dem Ergebnis, dass doch keine Qualifikation erfüllt ist, leiten Sie die Prüfung des § 243 mit folgendem Obersatz ein: „Fraglich ist, ob der (bereits bejahte) Diebstahl gemäß § 242 auch als besonders schwerer Fall nach § 243 anzusehen ist." Benennen Sie jedenfalls § 243 nie allein, sondern immer zusammen mit § 242, denn so verdeutlichen Sie, dass § 243 kein Tatbestand ist.*

214 BGH RÜ 2018, 578.

215 BGH RÜ 2019, 174.

1. Diebstahl mit Waffen, § 244 Abs. 1 Nr. 1 a Alt. 1

Aufbau: *Gehen Sie innerhalb des § 244 Abs. 1 Nr. 1 gemäß der Reihenfolge des Gesetzes vor. Prüfen Sie also zuerst „Waffe" (Nr. 1 a Alt. 1), nach Verneinung: „anderes gefährliches Werkzeug" (Alt. 2), nach Verneinung: „sonst ein Werkzeug oder Mittel" (Nr. 1 b).*

Fall 9: „Waffe" und geladene Schreckschusspistole; Beisichführen; Berufswaffenträger

A und B sind Angestellte einer Sicherheitsfirma und bei einer politischen Veranstaltung als Türsteher engagiert. Sie tragen vorschriftsgemäß unter dem Jackett mit Knallmunition geladene Schreckschusspistolen, für die sie auch den erforderlichen „kleinen Waffenschein" besitzen. Während einer kurzen Pause stärken sich beide an einem nahe gelegenen Imbissstand mit „Currywurst und Fritten". Nur B hat sich eine Cola dazubestellt. Als B die Bitte seines Kollegen abschlägt, ihm einen Schluck Cola abzugeben, ergreift A das Glas und trinkt es unter Protest des B leer.
Strafbarkeit des A?

I. **Diebstahl, § 242 Abs. 1?** Indem A die Cola ergriff und austrank, hat er das im Eigentum und Gewahrsam des B stehende Getränk vorsätzlich und in der Absicht rechtswidriger Zueignung weggenommen. Die Tat geschah rechtswidrig und schuldhaft.

II. Da zur Ausrüstung der Sicherheitsangestellten auch geladene Schreckschusspistolen gehörten, könnte die Tat nach **§ 244 Abs. 1 Nr. 1 a Alt. 1** qualifiziert sein. **166**

1. Bei der Pistole müsste es sich um eine **„Waffe"** handeln. Darunter versteht man im Strafrecht allgemein einen **Gegenstand, der nach seiner objektiven Beschaffenheit und seinem Zustand zur Zeit der Tat bei bestimmungsgemäßer Verwendung gegen Menschen geeignet war, erhebliche Verletzungen zuzufügen.**[216]

Die Tatsache, dass § 1 Abs. 2 Nr. 1 i.V.m. Abs. 4 WaffG[217] (in Verbindung mit Anlage 1, Abschnitt 1, Unterabschnitt 1 Nr. 1 sowie Nr. 2.6 WaffG[218]) derartige Pistolentypen als „Schusswaffen" einstuft, bindet die strafrechtliche Subsumtion nicht, sondern bietet lediglich eine Orientierungshilfe. Der strafrechtliche Waffenbegriff ist gegenüber dem Waffenrecht selbstständig.[219] Sonst könnten Gegenstände, die nicht im WaffG aufgeführt sind, trotz erheblicher Gefährlichkeit nicht strafschärfend herangezogen werden, z.B. einfache Gummischleudern mit Stahlkugeln.

a) Die Notwendigkeit **objektiver Verletzungsgefährlichkeit** folgt aus der 2. Alt. des § 244 Abs. 1 Nr. 1 a, die durch die Inbezugnahme „oder ein anderes gefährliches Werkzeug" klarstellt, dass auch die Waffe „gefährlich" sein muss. Bei einer Schusswaffe ist die Qualifikation also nur erfüllt, wenn sie **funktionstüchtig und schussbereit** ist oder doch wenigstens jederzeit schussbereit gemacht werden kann.[220] Dafür reicht es aus, wenn der Täter passende Munition bei sich hat und nach der Situation auch Zeit zum Laden bleibt.[221]

---

216 Z.B. BGHSt 44, 103, 105.
217 Abgedruckt bei Fischer Anhang 14.
218 BGBl I 2002, 3994 ff.
219 BGHSt 48, 197, 203, 205.
220 BGHSt 44, 103.
221 Vgl. BGH StV 1987, 67; für die Neufassung offengelassen von BGH NJW 1998, 3131.

Keine „Waffen" i.S.d. Qualifikation sind folglich: Alle **ungeladenen** (und nicht sofort aufmunitionierbaren) Pistolen/Gewehre sowie alle **defekten** Waffen und **Waffenattrappen**.

Diese können aber bei entsprechendem – auch spontan gefasstem – Einsatzwillen als Schlaginstrument **„gefährliches Werkzeug"** gemäß **§ 244 Abs. 1 Nr. 1 a Alt. 2** werden (s. dazu den nachfolgenden Fall).

Ist lediglich der Einsatz für eine Scheindrohung geplant, so ist eine nicht funktionstüchtige Waffe oder Attrappe sonstiges **„Werkzeug" gemäß § 244 Abs. 1 Nr. 1 b**.[222]

b) Das **Verletzungspotenzial** muss sich des Weiteren aus einer Gebrauchsmöglichkeit ergeben, die für den Gegenstand **funktionstypisch** ist. Zum tatsächlichen Einsatz braucht es nicht gekommen zu sein. Der Täter muss nicht einmal Einsatzwillen besessen haben.

„Geborene Waffen" sind damit alle Schusswaffen, die typischerweise gegen Menschen eingesetzt werden, z.B. **Maschinenpistolen, Sturmgewehre, Pistolen**. Darunter fallen auch **Pistolen, die mit Gasmunition** geladen sind, sofern das Gas durch einen Lauf **nach vorn** abgefeuert wird.[223]

Erfasst werden in Anlehnung an § 1 Abs. 2 Nr. 2 a i.V.m. Anl. 1 Unterabschnitt 2 WaffG aber auch **Hieb- und Stoßwaffen, Elektroschocker und Reizstoffsprühgeräte**.

Pfefferspray zur Tierabwehr ist keine Waffe i.d.S., kann u.U. aber „gefährliches Werkzeug" sein.[224] Zur Problematik dieses Merkmals unten Rn. 170.

Der Große Senat des BGH hat schon vor längerer Zeit entschieden, dass eine **geladene Schreckschusspistole mit Austrittsöffnung nach vorn „Waffe" im Sinne des Strafrechts** ist. Entscheidend ist danach, dass solche Pistolen dieselbe Gefährlichkeit aufweisen wie Gaspistolen und dass sich diese Gefahr auch arttypisch durch den Einsatz als „Schießwerkzeug" realisieren kann. Solche Gegenstände seien zwar nicht ursprünglich für Verletzungen von Menschen bestimmt. Dies werde aber dadurch aufgewogen, dass sie bei vielen Straftaten tatsächlich zu Angriffs- oder Verteidigungszwecken eingesetzt würden, ein Gesichtspunkt, der auch der Einordnung dieser Gegenstände als „Waffen" im Sinne des WaffG zugrunde liege.[225] Damit lassen sich auch solche Schusswaffen im Sinne des WaffG dem strafrechtlichen Waffenbegriff unterstellen, die nicht zum Einsatz gegen Menschen bestimmt sind, also **Jagd- und Sportwaffen** bis hin zu **Luftgewehren und -pistolen**.

A hat folglich eine „Waffe" i.S.v. § 244 Abs. 1 Nr. 1 a Alt. 1 getragen. Dass er diese nicht eingesetzt hat und auch nicht einsetzen wollte, ist unerheblich.

167 2. A müsste die Waffe **„bei sich geführt"** haben.

Hinweis: *Dieses Merkmal erweist sich in vielen Klausuren als Falle, weil die Bearbeiter es in der Regel zu eng auslegen!*

Zweck der Qualifikation „Diebstahl mit Waffen" ist es, die Eskalation eines Diebstahls zum Raub durch Beteiligte zu verhindern, die während der Tat Zugriff auf

222 Vgl. BGH BeckRS 2004, 04279 zu § 250 Abs. 1 Nr. 1 b.

223 BGHSt 45, 9; BGH NStZ 2001, 532.

224 Im Erg. ebenso BGH RÜ 2018, 100.

225 BGHSt 48, 197, 204 f.; BGH NStZ 2006, 176; krit. Fischer § 244 Rn. 9 f.; Wessels/Hillenkamp/Schuhr Rn. 266.

gefährliche Mittel haben oder erlangen. Deshalb **genügt es für das Beisichführen, wenn dem Täter die Waffe oder das gefährliche Werkzeug zu irgendeinem Zeitpunkt zwischen Versuchsbeginn und tatsächlicher Beendigung so zur Verfügung steht, dass er sich ihrer jederzeit, also ohne nennenswerten Zeitaufwand und ohne Schwierigkeiten, bedienen kann**. Das gilt bei der Waffe auch dann, wenn der Beteiligte gar keinen Gebrauchswillen hat. Grund für die Strafschärfung ist allein die **abstrakte Gefahr der Waffe**. Erforderlich ist deshalb nicht, dass der Beteiligte den Gegenstand zum Tatort mitgebracht hat. Erforderlich ist auch nicht, dass er ihn in der Hand oder am Körper trägt! **Die Strafschärfung ist insbesondere auch dann erfüllt, wenn**

- der Beteiligte die Waffe/das gefährliche Werkzeug **erst während der Tatausführung ergreift**;
- der Beteiligte die Waffe/das gefährliche Werkzeug nur aus Sicherheitsgründen, damit nichts geschehe, aus **den Sachen des Opfers an sich nimmt**;
- die Waffe/das gefährliche Werkzeug **als Beute durch die Tat selbst erlangt** wird.[226]

A besaß über die Waffe während der Tatausführung die tatsächliche Verfügungsgewalt. Er hat sie mithin bei sich geführt.

3. Subjektiv erfordert der Diebstahl mit Waffen nur einfachen **Vorsatz**, also dolus eventualis. A hat seine Dienstwaffe bewusst bei sich geführt. Dass er nicht ständig daran dachte, schließt seinen Vorsatz nicht aus, weil ein das Vorstellungsbild begleitendes „**Mitbewusstsein**" genügt.[227] Dass A keinerlei Gebrauchswillen hatte, ist auch unerheblich. Dieser ist bei § 244 Abs. 1 Nr. 1 a – jedenfalls wenn es um eine Waffe geht – gerade nicht erforderlich.

4. A hat die Waffe als Teil seiner Security-Ausrüstung getragen. Umstritten ist, ob für **168**
sog. **Berufswaffenträger**, also Polizeibeamte, Soldaten oder Wachbedienstete, die im Dienst Waffen (nicht nur Schusswaffen, sondern auch Schlagstöcke und dergleichen) tragen müssen, eine **Einschränkung des Tatbestandes** vorzunehmen ist.

   a) Viele im Schrifttum befürworten dies mit unterschiedlichen Begründungen: Manche nehmen an, man müsse das Merkmal des Beisichführens auf die Fälle beschränken, in denen der Täter regelwidrig bzw. nicht vorschriftsmäßig bewaffnet sei.[228] Wieder andere betonen den Charakter der §§ 244, 250 als abstrakte Gefährdungsdelikte und lassen eine Widerlegung der Gefährlichkeitsvermutung dann zu, wenn eine Gefährdung objektiv und nach dem Wissen des Täters absolut ausgeschlossen war.[229] Teilweise wird auch – in Parallele zum Vorsatz des Beisichführens gefährlicher Werkzeuge (dazu der nachfolgende Fall) – eine Einschränkung auf subjektiver Ebene befürwortet: Der Täter

---

226 BGHSt 13, 259, 260; BGH StV 1988, 429 (zum Diebstahl mit Schusswaffen nach § 244 a.F.); zu § 250 Abs. 1 Nr. 1 a BGH RÜ 2014, 31.

227 Vgl. BayObLG NJW 1977, 1974.

228 Hruschka NJW 1978, 1338; Schünemann JA 1980, 349, 355.

229 Haft JuS 1988, 364, 369; Lenckner JR 1982, 424, 427.

müsse sich im Tatzeitpunkt bewusst gewesen sein, eine Waffe zu tragen. Hieran fehle es, wenn die Bewaffnung nach den Umständen der Tat völlig aus dem aktuellen Vorstellungsbild verdrängt sei.[230] Nach dieser Meinungsgruppe wäre eine Bestrafung des A gemäß § 244 ausgeschlossen, weil er sicher nicht zu seiner Pistole gegriffen hätte, um von seinem Kollegen einen Schluck Cola abzubekommen. Er wäre nur aus §§ 242, 248 a strafbar.

b) Für derartige Einschränkungen besteht mit der h.Lit. und Rspr. kein Grund. Entscheidend ist die Gefährlichkeit, die von einem mit einer (Schuss-)Waffe ausgerüsteten Täter ausgeht. Hierfür macht es keinen Unterschied, ob der Täter die Waffe zufällig bei sich führt oder dazu verpflichtet ist. Die Gefahr ist bei einem solchen Täterkreis nicht geringer einzustufen als bei anderen bewaffneten Dieben. Hat beispielsweise ein Polizeibeamter erst einmal die hohe Hemmschwelle zum Diebstahl überwunden, kann er sich genauso wie jeder andere Dieb durch plötzlich auftretende Probleme zum Einsatz der Schusswaffe verleiten lassen.[231] Dass A die Waffe aus beruflicher Veranlassung trug, steht der Qualifikation damit nicht entgegen.

5. Rechtswidrigkeit und Schuld sind gegeben.

6. Fraglich ist, ob wegen der Geringwertigkeit der ausgetrunkenen Cola gemäß § 248 a ein Strafantrag erforderlich ist. § 248 a gilt jedoch schon dem Wortlaut nach nur für den einfachen Diebstahl. Für eine analoge Anwendung ist mangels Regelungslücke kein Raum. Das Gericht kann der geringen kriminellen Energie der Tat allenfalls durch Annahme eines minder schweren Falls gemäß § 244 Abs. 3 Rechnung tragen.

Ergebnis: A ist wegen Diebstahls mit Waffen strafbar.

---

2. Diebstahl mit gefährlichen Werkzeugen, § 244 Abs. 1 Nr. 1 a Alt. 2

Fall 10: Kriterien für die Bestimmung der „Gefährlichkeit"; Anwendung auf Gebrauchsmesser und Wegnahmewerkzeuge

A entwendete aus der Schmuckabteilung des Warenhauses W zwei Silberringe im Wert von 60 € und steckte sie ein. Als er das Geschäft verließ, hielt ihn der Hausdetektiv H auf und übergab ihn der Polizei. Dort wurde bei der Durchsuchung des A außer den beiden Ringen noch ein Taschenmesser mit ausklappbarer Klinge von etwa 6 cm in der Art eines Schweizer Offiziersmessers zutage gefördert. A erklärte bei seiner Beschuldigtenvernehmung wahrheitsgemäß, das Messer immer bei sich zu tragen. Bei der Tat habe er gar nicht besonders an das Messer gedacht.
Strafbarkeit des A?

230 OLG Hamm NStZ 2007, 47; Lackner/Kühl § 244 Rn. 5.

231 BGHSt 30, 44; BVerfG NStZ 1995, 76; OLG Naumburg RÜ 2011, 712; Kindhäuser/Böse § 4 Rn. 19; Wessels/Hillenkamp/Schuhr Rn. 269 f.

I. Durch Einstecken der beiden Ringe hat A die im fremden Eigentum und Gewahrsam stehenden Schmuckstücke vorsätzlich und in der Absicht rechtswidriger Zueignung weggenommen. Er hat damit rechtswidrig und schuldhaft einen **Diebstahl** begangen, **§ 242 Abs. 1**.

II. A hat während der Tat das Taschenmesser dabeigehabt Infrage kommt deshalb eine Qualifikation des Diebstahls gemäß **§ 244 Abs. 1 Nr. 1**. 169

1. Ein Taschenmesser mit nicht feststellbarer Klinge und ohne besondere konstruktive Veränderungen ist kein Gegenstand, der nach seiner Bestimmung oder wegen seines hohen Gefahrenpotenzials typischerweise gegen Menschen eingesetzt wird. Das WaffG beschränkt das Führen solcher Messer überhaupt nicht. Es handelt sich damit nicht um eine **„Waffe"** i.S.v. § 244 Abs. 1 Nr. 1 a Alt. 1.

2. Möglicherweise hat A mit dem Taschenmesser aber ein **„gefährliches Werkzeug"** bei sich geführt, § 244 Abs. 1 Nr. 1 a Alt. 2. 170

   Der Gesetzgeber des 6. StrRG wollte durch dieses Merkmal die Strafschärfung über die frühere Begrenzung auf einsatzbereite Schusswaffen hinaus ausdehnen. Zu diesem Zweck hat er den Begriff des gefährlichen Werkzeugs dem früheren § 223 a (vgl. heute § 224 Abs. 1 Nr. 2) entlehnt und gemeint, dass „zur Auslegung auf die hierzu entwickelten Grundsätze zurückgegriffen werden" könne.[232] Bei der gefährlichen Körperverletzung bezeichnet das Tatbestandsmerkmal „gefährliches Werkzeug" einen Gegenstand, der in der konkreten Art seiner Benutzung im Einzelfall geeignet ist, erhebliche Verletzungen herbeizuführen.[233] Praktisch jeder – im Alltagsgebrauch auch ungefährliche – Gegenstand kann damit die Strafschärfung erfüllen, wenn er vom Täter zum Mittel einer Körperverletzung gemacht wurde und das Risiko schwerer Verletzungen gesteigert hat. Hat der Täter den Gegenstand tatsächlich gegen Menschen eingesetzt, lässt sich dessen Gefährlichkeit ex post aus dem Einsatz ermitteln. Diese Möglichkeit besteht aber nur für § 250 Abs. 2 Nr. 1 Alt. 2 („Verwenden eines gefährlichen Werkzeugs"). Der Gesetzgeber hat bei Einfügung des Begriffs „gefährliches Werkzeug" in die §§ 244 Abs. 1 Nr. 1 a/ 250 Abs. 1 Nr. 1 a übersehen, dass dort der Gebrauch gerade nicht vorausgesetzt wird, sondern das bloße Beisichführen ohne jeglichen Gebrauchswillen genügt.

   Wenn der Gebrauch als Anknüpfungspunkt der Subsumtion für die Gefährlichkeit des nur mitgeführten Objekts ausscheidet, stellt sich die Frage, aus welchen Umständen die Gefährlichkeit dann hergeleitet werden soll. Hierzu sind inzwischen zahlreiche Vorschläge gemacht worden, die sich im Wesentlichen auf zwei Grundströmungen zurückführen lassen.

   a) **Objektivierende Ansichten** meinen: Da der vom Täterwillen geprägte Gebrauch aus der Definition des § 223 a a.F. bei § 244 Abs. 1 Nr. 1 a nicht passt, kommt es auf die objektive Zweckbestimmung und Beschaffenheit des Gegenstandes an.

232 BT-Drs. 13/9064 S. 18.

233 Vgl. Fischer § 224 Rn. 9.

aa) Die **objektiv-abstrakte Betrachtung** innerhalb dieser Gruppe begnügt sich schon mit der hieraus resultierenden Verletzungseignung[234] oder verlangt, dass der Gegenstand zumindest annähernd vergleichbare Gefährlichkeit wie Waffen besitzen müsse.[235] Andere bestimmen die Gefährlichkeit danach, ob der Gegenstand wegen der damit verbundenen Risiken für jedermann frei erhältlich ist[236] oder ob vor seinen typischen Gefahren gewarnt wird.[237]

Der 3. Strafsenat des BGH hat sich für **Gebrauchsmesser** mit „längerer Klinge" diesem objektiv-abstrakten Verständnis angeschlossen. Auch solche Gegenstände seien zum Schneiden und Stechen geeignet, könnten wie jedes andere Messer jederzeit gegen Personen gebraucht werden und gegebenenfalls dem Opfer erhebliche, unter Umständen sogar tödliche Verletzungen zufügen.[238]

Nach den vom Senat in Bezug genommenen Entscheidungen versteht man unter „Messer mit längerer Klinge" schon solche mit einer Klingenlänge ab 4–5 cm.[239] Nach OLG Köln sind Schweizer Offiziersmesser (und andere Multifunktionswerkzeuge mit integriertem Taschenmesser) und einer Klingenlänge von 6 cm tatbestandsmäßig i.S.v. § 244 Abs. 1 Nr. 1 a Alt. 2.[240]

Danach hat A hier ein gefährliches Werkzeug bei sich geführt.

bb) Verstärkt findet sich im Schrifttum eine **objektiv-konkrete Betrachtung.** Diese verlangt zusätzlich zur generellen Gefährlichkeit des Gegenstandes, dass dieser aus der Sicht eines objektiven Betrachters **nach den Tatumständen keine andere Funktion gehabt haben kann, als zu Verletzungszwecken** eingesetzt zu werden.[241]

Nach dieser Ansicht ist die Strafschärfung des § 244 Abs. 1 Nr. 1 a Alt. 2 bei allen Gegenständen zu verneinen, deren Beisichführen sozialtypisch ist, wie z.B. Gürtel oder Gerätschaften von Handwerkern.

Auch das Mitführen eines Gebrauchsmessers genügt nach dieser Auffassung nicht.

b) Für Vertreter der **subjektiven Betrachtung** lässt sich die Frage, ob ein Gegenstand „gefährlich" ist, nur durch die im Vorsatz zusätzlich zu prüfende Zweckbestimmung des Täters beantworten. Diese ergebe sich aus einem **Verwendungsvorbehalt** des Täters. Ein gefährliches Werkzeug liegt danach nur vor, wenn der fragliche Gegenstand geeignet ist, in einer bestimmten Verwendung erhebliche Verletzungen herbeizuführen, und wenn der Täter ihn auch **„notfalls"** dafür habe einsetzen wollen. Ob auch der Vorbehalt genügt, den

234 Hörnle Jura 1998, 169, 172.
235 Dencker JR 1999, 33, 36; vgl. auch Fischer NStZ 2003, 569, 572; Mitsch ZStW 111 (1999), 65, 79.
236 Lesch GA 1999, 365, 376.
237 MünchKomm/Sander § 250 Rn. 29.
238 BGH RÜ 2008, 577.
239 BGH RÜ 2008, 577 unter Rn. 35 unter Verweis auf BGH RÜ 2005, 589.
240 OLG Köln NStZ 2012, 327.
241 MünchKomm/Schmitz § 244 Rn. 16 ff.; NK-Kindhäuser § 244 Rn. 15; Sch/Sch/Bosch § 244 Rn. 5 b.

Gegenstand nur als Drohungsmittel einzusetzen, ist innerhalb dieser Gruppe umstritten.[242]

Ein solcher Vorbehalt liegt hier schon deshalb nicht vor, weil A über das Messer gar nicht besonders nachgedacht hat. Eine Diebstahlsqualifikation nach § 244 Abs. 1 Nr. 1 a scheidet nach diesem Verständnis aus.

c) **Kritik:** Zumindest die objektiv-abstrakte Betrachtung überzeugt nicht, weil sie gegen das aus dem Bestimmtheitsgrundsatz des Art. 103 Abs. 2 GG abgeleitete Entgrenzungsverbot verstößt. Lässt man nämlich jede potenzielle Gefährlichkeit eines Gegenstands ausreichen und bezieht gedanklich auch noch alle denkmöglichen Zweckentfremdungen ein, wird jeder Alltagsgegenstand, den ein Dieb dabei hat, zum „gefährlichen" Werkzeug und löst praktisch immer die Strafschärfung des § 244 Abs. 1 Nr. 1 a Alt. 2 aus: Taschentuch (Knebel?), Schnürsenkel (Strangulierungsmittel?), Schuhe (Tritte?) usw. Begrenzungen nach „typischem Gefahrpotenzial" helfen auch nicht: Ein Kugelschreiber hat kein „typisches" Gefahrpotenzial und kann trotzdem zum Stich ins Auge benutzt werden, wenn der Täter dies will. Auch bleibt nach rein objektiv-abstraktem Verständnis kaum noch ein Anwendungsbereich für die Strafschärfung des „sonstigen Werkzeugs oder Mittels" gemäß § 244 Abs. 1 Nr. 1 b: Wer etwa einen Kabelbinder bei sich führt, könnte durch festes Zuziehen schwere Gesundheitsschäden verursachen, auch wenn er sein Opfer nur ohne Verletzungen fixieren will. Dieser Auffassung kann daher nicht gefolgt werden. Nach den übrigen Ansichten ist vorliegend die Strafschärfung nicht erfüllt. Insofern bedarf es keiner Streitentscheidung.

Das bloße Mitführen des Taschenmessers qualifiziert den Diebstahl – entgegen der objektiv-abstrakten Betrachtung – nicht gemäß § 244 Abs. 1 Nr. 1 a.

3. Auch § 244 Abs. 1 Nr. 1 b ist bei fehlendem Einsatzwillen nicht erfüllt (s. nachfolgend Rn. 172 f.).

III. **Hausfriedensbruch** gemäß **§ 123 Abs. 1 Alt. 1** ist ebenfalls zu verneinen. A hat sich in die Geschäftsräume wie ein normaler Kunde hineinbegeben und damit eine generelle Erlaubnis zum Betreten der Geschäftsräume für Publikumsverkehr ausgenutzt. Dass dies zur Verfolgung krimineller Zwecke geschah, ist nach h.M. unbeachtlich.[243]

Ergebnis: A ist strafbar wegen einfachen Diebstahls.

Derselbe Streit wie bei den Gebrauchsmessern stellt sich auch bei **Werkzeugen**, die der Täter nur bei sich führt, um die **Wegnahme** ausführen zu können, die aber als Gewaltmittel gegen Menschen zweckentfremdet werden können. 171

Beispiele: Handbeil des Weihnachtsbaumdiebes, Brecheisen, Schraubendreher, Hämmer etc.

242 Bejaht von Wessels/Hillenkamp/Schuhr Rn. 275; verneint von Rengier § 4 Rn. 40.

243 Vgl. Fischer § 123 Rn 17.

RÜ-Video 04/18

Die objektiv-abstrakte Theorie bejaht auch hier die Strafschärfung allein wegen des Verletzungspotenzials solcher Gegenstände. Dies vertritt inzwischen auch die Rspr.[244]

Die objektiv-konkrete Betrachtung lehnt die Strafschärfung mangels Waffenersatzfunktion und die subjektive Theorie mangels Einsatzwillens gegen Menschen ab.

3. Diebstahl mit sonstigen Werkzeugen oder Mitteln, § 244 Abs. 1 Nr. 1 b

172 Für diese Qualifikation genügt es, dass ein Diebstahlsbeteiligter **sonst ein Werkzeug oder Mittel bei sich führt, um den Widerstand eines anderen durch Gewalt oder Drohung mit Gewalt zu verhindern oder zu überwinden**. Das Merkmal „gefährlich" taucht hier im Gegensatz zur Nr. 1 a nicht auf. Dafür muss der Beteiligte bei dieser Strafschärfung den Gegenstand aber **als (ungefährliches) Gewalt- oder Drohungsmittel einsetzen wollen**. Nach Wortlaut und systematischer Stellung ist Nr. 1 b **Auffangnorm** für all die mitgeführten Gegenstände, die objektiv ungefährlich sind, aber mit Verwendungsvorsatz vom Täter oder Teilnehmer mitgeführt werden. Wichtigste Konsequenz:

Das Beisichführen ungefährlicher Gewaltmittel (z.B. Handschellen, Klebeband, harmloses Schlafmittel oder K.-o.-Tropfen)**, die der Täter zum Fesseln oder Einschlafenlassen des Opfers verwenden will,**[245] wirkt ebenso strafschärfend wie das Beisichführen **sog. Scheinwaffen** (= Attrappen oder defekte oder ungeladene Schusswaffen)**, mit denen der Täter eine tatsächlich nicht realisierbare Drohung verstärken will.**

173 **Einschränkend** verlangt die Rspr. bei einer mittels eines Gegenstandes verstärkten Scheindrohung, dass dieser unter den konkreten Umständen der geplanten Anwendung aus der Sicht des Täters ohne Weiteres geeignet ist, bei dem Opfer den Eindruck hervorzurufen, der Gegenstand könne zur Gewaltanwendung verwendet werden und deshalb gefährlich sein (Eindruckstheorie).[246] Folglich scheiden solche Tatmittel als Strafschärfung i.S.d. § 244 Abs. 1 Nr. 1 b aus, bei denen die Drohungswirkung nicht auf dem objektiven Erscheinungsbild des Gegenstandes, sondern ausschließlich auf täuschenden Erklärungen des Täters beruht.[247] Das ist aber nur ausnahmsweise der Fall, nämlich wenn die objektive Ungefährlichkeit des Gegenstandes bereits nach dem äußeren Erscheinungsbild offenkundig ist. Dafür stellt der BGH ausschließlich auf einen objektiven Beobachter ab, der den fraglichen Gegenstand selbst wahrnehmen würde. Die Wahrnehmung des Bedrohten soll keine Rolle spielen; es komme nicht darauf an, ob das Opfer eine entsprechende Beobachtung überhaupt machen konnte oder ob der Täter dies durch sein täuschendes Vorgehen gerade vereitelte (sog. **objektiv evident ungefährliches Werkzeug**).

244 BGH RÜ 2018, 233 mit RÜ-Video 04/18 unter t1p.de/6jh5; OLG Nürnberg StV 2020, 251, wonach nur im konkreten Fall (kleiner Seitenschneider) eine erhöhte abstrakte Gefährlichkeit zu verneinen war.

245 BGH StV 1998, 660; BGH StV 1999, 91; BGH StV 2009, 408 zu „K.-o.-Tropfen".

246 BGH NStZ 2007, 332, 333 m.w.N.

247 BGHSt 38, 116, 118 f.; BGH NStZ 2011, 278.

Beispiele: Ausbeulung eines **gebogenen Plastikrohrs** unter der Jacke;[248] **Lippenstift**, der dem Opfer in den Rücken gehalten wird;[249] **Schrotpatrone**, die dem Opfer vorgezeigt wird, um die Ernsthaftigkeit einer Drohung zu unterstreichen;[250] **bunte Wasserpistole** in der Tasche des Bankräubers.[251]

Die Strafschärfung bejaht der BGH dagegen bei einer **angeblich mit einer Bombe gefüllten Sporttasche**, die der Täter vorgab, mithilfe eines Handys zu zünden. Ungewissheit der Gefährlichkeit ist danach nicht gleichbedeutend mit evidenter Ungefährlichkeit.[252]

Die vorgenannten Entscheidungen beziehen sich auf die Raubqualifikation des § 250 Abs. 1 Nr. 1 b. Wegen der Wortlautidentität mit § 244 Abs. 1 Nr. 1 b gilt die Einschränkung aber **auch für die Diebstahlsqualifikation.**[253]

4. (Schwerer) Wohnungseinbruchdiebstahl, § 244 Abs. 1 Nr. 3, Abs. 4

Seit Geltung des 6. StrRG ist das Eindringen in Wohnungen auf besonders kriminelle Weise vom bloßen Regelbeispiel zur Qualifikation des § 244 Abs. 1 Nr. 3 hochgestuft worden. Anlass dafür war die mit einer solchen Tat einhergehende Verletzung der Privatsphäre des Tatopfers, die zu langwierigen Angstzuständen und ernsten psychischen Schäden der Betroffenen führen kann.[254] Aus den gleichen Erwägungen hat der Gesetzgeber mit Inkrafttreten am 22.07.2017 in § 244 Abs. 4 einen zum **Verbrechen** qualifizierten Fall des Wohnungseinbruchdiebstahls geschaffen, wenn eine dauerhaft genutzte Privatwohnung betroffen ist. Zur Klarstellung wird letzterer als „schwerer" Wohnungseinbruchdiebstahl bezeichnet.[255]

Aufbau: *Prüfen Sie bei Einbrüchen vorrangig, ob § 244 Abs. 4 i.V.m. Abs. 1 Nr. 3 erfüllt ist. Bei Bejahung treten § 244 Abs. 1 Nr. 3 und auch § 242, 243 Abs. 1 S. 2 Nr. 1 dahinter zurück. Sollte ein schwerer Wohnungseinbruchdiebstahl mit mehreren Beteiligten noch nicht ins Versuchsstadium gekommen sein, vergessen Sie nicht § 30!*

a) Tatobjekt Wohnung

aa) Aus der erhöhten Strafdrohung und dem Willen des Gesetzgebers folgt eine gegenüber § 123 engere Auslegung des Tatobjekts: **„Wohnung" i.S.d. § 244 Abs. 1 Nr. 3 sind nur solche Räumlichkeiten, die als Mittelpunkt des privaten Lebens Selbstentfaltung, -entlastung und vertrauliche Kommunikation gewährleisten".**[256] Die Funktion als Wohnung kann nach der Rspr. vorübergehend sein und ist nicht auf unbewegliche Räume beschränkt. Daher sind auch Wohnwagen und Wohnmobile geschützt, sofern sie zur Zeit der Tat tatsächlich zur Unterkunft und Übernachtung genutzt werden.[257] **174**

248 BGHSt 38, 116.
249 BGH NJW 1996, 2663.
250 BGH NStZ 1998, 38.
251 BGH RÜ 2011, 506, 508.
252 BGH NStZ 2011, 278.
253 Vgl. BGH NStZ 2009, 95.
254 Vgl. BGH NStZ 2001, 533.
255 BGH NStZ 2019, 674.
256 OLG Schleswig NStZ 2000, 479; vgl. auch Fischer § 244 Rn. 47.
257 BGH RÜ 2017, 236.

175 **Keine Wohnung** gemäß § 244 Abs. 1 Nr. 3 sind: Freistehende Garagen oder Gartenhäuser, Speicher oder Keller in Mietshäusern,[258] ebenso wenig Räumlichkeiten in geschäftlichen und Wohnzwecken dienenden, also gemischt genutzten Gebäuden, sofern sie baulich vom Wohnbereich abgetrennt sind.[259] Für diese Objekte bietet das Regelbeispiel des § 243 Abs. 1 S. 2 Nr. 1 ausreichenden Schutz.

176 **bb)** Unter den schweren Wohnungseinbruchdiebstahl gemäß § 244 Abs. 4 fallen nur Wohnungen, die **dauerhaft** – und auch im Tatzeitpunkt – **zu privaten Wohnzwecken genutzt** werden. Hierunter dürften beispielsweise Hotelzimmer und Ferienwohnungen nicht fallen. Der Vermieter nutzt sie dauerhaft geschäftlich, aber nicht privat als Wohnung. Der Mieter nutzt sie privat, aber nicht dauerhaft.[260]

177 **cc)** Bei Wohnungen, deren einziger Bewohner **verstorben** ist, muss nach aktueller Rspr. differenziert werden:

Für **§ 244 Abs. 1 Nr. 3** kommt es nur auf die **generelle Zweckbestimmung** der Räumlichkeit **als Wohnstätte** an, nicht aber darauf, ob sie im Tatzeitpunkt tatsächlich als solche genutzt wird. Der BGH stützt sich dafür auf eine systematische und teleologische Auslegung: Anders als in § 306 a Abs. 1 Nr. 1 enthalte § 244 Abs. 1 Nr. 3 nicht die Formulierung, dass die Räumlichkeit „der Wohnung von Menschen dient", also im Tatzeitpunkt bewohnt werde. Vielmehr verwende der Gesetzgeber hier nur die allgemeine Umschreibung als „Wohnung" wie in den §§ 123 Abs. 1, 201 a Abs. 1 Nr. 1 auch. Ebenso wie in diesen Vorschriften müsse deshalb auch in § 244 Abs. 1 Nr. 3 eine Wohnung aktuell nicht bewohnt sein. Zudem seien auch nach Sinn und Zweck des § 244 Abs. 1 Nr. 3 unbewohnte Immobilien erfasst, weil die Strafvorschrift das Eigentum an höchstpersönlichen Gegenständen und die häusliche Integrität schütze, die auch dann verletzt seien, wenn die Eigentümer sich nicht darin aufhielten. Damit ist auch die Wohnung eines Verstorbenen taugliches Objekt der Strafschärfung gemäß § 244 Abs. 1 Nr. 3.[261]

§ 244 Abs. 4 erfasst nach dem BGH nur solche Immobilien, die im Tatzeitpunkt tatsächlich bewohnt sind. Der BGH ermittelt auch dies anhand der klassischen Auslegungsmethoden: Im Gegensatz zu § 244 Abs. 1 Nr. 3 verlange § 244 Abs. 4 schon nach seinem Wortlaut, dass die Wohnung über ihre generelle Zweckbestimmung hinaus „als Privatwohnung dauerhaft **genutzt**" werde. Ferner verlange die im Verhältnis zu § 244 Abs. 1 Nr. 3 höhere Strafe in § 244 Abs. 4 einen intensiveren Eingriff in den privaten Lebensbereich und das Sicherheitsgefühl der Bewohner. Beide Gesichtspunkte verlangen danach, dass die Räumlichkeit tatsächlich bewohnt sei. § 244 Abs. 4 ist also beim Einbruch in die Wohnung eines Toten objektiv nicht erfüllt.[262]

***Klausurhinweis**: Wollen wir wetten, dass dieses Problem – schon wegen der Anwendung der allgemeinen Auslegungsregeln – alsbald Examensthema wird? Aber Vorsicht: Weiß der Täter nicht, dass der einzige Bewohner verstorben ist, kann immer noch ein Versuch des § 244 Abs. 4 vorliegen!*[263]

---

258 Fischer § 244 Rn. 47 a.
259 BGH RÜ 2008, 647.
260 Vgl. Fischer § 244 Rn. 56 ff.
261 Vgl. BGH RÜ 2020, 439.
262 BGH RÜ 2020, 719.
263 Vgl. BGH RÜ 2020, 719.

b) Handlungsmodalitäten

aa) Einbrechen ist das gewaltsame Öffnen oder Erweitern des Zugangs zu einem umschlossenen Raum. 178

Eine Substanzverletzung oder das Zurückbleiben sichtbarer Spuren sind nicht erforderlich.[264] Da der erschwerende Umstand allein in der Überwindung des Hindernisses durch gewaltsame Aufhebung der äußeren Umschließung liegt, **braucht der Täter die Räumlichkeiten nicht betreten zu haben.** Es genügt, wenn er mit der Hand hineinlangt oder sich eines Werkzeugs bedient.[265] Wenngleich das „Einbrechen" kein besonderes Maß an Kraft verlangt, ist aber doch eine **nicht ganz unerhebliche körperliche Anstrengung** erforderlich.

bb) Einsteigen ist jedes nur unter Schwierigkeiten mögliche Eindringen in den umschlossenen Raum durch eine nicht zum ordnungsgemäßen Betreten bestimmte Öffnung. Es erfordert, dass der Täter wenigstens einen Fuß in den Raum stellt. Bloßes Hineingreifen genügt hier – anderes als beim Einbrechen – nicht.[266] 179

Das „Einsteigen" geschieht in aller Regel durch „Hineinklettern". Es reicht aber auch das **Hineinkriechen** oder **Sichhinablassen** in den umschlossenen Raum, das **Überspringen** oder **Übersteigen** von Begrenzungen aus.[267] Es kann auch innerhalb eines Gebäudes von einem Raum in einen anderen eingestiegen werden.[268] Erforderlich ist aber immer, dass der Täter den **Zutritt durch eine nicht ordnungsgemäße Öffnung** erlangt. Dringt er durch eine Tür ein, ist die Strafschärfung nach der Systematik des § 244 Abs. 1 Nr. 3, Abs. 4 – und des § 243 Abs. 1 S. 2 Nr. 1 – nur nach gewaltsamer Öffnung i.S.d. Einbrechens erfüllt (s.o. Rn. 178) oder wenn ein nicht ordnungsgemäßes Öffnungswerkzeug benutzt wurde (s. nachfolgende Rn. 180 ff.). Das Betreten durch eine **Tür** ohne Gewalt oder Verwendung eines Werkzeugs genügt nicht, auch wenn der Täter zuvor in sonstiger Weise den Verriegelungsmechanismus überwunden hat.[269]

cc) Eindringen mit einem falschen Schlüssel oder mit einem anderen, nicht zur ordnungsgemäßen Öffnung bestimmten Werkzeug 180

Das „Eindringen" ist erfüllt, wenn der Täter ohne den Willen des Berechtigten mit **einem Körperteil in den geschützten Raum** gelangt ist.

Dies muss aber auf bestimmte Weise geschehen: Erforderlich ist, dass der Täter sich den Zugang mit **nicht zur ordnungsgemäßen Öffnung bestimmten Werkzeugen** verschafft. Zu derartigen Werkzeugen zählen alle Geräte, die geeignet sind, die Verschlussmechanismen der geschützten Räume zu „überlisten": **Dietriche, Drähte, Schraubenzieher, zwischen Schlossfalle und Türrahmen geschobene Plastikkarten.**[270] 181

264 RGSt 4, 353, 354.
265 BGH StV 2014, 482.
266 BGH StV 2014, 482.
267 Vgl. LK-Vogel § 243 Rn. 22.
268 BGHSt 1, 158, 164.
269 BGH RÜ 2016, 434.
270 BGH RÜ 2021, 106, 107.

182 Schon aus der Formulierung „falscher Schlüssel oder anderes, nicht zur ordnungsgemäßen Öffnung bestimmtes Werkzeug" folgt, dass der falsche Schlüssel lediglich einen Unterfall der **nicht zur ordnungsgemäßen Öffnung bestimmten Werkzeuge** ist. Die Bestimmung zur Öffnung, oder auch **Widmung**, trifft der zur Verfügung über die Wohnung Berechtigte. Ein Schlüssel ist daher „falsch", wenn ihn der Berechtigte überhaupt nicht, noch nicht oder nicht mehr zur Öffnung des Schlosses bestimmt sehen möchte.[271]

- Falsch sind **nachgemachte Schlüssel** und **Zweitschlüssel**, wenn der Berechtigte von ihrer Existenz nichts weiß, ihnen also – anders als Reserveschlüsseln für Notfälle[272] – nicht die Funktion zugewiesen hat, zur Schlossöffnung zu dienen.
- Auch **abhanden gekommene Schlüssel**, die ursprünglich zur Öffnung des Schlosses gedient haben, **können zu falschen Schlüsseln** werden. Das aber nur, wenn der Berechtigte das Abhandenkommen des Schlüssels bemerkt hat und aus den Umständen (z.B. Anfertigenlassen eines neuen Schlüssels) erkennbar ist, dass er diesen Schlüssel in Zukunft nicht mehr benutzt wissen will (**Entwidmung**).[273]
- Bei **gestohlenen Schlüsseln** ist zu differenzieren: Glaubt der Berechtigte, der Schlüssel sei verlegt, und sucht er nach ihm, so gibt er damit zu erkennen, dass er diesen Schlüssel auch weiterhin benutzen will. Der Schlüssel ist dann nicht falsch.[274] Entdeckt er den Diebstahl, so wird schon in der Entdeckung selbst von der h. M. eine stillschweigende Entwidmung gesehen, ohne dass es weiterer Entwidmungsakte bedarf.[275]
- Ein **vergessener Schlüssel**, also ein solcher, dessen Existenz dem Berechtigten nicht mehr bewusst ist, wird **nicht schon deshalb zum falschen Schlüssel**. Beim Vergessen findet gerade keine Willensbildung des Berechtigten i.S.e. Entwidmung statt. Ihm kann deshalb auch kein entsprechender Erklärungswert beigemessen werden. Ein vergessener Schlüssel wird erst dann zum falschen Schlüssel, wenn er wieder in das Bewusstsein des Berechtigten rückt und dann von diesem ausdrücklich oder konkludent oder – vergleichbar mit einem abhanden gekommenen Schlüssel – subjektiv als endgültig verloren angesehen wird.[276]

dd) Als letzte Tatmodalität nennt § 244 Abs. 1 Nr. 3 das **Sichverborgenhalten in der Wohnung**. Wie der Täter dorthin gelangt ist, ist unerheblich. Entscheidend ist, dass er sich in der Wohnung in einer Weise versteckt hat, die ihn den Blicken arglos Eintretender entzog.[277]

---

271 Vgl. BGHSt 14, 291, 292.
272 MünchKomm-Schmitz § 243 Rn. 28.
273 BGH, Beschl. v. 20.04.2005 – 1 StR 123/05, BeckRS 2005, 5963.
274 BGH GA 1965, 344.
275 Vgl. BGHSt 21, 189.
276 BGH RÜ 2021, 106, 107 f.
277 Vgl. Fischer § 243 Rn. 10.

c) Unmittelbarkeitsbeziehung zwischen Wohnung und Einbruch

Der Wortlaut des Gesetzes verlangt, dass der Täter **„in"** die Wohnung eingebrochen etc. sein muss, nicht dagegen, dass er aus der Wohnung etwas gestohlen hat. Daraus folgt: **183**

aa) Bricht der Dieb in eine Räumlichkeit ein, die **keine Wohnung ist** (s.o. Rn. 175), sondern verschafft er sich auf diese Weise nur ungehinderten Zutritt zu baulich abgetrennten Wohnräumen, etwa durch den Keller eines Mehrfamilienhauses,[278] sind die Qualifikationen des § 244 Abs. 1 Nr. 3, Abs. 4 **nicht** erfüllt. Die Tat ist nur nach § 243 Abs. 1 S. 2 Nr. 1 strafbar (ggf. tateinheitlich mit Versuch des § 244 Abs. 1 Nr. 3, Abs. 4, wenn der Täter oder ein Mittäter es für möglich hielt, dass die Räumlichkeit, in die eingebrochen wurde, Wohnzwecken diente).[279] **184**

bb) Bricht der Täter umgekehrt **in eine Wohnung ein**, entwendet dann aber etwas aus einem nicht zur Wohnung gehörenden Raum, ist vollendeter Wohnungseinbruchdiebstahl zu bejahen; entscheidend ist, dass der Täter in die Privatsphäre eingedrungen ist.[280] **185**

cc) Wohnungseinbruchdiebstahl liegt auch vor, wenn der Täter in einen Raum einbricht, der zwar für sich gesehen beruflichen Zwecken dient, aber in eine Wohnung integriert ist (z.B. Büro eines Rechtsanwalts oder Amtszimmer eines Pfarrers), da es sich trotzdem noch um einen Teil der Wohnung handelt.[281] **186**

d) Subjektiver Tatbestand

Der Täter muss die straferschwerenden Umstände **gekannt** oder für möglich gehalten und gebilligt haben. **187**

Alle Handlungsmodalitäten der Nr. 3 müssen ferner **„zur Ausführung der Tat"**, d.h. zur Ausführung des Diebstahls begangen worden sein. Der Täter muss also bei dem Einsteigen, Einbrechen, Eindringen und Sichverborgenhalten bereits **Diebstahlsvorsatz** gehabt haben, und die Verwirklichung der objektiven Qualifikationsmerkmale muss **Mittel zur Vollendung des Diebstahls** sein.[282] **188**

An dem subjektiven Zusammenhang zwischen dem Einbrechen und der Diebstahlstat fehlt es, wenn der Täter nach Ausführung des Diebstahls das Türschloss aufbricht, um den Verdacht auf andere zu lenken; die Qualifikation entfällt auch, wenn der Täter in das Wohnhaus eingestiegen ist, um eine Nacht mit der Hausangestellten zu verbringen, und erst später den Entschluss fasst zu stehlen.

---

278 BGH RÜ 2016, 581.
279 BGH RÜ 2008, 647.
280 BGH NStZ 2001, 533.
281 BGH NStZ 2013, 120.
282 Vgl. Fischer § 243 Rn. 11.

e) Versuch

189 Die Versuchsstrafbarkeit für den Wohnungseinbruchdiebstahl gemäß § 244 Abs. 1 Nr. 3 folgt aus § 244 Abs. 2. Für das Verbrechen des § 244 Abs. 4 folgt sie schon aus §§ 12 Abs. 1, 23 Abs. 1.

190 Der der Diebstahlswegnahme zeitlich vorgelagerte **Beginn oder die Verwirklichung von Qualifikationsmerkmalen** (§ 244 Abs. 1 Nr. 3, Abs. 4) **oder eines Regelbeispiels** (§ 243 Abs. 1 S. 2 Nr. 1, 2) ist nicht automatisch auch Versuchsbeginn zum Grundtatbestand des § 242. Der 5. Strafsenat des BGH hat das zunächst sogar generell verneint und ein unmittelbares Ansetzen zum Gewahrsamswechsel verlangt.[283] Inzwischen ist der Senat davon wieder abgerückt und sieht – im Einklang mit der übrigen Rspr. – in dem Angriff auf gewahrsamssichernde Räume, Behältnisse oder sonstige Schutzvorrichtungen jedenfalls dann zugleich den **Versuchsbeginn beim Diebstahl, wenn sich der Täter bei ihrer Überwindung ohne tatbestandsfremde Zwischenschritte, ohne zeitliche Zäsur und ohne weitere Willensbildung ungehinderten Zugriff auf die Beute vorstellt**. Das gilt auch dann, wenn die Gewahrsamssicherung nicht überwunden wird und selbst dann, wenn es sich um die erste von mehreren hintereinander zu überwindenden Schutzvorrichtungen handelt.[284]

RÜ-Video 08/20

283 BGH RÜ 2019, 779.

284 BGH RÜ 2020, 505 m. RÜ-Video unter t1p.de/fd7u; vgl. auch AS-Skript StrafR AT 2 (2021), Rn. 247.

Diebstahl mit Waffen, gefährlichen Werkzeugen und sonstigen Mitteln, § 244 Abs. 1 Nr. 1

Nr.	Objektive Tatbestandsmerkmale:	Subjektiv:
1 a (1. Alt.)	■ **Waffe**: Jeder Gegenstand, der nach seiner objektiven Beschaffenheit und seinem Zustand zur Zeit der Tat bei bestimmungsgemäßer Verwendung gegen Menschen geeignet ist, erhebliche Verletzungen zuzufügen. Der Gegenstand muss objektiv verletzungsgefährlich sein (funktionstüchtig und einsatzbereit). Ferner muss sich die Verletzungsgefährlichkeit aus einer für den Gegenstand funktionstypischen Einsatzmöglichkeit ergeben. Erfasst werden alle Waffen im techn. Sinn, auch geladene Gaspistolen mit Gasaustritt nach vorn; gleichgestellt sind nach BGH auch Schreckschusspistolen mit Explosionsdruck durch einen Lauf nach vorn. Auf eine konkret gefährliche Verwendung kommt es nicht an. ■ Täter oder Beteiligter führt die Waffe bei sich, wenn sie ihm jederzeit zwischen Versuchsbeginn und (nach h.M.) tatsächlicher Beendigung verfügbar ist.	Dolus eventualis bezüglich des Beisichführens und der Gefährlichkeit. Kein Einsatzwille erforderlich.
1 a (2. Alt.)	■ **Gefährliche Werkzeuge**; nach **objektiv-abstrakter Theorie** alle Gegenstände, die objektiv ein nicht unerhebl. Verletzungspotenzial beim Einsatz gegen Menschen haben (so auch der BGH für Gebrauchsmesser mit längerer Klinge und Werkzeuge). Die **objektiv-konkrete Theorie** verlangt, dass der Gegenstand nach den Umständen als Waffenersatz fingieren sollte. ■ Beisichführen wie 1. Alt.	Wie 1. Alt.; aber: **Subjektiv** einschränkende Ansichten verlangen **Verwendungsvorbehalt**.
1 b	■ **Sonstiges objektiv ungefährliches Werkzeug oder Mittel**, insbes. ▪ Scheinwaffen ▪ Ungefährliche Fesselungs- oder Schlafmittel Nicht aber solche, die ihrem äußeren Erscheinungsbild nach evident ungefährlich sind.	**Vorsatz** bzgl. des Beisichführens + Einsatzabsicht als Gewalt- o. Drohungsmittel **einzusetzen**.

Wohnungseinbruchdiebstahl, § 244 Abs. 1 Nr. 3

Objektive Tatbestandsmerkmale:	Subjektiv:
■ Bezugsobjekt **Wohnung**: Alle überdachten und abgeschlossenen Räumlichkeiten, die einer Person zumindest vorübergehend als Unterkunft dienen; aber **begrenzt** solche Räumlichkeiten, die als Mittelpunkt des privaten Lebens Selbstentfaltung, -entlastung und vertrauliche Kommunikation gewährleisten, auch wenn sie zur Tatzeit nicht bewohnt sind. ■ Tatmodalitäten **Einbrechen** ist das gewaltsame Öffnen/Erweitern des Zugangs. Betreten ist nicht erforderlich. **Einsteigen** ist das Betreten auf nicht ordnungsgemäßem Wege unter Überwindung von Hindernissen. **Eindringen mittels eines nicht zur ordnungsgemäßen Öffnung bestimmten Werkzeugs**, insbes. falsche Schlüssel, also solche, die nicht oder nicht mehr zur Öffnung gewidmet sind. **Sichverborgenhalten** ist Verstecken in der Wohnung. ■ Die Tatmodalität muss sich unmittelbar auf Wohnräume beziehen **(„in")**.	**Vorsatz** bzgl. aller qualifizierenden Umstände + Handeln zur Ausführung des Diebstahls

Schwerer Wohnungseinbruchdiebstahl, § 244 Abs. 1 Nr. 3 i.V.m. Abs. 4

Verbrechensqualifikation, wenn sich die Tat auf eine **dauerhaft und zur Tatzeit auch tatsächlich genutzte Privatwohnung** bezieht

5. Bandendiebstahl, § 244 Abs. 1 Nr. 2

Hinweis: *Anlass für die Prüfung dieser Qualifikation besteht nicht schon bei mittäterschaftlichem Diebstahl. Nur wenn nach dem Sachverhalt* ***mehrere Taten*** *ausgeführt oder wenigstens für die Zukunft geplant waren, sollte man § 244 Abs. 1 Nr. 2 ansprechen. Eine Bande ist übrigens noch keine kriminelle Vereinigung i.S.v. § 129. Der Begriff der Vereinigung, der mit dem des Vereins übereinstimmt, verlangt ein viel höheres Maß an verselbstständigter und hierarchischer Organisationsstruktur.* [285]

a) Diebes- oder Räuberbande

191 **aa)** Voraussetzung für eine Bande ist ein Zusammenschluss von **mindestens drei Personen.**[286]

192 **bb)** Zweck der Verbindung muss die **„fortgesetzte Begehung von Raub oder Diebstahl"** sein. Gemeint ist damit eine **ausdrückliche oder stillschweigende Vereinbarung zur Begehung mehrerer selbstständiger, im Einzelnen noch ungewisser Diebstahls- oder Raubtaten.**[287]

Die Bandenvereinbarung muss nicht zeitgleich zwischen allen Bandenmitgliedern getroffen worden sein. Sie kann auch durch aufeinanderfolgende Vereinbarungen entstehen, z.B. dadurch, dass eine bereits vorhandene Verbindung von zwei Mittätern, denen sich ein Dritter anschließt, erweitert wird.[288] Es brauchen sich auch nicht sämtliche Mitglieder persönlich zu verabreden oder persönlich zu kennen, wenn nur jeder den Willen hat, sich zur künftigen Begehung von Straftaten mit (mindestens) zwei anderen zu verbinden.[289]

Die Verabredung muss auf Diebstahl oder Raub gerichtet sein. Ob die Taten nur auf geringe Beute gerichtet oder auch Straftaten anderer Art verabredet sind, ist unerheblich.[290] Es steht einer Bandenabrede auch nicht entgegen, dass nicht alle an sämtlichen Bandentaten teilnehmen sollen und dass nicht alle am Erlös sämtlicher Taten beteiligt werden.[291]

Ferner muss es tatsächlich nicht zu mehreren der geplanten Taten gekommen sein. Sinkt die Personenzahl schon nach der ersten Tat unter drei oder fliegt die Gruppe schon nach der ersten Tat auf, so kann zumindest **die erste Tat** als Bandendiebstahl strafbar sein.[292]

---

285 BGH NJW 2005, 1668.
286 BGH Großer Senat RÜ 2001, 412.
287 BGH NStZ 1986, 408.
288 BGH NStZ-RR 2013, 208.
289 BGHSt 50, 160 zu §§ 30, 30 a BtMG.
290 BGH RÜ 2008, 181.
291 BGH StV 2012, 669.
292 BGH RÜ 2004, 477 zum Bandenbetrug.

b) Diebstahl als Bandentat

aa) Die Einzeltat muss Ausfluss der Bandenabrede sein und darf nicht losgelöst davon ausschließlich im eigenen Interesse der jeweils unmittelbar Beteiligten ausgeführt worden sein.[293] Eine Bandentat kann auch vorliegen, wenn die Straftat ohne vorherige Tatplanung spontan aus der Situation heraus begangen wurde, sofern nur die Bandenabrede die grundsätzliche Übereinkunft enthält, in Zukunft sich ergebende günstige Situationen entsprechend auszunutzen.[294] 193

bb) Der Tatbestandsteil **„unter Mitwirkung eines anderen Bandenmitglieds"** verlangt, dass sich in dem fraglichen Diebstahl das spezifische Risiko bandenmäßiger Tatausführung widerspiegelt. Nicht alle Bandentatbestände verlangen eine solche „Mitwirkung", vgl. z.B. §§ 260, 260 a. Daraus folgt, dass das zusätzliche Merkmal der Mitwirkung eine besondere **Ausführungsgefahr** beschreibt, die über die in dem Bandenzusammenschluss als solchem liegende Gefahr organisierter Tatbegehung (= Organisationsgefahr) hinausgehen muss. Diese Gefahr liegt darin, dass die Tatbeiträge der einzelnen Bandenmitglieder in die Tatausführung einfließen, sich dadurch in ihrer Wirkung gegenseitig verstärken und damit die Effizienz der Tathandlung erhöhen. **„Mitwirkung"** in diesem Sinne **liegt vor, wenn ein Bandenmitglied – unabhängig von seiner Tatortanwesenheit – mit einem anderen Bandenmitglied in irgendeiner Weise zusammenwirkt. Das andere Bandenmitglied kann auch nur Gehilfe sein.**[295] Die Mitwirkung eines anderen Bandenmitglieds wird sogar dann bejaht, **wenn die eigentliche Wegnahme von einem Nicht-Bandenmitglied ausgeführt wird, im Übrigen zwei Bandenmitglieder an der Tat beteiligt sind und wenigstens einem von ihnen die unmittelbare Tatausführung des Nicht-Mitglieds als Täter zuzurechnen ist.**[296] 194

Durch dieses weite Verständnis des Merkmals „Mitwirkung" werden nur noch die Fälle als Bandentat ausgeschlossen, in denen ein Bandenmitglied die Tat allein ausführt oder sich als Alleintäter nur von bandenfremden Personen helfen lässt.[297]

c) Täterschaftlicher Diebstahl

Aus dem Merkmal „gestohlen" folgt, dass nur derjenige die Strafschärfung erfüllt, der selbst **Täter des Diebstahls** als Grunddelikt ist. Auf die Täterschaft darf nicht allein aus der Bandenmitgliedschaft geschlossen werden. Vielmehr gelten die allgemeinen Grundsätze zu § 25 Abs. 2.[298] Wer nur die organisatorischen und logistischen Belange der Bande ohne Bezug zu einer konkreten Tat fördert, ist deshalb nicht aus täterschaftlichem Bandendiebstahl strafbar; solche Handlungen können aber als psychische Unterstützung der konkreten Tat und damit als Beihilfe zum Bandendiebstahl gewertet werden.[299] 195

293 BGH NStZ-RR 2011, 245.
294 BGH RÜ 2008, 181.
295 BGH Großer Senat RÜ 2001, 412.
296 BGH Großer Senat RÜ 2001, 412.
297 Abl. Erb NStZ 2001, 561; Lackner/Kühl § 244 Rn. 8.
298 BGH StV 2012, 669.
299 BGH NStZ-RR 2003, 32.

d) Bandenmitgliedschaft

196 Da die Strafschärfung nur für denjenigen eingreift, der „als Bandenmitglied" gestohlen hat, kann Täter des § 244 nur sein, wer **in eigener Person (§ 28 Abs. 2) Mitglied** der kriminellen Verbindung war. **Bandenmitglied ist, wer in die Organisation der Bande eingebunden ist, die dort geltenden Regeln akzeptiert, zum Fortbestand der Bande beiträgt und sich an den Straftaten als Täter oder Teilnehmer beteiligt.**[300]

In subjektiver Hinsicht muss **Vorsatz** für alle qualifizierenden Tatumstände vorliegen.

6. Schwerer Bandendiebstahl, § 244 a

197 Durch diese Strafschärfung wird der Diebstahl zum **Verbrechen**. Der Gesetzgeber kombiniert wie im Baukasten-System die Straferschwerung des § 243 bzw. des § 244 Abs. 1 Nr. 1 oder 3 mit der bandenmäßigen Begehung des § 244 Abs. 1 Nr. 2 zu einer eigenständigen Qualifikation. Da es sich um einen Tatbestand handelt, werden die in § 243 Abs. 1 S. 2 enthaltenen Strafzumessungsfälle auch zu echten, für den Richter verbindlichen **Tatbestandsmerkmalen** hochgestuft.[301] Die häufigste Erscheinungsform des § 244 a ist der Bandendiebstahl, der gewerbsmäßig (§ 243 Abs. 1 S. 2 Nr. 3) ausgeführt wird.

***Klausurhinweis**: Ist die Tat nicht über die Vorbereitungsphase hinausgekommen, § 30 nicht vergessen!*

300 BGH wistra 2010, 347.

301 Lackner/Kühl § 244 a Rn. 2.

Bandendiebstahl, § 244 Abs. 1 Nr. 2

Objektive Tatbestandsmerkmale:	Subjektiv:
■ **Bande:** (Nicht notwendig zeitgleicher) Zusammenschluss von mindestens drei Personen für eine gewisse Dauer zur Begehung mehrerer selbstständiger, im Einzelnen noch ungewisser Taten gemäß §§ 249/242. ■ **Mitwirkung eines anderen Bandenmitglieds:** wenn ein Bandenmitglied – unabhängig von seiner Tatortanwesenheit – mit einem anderen Bandenmitglied in irgendeiner Weise zusammenwirkt. Das andere Bandenmitglied kann sogar nur Gehilfe sein. ■ Die fragliche Tat muss **Bandentat**, d.h. Ausfluss der Bandenabrede sein. ■ Der fragliche Beteiligte muss **Täter des Diebstahls** sein. ■ Der fragliche Beteiligte muss **Bandenmitglied** sein, also persönlich (§ 28 Abs. 2!) in die Organisation eingebunden sein.	**Vorsatz** bzgl. der qualifizierenden Umstände

Schwerer Bandendiebstahl, § 244 a

Objektive Tatbestandsmerkmale:	Subjektiv:
Bandendiebstahl i.S.v. § 244 Abs. 1 Nr. 2 + Erschwerungsgrund nach § 243 Abs. 1 S. 2 Nr. 1–7 oder § 244 Abs. 1 Nr. 1 oder 3	**Vorsatz** bzgl. der qualifizierenden Umstände

III. Der besonders schwere Diebstahl, §§ 242, 243

1. Normstruktur

198 § 243 ist keine tatbestandliche Qualifikation, sondern eine **Strafzumessungsvorschrift.**[302] Die Kernregelung enthält **§ 243 Abs. 1 S. 1**, der für besonders schwere Fälle des Diebstahls den Strafrahmen von drei Monaten bis zu zehn Jahren erhöht. Um dem Richter Maßstäbe für einen solchen besonders schweren Fall an die Hand zu gegeben, enthält **§ 243 Abs. 1 S. 2 Nr. 1–7 einen Katalog von Regelbeispielen**. Die Regelbeispiele weisen strukturelle Ähnlichkeiten mit Qualifikationen, aber auch Abweichungen hiervon auf:

a) Ähnlichkeiten mit Qualifikationen

199 Die Merkmale sind ebenso zu **subsumieren wie Tatbestandsmerkmale**.

Wie für Tatbestände gelten auch für Regelbeispiele der **Bestimmtheitsgrundsatz** und das **Analogieverbot.**[303]

200 In Bezug auf die objektiven Umstände eines verwirklichten Regelbeispiels ist ein vorsatzgleiches Vorstellungsbild des Täters erforderlich. Kennt der Täter einen solchen Umstand nicht, darf ihm **analog § 16 Abs. 1 S. 1** das Regelbeispiel nicht angelastet werden.[304]

201 Für Teilnehmer besteht zwar keine Akzessorietät zum besonders schweren Fall des Haupttäters; vielmehr bedarf es für jeden Teilnehmer einer eigenen Gesamtwürdigung. **Die Verwirklichung tatbezogener Regelbeispiele** muss der Teilnehmer aber zumindest gekannt haben. Auch hier gilt **§ 16 Abs. 1 S. 1 analog**. **Personenbezogene Erschwerungsgründe**, wie die Gewerbsmäßigkeit in § 243 Abs. 1 S. 2 Nr. 3, muss ein Teilnehmer **analog § 28 Abs. 2** sogar selbst erfüllen.[305]

b) Abweichungen von Qualifikationen

202 Ist eine Qualifikation erfüllt, muss der erhöhte Strafrahmen zwingend angewendet werden. Das ist bei Regelbeispielen anders. Nach dem Prinzip „Keine Regel ohne Ausnahme“ wird auch durch ein *Regel(!)*-Beispiel der besonders schwere Fall nur „indiziert“, d.h. widerlegbar vermutet. Der Richter muss dann zwar nicht noch durch eine Gesamtwürdigung bestätigen, dass der erhöhte Strafrahmen wirklich geboten ist; die **Indizwirkung kann aber durch besondere strafmildernde Umstände entkräftet** werden, die für sich allein oder in ihrer Gesamtheit so schwer wiegen, dass ein besonders schwerer Fall zu verneinen ist.[306]

Ein gesetzlicher Anwendungsfall hierfür ist § 243 Abs. 2, wonach ein besonders schwerer Fall ausscheidet, wenn sich die Tat auf eine geringwertige Sache bezieht (näher dazu unten Rn. 223 ff.).

---

302 Vgl. BGHSt 23, 254, 256; 33, 370, 373.

303 BGH RÜ 2004, 37 zu § 263 Abs. 3 S. 2 Nr. 2.

304 BeckOK -v.Heintschel-Heinegg, 49. Edition, § 243 Rn. 26.

305 Sch/Sch/Bosch § 243 Rn. 47.

306 BGH NStZ 2004, 265.

Qualifikationen regeln eine Strafschärfung abschließend. Regel-*Beispiele(!)* haben keinen abschließenden Charakter. Der Richter kann also auch **ohne Erfüllung eines Katalogbeispiels einen sog. unbenannten besonders schweren Fall nach § 243 Abs. 1 S. 1 bejahen**, wenn sich aus einer umfassenden Gesamtwürdigung das erhöhte Maß an Unrecht und Schuld ergibt.[307] Innerhalb dieser Gesamtwürdigung kann die Ähnlichkeit der Tatbesonderheiten mit einem Regelbeispiel als Maßstab herangezogen werden.

Beispiele: Die Entwendung von Kultgegenständen einer Weltanschauungsvereinigung, die nicht unter § 243 Abs. 1 S. 2 Nr. 4 fällt,[308] oder die Amtsträgereigenschaft des Diebes.[309]

Aufbau: *§ 243 ist Bestandteil des Diebstahls nach § 242 und wird erst **nach Feststellung der Schuld** geprüft. Das gilt auch beim Versuch (s. die nachfolgenden Fälle) und beim Teilnehmerdelikt. Strenggenommen brauchen Sie § 243 nicht im Obersatz der Diebstahlsprüfung mitzuerwähnen, denn auch in einem Urteilstenor wird nur aus Diebstahl ohne Benennung als „besonders schwerer Fall" schuldig gesprochen.* **203**

*Da im Gutachten zum 1. Examen nur benannte Strafzumessungsgründe angesprochen werden sollen, sind von vornherein **nur die Regelbeispiele** (allerdings auch **alle** in Betracht kommenden!) zu prüfen. Haben Sie alle Regelbeispiele verneint und kommt ein **unbenannter schwerer Fall** wegen der Vergleichbarkeit mit einem Regelbeispiel infrage, deuten Sie dies in einem Gutachten zum Referendarexamen allenfalls an und weisen darauf hin, „dass die abschließende Beurteilung einer tatrichterlichen Gesamtwürdigung vorbehalten ist."*

c) Versuchskombinationen bei § 243

aa) Diebstahlsversuch plus verwirklichtes Regelbeispiel

Fall 11: Vollendeter Einbruch ohne Wegnahme

A bricht die Tür zu einem Lager ein, um wertvolle Computer zu stehlen. Verärgert muss er feststellen, dass das Lager leer ist. Strafbarkeit?

I. Mangels Tatvollendung kommt **versuchter Diebstahl (in einem besonders schweren Fall) infrage, §§ 242 Abs. 1, 2, 22, 23 (243).**

1. A hatte Diebstahlsentschluss in Bezug auf die Computer, den er mit dem Einbruch in das Lager auszuführen begann, § 22. Rechtswidrigkeit und Schuld liegen vor. Ein Rücktritt nach § 24 Abs. 1 S. 1 Alt. 1 durch Aufgeben der weiteren Ausführung der Tat setzt voraus, dass A aus seiner Sicht den Diebstahl noch hätte vollenden können. Als er sah, dass das Lager leer war, erkannte er, dass sein Tatplan nicht mehr zu verwirklichen war. Die Tat wurde zum Fehlschlag. Wer aus diesem Grund nicht weiterhandeln kann, gibt auch nichts auf. Rücktritt liegt schon objektiv nicht vor.

307 BGH NStZ 2003, 602.
308 Vgl. Lackner/Kühl § 243 Rn. 19.
309 BGHSt 29, 319, 322.

Aufbau: *Auch beim Versuch darf auf Regelbeispiele erst nach der Schuld – zweckmäßigerweise auch erst nach Verneinung des Rücktritts – eingegangen werden. Ausführungen dazu etwa beim Tatentschluss oder dem unmittelbaren Ansetzen wären verfehlt,* ***weil Regelbeispiele nichts mit dem Tatbestand zu tun haben.***[310]

204 2. A ist zur Ausführung der Tat in den Geschäftsraum eingebrochen, hat also alle Merkmale des Regelbeispiels von § 243 Abs. 1 S. 2 Nr. 1 erfüllt. **Der besonders schwere Fall ist nach heute einhelliger Ansicht auch dann ausgelöst, wenn die Diebstahlstat nur versucht wurde.**[311]

Aus § 23 Abs. 2 folgt, dass sich auch die Strafe des Versuchs zunächst nach dem Strafrahmen des vollendeten Delikts richtet. Dieser wird durch Qualifikationen, Privilegierungen, aber eben auch durch Regelbeispiele für besonders schwere Fälle, z.B. § 243, modifiziert.[312] Erst in einem zweiten Schritt prüft der Richter, ob dieser Strafrahmen wieder nach § 49 Abs. 1 zu reduzieren ist, weil die Tat nicht zur Vollendung gelangt ist.

II. Tateinheitlich mitverwirklicht sind die **Sachbeschädigung** an der Tür, **§ 303 Abs. 1**, und **Hausfriedensbruch gemäß § 123 Abs. 1 Alt. 1** (s.u. Rn. 235).

Ergebnis: A ist strafbar gemäß §§ 242, 22, 23, 243; 303; 123; 52.

---

bb) Diebstahlsversuch plus Quasi-Versuch des Regelbeispiels

Fall 12: Versuchter Einbruch ohne Wegnahme

A bemüht sich vergeblich, einen Tresor aufzubrechen, und muss deshalb sein Vorhaben abbrechen. Strafbarkeit?

I. In Betracht kommt wieder **versuchter Diebstahl (in einem besonders schweren Fall), §§ 242 Abs. 1, 2, 22, 23 (243).**

1. Die Versuchsvoraussetzungen sind erfüllt. Rücktritt ist wegen Fehlschlags ausgeschlossen.

205 2. Im Unterschied zum vorhergehenden Fall hat A hier nicht einmal das Regelbeispiel verwirklicht, sondern nur dazu angesetzt. Fraglich ist, ob auch dies genügt, um die Indizwirkung des § 243 Abs. 1 S. 2 Nr. 2 für einen besonders schweren Fall auszulösen.

a) Die Rspr. erstreckt die Versuchsstrafdrohung des § 242 Abs. 2 auch auf die Regelbeispiele des § 243 Abs. 1 S. 2. Die Regelbeispiele seien einerseits unselbstständige Strafzumessungselemente des Diebstahls, sodass hierfür keine eigene Versuchsstrafdrohung existiere; andererseits seien sie aber tatbestandsähnlich und könnten deshalb wie Qualifikationstatbestände „versucht" werden. Nach diesem Verständnis bildet bei einem Diebstahlsversuch mit ver-

310 Vgl. auch Graul JuS 1999, 852, 853.

311 Statt aller Krey/Hellmann/Heinrich Rn. 144.

312 BGHSt 33, 370, 374.

suchtem Regelbeispiel der nach § 243 erhöhte Strafrahmen die Grundlage der Strafzumessung und die Tat kann nach § 23 Abs. 2 gemildert werden.[313] Folglich ist A strafbar wegen versuchten Diebstahls in einem besonders schweren (Regel-)Fall.

b) Das Schrifttum sieht hierin mehrere Verstöße gegen das Analogieverbot: Das Ansetzen zu einem Regelbeispiel sei weder nach Wortlaut noch Erfolgsunrecht wertungsidentisch mit seiner Vollendung. Die Heranziehung der §§ 22 ff. verbiete sich, weil diese nur für Tatbestände Geltung beanspruchten, nicht aber für Strafzumessungsvorschriften. Folgt man dieser Meinung, kann der besonders schwere Fall nur außerhalb der Regelbeispiele begründet werden oder es verbleibt beim Normalstrafrahmen.[314] Danach ist A nur wegen einfachen Diebstahlsversuchs strafbar.

c) **Kritik:** Auch für Regelbeispiele gilt das Analogieverbot.[315] So wie es sich bei Tatbeständen verbietet, ein tatsächlich nicht vollendetes Merkmal als verwirklicht anzusehen, verbietet es sich auch für Regelbeispiele. Wenn der Wortlaut eines Regelbeispiels die bloße Absicht oder Absichtsbetätigung nicht erfasst (wie z.B. in § 263 Abs. 3 S. 2 Nr. 2 Alt. 2), kann dies nicht ohne gesetzliche Legitimation die von der Vollendung abhängige Rechtsfolge auslösen. Dagegen spricht schon der unterschiedliche Erfolgsunwert von Versuch und Vollendung. Auch § 22 hilft hier nicht. Diese Vorschrift gilt schon ihrem Wortlaut nach nur für Tatbestände. Man kann § 22 allenfalls bei Merkmalen eines Regelbeispiels anwenden, die auch solche des Grundtatbestandes sind („wegnehmen"), sodass es auch einen Versuch des Grunddelikts bei vollendetem Regelbeispiel geben kann. Auf Merkmale außerhalb des Tatbestandes ist § 22 nicht ohne Verletzung der Wortlautgrenze anwendbar.

Möglich ist in solchen Fällen allein, die erhöhte kriminelle Energie des Täters als eine Strafzumessungstatsache im Zusammenwirken mit anderen täterbelastenden Faktoren als Grund dafür heranzuziehen, im Rahmen einer Gesamttatbewertung einen besonders schweren Fall nach § 243 Abs. 1 S. 1 zu begründen, sofern nicht andere Regelbeispiele zur Verfügung stehen.

A ist nur wegen (einfachen) Diebstahlsversuchs strafbar.

II. Der Versuch des Hausfriedensbruchs ist nicht mit Strafe bedroht.

III. Tateinheitlich mitverwirklicht ist aber ein **Versuch der Sachbeschädigung** an der Tür, **§§ 303 Abs. 1 u. 3, 22**.

Ergebnis: A ist strafbar gemäß §§ 242, 22, 23; 303, 22; 52.

---

313 BGHSt 33, 370; s. auch BayObLG NStZ 1997, 442; für Steuerhinterziehung im besonders schweren Fall gemäß § 370 Abs. 3 S. 2 AO ebenfalls BGH RÜ 2010, 712.

314 Vgl. Graul JuS 1999, 852; Krey/Hellmann/Heinrich Rn. 162; Sch/Sch/Bosch § 242 Rn. 44; Wessels/Hillenkamp/Schuhr Rn. 216.; Zieschang Jura 1999, 561, 566.

315 BGH RÜ 2004, 37.

cc) Diebstahlsvollendung plus Quasi-Versuch des Regelbeispiels

Fall 13: Versuchter Einbruch mit Wegnahme

Um in das Lager mit der begehrten Beute einzubrechen, macht sich A an der Tür zu schaffen, als er feststellt, dass diese versehentlich nicht verschlossen worden ist. Erfreut über die „Arbeitserleichterung" räumt er das Lager leer. Strafbarkeit?

I. **Diebstahl (in einem besonders schweren Fall), § 242 Abs. 1 (243)?**

1. Durch Fortschaffen der Beute hat A fremde bewegliche Sachen vorsätzlich und in der Absicht rechtswidriger Zueignung weggenommen. Er handelte auch rechtswidrig und schuldhaft.

206 2. Fraglich ist, ob ein besonders schwerer Fall nach § 243 angenommen werden kann. A ist zur Tatausführung nicht gemäß § 243 Abs. 1 S. 2 Nr. 1 eingebrochen, sondern hat hierzu nur angesetzt, bis er erkannte, dass die Tür offen war.

a) Eine Mindermeinung bejaht auch hier die straferhöhende Wirkung des „Quasi-Versuchs": Es mache keinen Unterschied, ob der Diebstahl (wie im vorgenannten Fall) nur versucht oder vollendet sei. Entscheidend sei, dass der Täter auch bei einem nicht vollständig verwirklichten Regelbeispiel seine erhöhte kriminelle Energie manifestiert habe; dies gestatte, entweder direkt über die Indizwirkung des Regelbeispiels oder wegen der tatsächlichen Nähe des „Quasi-Versuchs" zum vollendeten Regelbeispiel, im Rahmen der Gesamtabwägung zu einem besonders schweren Fall zu gelangen.[316]

b) So weit geht selbst die Rspr. nicht: In der vorerwähnten Grundsatzentscheidung lässt der 3. Strafsenat ausdrücklich offen, wie die vorliegende Konstellation zu entscheiden ist; er zieht also gerade nicht den naheliegenden erst-recht-Schluss vom versuchten zum vollendeten Diebstahl mit teilverwirklichtem Regelbeispiel.[317] Vielmehr hat derselbe Strafsenat im Zusammenhang mit Sexualdelikten inzwischen mehrfach klargestellt, dass bei vollendetem Grunddelikt allein wegen des „Quasi-Versuchs" eines Regelbeispiels kein besonders schwerer Fall begründet ist.[318]

c) Damit stimmt das Schrifttum überein, das einem nicht voll verwirklichten Regelbeispiel generell die Indizwirkung für den besonders schweren Fall abspricht.[319]

A ist nur wegen vollendeten einfachen Diebstahls strafbar.

II. Tateinheitlich dazu stehen die **versuchte Sachbeschädigung** gemäß **§§ 303 Abs. 1, 2 22** an der Tür und der vollendete **Hausfriedensbruch** gemäß **§ 123 Abs. 1 Alt. 1.**

Ergebnis: A ist strafbar gemäß §§ 242; 123; 303, 22; 52.

---

316 SK-Hoyer § 243 Rn. 54; Kindhäuser/Böse § 3 Rn. 56.

317 BGHSt 33, 370, 376 f.

318 BGH NStZ 1998, 510; BGH NStZ 2003, 602.

319 Lackner/Kühl § 46 Rn. 15; Wessels/Hillenkamp/Schuhr Rn. 214.

2. Die Regelbeispiele im Einzelnen

a) Der Einbruch-, Einsteige- und Nachschlüsseldiebstahl, § 243 Abs. 1 S. 2 Nr. 1

Erschwerungsgrund ist hier, dass sich der Täter zur Ausführung des Diebstahls über die durch einen umschlossenen Raum geschaffene Schutzsphäre mit erhöhter krimineller Energie hinweggesetzt hat.

aa) Umschlossener Raum

Der „umschlossene Raum" ist Oberbegriff der geschützten Sphäre. Darunter versteht man ein **Raumgebilde, das zumindest auch zum Betreten – nicht notwendig zum Aufenthalt – von Menschen bestimmt und mit mindestens teilweise künstlichen Vorrichtungen zur Abwehr des Eindringens versehen ist.**[320] Verschlossen braucht der Raum nicht zu sein. Es genügt, dass eine Umfriedung vorhanden ist, die nach dem Willen des Berechtigten dazu dienen soll, andere am Betreten des abgegrenzten Raums zu hindern, und die tatsächlich ein Hindernis bildet, welches das Eindringen Unbefugter nicht unerheblich erschwert.[321] **207**

Beispiele: Mit Mauern umgebene Fabrikhöfe oder Lagerplätze,[322] umzäunter Friedhof,[323] Frachtcontainer[324]

Gegenbeispiele: Räume, die von jedermann frei und ungehindert benutzt werden können, wie etwa Telefonzellen,[325] nur mit Drahtzäunen umgebene Weiden, bei denen der Zaun die Funktion hat, das Ausbrechen der Tiere zu verhindern.[326]

Die Merkmale Gebäude, Dienst- oder Geschäftsraum sind Unterfälle des umschlossenen Raums und nur der Anschaulichkeit halber besonders erwähnt.

Gebäude ist ein durch Wände und Dach begrenztes, mit dem Erdboden fest – wenn auch nur durch die eigene Schwere – verbundenes Bauwerk, das den Eintritt von Menschen gestattet und das Unbefugte abhalten soll.[327] **208**

Beispiele: Häuser, Baracken, Baubuden, Zirkuszelte

Geschäftsräume müssen für eine gewisse Dauer zum Betrieb von Geschäften, nicht notwendig erwerbswirtschaftlicher Art, dienen.[328] **209**

Beispiele: Fabrikhallen, Büroräume, Lagerhallen

---

320 BGHSt 1, 158, 164; BGH RÜ 2015, 308.
321 Vgl. BGH NStZ 1983, 168; NStZ 2000, 143.
322 Vgl. BGH bei Dallinger MDR 1955, 145.
323 BGH NJW 1954, 1897.
324 BGH RÜ 2015, 308.
325 OLG Hamburg NJW 1962, 1453.
326 OLG Bremen JR 1951, 88.
327 BGHSt 1, 158, 163.
328 Lackner/Kühl § 123 Rn. 3.

bb) Handlungsmodalitäten

210 Das Einbrechen, Einsteigen, Eindringen mit einem falschen Schlüssel etc. und das Sichverborgenhalten ist jeweils inhaltsgleich mit den Tatmodalitäten des § 244 Abs. 1 Nr. 3 (s.o. Rn. 178 ff.).

cc) Zur Ausführung der Tat

211 Außer einer vorsatzgleichen Kenntnis der Umstände des Regelbeispiels muss der Täter auch die Vorstellung besessen haben, diese **zum Zweck der Ausführung des Diebstahls** zu verwirklichen (s.o. Rn. 188).

b) Diebstahl besonders gesicherter Sachen, § 243 Abs. 1 S. 2 Nr. 2

aa) Verschlossenes Behältnis und Schutzvorrichtung

212 Oberbegriff ist die **Schutzvorrichtung**. Das **verschlossene Behältnis** ist ein (Haupt-) Fall der Schutzvorrichtung. Die Vorrichtung und der Verschluss des Behältnisses müssen zudem eine **besondere Wegnahmesicherung** sein. Sicherungen, die vorwiegend anderen Zwecken dienen, genügen also nicht. Im Einzelnen:

Schutzvorrichtungen sind künstliche Einrichtungen, die ihrer Art nach geeignet und bestimmt sind, die Wegnahme einer Sache erheblich zu erschweren.

Beispiele: Fahrrad-, Kofferraumschlösser; Alarmanlagen, die auf Berührung oder Bewegung reagieren.

Gegenbeispiele: Nach h.M. ist auch das elektromagnetische **Sicherungsetikett** in Selbstbedienungsläden und Warenhäusern, das die Wegnahmevollendung durch Einbringen in die Gewahrsamsenklave selbst nicht hindert, sondern erst bei Verlassen der fremden Herrschaftssphäre Alarm auslöst, **keine besondere Wegnahmesicherung**.[329] Dasselbe gilt für Drahtverschnürungen von Elektroartikeln im Handel (sog. **Sicherungsspinnen**), die erst beim Passieren des Kassenbereichs Alarm auslösen.[330]

***Klausurhinweis**: Die Einordnung von Sicherungsetiketten ist ein Standardproblem in Examensfällen!*

Ein **Behältnis ist** – im Gegensatz zum „umschlossenen Raum" (vgl. oben Rn. 207) – **ein zur Aufnahme von Sachen dienendes und sie umschließendes Raumgebilde, das nicht dazu bestimmt ist, von Menschen betreten zu werden.**[331]

Verschlossen ist das Behältnis, wenn der Inhalt aufgrund besonderer Sicherheitsvorkehrungen nicht ohne Weiteres zugänglich ist und wenn der Verschluss gerade die Funktion hat, den Inhalt vor ordnungswidrigem Zugriff zu schützen.[332]

Beispiele: Schränke, Koffer, Schreibtische, sogar die Registrierkasse, deren Geldlade nur mit einem versteckten Hebel[333] oder mit einer Codenummer[334] geöffnet werden kann.

---

329 OLG Dresden StV 2016, 649; Fischer § 243 Rn. 16.

330 BGH RÜ 2018, 715.

331 BGHSt 1, 158, 163.

332 Lackner/Kühl § 243 Rn. 15.

333 Vgl. OLG Frankfurt NJW 1988, 3028.

334 AG Freiburg NJW 1994, 400.

Gegenbeispiele: Schon kein Behältnis ist ein **zugeklebter Briefumschlag.**[335] Keinerlei Wegnahmeschutzfunktion bieten Behältnisse, die den Inhalt nur vor Verlust oder Entweichen schützen sollen, wie etwa eine **Gasflasche.**[336] Die besondere Sicherungsfunktion gegen Wegnahme wird verneint bei **kleinen Behältnissen**, die zwar verschlossen, aber so handlich sind, dass sie ohne Weiteres mitsamt dem Verschluss entwendet werden können.[337]

Nach h.M. besteht auch **keine besondere Verschlusssicherung** gegenüber dem Täter, der das verriegelte **Behältnis mit dem richtigen Schlüssel öffnet, den er entweder befugtermaßen besitzt** oder der **im Schloss steckt**, **daneben liegt** oder **sonst leicht erreichbar** ist.[338]

bb) Wegnahme der gesicherten Sache

Nach dem Gesetzeswortlaut muss der Täter die **so gesicherte Sache wegnehmen.** Ein Teil des Schrifttums verlangt, dass der Täter die besonderen Sicherungen auch tatsächlich durchbricht und erst dadurch die Sache wegnimmt.[339] Nach h.M. kommt es demgegenüber nur auf das Vorhandensein einer Schutzvorrichtung und auf die Wegnahme der durch sie gesicherten Sache an. Das Regelbeispiel ist folglich selbst dann erfüllt, wenn der Täter die Sache samt Behältnis oder Schutzvorrichtung entwendet hat und wenn es zur Überwindung der Schutzvorrichtung gar nicht mehr gekommen ist.[340] **213**

Besonderheiten bestehen bei **Geldwechsel- oder Geldspielautomaten.** Diese besitzen zwar ein verschließbares Stahlgehäuse, das als besondere Wegnahmesicherung anzusehen ist; zugleich geben sie aber bei Einwurf von Münzen und bei ordnungsgemäßer Betätigung auch Geld oder andere Wertträger aus. Bewirkt hier der Täter durch Manipulation eine Ausschüttung, so liegt Diebstahl vor (s. zum modifizierten Einverständnis oben Rn. 39). Ob aber das Regelbeispiel des § 243 Abs. 1 S. 2 Nr. 2 erfüllt ist, hängt von der Art der Manipulation ab: Greift der Täter durch mechanische Manipulation von außen ein – z.B. durch Einführen eines speziellen Drahtes – ist das Regelbeispiel erfüllt.[341] Wird dagegen der Automat äußerlich ordnungsgemäß in Gang gesetzt und „überlistet“ der Täter nur seine Kontrollmechanismen – z.B. durch falsche oder präparierte Münzen und Geldscheine –, so liegt das Regelbeispiel nicht vor.[342] In Betracht kommt dann allenfalls ein unbenannter schwerer Fall des Diebstahls gemäß §§ 242, 243 Abs. 1 S. 1.

cc) Subjektive Seite

Subjektiv fordert die Bestrafung aus dem Regelbeispiel **Kenntnis des Täters** von der **Wegnahmesicherung.**[343] **214**

c) Gewerbsmäßiger Diebstahl, § 243 Abs. 1 S. 2 Nr. 3

Die Gewerbsmäßigkeit ist ein persönliches strafschärfendes Merkmal (§ 28 Abs. 2), das schon durch **die Absicht des Täters verwirklicht sein kann, sich selbst – und nicht nur einem Dritten – aus dem Tatobjekt und der wiederholten Begehung von Dieb-** **215**

---

335 Vgl. LK-Ruß § 243 Rn. 20.

336 Fischer § 243 Rn. 16.

337 Lackner/Kühl § 243 Rn. 16.

338 BGH, Beschl. v. 20.04.2005 – 1 StR 123/05, BeckRS 2005, 5963.

339 Sch/Sch/Bosch § 243 Rn. 25.

340 BGHSt 24, 248.

341 BayObLG NJW 1981, 2826.

342 OLG Stuttgart NJW 1982, 1659; OLG Düsseldorf NJW 1999, 3208; NJW 2000, 158; Lackner/Kühl § 243 Rn. 17; a.A. bei Überwindung eines Münzprüfers Wessels/Hillenkamp/Schuhr Rn. 238.

343 Vgl. LG Köln NJW 1987, 667, 668.

stählen eine Einnahmequelle von einer gewissen Dauer und Erheblichkeit zu schaffen.[344] Da die Strafschärfung allein an die Absicht anknüpft, kann das Regelbeispiel schon bei der ersten Tat mit Wiederholungsabsicht erfüllt sein.[345] Erforderlich ist aber immer, dass das Tatobjekt des in Rede stehenden Diebstahls der Erschließung von Einnahmequellen dienen soll. Will der Täter mithilfe des gestohlenen Gegenstandes nur die Verwertung von Diebesbeute aus anderen Taten erleichtern oder erhofft er sich einen anderen mittelbaren Vorteil, ist kein gewerbsmäßiger Diebstahl gegeben.[346]

d) Diebstahl von Sakralgegenständen, § 243 Abs. 1 S. 2 Nr. 4

216 Voraussetzung für diesen erschwerten Diebstahl ist zunächst, dass sich der entwendete Gegenstand **in einem Raum befindet, der (tatsächlich) der Religionsausübung dient**. Hauptfall dieser geschützten Räumlichkeit ist die **Kirche**. Nebenräume, die in das Kirchengebäude baulich einbezogen sind, gehören dazu.[347]

217 Das Tatobjekt muss **dem Gottesdienst gewidmet sein oder der religiösen Verehrung dienen**. Zu Ersteren gehören alle Sachen, die unmittelbar dazu dienen, dass an oder mit ihnen gottesdienstliche Handlungen vorgenommen werden, wie etwa Altäre, Kelche, Monstranzen.[348] Gegenstände der religiösen Verehrung sind z.B. Madonnen, Statuen, Kruzifixe, Reliquien und religiöse Schriften.[349] Nicht erfasst werden Sachen, die nur mittelbar der Religionsausübung dienen oder zum Inventar gehören, weil der Pietätsschutz keine solche Ausweitung verlangt.[350]

e) Diebstahl von Kunst- und Kulturgütern, § 243 Abs. 1 S. 2 Nr. 5

218 Das Tatobjekt muss ein Gegenstand **„von Bedeutung für Wissenschaft, Kunst oder Geschichte oder für die technische Entwicklung“** sein. Von Bedeutung ist das Kulturgut nur dann, wenn sein Verlust eine spürbare Einbuße für die genannten Disziplinen darstellen würde.[351]

219 Erforderlich ist des Weiteren, dass sich das Kulturgut **in einer allgemein zugänglichen Sammlung befunden hat oder öffentlich ausgestellt** war. Trotz des abweichenden Wortlauts gelten hier dieselben Grundsätze wie bei § 304: Allgemein zugänglich ist eine Sammlung, wenn der Zutritt einem nach Zahl und persönlichen Merkmalen nicht abgegrenzten Personenkreis offensteht, z.B. Universitätsbibliotheken, nicht aber Gerichtsbüchereien. Öffentlich ausgestellt sind Sachen, wenn sie an einem öffentlich zugänglichen Ort zur Besichtigung dargeboten sind.[352]

344 Vgl. BGH StV 2014, 482.
345 BGH NStZ 2004, 265.
346 BGH RÜ 2014, 375; BGH RÜ 2015, 308.
347 Vgl. BGHSt 21, 64.
348 BGHSt 21, 64.
349 Vgl. Lackner/Kühl § 243 Rn. 19.
350 LK-Vogel § 243 Rn. 40 m.w.N.
351 Vgl. Fischer § 243 Rn. 20.
352 Lackner/Kühl § 243 Rn. 20.

f) Schmarotzerdiebstahl und Plünderungen, § 243 Abs. 1 S. 2 Nr. 6

aa) Situation verminderten Gewahrsamsschutzes

Hilflosigkeit ist ein Zustand, in dem der Betroffene unfähig ist, einer Wegnahme wirksam zu begegnen.[353] 220

Beispiele: Ohnmacht, Trunkenheit, Krankheit, Blindheit

Gegenbeispiele: Nicht ausreichend sind dagegen der normale Schlaf[354] oder lediglich hohes Alter des Tatopfers.[355]

Die Hilflosigkeit kann auch vom Täter selbst aus anderen Gründen als zur Ausführung eines Diebstahls geschaffen worden sein. Nutzt er die Situation aufgrund eines neuen Entschlusses zum Diebstahl aus, ist das Regelbeispiel erfüllt.[356]

Unglücksfall ist – wie in § 323 c Abs. 1 – jedes plötzliche Ereignis, das eine erhebliche Gefährdung für Personen oder Sachen bringt oder zu bringen droht.[357]

Beispiele: Verkehrsunfall, Brand, Selbsttötungsversuch

Gemeine Gefahr ist ein Zustand, bei dem die Möglichkeit eines erheblichen Schadens an Leib oder Leben oder an bedeutenden Sachwerten für unbestimmt viele Personen naheliegt.[358]

Beispiele: Naturkatastrophen, Großbrände, Verseuchungen

bb) Ausnutzen

Der Täter muss diese Lage für seinen Diebstahl **ausnutzen**, d.h. er muss die durch die genannten Umstände ausgelöste spezifische Lockerung des Eigentumsschutzes als Gelegenheit zur Erleichterung des Diebstahls wahrgenommen[359] und sie darüber hinaus auch noch in eine Zweckbeziehung zur Tat gebracht haben.[360] Dabei ist nicht erforderlich, dass sich der Diebstahl unmittelbar gegen die verunglückte Person richtet. Das Regelbeispiel erfasst auch die Fälle, in denen die Tat zum Nachteil von Personen begangen wird, die durch den Unglücksfall abgelenkt sind und Hilfe leisten.[361] 221

353 Vgl. LK-Vogel § 243 Rn. 47.
354 BGH NStZ 1990, 388; Fischer § 243 Rn. 21.
355 BGH NStZ 2001, 532.
356 BGH NStZ-RR 2003, 186.
357 Vgl. BGHSt 6, 147, 152.
358 Lackner/Kühl § 323 c Rn. 3.
359 Lackner/Kühl § 243 Rn. 22.
360 Vgl. BGH NStZ 1985, 215.
361 BGH NStZ 1985, 215; OLG Hamm NStZ 2008, 218.

g) Diebstahl von Schusswaffen oder Sprengstoff, § 243 Abs. 1 S. 2 Nr. 7

222 Die Straferhöhung knüpft an bestimmte Tatobjekte an:

Die wichtigsten sind die **Handfeuerwaffen**, also alle tragbaren Schusswaffen – Pistolen, Revolver und Gewehre –, soweit sie nach § 28 WaffG erlaubnispflichtig sind. Unabhängig von der Erlaubnispflicht: **Maschinengewehre, Maschinenpistolen, voll- oder halbautomatische Gewehre**.

Diese Waffen brauchen nicht einsatzbereit zu sein. Auch der Diebstahl der ungeladenen Waffe genügt.[362] **Ist die entwendete Schusswaffe sogar geladen und weiß der Täter dies, ist auch die Qualifikation des § 244 Abs. 1 Nr. 1 a Alt. 1 erfüllt** (s.o. Rn. 166 ff.). In diesem Fall verdrängt die schwerere Strafschärfung im Wege der Spezialität den nur durch das Regelbeispiel erschwerten Diebstahl.

Weitere Tatobjekte sind: **Sprengstoff enthaltende Kriegswaffen im Sinne des Kriegswaffenkontrollgesetzes**, also vor allem Handgranaten und Panzerfäuste; **Sprengstoff**, z.B. Dynamit.

3. Der Ausschluss des besonders schweren Falles nach § 243 Abs. 2

a) § 243 Abs. 2 ordnet an, dass trotz der Verwirklichung eines Regelbeispiels des Abs. 1 S. 2 Nr. 1–6 (für die Nr. 7 gilt Abs. 2 nicht) ein besonders schwerer Fall ausgeschlossen ist, **wenn sich die Tat auf eine geringwertige Sache bezieht**. Es handelt sich nach überwiegender Auffassung um eine gesetzliche Widerlegung der Regelwirkung.[363] Eine vordringende Ansicht sieht darin ein „negatives Tatbestandsmerkmal" der Regelfälle der Nr. 1–6.[364]

223 **aa)** Der Ausschluss setzt zunächst **objektive Geringwertigkeit des Tatobjekts** voraus. Die Wertgrenze liegt nach bisherigem Verständnis bei einem Verkehrswert von nicht mehr als 25 €.[365] Es überwiegen jedoch mittlerweile die Stimmen in der obergerichtlichen Rspr.[366] und in der Lit.,[367] die **50 €** als Obergrenze der Geringwertigkeit ansetzen. Abzustellen ist nur auf den in Zueignungsabsicht weggenommenen Gegenstand. Weitere Schädigungen des Opfers durch Sachentziehungen ohne Zueignungsabsicht oder durch Sachbeschädigungen bleiben außer Betracht.[368]

224 **bb)** Nach heute ganz h.M. muss sich die Tat aber **auch subjektiv auf eine geringwertige Sache beziehen**. Nur derjenige, der sich schon bei Verwirklichung des Regelbeispiels auf eine geringwertige Sache beschränkt und später auch eine objektiv geringwertige Sache entwendet, kommt nach dieser Ansicht in den Genuss des § 243 Abs. 2.[369]

---

362 Sch/Sch/Bosch § 243 Rn. 41 a.

363 Sch/Sch/Bosch § 243 Rn. 1.

364 NK-Kindhäuser § 243 Rn. 52.

365 Fischer § 243 Rn. 25..

366 OLG Hamm NJW 2003, 3145; OLG Zweibrücken NStZ 2000, 536; OLG Frankfurt RÜ 2017,16.

367 Lackner/Kühl § 248 a Rn. 3; MünchKomm/Hohmann § 248 a Rn. 6; Rengier § 3 Rn. 40.

368 BGH bei Dallinger MDR 1975, 743.

369 BGHSt 26, 104; BGH NStZ 1987, 71; a.A. NK-Kindhäuser § 243 Rn. 52, 55, der § 243 Abs. 2 als negatives Anwendbarkeitsmerkmal der Regelbeispiele ansieht und deshalb schon bei objektiver Geringwertigkeit § 243 Abs. 1 verneint.

b) Umstritten sind die Fälle, bei denen der Täter in der Phase nach Verwirklichung des Regelbeispiels und vor Tatvollendung seinen Diebstahlswillen in Bezug auf den Wert des Objekts verändert. Bei derartigen **bewussten Objektänderungen** gilt Folgendes: 225

aa) Da der Diebstahlsvorsatz nicht auf bestimmte Sachen bezogen sein muss (vgl. oben Rn. 97), ist es bedeutungslos, ob der Täter seinen Wegnahmevorsatz auf bestimmte Objekte konkretisiert hat oder nicht. Folglich bleiben, wenn er zunächst eine bestimmte Sache stehlen will, seinen **Diebstahlswillen im Rahmen einer einheitlichen Tat dann aber hinsichtlich des Diebstahlsgegenstandes verengt, erweitert oder sonst ändert, der Diebstahlsvorsatz und damit der Diebstahl als solcher dieselben.**[370] In dieser Situation **fortbestehenden Diebstahlswillens** können Objektänderungen in zweierlei Hinsicht vorkommen: 226

(1) Ursprünglich **wollte der Täter nur eine geringwertige Sache wegnehmen** und verwirklichte deshalb ein Regelbeispiel; später entschloss er sich ohne zwischenzeitliche Aufgabe des Diebstahlwillens, **eine hochwertige Sache wegzunehmen**. Nach der o.g. Prämisse liegt nur eine einheitliche Tat vor, die sich weder objektiv noch subjektiv auf eine geringwertige Sache bezog. Die h.M. bestraft deshalb aus einem einheitlichen Diebstahl in einem besonders schweren Fall.[371] 227

(2) Im Ergebnis gleich liegt der umgekehrte Fall, dass der Täter bei Verwirklichung eines Regelbeispiels einen **wertmäßig unbeschränkten Wegnahmewillen** hat und diesen später ohne zwischenzeitliche Unterbrechung **auf eine geringwertige Sache verengt**. – Hier hat zunächst ein Diebstahlsversuch in einem besonders schweren Fall vorgelegen. Nach allgemeiner Ansicht kann der Täter den einmal verwirklichten erschwerenden Umstand nicht dadurch wieder rückwirkend beseitigen, dass er nur eine geringwertige Sache stiehlt. Wegen der Einheitlichkeit des Diebstahlswillens bezieht sich die Tat insgesamt subjektiv nicht auf eine geringwertige Sache. Gegeben ist daher Diebstahl in einem besonders schweren Fall.[372] 228

bb) Die **zwischenzeitliche Aufgabe des Tatvorsatzes** führt dagegen zu einer Zäsur des Gesamtgeschehens. Dazu wieder die denkbaren Fallalternativen: 229

(1) Der Täter wollte **ursprünglich nur eine geringwertige Sache** wegnehmen und hat zu diesem Zweck ein Regelbeispiel verwirklicht. Dann hat er den Diebstahlsentschluss aufgegeben, ihn jedoch wieder neu gefasst und dann eine **hochwertige Sache** entwendet. – Hinsichtlich der vollendeten Tat steht der Wegnehmende hier demjenigen gleich, der eine von anderen Personen oder von ihm selbst zu anderen Zwecken geschaffene Situation eines Regelbeispiels nur ausnutzt. Solche Verhaltensweisen erfüllen insbesondere das Regelbeispiel des § 243 Abs. 1 S. 2 Nr. 1 (vgl. auch die Qualifikationen in § 244 Abs. 1 Nr. 3, Abs. 4) nicht. **Die Tat ist als einfacher Diebstahl strafbar**. Auf die Ausschlussklausel des § 243 Abs. 2 kommt es schon nicht mehr an. Von dem vorherigen Diebstahlsversuch, bei dem wegen § 243 Abs. 2 der besonders schwere Fall ausgeschlossen ist, war der Täter strafbefreiend gemäß § 24 Abs. 1 S. 1 Alt. 1 zurückgetreten. 230

370 Vgl. BGH bei Dallinger MDR 1953, 272; s. auch oben Rn. 98.
371 Rengier § 3 Rn. 45; a.A. SK-Hoyer § 243 Rn. 53.
372 BGHSt 26, 104; Fischer § 243 Rn. 26; a.A. SK-Hoyer § 243 Rn. 53.

231 **(2)** Der Täter verwirklicht das Regelbeispiel zwecks Diebstahls einer **hochwertigen Sache**, entwendet dann aber nach zwischenzeitlicher vollständiger Aufgabe des Tatplans eine **geringwertige**. – Die vollendete Diebstahlstat ist, weil die bloße Ausnutzung der Situation des Regelbeispiels nicht genügt, ein **einfacher Diebstahl nach § 242**. Hierfür ist wegen objektiver Geringwertigkeit der weggenommenen Sache ein Strafantrag nach § 248 a erforderlich. Von dem vorher verwirklichten Diebstahlsversuch im besonders schweren Fall ist der Täter wiederum mit strafbefreiender Wirkung zurückgetreten.

232 **c)** Beim **Irrtum über den Wert** des entwendeten Gegenstandes sind folgende Konstellationen denkbar:

233 **aa)** Der Täter **will einen hochwertigen Gegenstand** entwenden und verwirklicht dafür ein Regelbeispiel. Später stellt er fest, dass der Gegenstand **geringwertig** ist. – Für die h.M., die in § 243 Abs. 2 eine Ausschlussklausel sieht, wenn objektiver und subjektiver Geringwertigkeitsbezug bestehen, entfällt die Ausschlusswirkung, weil der Täter einen Gegenstand entwendet hat, der zumindest nach seiner Vorstellung nicht geringwertig war. Trotz des höheren Handlungsunwerts soll aber wegen des in diesem Fall geminderten Erfolgsunrechts die Möglichkeit bestehen, von einem besonders schweren Fall abzusehen.[373] Verneint man demgemäß einen besonders schweren Fall, so ist für den Diebstahl gemäß § 248 a wegen objektiver Geringwertigkeit des Entwendeten grundsätzlich ein Strafantrag erforderlich.[374]

Diejenigen, die in § 243 Abs. 2 ein „negatives Tatbestandsmerkmal" des § 243 Abs. 1 sehen, wollen nur aus Versuch des Diebstahls im besonders schweren Fall bestrafen.[375]

234 **bb)** Der Täter entwendet nach Verwirklichung eines Regelbeispiels einen Gegenstand, den er **irrig für geringwertig ansieht**, der aber **tatsächlich hochwertig** ist. – An sich ist für die Ausschlusswirkung des § 243 Abs. 2 kein Raum, wenn tatsächlich eine die Bagatellschwelle überschreitende Eigentumsverletzung verursacht worden ist. Trotz des Erfolgsunrechts soll aber nach h.M. ausnahmsweise wegen Minderung von Handlungsunrecht und Schuld aufgrund einer Gesamtbewertung der besonders schwere Fall nach § 243 Abs. 1 verneint werden können.[376] Dann besteht aber trotzdem kein Antragserfordernis nach § 248 a hinsichtlich des entwendeten Gegenstandes, weil der Wert objektiv über der Geringwertigkeitsschwelle liegt.[377]

Wer § 243 Abs. 2 als „negatives Tatbestandsmerkmal" der Regelbeispiele ansieht, muss gemäß § 16 Abs. 1 S. 1 schon den Vorsatz für einen Diebstahl im besonders schweren Fall verneinen.[378]

---

373 Lackner/Kühl § 243 Rn. 5.
374 Vgl. BGHSt 26, 104, 105.
375 NK-Kindhäuser § 243 Rn. 57.
376 Fischer § 243 Rn. 26 a.
377 Fischer § 248 a Rn. 6.
378 Vgl. NK-Kindhäuser § 243 Rn. 57.

Strafzumessungsregel § 243: Besonders schwerer Diebstahl

Ist ein Regelbeispiel gemäß § 243 Abs. 1 S. 2 erfüllt?

Nr.	Äußere Merkmale:	Subjektiv:	Allgemeines:
1	**Umschlossener Raum** ist jedes Raumgebilde, das zumindest auch zum Betreten von Menschen bestimmt und mit Vorrichtungen zur Abwehr von Menschen versehen ist (Unterfälle: Gebäude, Geschäftsraum). Handlungsmodalitäten wie in § 244 Abs. 1 Nr. 3 (s. Rn. 176 ff.)	**Zur Ausführung der Tat**, also Diebstahlsvorsatz schon bei Verwirklichung des Regelbeispiels, und die Handlung muss Mittel zur Diebstahlsvollendung sein.	**Trotz Verwirklichung** eines Regelbeispiels kann bei vermindertem Unrechts-/Schuldgehalt von Straferschwerung **abgesehen** werden. Nach Rspr. kann (nur) beim Versuch des Diebstahls der mitverwirklichte **„Quasi-Versuch"** eines Regelbeispiels einen bes. schweren Fall indizieren. **Beteiligte** sind wegen tatbezogener Regelbeispiele nur strafbar, wenn sie deren Verwirklichung kennen, § 16 Abs. 1 S. 1 analog; für Nr. 3 gilt § 28 Abs. 2 analog. Regelbeispiele spielen für die **Konkurrenzen** keine Rolle. Ist **kein Regelbeispiel** erfüllt, kann ausnahmsweise durch Gesamtabwägung ein unbenannter schwerer Fall nach § 243 Abs. 1 S. 1 bejaht werden.
2	**Schutzvorrichtungen** sind künstliche Einrichtungen, die geeignet und bestimmt sind, die Wegnahme erheblich zu erschweren. Unterfall ist verschlossenes Behältnis: **Behältnis** ist ein Raumgebilde, das nicht zum Betreten von Menschen bestimmt ist. **Verschlossen** ist es, wenn der Inhalt aufgrund bes. Vorkehrungen nicht ohne Weiteres zugänglich ist und wenn der Verschluss gerade die Funktion hat, den Inhalt vor ordnungswidrigem Zugriff zu schützen.	Diebstahlsvorsatz und Kenntnis der Wegnahmesicherung	
3	Keine äußeren Merkmale	Gewerbsmäßig handelt, wer beabsichtigt, **sich** aus dem Tatobjekt und der wiederholten Begehung von Diebstählen eine Einnahmequelle von Dauer und Erheblichkeit zu schaffen.	
4	Tatobjekt muss sich in einem **der Religionsausübung dienenden Raum** befinden und es muss **dem Gottesdienst gewidmet sein** oder **der religiösen Verehrung dienen**.	Diebstahlsvorsatz und Kenntnis der Merkmale des Regelbeispiels	
5	Tatobjekt muss sich in einer **allgemein zugänglichen Sammlung** befinden oder **öffentlich ausgestellt** sein; es muss sich ferner um **bedeutendes Kulturgut** handeln.		
6	Verminderter Gewahrsamsschutz durch: **Hilflosigkeit**, also ein Zustand, in dem der Betroffene schutzlos gegen eine Wegnahme ist; **Unglücksfall** (wie bei § 323 c), **gemeine Gefahr** (wie in § 323 c). **Ausnutzen** nur dann, wenn verminderter Schutz typische Folge eines der vorgenannten Zustände ist.	Diebstahlsvorsatz, Kenntnis der Situation u. Ausnutzen, also subjektive Zweckbeziehung zur Tat	
7	Tatobjekt: Erlaubnispflichtige Handfeuerwaffen, Sprengstoff enthaltende Kriegswaffen, Sprengstoff	Diebstahlsvorsatz und Kenntnis der Merkmale des Regelbeispiels	

Ist ein besonders schwerer Fall nach § 243 Abs. 2 ausgeschlossen?

Das Tatobjekt (oder die Gesamtbeute eines Diebstahls) muss **objektiv geringwertig** sein, d.h. ihr Verkehrswert muss (nach BGH) unter 25 € liegen, …	+	… und die Tat muss sich auch **subjektiv** auf eine geringwertige Sache beziehen.

Die Ausschlussklausel greift daher nach h.M. nicht ein, wenn der Täter sich **bei beibehaltenem Diebstahlswillen bewusst** von einem hochwertigen auf ein geringwertiges Tatobjekt (oder umgekehrt) verlegt. Bei **zwischenzeitlicher Aufgabe und Neufassung des Tatentschlusses** dagegen **getrennte Beurteilung**. Die Ausschlussklausel greift auch dann nicht ein, wenn der Täter die **objektive Geringwertigkeit nur nicht kannte** oder wenn er die **Geringwertigkeit nur irrig annahm**. Hier aber möglicherweise Verneinung des besonders schweren Falles wegen fehlenden Erfolgs- oder fehlenden Handlungsunrechts.

IV. Konkurrenzen

235 Das Verhältnis von § 242 zu anderen Straftatbeständen (dazu schon oben Rn. 161 ff.) ändert sich nicht durch das Hinzutreten von Qualifikationen oder Regelbeispielen. Das gilt auch, wenn es sich um typische Begleittaten einer Strafschärfung handelt, wie z.B. Sachbeschädigung gemäß § 303 und Hausfriedensbruch gemäß § 123. Zerstört oder beschädigt also der Täter zum Zweck der Wegnahme eine **andere Sache**, so steht die **Sachbeschädigung** gemäß **§ 303 in Tateinheit zum Diebstahl**, und zwar auch dann, wenn ein besonders schwerer Fall nach § 243 Abs. 1 S. 2 oder eine Qualifikation nach § 244 oder § 244 a erfüllt ist.[379]

236 § 242 wird – auch bei Verwirklichung eines Regelbeispiels gemäß § 243 Abs. 1 S. 2 – von § 244 und § 244 a verdrängt.[380] § 244a ist gegenüber § 244 Abs. 1 Nr. 2 spezieller. Zwischen § 244 Abs. 4 und § 244a besteht nach der Rspr. aber aus Klarstellungsgründen Tateinheit.[381] Tateinheit besteht auch zwischen vollendetem (Einbruch-)diebstahl gemäß §§ 242, 243 Abs. 1 S. 2 Nr. 1 und nur versuchtem schwerem Wohnungseinbruchdiebstahl gemäß §§ 242, 244 Abs. 4, 22, 23 Abs. 1, 12 Abs. 1.[382]

237 Zwischen § 242 und § 243 gibt es keine Konkurrenzen, weil Regelbeispiele nur unselbstständiger Teil des Diebstahls sind. Mehrere Regelbeispiele bilden insgesamt auch nur einen besonders schweren Fall des Diebstahls.[383]

B. Diebstahlsverwandte Spezialtatbestände

I. Pfandkehr, § 289

238 § 289 ergänzt den Tatbestand des Diebstahls: Täter dieses absoluten Antragsdelikts (Abs. 3) kann nämlich auch der Eigentümer sein, der **seine eigene Sache einem anderen wegnimmt** (1. Alt.) oder aber der **Nichteigentümer, der die für ihn fremde Sache einem anderen wegnimmt, ohne dabei den für die Zueignungsabsicht erforderlichen Enteignungswillen zu besitzen**, weil er zugunsten des Eigentümers handelt (2. Alt.) (s. dazu oben Fall 6, Rn. 53 ff.). Betroffener der „Wegnahme" muss aber in allen Fällen jemand sein, der an der fraglichen Sache ein bestimmtes **Gläubigerrecht** besitzt.

1. Gläubigerrechte

239 **a) Nutznießungsrechte:** Nießbrauch, §§ 1030 ff. BGB, das Nutzungsrecht am Kindesvermögen, § 1649 Abs. 2 BGB.

b) Pfandrechte: Insbesondere Vertragspfandrecht, §§ 1204 ff. BGB; gesetzliche Pfandrechte des Vermieters, §§ 562 ff. BGB, des Verpächters, § 592 BGB, des Pächters, § 583 BGB, des Werkunternehmers, § 647 BGB, des (Beherbergungs-)Gastwirts, § 704 BGB, des Kommissionärs, § 397 HGB.

---

379 BGH RÜ 2019, 174.

380 Fischer § 244 Rn. 64.

381 BGH, Beschl. v. 05.02.2019 – 3 StR 466/18, BeckRS 2019, 2714.

382 BGH NStZ 2019, 674.

383 Sch/Sch/Bosch § 243 Rn. 59.

Umstritten ist, ob auch das **Pfändungspfandrecht** von § 289 geschützt wird. Eine Mindermeinung verneint dies: Schutzwürdig sei bei der Pfändung allein die öffentlich-rechtliche Verstrickung, die aber ausschließlich von § 136 Abs. 1 erfasst werde.[384] Die ganz h.M. unterstellt dagegen auch Pfändungspfandrechte § 289, weil es hierbei, anders als in § 136 Abs. 1, um das private Sicherungsinteresse des Pfandgläubigers gehe.[385] Nach dieser Auffassung ist also auch Pfandkehr an einer gepfändeten Sache möglich, allerdings erst, **wenn der Gerichtsvollzieher die gepfändete Sache an sich genommen hat**, weil erst von diesem Moment an eine tatsächliche Herrschaftsposition aufseiten des Pfandgläubigers entstanden sein kann, in welche durch die Tathandlung der Wegnahme eingegriffen wird (s. dazu unten).

c) **Gebrauchsrechte**, z.B. dasjenige des Mieters, § 535 BGB; des Entleihers, § 598 BGB; das Gebrauchsrecht des Sicherungsgebers bei Sicherungsübereignung; das Gebrauchsrecht des Käufers einer Eigentumsvorbehaltssache.[386]

d) **Zurückbehaltungsrechte** gemäß §§ 273, 972, 1000 BGB, § 369 HGB. Ob auch ein vertragliches Pfand- oder Zurückbehaltungsrecht, das an einer unpfändbaren Sache begründet wurde, von § 289 geschützt wird, ist umstritten.[387]

2. Wegnahme

Kontrovers ist die Auslegung der **Tathandlung „Wegnahme“**. Einige verstehen darunter wie in § 242 Gewahrsamsbruch, weil nur damit die gegenüber den Tatbeständen der Vollstreckungsvereitelung, § 288, und des Verstrickungsbruchs, § 136 Abs. 1, erhöhte Strafe des § 289 zu erklären sei.[388] Die extreme Gegenansicht interpretiert den Wegnahmebegriff des § 289 völlig losgelöst von demjenigen des § 242 und orientiert sich nur am Schutzzweck des § 289, der jegliche Vereitelung der Gläubigerrechte verhindern will. Danach ist Wegnahme im Sinne der Pfandkehr jede räumliche Veränderung der Sache, die dem Schuldner im Verhältnis zum Gläubiger untersagt ist.[389] Herrschend ist ein vermittelnder Standpunkt: Die Zielsetzung des § 289 als eigenständiges Delikt zum Schutz vor Rechtsvereitelung erlaube auch einen weitergehenden Wegnahmebegriff als den des § 242. **Wegnahme ist danach jede eigene Fortschaffung der Sache aus dem besitzähnlichen, rechtlich fundierten Machtbereich des Rechtsinhabers, der diesem die faktische Zugriffsmöglichkeit auf die Sache gewährt.**[390] 240

Dieser Streit wird vor allem im Falle des **(aus-)rückenden Mieters** bedeutsam, in welchem der zahlungssäumige Mieter die von ihm in die Wohnung eingebrachten und pfändbaren Sachen heimlich wieder fortschafft. Da der Vermieter (ebenso der Verpächter oder Gastwirt) regelmäßig keinen Gewahrsam an diesen Sachen des Schuldners hat, sondern allenfalls die Entfernung vom Grundstück verhindern kann (§ 562 b Abs. 1 BGB), müssen diejenigen, die das Merkmal Wegnahme parallel zu § 242 interpretieren, auch § 289 ablehnen, während die h.M. die Wegnahme bejaht, weil es dafür ausreicht, dass die Sache aus dem tatsächlichen Machtbereich des Vermieters geschafft wird.

384 Lackner/Kühl § 289 Rn. 1.
385 Sch/Sch/Heine/Hecker § 289 Rn. 4; Geppert Jura 1987, 427, 432.
386 Sch/Sch/Heine/Hecker § 289 Rn. 7.
387 Verneinend LK-Schünemann § 289 Rn. 7.
388 Sch/Sch/Eser/Heine/Hecker § 289 Rn. 8.
389 Vgl. LK-Schünemann § 289 Rn. 14.
390 BayObLG NJW 1981, 1745 f.; Geppert Jura 1987, 427, 434.

3. Subjektiver Tatbestand

241 Der Täter muss **Vorsatz** haben, also insbesondere das Bewusstsein, dass ein fremdes Sicherungsrecht besteht. Weiterhin ist **„rechtswidrige Absicht"** erforderlich. Unter Absicht wird nicht Beweggrund, sondern bloße Wissentlichkeit (unter Ausschluss des dolus eventualis) verstanden. Es genügt also, wenn sich der Täter bewusst ist, die dem Gläubiger zustehenden Sicherungsrechte zu vereiteln.[391] Rechtswidrig ist die beabsichtigte Rechtsvereitelung dann, wenn der Täter gegenüber dem Sicherungsberechtigten objektiv kein stärkeres Recht hat und der Täter dies weiß.

II. Unbefugter Gebrauch eines Fahrzeugs, § 248 b

242 Diebstahl gemäß § 242 und Unterschlagung gemäß § 246 setzen voraus, dass der Täter Zueignungswillen besitzt, also Aneignungsvorsatz hat und den Eigentümer dauerhaft aus seiner Verfügungs- und Gebrauchsmacht verdrängen will (Enteignungsvorsatz). Wer eine Sache nur in Gebrauch nimmt, aber den Willen hat, die Sache danach an den Eigentümer ohne nennenswerte Verschlechterung zurückgelangen zu lassen, hat keinen Zueignungsvorsatz, sondern begeht lediglich eine Gebrauchsanmaßung, lat.: furtum usus. Die Gebrauchsanmaßung ist straflos, es sei denn, es handelt sich um ein Kraftfahrzeug oder ein Fahrrad. Dann ist § 248 b einschlägig.

Eine weitere Vorschrift zur Strafbarkeit der Gebrauchsanmaßung ist § 290, der für Pfandsachen gilt, aber praktisch bedeutungslos ist.

1. Tatobjekte

243 Kraftfahrzeuge sind nach der **Legaldefinition des § 248 b Abs. 4** alle maschinenbetriebenen, nicht gleisgebundenen Land-, Luft- oder Wasserfahrzeuge.

Beispiele: Kraftwagen, sogar Elektrokarren oder Straßenwalzen; Motorboote; Motorflugzeuge

Für das Fahrrad gibt es keine Legaldefinition, doch dürften darunter alle **Landfahrzeuge** zu verstehen sein, die mit **Fuß- oder Handbetrieb** bewegt werden.[392]

2. Ingebrauchnehmen

244 **a)** Die Tathandlung des Ingebrauchnehmens ist erfüllt, **wenn der Täter das Fahrzeug – nicht notwendig unter Inanspruchnahme des technischen Antriebs – als Fortbewegungsmittel benutzt.**[393]

Beispiel: Der Täter lässt das Fahrzeug im Freilauf oder Leerlauf ohne Motorkraft eine abschüssige Strecke hinabrollen.[394]

Gegenbeispiele: Mangels Fortbewegung nur versuchter § 248 b, wenn erst der Motor angelassen wird, um loszufahren.[395] Mangels eigener Herrschaft ist das heimliche Sichanhängen an ein fahrendes Fahrzeug kein § 248 b.[396] Mangels Nutzung als Fortbewegungsmittel ist das Schieben des Fahrzeugs straflos.[397]

---

391 OLG Düsseldorf NJW 1989, 115, 116; für dolus directus Sch/Sch/Heine/Hecker § 289 Rn. 9/10.
392 Vgl. LK-Vogel § 248 b Rn. 3.
393 BGHSt 11, 44/47, 50.
394 BGHSt 11, 44, 46.
395 Vgl. LK-Vogel § 248 b Rn. 4.
396 BGHSt 11, 47, 49.
397 SK-Hoyer § 248 b Rn. 8.

Da § 248 b **kein eigenhändiges Delikt** ist, kommt sogar Ingebrauchnehmen in mittelbarer Täterschaft infrage – etwa durch den, der dem Fahrer die Gebrauchserlaubnis vorspiegelt.

b) Fraglich ist, ob die Benutzung eines Fahrzeuges **über die zeitlichen Grenzen einer Erlaubnis hinaus** tatbestandsmäßig ist. Eine Mindermeinung verneint dies: In Gebrauch „Nehmen" erfasse seinem Wortsinn nach nur die unberechtigt begonnene Fahrt.[398] Die ganz überwiegende Gegenansicht in Lit. und Rspr. betrachtet § 248 b als Dauerdelikt und stellt deshalb das unberechtigte Ingebrauchnehmen dem unberechtigten „Ingebrauchhalten" gleich.[399] 245

3. Gegen den Willen des Berechtigten

a) Wen man als „Berechtigten" i.S.d. Tatbestandes anzusehen hat, hängt vom systematischen Verständnis des § 248 b ab: Einige argumentieren, die Gebrauchsberechtigung sei lediglich als Ausfluss des Eigentums geschützt. Berechtigter i.S.d. § 248 b sei daher grundsätzlich der Eigentümer, es sei denn, dieser habe die Dispositionsbefugnis auf andere Personen übertragen.[400] Die h.M. sieht in § 248 b – wie in § 289 – selbstständig und ausschließlich das Gebrauchsrecht als geschützt an. Danach ist **Berechtigter, wer als Eigentümer, Fahrzeughalter oder sonst kraft dinglichen, obligatorischen oder sonstigen Rechts befugt ist, das Kraftfahrzeug als Fortbewegungsmittel zu benutzen.** 246

Folgerichtig kann auch der Eigentümer nach h.M. Täter des § 248 b gegenüber dem Mieter sein![401]

b) Das Handeln gegen den Willen des Gebrauchsberechtigten setzt keine ausdrückliche Erklärung, sondern nur erkennbar oder mutmaßlich entgegenstehenden Willen voraus.[402] Da es sich hierbei um ein Tatbestandsmerkmal handelt, schließt eine Erlaubnis umgekehrt den Tatbestand aus. Das **Einverständnis** stellt eine Disposition über das Gebrauchs**recht** dar und setzt deshalb einen **wirksam gebildeten Willen** voraus. Es ist unwirksam, wenn es auf Zwang oder Täuschung beruht.[403] 247

c) Entspricht die unbefugte Ingebrauchnahme dem **mutmaßlichen Willen** des Berechtigten – wie insbesondere eine Fahrt zum Zweck der Rückführung des Fahrzeuges – soll nach Ansicht der Rspr. ebenfalls der Tatbestand ausgeschlossen sein.[404] Die Gegenmeinung, die ein mutmaßliches Einverständnis auf Tatbestandsebene ablehnt, kommt in einem solchen Fall zur Rechtfertigung.[405] Im Ergebnis wirkt sich der Streit also nicht aus.[406] 248

4. Vorsatz

Der Täter muss **bezüglich aller Tatumstände vorsätzlich handeln.** Insbesondere muss er auch den entgegenstehenden Willen des Berechtigten erkennen. Bei irriger An- 249

398 Krey/Hellmann/Heinrich Rn. 212.
399 BGH RÜ 2014, 786.
400 Sch/Sch/Bosch § 248 b Rn. 7.
401 BGHSt 11, 47, 51; LK-Ruß § 248 b Rn. 6.
402 Lackner/Kühl § 248 b Rn. 4.
403 LK-Vogel § 248 b Rn. 8; aA wohl Kudlich JA 2014, 873, 875; vgl. auch die Falllösung zu BGH RÜ 2020, 790 f.
404 BGH RÜ 2014, 786.
405 Rengier § 6 Rn. 4 a.
406 Vgl. AS-Skript StrafR AT 1 (2021), Rn. 315.

nahme des Einverständnisses entfällt der Vorsatz; bei Unkenntnis des Einverständnisses liegt ein nach § 248 b Abs. 2 ebenfalls unter Strafe gestellter (untauglicher) Versuch vor.

5. Subsidiaritätsklausel

250 **a)** Nach § 248 b Abs. 1 a.E. ist der Kraftfahrzeuggebrauch gegenüber anderen Vorschriften mit schwererer Strafdrohung **formell subsidiär**. § 248 b wird also immer von einem Diebstahl am Fahrzeug verdrängt.

Die h.Lit. legt diese Subsidiaritätsklausel als „relative" aus, d.h. § 248 b solle nicht gegenüber Vorschriften **mit anderer Schutzrichtung** zurücktreten, selbst wenn diese eine höhere Strafdrohung beinhalten, z.B. § 315 c.[407] Im Zusammenhang mit § 125 hat der BGH indes Folgendes klargestellt: Die Einschränkung einer Subsidiaritätsklausel würde dazu führen, dass die Strafbarkeit aus einer bestimmten Strafnorm angenommen wird, obwohl dies dem Wortlaut des Gesetzes nach nicht sein solle. Eine solche Vorgehensweise überschreitet die Grenzen zulässiger Auslegung und ist verbotene Analogie.[408] Daraus folgt, dass § 248 b generell hinter jeder Strafnorm mit höherer Strafdrohung zurücktreten muss.[409]

251 **b)** Ein beliebtes Problem mit der Subsidiaritätsklausel entsteht bei **Kraftfahrzeugen**. Hier muss der Täter notwendigerweise Treibstoff verbrauchen. Je nachdem, ob er das Kfz durch Gewahrsamsbruch erlangt hat oder nicht, ist dann Diebstahl gemäß § 242 oder Unterschlagung gemäß § 246 am Kraftstoff gegeben. Wegen seiner Subsidiaritätsklausel wäre § 248 b für Kraftfahrzeuge – also in einem wesentlichen Bereich – dann bedeutungslos. Allgemein wird eine solche **Aushöhlung der privilegierungsähnlichen Gebrauchsanmaßung durch Rückgriff auf den Benzindiebstahl für unzulässig gehalten**: Nach der Rspr. soll § 248 b schon den Tatbestand der Zueignungsdelikte ausschließen, weil der Kraftfahrzeuggebrauch den Verbrauch des im Tank vorhandenen Kraftstoffes notwendig und in seiner strafrechtlichen Würdigung unabtrennbar von § 248 b miterfasse.[410] Nach h.Lit. **wird der Diebstahl des Benzins als notwendige Begleittat der Gebrauchsanmaßung bei Kraftfahrzeugen von § 248 b konsumiert**, tritt also hinter § 248 b zurück, es sei denn, dass das Täterziel primär in der Ersparnis eigener Treibstoffe liegt.[411]

Klausurhinweis: *Prüfen Sie* ***formell subsidiäre Delikte in einem strafrechtlichen Gutachten grundsätzlich als letzte!*** *Dann kann man es in der Regel mit einem kurzen Hinweis auf die Verwirklichung und formelle Subsidiarität bewenden lassen, z.B. § 316 nach § 315 c oder § 145 d nach § 164. Dies gilt grundsätzlich auch bei § 248 b gegenüber § 242.* ***Ausnahme ist das eben dargestellte Problem:*** *Prüfen Sie § 248 b* ***vor dem Diebstahl an den Betriebsstoffen*** *im Zusammenhang mit unbefugtem Kfz-Gebrauch. Sonst wird die Problematik nicht klar.*

---

407 Vgl. Rengier § 6 Rn. 8; Sch/Sch/Bosch § 248 b Rn. 13 f.

408 Vgl. BGHSt 43, 237.

409 Vgl. Lackner/Kühl § 248 b Rn. 6.

410 BGHSt 14, 386, 388.

411 Sch/Sch/Bosch § 248 b Rn. 15; NK-Kindhäuser § 248 b Rn. 13.

6. Strafantrag

Nach § 248 b Abs. 3 kann die Tat nur auf Antrag verfolgt werden, der gemäß § 77 Abs. 1 vom Verletzten gestellt werden muss. Wer durch § 248 b nur das Gebrauchsrecht als Teil des Eigentums als geschützt ansieht, kann das Antragsrecht auch nur dem Eigentümer zusprechen.[412] Die h.M., die nur den Gebrauchsberechtigten als Verletzten ansieht, verlangt einen Antrag von Letzterem.[413] **252**

C. Unterschlagung, § 246

Der Unterschlagungstatbestand ist „Allround-Zueignungsdelikt" an fremden beweglichen Sachen. Der Täter braucht keinen Gewahrsam daran zu haben. Während bei § 242 die Zueignung nur beabsichtigt sein muss, ist sie in § 246 objektive Tathandlung, für die jede Vorsatzform genügt. Nach h.M. ist die Tat schon vollendet, wenn der Täter seinen Zueignungswillen nur kundgetan hat (s. ausführlich unten Rn. 258 ff.). Damit ist bei den meisten speziellen Vermögensdelikten im Zusammenhang mit einer fremden Sache (§§ 242, 249, 263, 259) zugleich eine Unterschlagung verwirklicht. Aus diesem Grund hat der Gesetzgeber die **Subsidiarität** der Unterschlagung gegenüber schwereren Strafvorschriften angeordnet. **253**

Grunddelikt ist § 246 Abs. 1; es gibt nur eine Qualifikation in § 246 Abs. 2.

Klausurhinweis: *Wegen der nachrangigen Bedeutung und des Auffangcharakters der Unterschlagung sollten Sie grundsätzlich eine Strafbarkeitsprüfung nicht mit § 246, sondern mit spezielleren Zueignungsdelikten beginnen. Ist das Spezialdelikt vollendet, braucht auf § 246 gar nicht mehr eingegangen oder nur noch auf die formelle Subsidiarität hingewiesen zu werden. Also:* ***Erst wenn spezielle Vermögensdelikte nicht zur Strafbarkeit führen, wird eine gutachtliche Prüfung des § 246 notwendig.***

Aufbauschema: Unterschlagung, § 246 Abs. 1
1. Fremde bewegliche Sache
2. Sich oder einem Dritten zueignen
3. Rechtswidrigkeit der Zueignung
4. Vorsatz
5. Rechtswidrigkeit als allgemeines Verbrechensmerkmal
6. Schuld
7. Formelle Subsidiarität gemäß § 246 Abs. 1 a.E.
8. Antrag, §§ 247, 248 a

412 Vgl. Sch/Sch/Bosch § 248 b Rn. 11.
413 Vgl. LK-Vogel § 248 b Rn. 15.

I. Die Deliktsmerkmale der Unterschlagung, § 246 Abs. 1

1. Fremde bewegliche Sache

Tatobjekt der Unterschlagung muss eine **fremde bewegliche Sache** sein. Hierzu gilt dasselbe wie beim Diebstahl. Die Sache muss also in fremdem Eigentum stehen und tatsächlich fortgeschafft werden können. Folgende **Besonderheiten** sind zu beachten:

254 **a)** Verschafft der Täter sich oder einem Dritten eine Sache aus einer **Sachgesamtheit** oder einen Teil einer Gesamtmenge, beginnt die Unterschlagung erst mit der Aussonderung, weil erst ab diesem Zeitpunkt feststeht, welche konkrete Sache das Tatobjekt ist.[414]

Beispiel: V, der Verwalter des Tanklagers, erlaubt seinem Freund F, für seinen Tank 60 l Benzin „abzuzweigen". – Die Unterschlagung liegt hier nicht in der Erlaubnis zum Tanken durch V, sondern erst in dem Tanken durch F.

255 **b)** Wird der Täter durch die Zueignungshandlung **Eigentümer kraft Gesetzes** – durch Verbindung, Vermischung und Verarbeitung gemäß §§ 946 ff. BGB –, so steht dies der Tatbestandsmäßigkeit nicht entgegen, wenn die Sache **zuvor** in fremdem Eigentum stand (zur Parallele beim Diebstahl oben Rn. 37).

256 **c)** Erlangt der Täter durch den Zueignungsvorgang dagegen **rechtsgeschäftlich Alleineigentum** gemäß §§ 929 ff. BGB, so verneint die h.M. Unterschlagung mangels Fremdheit, auch wenn der Gegenstand zuvor in fremdem Eigentum gestanden hat. Maßgeblich ist hier also der Gesamtvorgang (Parallele zum Diebstahl oben Rn. 38). Die Anfechtbarkeit der Übereignung spielt keine Rolle; die ex-tunc-Wirkung einer erfolgten Anfechtung ist im Strafrecht wegen des Simultaneitätsprinzips ohnehin bedeutungslos.[415]

Beispiel: A löst bei einer Bank einen Scheck ein. Die Kassenangestellte verliest sich und übereignet den zehnfachen Betrag. A steckt das Geld wortlos ein. Mangels Täuschung kein Betrug gemäß § 263. Bei fehlender Garantenstellung zur Irrtumsaufklärung auch kein Betrug durch Unterlassen, §§ 263, 13. Unterschlagung scheidet ebenfalls aus, weil dem A das Geld nach § 929 S. 1 BGB übereignet worden ist.

2. Zueignung zu eigenen Gunsten oder zugunsten eines Dritten

Tathandlung der Unterschlagung ist, dass der Täter **sich oder einem Dritten die Sache zueignet**.

a) Begriffselemente

257 Unbestritten beinhaltet die Zueignung **dieselben Elemente** wie die Absicht der Zueignung beim Diebstahl. Es muss dem Täter auch bei der Unterschlagung um **An- und Enteignung** hinsichtlich der **Sache** oder eines **funktionsspezifischen Sachwerts** gehen. Es gilt also auch insoweit die Vereinigungsformel mit all ihren Abgrenzungsproblemen zur Gebrauchsanmaßung und zur Bereicherung (s.o. Rn. 108 ff.).

414 Vgl. Sch/Sch/Bosch § 246 Rn. 4, 17.

415 LK-Ruß § 246 Rn. 4; für Unterschlagung auch in diesen Fällen LK-Vogel § 246 Rn. 11; MünchKomm/Hohmann § 246 Rn. 13.

Beispiele:

Wer den Inhalt eines in seinem Gewahrsam befindlichen Datenträgers kopiert, diesen danach aber dem Berechtigten unverändert zurückgeben will, begeht keine Unterschlagung, selbst wenn die kopierten Daten einen erheblichen Vermögenswert haben. Denn wenn die Sache ohne Verschlechterung an den Berechtigten zurückgelangt, fehlt die für die Zueignung erforderliche Enteignungskomponente.[416]

Wer eine Sache **wegwirft** oder **vernichtet**, handelt nicht tatbestandsmäßig i.S.v. § 246 Abs. 1. Der Täter dokumentiert hier lediglich seinen Enteignungswillen, nicht aber den auf die Sache oder ihren Sachwert gerichteten Aneignungswillen.[417]

b) Zueignungshandlung und -erfolg

Im Unterschied zur Zueignungsabsicht beim Diebstahl beschreibt das Wort „Zueignen" die objektive Tathandlung und zugleich den Taterfolg. Es liegt nahe, einfach die Zueignungselemente umzuformulieren und zu sagen: „Zueignung ist Aneignung und Enteignung". Damit ist aber keine Begriffsschärfe gewonnen, denn es fragt sich für den Versuchsbeginn, wann eine Enteignung beginnt und für die Vollendung, wann sie abgeschlossen ist. **258**

Wenn sich **beispielsweise** der Entleiher eines Werkzeugs, eines Buches oder einer DVD entschließt, die Sache zu behalten, in der Hoffnung, dass der Eigentümer die Leihe vergisst. Wann hat der Entleiher unmittelbar zur Zueignung angesetzt und wann soll der Tatbestand dann vollendet sein? Die entliehene Sache wird durch den bloßen Besitz nicht schlechter und der Eigentumsherausgabeanspruch verjährt gemäß § 197 Abs. 1 Nr. 2 BGB erst nach 30 Jahren.

aa) Zueignungstheorien

Theorien, die auf die Verwirklichung der Zueignungselemente abstellen, haben sich wegen der mit ihnen verbundenen Unsicherheit der Rechtsanwendung nicht durchgesetzt: **259**

(1) Die engste Auffassung in dieser Gruppe verlangt für die Tatvollendung neben der zumindest vorübergehenden Aneignung eine dauernde Enteignung des Opfers (***strenge Enteignungstheorie***).[418] Nach dieser Ansicht ist die Unterschlagung erst vollendet, wenn der Täter den gutgläubigen Eigentumserwerb eines Dritten ermöglicht (nach § 935 Abs. 1 BGB ist dies nur bei abhanden gekommenen Sachen ausgeschlossen) oder wenn er den Eigentumsuntergang durch Verbindung, Vermischung, Verarbeitung herbeiführt (§§ 947 ff. BGB) oder wenn er der Sache durch langen Gebrauch den Sachwert entzieht.

(2) Nach der sog. ***weiten Enteignungstheorie*** soll es genügen, dass der Täter objektiv eine Gefährdung für das fremde Eigentum schafft, entweder durch Verschlechterung der Zugriffsmöglichkeit oder der Chance, die Sache zurückzubekommen.[419]

---

416 BayObLG StV 1992, 120.

417 OLG Düsseldorf NJW 1987, 2526; OLG Hamm, Beschl. v. 03.01.2003 – 4 Ss1058/02, BeckRS 2003, 30299969; anders aber BGHSt 13, 43 für unbefugten Kraftfahrzeuggebrauch, wenn der Täter von vornherein den Willen hatte, das Fahrzeug nach Gebrauch stehen zu lassen.

418 SK-Hoyer § 246 Rn. 22 f.; MünchKomm/Hohmann § 246 Rn. 33.

419 Maiwald, Der Zueignungsbegriff im System der Zueignungsdelikte, S. 191 ff. Degener JZ 2001, 338, 398; zustimmend auch Duttge/Sotelsek Jura 2002, 526, 529.

bb) Manifestationstheorien

260 Herrschend ist die sog. ***Manifestationstheorie***. Diese verlangt nur eine objektive Manifestation, d.h. **Kundgabe des auf Zueignung gerichteten Willens, nicht aber, dass es tatsächlich zu einem Vollzug der Aneignung oder der Enteignung kommt**! Auch hier gibt es Abstufungen:

(1) Die Rspr. lässt häufig jede – auch äußerlich unverfängliche und sogar der Enteignung nachfolgende – Handlung ausreichen, wenn sie nur vom Zueignungswillen getragen war, sog. **weite Manifestationstheorie.**[420]

(2) Überwiegend wird nur solches Tun oder garantenpflichtwidriges Unterlassen als ausreichend angesehen, das den Zueignungsvorsatz ganz eindeutig in Erscheinung treten lässt, sog. **enge Manifestationstheorie.** D.h.: **Zueignung ist ein Verhalten, das für einen gedachten, das äußere Gesamtgeschehen überblickenden Beobachter den sicheren Schluss darauf zulässt, dass der Täter die Sache oder ihren Sachwert unter Ausschluss des Eigentümers seiner oder der Verfügungsmacht eines Dritten einverleiben will.**[421]

261 **Selbst-Zueignungshandlungen** in diesem Sinne sind:

- die **Wegnahme** der Sache;
- **Verarbeitung, Verbindung und untrennbare Vermischung**;[422]
- der **Verbrauch** oder der **längerfristige und erheblich wertmindernde Gebrauch** der Sache;[423]
- das **Verheimlichen und Leugnen des Besitzes**;[424]
- **Verpflichtungs- und Verfügungsgeschäfte zu erkennbar eigenem Vorteil**, wie Verkauf, Schenkung, Sicherungsübereignung; auch **Verpfändung** der fremden Sache, wenn die rechtzeitige Einlösung den Umständen nach nicht sicher ist.[425]

262 **Keine ausreichenden Selbst-Zueignungsakte** sind:

- das **Aufheben einer gefundenen Sache**, weil auch ein ehrlicher Finder die Sache in Besitz nehmen muss, um sie als Fundsache später wieder abzugeben;[426]
- die **bloße Weiterbenutzung einer fremden Sache**, weil diese ebenfalls noch keinen auf dauernde Verdrängung des Eigentümers gerichteten Wille zeigt. Dies kann erst der Fall sein, wenn eine so langfristige Gebrauchsdauer erkennbar wird, dass eine erhebliche Wertminderung der Sache unausweichlich ist.[427]

---

420 Vgl. BGHSt 14, 38, 41.

421 Vgl. BGHSt 34, 309, 312; Lackner/Kühl § 246 Rn. 4; Seelmann JuS 1985, 699, 700 f.; Sch/Sch/Bosch § 246 Rn. 11; Wessels/Hillenkamp/Schuhr Rn. 311.

422 Vgl. OLG Düsseldorf NJW 1992, 60.

423 Vgl. BGHSt 34, 309, 312.

424 OLG Celle NJW 1974, 2326, 2327.

425 Vgl. BGHSt 12, 299.

426 Rengier § 5 Rn. 27.

427 BGHSt 34, 309, 312; OLG Hamm wistra 1999, 112.

- Auch die **pflichtwidrige Nichtherausgabe einer Sache** ist für sich gesehen noch keine Zueignung (durch Unterlassen). Da die Untätigkeit auf Nachlässigkeit beruhen kann, lässt sich hieraus nicht der eindeutige Schluss auf den Aneignungs- und Enteignungswillen des Täters ziehen.[428] Eine Unterschlagung durch Unterlassen gemäß §§ 246, 13 liegt aber vor, wenn zu der pflichtwidrig unterlassenen Herausgabe **Umstände hinzutreten**, die darauf schließen lassen, dass die Nichtherausgabe gerade Ausdruck der Zueignung ist. Derartige Umstände können zum Beispiel darin liegen, dass die Sache durch ihren weiteren Gebrauch erheblich an Wert verliert oder der Gewahrsamsinhaber den Standort der Sache gegenüber dem Eigentümer verheimlicht oder ihren Besitz ableugnet.[429]

Für die **Dritt-Zueignung** verbleibt die **Überführung in eine fremde Sphäre ohne Verfügungscharakter**. 263

Stellt man mit der Manifestationstheorie auf den in der Sachverschiebung zum Ausdruck kommenden Willen der Drittzuwendung ab, bedarf es dann auch keiner Zustimmung des Dritten, nicht einmal der Kenntnis von der Zuwendung.[430]

(3) Weitere Einschränkung der Manifestationstheorie: Änderung der Herrschaftsbeziehung an der Sache

Für die Manifestation des Zueignungswillens braucht der Täter selbst keinen Gewahrsam an der Sache zu haben oder zu erlangen. 264

Beispiel: A sieht, dass sein Nebenbuhler für die gemeinsam verehrte Frau in einem Blumengeschäft einen üppigen Rosenstrauß mit Grußkarte zum Valentinstag bestellt hat. Er begibt sich in das Geschäft, kauft dort eine Karte, die er mit einem eigenen Gruß beschriftet und gegen die Karte seines Nebenbuhlers austauscht. Als der Strauß ausgeliefert wird, erscheint A als der großzügige Rosenkavalier. – Vollendete Unterschlagung spätestens mit Auslieferung des Straußes.

Ließe man für die Zueignung an einer Sache, die der Täter nicht in Besitz hat, allein die eindeutige Manifestation des auf An- und Enteignung gerichteten Willens ausreichen, so wäre, da es nach dem Wortlaut des § 246 auf keinerlei Besitz- oder Gewahrsamsposition ankommt, der Tatbestand schon mit jeder **verbalen Kundgabe des Eigenzueignungswillens** oder der **Behauptung, Eigentümer zu sein**, erfüllt. Auch derjenige hätte § 246 durch „Sichzueignen" erfüllt, der einen anderen nur auffordert, ihm einen bestimmten fremden Gegenstand zu verschaffen. Eine Drittzueignung läge auch vor, wenn der Täter eine Sache erkennbar mit dem Willen preisgibt, dass ein Dritter sie sich zueignen soll („Quasi-Dereliktion"). Die h.Lit. nimmt deshalb eine **weitere Einschränkung der Manifestationstheorie** vor: Einige verlangen dafür eine „Einwirkung auf die Sache".[431] Andere fordern für die Vollendung eine „sachenrechtsähnliche Beziehung" des Täters oder des begünstigten Dritten und sehen deshalb das frühere Gewahrsamserfordernis als im Zueignungsbegriff fortexistent an.[432] Im Ergebnis laufen diese Eingrenzungen auf Folgendes hinaus:

---

428 OLG Koblenz StV 1984, 287; OLG Celle BeckRS 2002, 30256555.

429 BGH StV 2013, 632.

430 Schenkewitz NStZ 2003, 17, 18.

431 Sinn NStZ 2002, 64.

432 In diesem Sinne auch Sch/Sch/Bosch § 246 Rn. 10; Wessels/Hillenkamp/Schuhr Rn. 319.

- Bei einer **Selbstzueignung** ist die Tat erst dann vollendet, wenn der Täter entweder den bei ihm vorhandenen **Fremdbesitz in Eigenbesitz** umwandelt oder wenn er die Sache **durch die Tat in Eigenbesitz** erlangt.
- Soll ein **Dritter Zueignungsempfänger** sein, so muss zur Tatvollendung dessen Eigenbesitz hergestellt werden.[433]

265 **Kritik:** Die Manifestationstheorien verwandeln den Unterschlagungstatbestand in ein „unechtes Unternehmensdelikt", denn sie verzichten auf den Eintritt des Taterfolges in Form einer Eigentumsverletzung durch An- und Enteignung. Sie lassen stattdessen die Betätigung des deliktischen Willens, also eine nur hierauf gerichtete Handlung, für die Tatvollendung ausreichen. Damit steht der Versuch der Vollendung gleich. Dies obwohl der Gesetzgeber mit der Versuchsstrafdrohung in § 246 Abs. 3 zwischen Vollendung und Versuch unterschiedet. Kein anderes Erfolgsdelikt ist aber schon mit seinem Versuch vollendet. Ob sich eine solche Auslegung noch innerhalb des Rahmens des möglichen Wortsinns des Tatbestandsmerkmals Zueignung bewegt, ist daher zweifelhaft. Ebenso fraglich ist, ob die Manifestationstheorien wirklich eine bessere Auslegungsschärfe als die Zueignungstheorien ermöglichen: Die weite Manifestationstheorie lässt den objektiven Gehalt der Zueignung völlig verkümmern, indem sie jede Handlung in Bezug auf das Tatobjekt ausreichen lässt und für die Tatvollendung letztlich auf die subjektive Seite, den Zueignungswillen, abstellt. Die enge Manifestationstheorie versagt, wenn der Täter einen Gegenstand benutzt oder nur in seinem Besitz hat, ohne sich als Eigentümer zu gerieren. Dann kommt es doch wieder auf den An- und Enteignungserfolg an.

***Hinweis**: Lassen sie sich von dieser Kritik nicht verleiten, in einer Klausur die verschiedenen Zueignungstheorien oder sogar ihre verfassungsrechtliche oder dogmatische Zweifelhaftigkeit zu erörtern. Eine Übungsarbeit ist dafür nicht der richtige Ort. Gehen Sie von der (engen) Manifestationsformel aus und schreiben: „Zueignung ist die eindeutige Manifestation des auf Zueignung gerichteten Willens".*

***Aufbau**: Fraglich ist dann nur, ob man nicht bereits den Zueignungswillen im objektiven Tatbestand prüfen muss. So machen es tatsächlich viele im Schrifttum: Da nichts manifestiert werden könne, was gar nicht vorhanden sei, komme man nicht umhin, **den Zueignungsvorsatz im objektiven(!) Tatbestand zu prüfen**. Für den subjektiven Tatbestand bleibt danach nur noch der Vorsatz bzgl. der übrigen Merkmale.[434] Eine andere Sichtweise betont den Charakter der Zueignung als objektives Tatbestandsmerkmal und fragt dort nur, **ob das betreffende Verhalten für sich gesehen eine typische Eigentumsanmaßung ist. Ob der Täter wirklich Zueignungswillen besessen hat, ist dann Frage des subjektiven Tatbestandes.**[435] Dieser getrennte Aufbau trägt dem objektiven Gehalt des Zueignungsmerkmals i.S.d. engen Manifestationstheorie Rechnung. Er vermeidet zudem eine zerrissene Vorsatzprüfung, nämlich im objektiven Tatbestand (in Bezug auf die Zueignung) und im subjektiven Tatbestand (bezüglich Fremdheit und Rechtswidrigkeit der Zueignung), die völlig verwirrt, wenn auch noch Irrtums- und Abgrenzungsprobleme beim Zueignungswillen auftauchen. Wir folgen ihm daher.*

433 BGH StV 2007, 30.

434 Rengier § 5 Rn. 5 ff; Wessels/Hillenkamp/Schuhr Rn. 332 a.

435 Vgl. Teubner Jura 1986, 508 Fn. 21.

3. Rechtswidrigkeit der Zueignung

Das Adverb „rechtswidrig“ kennzeichnet den Widerspruch der Zueignung zur Eigentumsordnung. Es ist – wie beim Diebstahl – ein normatives und vorsatzbedürftiges Tatbestandsmerkmal. 266

a) Die Rechtswidrigkeit der Zueignung ist zu verneinen, wenn ein **zivilrechtliches Erwerbs-, Aneignungs- oder Verwertungsrecht** der Sache besteht (§§ 433 Abs. 1, 1228 BGB, ebenso § 241 a BGB sowie § 80 InsO). Auch die **Einwilligung** (z.B. beim verlängertem Eigentumsvorbehalt) lässt bereits die Rechtswidrigkeit der Zueignung und damit den Tatbestand entfallen. 267

b) Sonstige Rechtfertigungsgründe für die An- und Enteignung, also insbesondere die **mutmaßliche Einwilligung** und die **Notstandsregeln** der §§ 228, 904 BGB, schließen nach h.M. ebenfalls den Tatbestand aus.[436] Damit ist zwar ein Gleichlauf mit dem Prüfungsprogramm der Rechtswidrigkeit beabsichtigter Zueignung bei § 242 erreicht (s.o. Rn. 137 ff.). Es bleibt aber für die Rechtswidrigkeit als allgemeines Verbrechensmerkmal bei § 246 nichts mehr zu prüfen. Das Merkmal läuft leer. 268

4. Vorsatz

a) Im Unterschied zum Diebstahl genügt bei § 246 hinsichtlich der Zueignung, also **sowohl hinsichtlich der Aneignung als auch der Enteignung, dolus eventualis.**[437] 269

b) Darüber hinaus muss der Täter auch **Vorsatz bezüglich der Rechtswidrigkeit der Zueignung** besitzen. Soweit er sich über einen Anspruch oder ein Recht an der Sache irrt, gilt das zum Diebstahl Gesagte entsprechend (s.o. Rn. 141 ff.). Sieht man sonstige Erlaubnissätze der Zueignung als tatbestandsausschließend an, erzeugt die irrige Annahme der einen solchen Rechtfertigungsgrund ausfüllenden Umstände einen **Tatbestandsirrtum** gemäß § 16 Abs. 1 S. 1, sonstige Irrtümer begründen allenfalls einen Verbotsirrtum nach § 17. 270

II. Die veruntreuende Unterschlagung, § 246 Abs. 2

1. § 246 Abs. 2 qualifiziert die einfache Unterschlagung, wenn das Tatobjekt dem Täter anvertraut war. 271

Anvertraut sind Sachen, deren Besitz oder Gewahrsam dem Täter in dem Vertrauen eingeräumt worden ist, er werde die Gewalt über sie nur im Sinne des Einräumenden ausüben. Hierfür genügt es, dass er Besitz oder Gewahrsam an einer Sache kraft eines Rechtsgeschäfts mit der Verpflichtung erlangt hat, sie zurückzugeben oder zu einem bestimmten Zweck zu verwenden.[438]

Beispiele: Verwahrer, Entleiher, Mieter, Pfandgläubiger, Beauftragter, Eigentumsvorbehaltskäufer, Sicherungsnehmer im Verhältnis zum Sicherungseigentümer

---

436 Lackner/Kühl § 246 Rn. 11; Wessels/Hillenkamp/Schuhr Rn. 320; a. A. NK-Kindhäuser § 246 Rn. 27; offenlassend Sch/Sch/Bosch § 246 Rn. 22.

437 H.M.: Lackner/Kühl § 246 Rn. 9; Fischer § 246 Rn. 20.

438 BGHSt 16, 280; BGH NStZ-RR 2014, 13.

272 **2.** Auf die Wirksamkeit des dem „Anvertrautsein" zugrunde liegenden Rechtsverhältnisses kommt es nicht an (auch ein Minderjähriger, der seine Sache verleiht, begründet ein Anvertrauungsverhältnis). Umstritten ist, ob die Anvertrauung auch bei **sitten- oder rechtswidrigen Beziehungen** angenommen werden darf:

Ein Teil des Schrifttums verneint dies. Aus dem Grundsatz der Einheit der Rechtsordnung folge, dass eine Vertrauensbeziehung, die schon nach den §§ 134, 138 BGB nicht schutzbedürftig sei, auch keinen strafrechtlichen Schutz verdiene.[439]

Die h.M. stellt demgegenüber nicht auf die Schutzbedürftigkeit der Vertrauensbeziehung, sondern auf die **Strafwürdigkeit des Täters** ab. Entscheidend sei, dass der Täter den ihm übertragenen Gewahrsam im Interesse des Eigentümers ausüben solle. Die Sittenwidrigkeit schließe deshalb nur dann ein Anvertrautsein aus, wenn die Überlassung der Sache an den Täter den Interessen des wahren Berechtigten gerade zuwiderlaufe.[440]

Beispiel: Die Sache, die der Täter für den Dieb verwahren soll, ist nicht anvertraut.

273 **3.** Da es sich um ein objektives Tatbestandsmerkmal handelt, muss der Täter zudem **Vorsatz** bezüglich der die Anvertrauung begründenden Umstände besitzen.

274 **4.** Nach allgemeiner Ansicht ist die **Anvertrauung zudem persönliches Merkmal** i.S.d. **§ 28 Abs. 2**, weil es auf der besonderen Vertrauensstellung des Täters aufbaut.[441] Bei Divergenzen zwischen Mittätern kann deshalb der eine wegen einfacher und der andere wegen veruntreuender Unterschlagung strafbar sein. Bei Divergenzen zwischen Tätern und Teilnehmern wird gemäß § 28 Abs. 2 für Schuldspruch und Strafrahmen des Teilnehmers die Haupttat gebildet, die vorgelegen hätte, wenn der Haupttäter dieselbe persönliche Eigenschaft gehabt hätte, wie sie der Teilnehmer hatte.[442]

Beispiele:

War dem Täter die Sache anvertraut, dem Anstifter oder Gehilfen nicht, sind Letztere also nur aus Teilnahme an einfacher Unterschlagung strafbar.

War umgekehrt die Sache nur dem Teilnehmer, nicht aber dem Täter der Unterschlagung anvertraut, so ist der Teilnehmer über § 28 Abs. 2 aus Anstiftung/Beihilfe zur veruntreuenden Unterschlagung zu bestrafen.

III. Die formelle Subsidiaritätsklausel

§ 246 Abs. 1 a.E. bestimmt, dass eine Bestrafung aus § 246 entfällt, „wenn die Tat in anderen Vorschriften mit schwererer Strafe bedroht ist." Hierbei handelt es sich um eine formelle Subsidiaritätsklausel, die die Tatbestandsmäßigkeit unberührt lässt und ein **Zurücktreten auf Konkurrenzebene** anordnet.

1. Subsidiäre Unterschlagungsfälle

275 Subsidiär sein kann sowohl die **einfache** Unterschlagung nach Abs. 1 als auch die **veruntreuende** Unterschlagung. Das ergibt sich aus Abs. 2, der durch seinen Verweis „in

439 Vgl. Sch/Sch/Eser/Bosch § 246 Rn. 30.
440 RGSt 40, 222; BGH NJW 1954, 889; Lackner/Kühl § 246 Rn. 13.
441 BGH StV 1995, 84.
442 S. dazu AS-Skript StrafR AT 2 (2021), Rn. 184.

den Fällen des Abs. 1" auch die darin enthaltene Subsidiaritätsklausel miteinbezieht.[443] Erst recht bezieht sich die Subsidiarität auf den Versuch der einfachen oder veruntreuenden Unterschlagung, § 246 Abs. 3.

2. Verdrängende Strafvorschrift derselben Tat mit schwererer Strafe

a) Die verdrängende Strafvorschrift und die Unterschlagung müssen **durch dieselbe** 276
Tat verwirklicht worden sein. Nach h.M. ist damit eine zeitliche Überschneidung (durch dieselbe Handlung oder im Rahmen derselben natürlichen oder juristischen Handlungseinheit) gemeint.[444]

b) Aus der fraglichen Norm muss der Täter **tatsächlich strafbar** sein. Ob sie eine **schwe-** 277
rere Strafe androht, ergibt sich aus der im Gesetz angedrohten Strafobergrenze der anderen Strafnorm – einschließlich Straferhöhungen für besonders schwere Fälle – im Vergleich zur Strafobergrenze des § 246 Abs. 1 bei einfacher oder des § 246 Abs. 2 bei veruntreuender Unterschlagung.[445]

Auch in einem nur versuchten Diebstahl oder Betrug hinsichtlich einer fremden Sache kann schon eine vollendete Manifestation des Zueignungswillens liegen. Da auch beim **Versuch** dieser Delikte die nach §§ 23 Abs. 2, 49 Abs. 1 gemilderte Strafe noch über der Strafobergrenze des § 246 Abs. 1 liegt, ist die einfache Unterschlagung auch insoweit subsidiär.[446]

Beim **Rücktritt vom Versuch des speziellen Vermögensdelikts** lebt die Strafbarkeit aus vollendeter Unterschlagung wieder auf.[447]

c) Umstritten ist, ob die Subsidiaritätsklausel nur gegenüber Delikten **mit derselben An-** 278
griffsrichtung – also gegenüber Vermögensdelikten – gilt. Ein großer Teil des Schrifttums befürwortet das aus Klarstellungsgründen.[448] Der BGH sieht in einer solchen den Täter belastenden Einschränkung einer für ihn günstigen Strafvorschrift entgegen dem Wortlaut einen indirekten Analogieverstoß (s. auch schon oben Rn. 250 zu § 248 b).[449]

Beispiel: A und B sehen gleichzeitig eine Geldbörse auf der Straße liegen. A stößt den B mit einem Schlag in die Seite um, damit er vor B das Portemonnaie ergreifen kann. – Kein Raub gemäß § 249, da die Geldbörse gewahrsamslos war, also die Gewalt nicht der Ermöglichung einer Wegnahme diente. Auch keine räuberische Erpressung nach § 255, weil A den B nur daran gehindert hat, sich Vermögenszuwachs zu verschaffen, ihn aber nicht geschädigt hat. Gegeben sind Unterschlagung gemäß § 246 Abs. 1 (wenn man in der Art und Weise der Sacherlangung eine eindeutige Manifestation des Zueignungswillens erblickt), Nötigung gemäß § 240 und Körperverletzung gemäß § 223 Abs. 1 Alt. 1. Nach dem Schrifttum würden alle Delikte zueinander in Tateinheit stehen. Die Rspr. würde § 246 als formell subsidiär hinter § 223 (Strafobergrenze fünf Jahre!) zurücktreten lassen.

IV. Wiederholbarkeit der Zueignung (Zweitzueignung)

Betätigt der Täter seinen Herrschaftswillen nach strafbarer Erlangung der Sache erneut, 279
so fragt sich, ob hierin noch eine tatbestandsmäßige und damit teilnahmefähige Unterschlagung liegt.

---

443 BGH RÜ 2012, 711; LK-Vogel § 246 Rn. 71.

444 Rengier § 5 Rn. 65; BGHSt 47, 243; Fischer § 246 Rn. 23 c interpretiert den BGH so, dass sogar nur prozessuale Tatidentität bestehen müsse.

445 Vgl. BGH RÜ 2012, 711.

446 Vgl. Lackner/Kühl § 246 Rn. 14; für Tateinheit aus „Klarstellungsgründen" Sch/Sch/Bosch § 246 Rn. 32.

447 Vgl. LK-Rissing-van Saan Vorbem. §§ 52 ff. Rn. 96, 143.

448 NK-Kindhäuser § 246 Rn. 45; Rengier § 5 Rn. 66; Wessels/Hillenkamp/Schuhr Rn. 327.

449 Vgl. BGHSt 43, 237 zu § 125; BGHSt 47, 243; Lackner/Kühl § 246 Rn. 14.

***Hinweis**: Mit der formellen Subsidiaritätsklausel kann man das Problem nicht lösen, weil Verwertungs- oder Verbrauchshandlungen oft lange nach der Sacherlangung vorgenommen werden und damit nicht zu dieser ersten Tat gehören.*

Fall 14: Zweitzueignung als Unterschlagung

D hatte am 01.01.2016 bei der Familie E eine wertvolle Kaminuhr entwendet, sie aber aus Angst vor Strafverfolgung jahrelang auf dem Dachboden versteckt. Am 01.04.2021 macht D die Uhr dem Brautpaar B zum Geschenk. Einer der Hochzeitsgäste erkennt die Uhr und erstattet Strafanzeige. Strafbarkeit des D?

I. Die Entwendung der Uhr am 01.04.2016 erfüllt die Deliktsmerkmale eines **Diebstahls, § 242**. Da die Höchststrafe des Diebstahls fünf Jahre beträgt, ist für diese Tat aber gemäß § 78 Abs. 1, Abs. 3 Nr. 4, Abs. 4 i.V.m. § 78 a am 01.01.2021 das Verfolgungshindernis der Verjährung eingetreten.

II. Ein **Betrug zum Nachteil der Brautleute B** gemäß **§ 263 Abs. 1** ist nicht erfüllt. Zwar hat D durch das Geschenk über seine Verfügungsberechtigung getäuscht und einen entsprechenden Irrtum bei den Eheleuten B erzeugt. Die Annahme des Geschenks löste bei diesen aber keine Vermögensminderung aus. Die Nichterlangung von Eigentum an der gestohlenen Uhr wegen § 935 Abs. 1 BGB verhinderte nur eine Vermögensmehrung. Das wird von § 263 nicht erfasst (s.u. Rn. 281).

III. Indem D die Uhr den Brautleuten zum Geschenk machte, könnte er sich wegen **Unterschlagung** gemäß **§ 246 Abs. 1** strafbar gemacht haben.

1. Die Kaminuhr war nach wie vor Eigentum der E und damit für D fremd.

2. Fraglich ist, ob in der Schenkung ein tatbestandsmäßiges „Sichzueignen" gesehen werden kann. Als D die Uhr überreichte, manifestierte er durch diesen „quasidinglichen" Verfügungsakt, isoliert betrachtet, seinen Eigenaneignungs- und Enteignungswillen der E an der Sache selbst. Zweifel an der Einordnung dieses Verhaltens als „Zueignung" ergeben sich aber, weil D die Uhr bereits durch den verjährten Diebstahl erlangt hatte.

280 a) Die Rspr. – ihr folgt ein Teil des Schrifttums – befürwortet eine sog. ***Tatbestandslösung*: Hat sich der Täter danach bereits einmal durch ein schuldhaftes und strafbares Delikt Eigenbesitz unter Ausschluss des Berechtigten verschafft, so erfüllen nachfolgende Betätigungen des (Selbst- oder Dritt-) Zueignungswillens nicht mehr den Unterschlagungstatbestand.** Schon nach ihrem Wortsinn sei „Zueignung" die Herstellung der Herrschaft über die Sache oder erstmalige Verfügung über sie, nicht aber die bloße Ausnutzung der Herrschaftsstellung. Ferner sei es unvertretbar, denjenigen, der mangels Bereicherungs- oder Vorteilssicherungsabsicht kein Hehler oder Begünstigungstäter sein könne, ersatzweise aus Beihilfe zur Unterschlagung zu bestrafen, obwohl die Tat für den Haupttäter nicht mehr strafbar sein könne. Besonders ungerecht sei die Ausschaltung der Verjährung des Diebstahls, wenn mit jeder weiteren Betätigung des Herrschaftswillens eine neue Frist bzgl. der Unterschlagung beginne.[450]

450 Grundlegend BGHSt 14, 38, 43 f.; BGH RÜ 2017, 307, 308; Rengier § 5 Rn. 54.

b) Ein bedeutender Teil der Lit. vertritt eine ***Konkurrenzlösung:*** **Jede wiederholte Manifestation des Zueignungswillens an einer bereits deliktisch erlangten Sache erfülle den Tatbestand der Unterschlagung. Soweit dadurch aber keine Intensivierung des Schadens bewirkt werde, trete die Unterschlagung als mitbestrafte Nachtat auf Konkurrenzebene hinter dem Delikt der Erstzueignung zurück.** Eine deliktisch entzogene Sache müsse auch gegen weitere Eigentumsverletzungen geschützt bleiben. Zudem entstünden Strafbarkeitslücken, wenn ein Tatbeteiligter – ohne die Voraussetzungen der §§ 257, 259 zu erfüllen – an der Verwertung der durch eine Straftat erlangten Sache beteiligt sei. Diese Lücke könne nur durch Annahme einer teilnahmefähigen Unterschlagung vermieden werden, die für den nur an der Verwertung Beteiligten nicht zurücktritt.[451]

Danach handelte D tatbestandsmäßig, rechtswidrig und schuldhaft, als er das Geschenk überreichte. Da aus § 242 wegen Verjährung nicht mehr bestraft werden kann, verdrängt dieses Delikt auch die nachfolgende Unterschlagung nicht mehr als mitbestrafte Nachtat. Nach dieser Ansicht ist D strafbar wegen Unterschlagung.

c) **Kritik:** Die Tatbestandslösung wird durch die Existenz der Tathandlung „Absatzhilfe" in § 259 gestützt. Erfasst wird darin die Unterstützung des Vortäters beim Verschieben der Beute in Form einer zur Täterschaft verselbstständigten Beihilfe. Diese Struktur verwendet der Gesetzgeber immer, wenn er den Teilnehmer einer für den Haupttäter tatbestandslosen Tat strafbar stellen will. Für die Schaffung der „Absatzhilfe" hätte keine gesetzliche Notwendigkeit bestanden, wenn die Zweitzueignung tatbestandliches Unrecht wäre, denn dann wäre der diese Tat Unterstützende ohne Weiteres aus Beihilfe zur Unterschlagung strafbar.

Ergebnis: D ist straflos.

Klausurhinweis: *Der Streit zur Zweitzueignung sollte nur dann ausführlich dargestellt werden, wenn die unterschiedlichen Unterschlagungskonzeptionen – wie im vorgenannten Fall – auch zu verschiedenen Ergebnissen kommen. Der Streit wirkt sich aber nicht aus, wenn die* ***Unterschlagung*** *ohnehin* ***keine selbstständige Bedeutung*** *besitzt, nämlich:*

- *wenn der* ***Täter aus der Vortat****, die auch tatsächlich eine Erstzueignung war,* ***strafbar*** *ist. Hier besteht nur ein terminologischer Unterschied, ob die Unterschlagung auf Tatbestands- oder erst auf Konkurrenzebene zurücktritt.*
- *wenn der* ***Teilnehmer an der Verwertungshandlung*** *aus* ***Hehlerei*** *strafbar ist. Hier tritt die nach der Lit. mitverwirklichte Unterschlagung ohnehin hinter dem spezielleren Anschlussdelikt zurück.*

In all diesen Konstellationen genügt ein kurzer Hinweis auf die Gedankenführung von Tatbestandslösung und Konkurrenzlösung.

451 Sch/Sch/Bosch § 246 Rn. 19; Wessels/Hillenkamp/Schuhr Rn. 328 ff.

Unterschlagung, § 246

Tatbestand der einfachen Unterschlagung, § 246 Abs. 1

Fremde bewegliche Sache wie beim Diebstahl. Eignet sich der Täter nur Teile einer Sachgesamtheit zu, Vollendung erst mit Aussonderung. Bei rechtsgeschäftlichem Eigentumserwerb durch die Zueignung entfällt die Fremdheit.

Zueignung ist eindeutige **Manifestation des Zueignungswillens:**

Das erste Verhalten des Täters, das für einen gedachten, das äußere Geschehen überblickenden Beobachter den sicheren Schluss darauf zulässt, dass der Täter

- die Sache oder ihren funktionsspezifischen Sachwert unter dauerndem Ausschluss des Eigentümers wenigstens vorübergehend seiner eigenen oder der Verfügungsmacht eines Dritten einverleiben will
- und das zu einer Änderung der Herrschaftsbeziehung an der Sache führt.

Zweitzueignung: Ob **erneute Betätigungen des Herrschaftswillens** nach strafbarer Erstzueignung noch selbstständige Unterschlagungen sind, ist str.: Nach der Rspr. entfällt schon die Tatbestandsmäßigkeit (= Tatbestandslösung); nach der Lit. liegt teilnahmefähige Unterschlagung vor, die nicht zurücktritt, wenn die Erstzueignung für den Vortäter nicht mehr verfolgbar ist oder wenn es um Teilnehmer der Vortat oder erstmaligen Unterschlagungstäter geht.

Rechtswidrigkeit der Zueignung (Tatbestandsmerkmal) entfällt bei zivilrechtlichen Erwerbs-, Aneignungs- und Verwertungsrechten, nach h.M. auch bei allen Rechtfertigungsgründen, die eine Zueignung erlauben.

Vorsatz bzgl. aller Umstände des objektiven Tatbestandes erforderlich; der Täter muss im Zueignungszeitpunkt An- und Enteignungswillen besessen haben; dolus eventualis genügt.

Qualifikation: Veruntreuende Unterschlagung, § 246 Abs. 2

Objektives Anvertrauungsverhältnis:

Anvertraut ist eine Sache dann, wenn der Täter den Gewahrsam daran mit der Verpflichtung erlangt hat, mit ihr im Interesse oder nach Weisung des Eigentümers zu verfahren oder sie ihm zurückzugeben. Die Sittenwidrigkeit des Vertrauensverhältnisses schadet nach h.M. nicht, wenn die Überlassung der Sache nicht gerade den Interessen des Eigentümers zuwiderläuft; für Beteiligte der veruntreuenden Unterschlagung gilt § 28 Abs. 2.

Vorsatz, d.h. Kenntnis der die Anvertrauung begründenden Umstände.

Formelle Subsidiarität

Sowohl der einfachen als auch der veruntreuenden Unterschlagung gegenüber gleichzeitig verwirklichten Delikten mit höherer Strafobergrenze; nach Lit. muss es sich um Vermögensdelikte handeln; nach Rspr. verdrängt jedes schwerere Delikt.

2. Abschnitt: Bereicherungsdelikte ohne Zwang

Schutzgut der Bereicherungsdelikte als Unterfall der Vermögensdelikte ist allein der **„Ist-Bestand" des Vermögens** eines Rechtsträgers vor der Tat. Die Vermögensdelikte schützen also vor dem Ärmerwerden und nicht vor dem „Nicht-reicher-Werden". 281

A. Betrug, § 263

Der Betrug ist das wichtigste Delikt zum Schutz des Vermögens. Den Grundtatbestand enthält § 263 Abs. 1. Die Tat ist gemäß § 263 Abs. 5 als Verbrechen qualifiziert, wenn sie banden- und gewerbsmäßig begangen wird. Kaum ein anderer Straftatbestand ist durch Theorie und Praxis so stark durchgeformt worden wie der Betrug. Ständig neue höchstrichterliche Entscheidungen mit immer neuen Varianten der Tatausführung belegen, dass die Rechtsentwicklung hier noch lange nicht abgeschlossen sein wird. 282

Das Deliktsmuster ähnelt der mittelbaren Täterschaft: Der Täter instrumentalisiert das Opfer durch Täuschung und Irrtum dazu, das eigene oder ein ihm nahestehendes Vermögen zu schädigen. Das eigentliche Tatziel – die rechtswidrige Bereicherung – braucht nicht erreicht zu sein. Es genügt, dass diese im Zeitpunkt der Täuschungshandlung beabsichtigt war. Der Betrug ist „verhaltensgebundenes Erfolgsdelikt mit überschießender Innentendenz".

Aufbau: *Bei allen verhaltensgebundenen Erfolgsdelikten weicht man von der Regel ab, zuerst den Taterfolg zu prüfen, sondern beginnt mit der gesetzlich spezifizierten Tathandlung.* ***Deshalb steht auch beim Betrug die Täuschung an erster Stelle der Prüfung.***

Aufbauschema: Betrug, § 263 (außer Abs. 5)
1. Täuschung
2. Dadurch Irrtum erregt oder unterhalten
3. Dadurch unmittelbar vermögensmindernde Verfügung veranlasst (ungeschriebenes Tatbestandsmerkmal)
4. Dadurch Vermögensschaden
5. Vorsatz
6. Absicht stoffgleicher (ungeschriebenes Tatbestandsmerkmal) Eigen- oder Drittbereicherung
7. Rechtswidrigkeit der erstrebten Bereicherung und Vorsatz diesbezüglich
8. Rechtswidrigkeit als allgemeines Verbrechensmerkmal
9. Schuld
10. Besonders schwerer Fall nach § 263 Abs. 3 S. 2 und Abs. 4
11. Antrag, § 263 Abs. 4 i.V.m. §§ 247, 248 a

I. Die Deliktsmerkmale des einfachen Betruges

1. Täuschung

Nach der Gesetzesfassung besteht die Tathandlung in der Vorspiegelung falscher oder der Entstellung oder Unterdrückung wahrer Tatsachen. Wegen der inhaltlichen Überschneidung dieser Modalitäten und ihrer fehlenden Abgrenzbarkeit umschreibt die h.M. die Tathandlung als **Täuschung über Tatsachen.**[452]

Täuschung ist die intellektuelle Einwirkung auf das Vorstellungsbild eines anderen durch ausdrückliche oder schlüssige Behauptung unwahrer Tatsachen. Gemäß § 13 Abs. 1 gleichgestellt ist die garantenpflichtwidrige Aufrechterhaltung eines Irrtums durch Nichtbeseitigung einer vorhandenen Fehlvorstellung über Tatsachen.

Erforderlich ist dafür immer ein kommunikatives Verhalten (oder das garantenpflichtwidrige Unterlassen der Richtigstellung eines Irrtums). Es genügt nicht, aus dem Vorhandensein eines Irrtums auf die Täuschung nur zurückzuschließen.[453]

a) Täuschungsadressat muss immer ein Mensch sein

Eine Einwirkung auf das Vorstellungsbild eines anderen setzt denknotwendig voraus, dass sich die Falscherklärung an einen **Menschen** richtet. Ist dies der Fall, spielt es keine Rolle, ob der Getäuschte seinerseits den Vermögensnachteil durch Einsatz digitaler System auslöst.

Beispiel: Wenn dem Kassierer im Supermarkt ein Artikel aus dem Sortiment zum Scannen und Einlesenlassen des Barcodes präsentiert wird, den der Täter vorher gegen einen Barcode mit geringerer Preisangabe ausgetauscht hat, wird der Kassierer getäuscht und zur Berechnung des falschen Kaufpreises veranlasst. Der Täter hat also einen Betrug gemäß § 263 Abs. 1 begangen.[454]

Löst der Täter die Vermögensverschiebung ganz **ohne Mitwirkung eines Menschen** auf der Seite des Vermögensträgers, sondern nur durch Einwirkung auf einen elektronischen Ablauf aus, ist Betrug gemäß § 263 mangels Täuschung stets zu verneinen. Infrage kommen dann vorrangig Computerbetrug gemäß § 263 a (s.u. Rn. 454 ff.), im Zusammenhang mit dem Missbrauch von Zahlungskarten durch den Karteninhaber auch § 266 b (s.u. Rn. 694 ff.) und Eigentumsdelikte.

Beispiel: Lässt der Kunde den zuvor ausgetauschten Barcode an der Ware selbst an einer Scannerkasse ohne Kassenpersonal einlesen, scheitert Betrug an der Täuschung eines anderen. Auch Computerbetrug gemäß § 263 a scheidet aus (s.u. Rn. 481) Gegeben ist Diebstahl an der Ware gemäß § 242 (s.o. Rn. 46).

b) Täuschungsgegenstand muss eine Tatsache sein

283 **Tatsachen sind alle konkreten Geschehnisse und Zustände der Vergangenheit oder Gegenwart, die äußere oder innere Vorgänge betreffen und dem Beweis zugänglich sind.**[455]

284 **aa)** Bezieht sich die Äußerung auf ein **zukünftiges** Ereignis, kann dieses, da es (noch) keine Tatsache ist, auch kein Täuschungsgegenstand sein. In solchen Fällen wird aber

452 Vgl. Sch/Sch/Perron § 263 Rn. 6.

453 BGH NJW 2001, 2187, 2188.

454 Vgl. OLG Karlsruhe RÜ 2019, 785, 786.

455 Vgl. Otto Jura 2002, 606.

zugleich schlüssig der **aktuelle innere Wille** miterklärt, das zukünftige Ereignis eintreten lassen zu wollen und zu können.

Hauptfall: Wer eine Ware, Dienst- oder Werkleistung bestellt, sie aber nicht bezahlen will, täuscht über die **aktuelle innere Tatsache seines Erfüllungswillens** im Zeitpunkt der Fälligkeit. Diese für alle Vertragsabschlüsse gültige Formel bezieht sich aber nur auf **Vertragspartner**. Darauf, welche Vorstellungen ein unbeteiligter Dritter hat, kommt es nicht an.

Beispiel: A veranlasst den gutgläubigen B, einen Mietvertrag über ein Auto abzuschließen, das A später unterschlagen will. – Keine Täuschung durch B, weil B tatsächlich Erfüllungswillen hatte. Auch kein Betrug in mittelbarer Täterschaft durch A, weil er kein Vertragspartner war.[456]

Auch wenn eine **Prognose** – z.B. über Gewinnerwartungen – keine Tatsache ist, kann der Täter doch über seine **aktuelle innere Überzeugung** des Eintreffens der Voraussage oder über die der Voraussage zugrunde liegenden Tatsachen täuschen.[457]

bb) Keine Tatsachenäußerungen sind ferner **Werturteile** oder **Meinungsäußerungen**. Die Abgrenzung erfolgt ähnlich wie im Beleidigungsrecht: Maßgebend ist nicht die verbale Form, sondern ob der Sinn der Äußerung einen nachprüfbaren Kern enthält. So werden von der Verkehrsanschauung beispielsweise Äußerungen im Bereich der Werbung oft als übertrieben angesehen. **285**

Aber: Auch Werturteile und Meinungen können einen nachprüfbaren **Tatsachenkern** enthalten, der Gegenstand einer Täuschung sein kann.

Beispiel: Wer völlig wirkungslose Tinkturen als „**Wundermittel**" vertreibt und dazu noch eine „Geldzurückgarantie" anbietet, erklärt schlüssig mit, dass die Produkte wenigstens im Kern die – wenn auch übertrieben angepriesene – Wirkung hätten.[458]

cc) Auch **Rechtsausführungen** spiegeln grds. nur eine persönliche Bewertung des Erklärenden wider und sind deshalb für den Betrug irrelevante Meinungsäußerungen, die unter dem Vorbehalt der Richtigkeitsfeststellung durch den Erklärungsempfänger stehen.[459] **286**

Falschangaben über nachprüfbare **Tatsachen** im Zusammenhang mit solchen Äußerungen können jedoch auch hier eine selbstständige Täuschung sein.[460]

Beispiel: Der Veranstalter eines unerlaubten Gewinnspiels im Internet behauptete auf seiner Website wahrheitswidrig, dass die Rechtslage bezüglich der Zulässigkeit abschließend geklärt sei und dass behördlicherseits keine Bedenken bestünden. – Der BGH sah hierin eine betrugsbegründende Täuschung.[461]

c) Täuschungsformen

Hinweis: *Man kann nicht deutlich genug hervorheben, dass* ***sowohl die ausdrückliche als auch die schlüssige Täuschung solche durch positives Tun*** *sind. Erst wenn sich aus dem Gesamtverhalten des Täters keinerlei Erklärungsgehalt ableiten lässt, muss nach den Grund-* **287**

456 BGH RÜ 2017, 29.
457 BGH RÜ 2015, 28.
458 BGHSt 34, 199.
459 Vgl. BGH JR 1958, 106; OLG Stuttgart NJW 1979, 2573; OLG Koblenz NJW 2001 1364.
460 BGH RÜ 2017, 432.
461 BGH RÜ 2011, 377.

sätzen des unechten Unterlassungsdelikts gefragt werden, ob der Täter durch Unterlassen getäuscht hat, d.h. die rechtlich gebotene, mögliche und zumutbare Aufklärung versäumt hat. Handeln Sie die zusätzlichen Prüfungspunkte, die nach § 13 die Gleichstellung von aktivem Tun und Unterlassen ermöglichen, dann bei der Täuschungshandlung ab und fahren nach deren Bejahung mit dem üblichen Betrugsaufbau fort.

aa) Täuschung durch ausdrückliche Erklärung

288 Behauptet jemand von sich aus oder auf eine Frage hin die Unwahrheit, macht die Feststellung der Täuschung kein Problem.

bb) Täuschung durch schlüssige Miterklärung und Grenzen der Täuschung

289 Schwieriger als die Inhaltsbestimmung einer ausdrücklichen Erklärung ist die Frage, ob man eine Erklärung oder ein Verhalten so auslegen kann, dass eine bestimmte (unwahre) Tatsache konkludent mitbehauptet worden ist. Maßstab für die Auslegung ist die **Verkehrsanschauung**. Diese konkretisiert den schlüssigen Erklärungsgehalt anhand des jeweiligen **Geschäftstyps** und der hierfür geltenden **Risikoverteilung unter den Partnern** unter Berücksichtigung eines **Minimums an Redlichkeit**.[462] Dadurch wird das Täuschungsmerkmal – ähnlich wie das Wegnahmemerkmal des Gewahrsams (s.o. Rn. 55 ff.) – zu einem hochgradig **normativen Begriff**. Ob etwas schlüssig miterklärt ist, spielt im rechtsgeschäftlichen Bereich eine erhebliche Rolle. **Fallgruppen**:

(1) Schlüssige Täuschung im Zusammenhang mit dem Entstehen und Bestehen von Forderungen

290 Wer als Website-Betreiber im Internet eine Leistung anbietet, deren Kostenpflichtigkeit ein durchschnittlich informierter Nutzer nicht erwarten muss, täuscht schlüssig die Kostenlosigkeit vor, wenn die Entgeltlichkeit durch eine irreführende Gestaltung der Seite oder durch versteckte Hinweise verschleiert wird. Das Betreiben solcher **Kostenfallen** kann Betrug begründen.[463]

291 Eine schlüssige Täuschung liegt auch bei sog. **„Ping-Anrufen"** vor. Hier wird massenhaft bei Handyanschlüssen ein einmaliges Klingelsignal ausgelöst und dann die Verbindung unterbrochen. Bei einem Rückruf wählt der Handynutzer eine Mehrwertdienstnummer und wird bis zum Erkennen der Sinnlosigkeit seines Rückrufes mit Telefonkosten belastet, an denen sich der Ping-Anrufer bereichert. Hier wird konkludent ein ernsthaftes Kommunikationsbegehren vorgetäuscht.[464]

292 Wer eine **Rechnung** stellt, erklärt damit schlüssig, dass alle anspruchsbegründenden Tatsachen vorliegen.[465]

293 Das gilt auch dann, wenn es sich bei näherem Hinsehen gar nicht um eine Rechnung handelt, sondern um ein **Angebotsschreiben**, das der Täter aber durch Verwendung ty-

---

462 Sch/Sch/Perron § 263 Rn. 14.

463 BGH RÜ 2014, 642.

464 BGH RÜ 2014, 512.

465 BGH RÜ 2017, 431, 432.

pischer Rechnungsmerkmale (Zahlungsfrist, Fehlen von Anrede und Grußformel, Beifügung eines ausgefüllten Überweisungsträgers etc.) so abgefasst hat, dass ein durchschnittlicher Empfänger in der Situation des Adressaten den Eindruck gewinnen muss, dass es sich um eine Rechnung handelt.[466]

In die Kategorie der schlüssigen Täuschung gehört auch der unter § 263 zu subsumierende **Prozessbetrug**. Hier macht der Kläger gegenüber dem Gericht als Erklärungsempfänger eine ihm in Wahrheit nicht zustehende Forderung geltend oder der Beklagte behauptet, der Anspruch sei nicht entstanden, erloschen oder einredebehaftet. Zwar sind Behauptungen über das Bestehen oder Nichtbestehen eines Anspruchs insoweit keine Täuschung über Tatsachen, als sie sich nur auf **rechtliche Gesichtspunkte** beziehen (s.o. Rn. 286). Die Erklärung enthält aber schlüssig die Behauptung, dass **die den Anspruch begründenden oder vernichtenden Tatsachen** vorliegen und dass der Sachvortrag der **prozessualen Wahrheitspflicht** gemäß **§ 138 Abs. 1 ZPO** genügt. Die Wahrheitspflicht verlangt, dass alle Parteien im Zivilprozess die Tatsachen wahrheitsgemäß vortragen, für die sie darlegungs- und beweispflichtig sind. Ferner müssen sich die Parteien wahrheitsgemäß zu den Behauptungen des Gegners äußern, dürfen also nicht wahrheitswidrig bestreiten. Schließlich bezieht sich die Wahrheitspflicht auf solche Tatsachen, die rechtshindernd oder rechtsvernichtend wirken und dem jeweiligen Vorbringen die Rechtsgrundlage entziehen. Einreden, die der Gegner erst noch geltend machen muss (z.B. Verjährung oder Stundung), brauchen dagegen nicht mit vorgetragen zu werden.[467] Auch dürfen nach der höchstrichterlichen Rspr. ohne Verstoß gegen § 138 ZPO nur vermutete Tatsachen vorgetragen werden, also solche, über welche die Partei kein zuverlässiges Wissen besitzt und auch nicht erlangen kann, die sie aber nach Lage der Dinge für wahrscheinlich oder jedenfalls für möglich hält. Die Grenze zum unzulässigen Sachvortrag ist erst erreicht, wenn willkürlich Behauptungen „aufs Geratewohl" oder „ins Blaue hinein" aufgestellt werden. In solchen Fällen ist zumindest bedingt vorsätzliches Handeln der Partei zu bejahen.[468] 294

Eine weitere Frage ist, ob der Richter hierdurch in einen **Irrtum** versetzt wird (dazu unten Fall 15).

(2) Schlüssige Täuschung über die eigene Berechtigung

Wer ein **entwendetes oder unterschlagenes Sparbuch** vorlegt, erklärt schlüssig seine Berechtigung, weil sich der Einlösende ungeachtet der Legitimationswirkung gemäß § 808 BGB hierüber Gedanken macht, um nicht wegen grober Fahrlässigkeit bzgl. fehlender Empfangsberechtigung die Befreiung von der Verbindlichkeit zu vereiteln.[469] 295

Dasselbe soll nach der Rspr. für **Inhaberschecks** gelten.[470] Bei konsequenter Anwendung dieser Grundsätze müsste dann auch die Vorlage abhandengekommener kleiner 296

466 BGHSt 47, 1; BGH NStZ-RR 2004, 110.

467 Vgl. Fischer § 263 Rn. 44.

468 BGH RÜ 2020, 103, 105.

469 Vgl. Sch/Sch/Perron § 263 Rn. 48.

470 BGHSt 24, 386; OLG Hamburg NJW 1983, 768; gegen eine schlüssige Täuschung SK-Hoyer § 263 Rn. 77; OLG Düsseldorf NJW 1989, 2003.

Inhaberpapiere wie **Eintrittskarten** etc. eine schlüssige Täuschung des Vorlegenden und damit Betrug begründen.

Missbraucht der Täter eine **fremde Girokarte** (gleichbedeutend: ec-Karte/Maestro-Karte) zur Bezahlung von Waren oder Dienstleistungen gegenüber einer anderen Person (Händler, Kassenpersonal), ist nach der jeweils gewählten bargeldlosen Zahlungsart zu unterscheiden:

297 ■ Hat der Täter sich zuvor auch die Geheimnummer (**P**ersönliche **I**dentifikations-**N**ummer = PIN) verschafft und bezahlt er die Waren und Dienstleistungen an einem Kartenterminal unter Verwendung von **Girokarte und PIN**, löst er eine **Zahlungsgarantie** des kartenausgebenden und kontoführenden Kreditinstituts aus (**P**oint **o**f **s**ale mit Zahlungsgarantie, kurz POS-Verfahren). Hier muss sich der Händler/Dienstleister wegen der Autorisierung durch die PIN keine Gedanken über die Berechtigung des Kartennutzers und über die Werthaltigkeit des Anspruchs machen. Er erhält eine Zahlungsgarantie für seine Forderung. Eine schlüssige Täuschung und damit ein Betrug gegenüber dem Händler/Dienstleister ist nicht gegeben.[471]

298 ■ Benutzt der Nichtberechtigte die Girokarte zu der – vor allem seit der Corona-Pandemie im Alltag sehr beliebten – **kontaktlosen Zahlung von Beträgen bis zu 50 € ohne Notwendigkeit einer PIN-Eingabe** (sog. **N**ear **F**ield **C**ommunication, NFC-Verfahren), erlangt der Gläubiger ebenfalls einen einredefreien Zahlungsanspruch gegen das kartenausgebende Kreditinstitut in Höhe des autorisierten Betrages. Deshalb sind auch Vorstellungen über die Berechtigung des Nutzers und seine Bonität kein Gegenstand einer schlüssigen Kommunikation. Betrug scheidet ebenfalls mangels Täuschung aus.[472]

299 ■ Lässt der Nichtberechtigte lediglich die auf dem Magnetstreifen gespeicherten Kontodaten auslesen und setzt dann eine (gefälschte) Unterschrift auf einen Zahlungsbeleg, löst er **keine vom kartenausgebenden Kreditinstitut garantierte Zahlung aus, sondern erteilt eine Einzugsermächtigung für eine Lastschrift**, bei der der Gläubiger das Risiko der Einlösung trägt (früher genannt „**p**oint of sale **o**hne **Z**ahlungsgarantie", kurz POZ-Verfahren, heute bezeichnet als „**e**lektronisches **L**astschrift**v**erfahren", kurz ELV). Wegen dieser Risikoverteilung geht der Gläubiger davon aus, eine werthaltige Gegenleistung vom Karteninhaber zu erhalten, was mangels Anweisung des Kontoinhabers nicht der Fall ist. Der Gläubiger wird über die Berechtigung des Täters und die Begründung einer einredefreien Forderung gegen den Karteninhaber schlüssig getäuscht,[473] sodass dann eine Betrugsstrafbarkeit des Kartennutzers in Betracht kommt.

Zur Strafbarkeit wegen Computerbetrugs gemäß § 263 a und anderer Straftaten unten Rn. 474 ff.

***Hinweis**: Man kann die vorgenannten Fallgruppen auch beim Betrugsmerkmal des Irrtums diskutieren. Letztlich kommt es nur darauf an, ob die Berechtigung und die Zahlungssicherheit schlüssig miterklärter Kommunikationsinhalt sind.*

471 Vgl. Rengier § 13 Rn. 46.

472 Vgl. OLG Hamm RÜ 2020, 511.

473 Vgl.BGH, Beschl. v. 19.10,2011 – 4 StR 409/11, BeckRS 2011, 27173; NK-Kindhäuser § 263 Rn. 54.

(3) Schlüssige Täuschung über die Erfüllungsfähigkeit

Der **Verkäufer** einer Ware gibt konkludent zu verstehen, zur Übertragung des Eigentums imstande zu sein.[474] Das Verkaufsangebot enthält dagegen **nicht** die schlüssige Erklärung der **Mangelfreiheit** der Sache.[475] **300**

Wer **Waren oder Dienstleistungen in Kenntnis seiner Zahlungsunfähigkeit bestellt**, täuscht schlüssig über die **aktuelle innere Tatsache seines Zahlungswillens im Zeitpunkt der Abrechnung**.[476] **301**

Hinweis: *Der häufigste Fall bei rechtsgeschäftlichen Betrügereien.*

Wer an einer Tankstelle vorfährt und in Anwesenheit des Tankstellenpersonals **Benzin tankt, ohne es bezahlen zu wollen, täuscht schlüssig über seinen Zahlungswillen und begeht Betrug oder zumindest versuchten Betrug** (s. aber oben Fall 1).[477] **302**

In der Hingabe eines Schecks an den Gläubiger als bargeldloses Zahlungsmittel liegt die schlüssige Erklärung, dass jedenfalls im Zeitpunkt der Vorlage bei der Bank eingelöst werde. Weiß der Schuldner, dass sein Konto dann keine genügende Deckung habe, der **Scheck** also **ungedeckt** ist, begeht er Betrug.[478] **303**

Missbraucht der **Inhaber seine** Girokarte zur bargeldlosen Zahlung, ist wiederum nach der gewählten Zahlungsart zu unterscheiden:

- „Bezahlt" der Karteninhaber Ware oder Dienstleistung im elektronischen Lastschriftverfahren **(ELV)** mit einer von ihm unterschriebenen **Einziehungsermächtigung**, obwohl er weiß, dass die Lastschrift mangels Kontodeckung nicht eingelöst werden wird, täuscht er – weil der Vertragspartner sich wegen seines Einlösungsrisikos Gedanken darüber macht – über seine Erfüllungsfähigkeit und begeht damit Betrug.[479] **304**
- Ein Missbrauch der **eigenen Girokarte** im **POS-Verfahren** sowie durch **kontaktlose** Zahlung ist technisch weitgehend ausgeschlossen, weil der Bezahlvorgang bei der online-Autorisierung durch die kontoführende Bank abgebrochen wird, wenn keine Kontodeckung vorhanden ist. Unabhängig davon macht sich der Händler/Dienstleister wegen der garantierten Zahlung keine Gedanken über die Bonität des Kunden. Betrug gegenüber dem Gläubiger scheidet aus. **305**

Auch bei missbräuchlicher Verwendung einer **Kreditkarte** ist wegen der Garantiezusage des Kreditkartenunternehmens an den Verkäufer/Dienstleister die Bonität des Karteninhabers kein Gegenstand schlüssiger Miterklärung. **306**

Zur Strafbarkeit des Karteninhabers wegen Computerbetrugs und Scheck- und Kreditkartenmissbrauchs unten Rn. 480.

474 Sch/Sch/Perron § 263 Rn. 16 b.
475 Vgl. BayObLG NJW 1994, 1078.
476 BayObLG JR 1958, 67.
477 BGH RÜ 2016, 507.
478 BGH, Urt. v. 17.05.1982 – 2 StR 136/82, BeckRS 1982, 31107224.
479 Vgl. NK-Kindhäuser § 263 Rn. 54.

(4) Schlüssige Täuschung über Umstände, die die Geschäftsgrundlage bilden

307 Bei einer förmlichen öffentlichen **Ausschreibung**, aber auch bei einer freihändigen Auftragsvergabe mit Angebotsanfrage, enthalten die abgegebenen Angebote die schlüssige Erklärung, dass das jeweilige Angebot ohne vorherige Preisabsprache zwischen den Bietern zustande gekommen ist.[480]

308 Bei der sog. **Lastschriftreiterei** verabredet der Täter mit einem Dritten, dass er zur Kapitalbeschaffung das Konto des Dritten mit einer Lastschrift belasten darf. Der Täter erlangt auf diese Weise eine Kontogutschrift. Widerruft der Dritte vor Ablauf von 6 Wochen die Gutschrift, muss die Bank des Täters die Gutschrift rückgängig machen, kann aber ihrerseits bei vorherigem Verbrauch des Geldes durch den Täter nicht wirksam Rückgriff nehmen. – Der BGH bejaht Betrug gegenüber und zulasten der Bank des Täters. Den Schlüssel bildet die Täuschungshandlung: Die Bank werde als erste Inkassostelle mit dem Einzugsauftrag darüber getäuscht, dass der Lastschrifteinreichung nicht ein übliches Umsatzgeschäft, sondern ein kurzfristiges Darlehen mit einem deutlich überhöhten Risiko des Widerrufs zugrunde liegt. Mit der Vorlage der Lastschrift täusche der Täter diese (in Person des entgegennehmenden Bankangestellten) konkludent darüber, dass **die Lastschrift hier entgegen ihrem Zweck nicht lediglich Instrument des bargeldlosen Zahlungsverkehrs ist.**[481]

309 Wer ohne Einkünfte ist, aber trotzdem einen Girovertrag abschließt und ein **Bankkonto mit Überziehungskredit** eröffnet und sich eine Girokarte aushändigen lässt, täuscht gegenüber dem Bankangestellten seinen Willen vor, ausreichende Geldmittel auf das Konto einzuzahlen.[482]

(5) Schlüssige Täuschung über die Manipulationsfreiheit des Vertragsgegenstandes

310 Dem Angebot oder der Lieferung einer Sache kann zwar grundsätzlich **nicht** die Erklärung entnommen werden, dass diese **mangelfrei** sei (s.o. Rn. 300). Eine schlüssige Täuschung wird bei Lieferung einer mangelhaften Sache aber dann bejaht, wenn der Verkäufer **täuschende Manipulationen** vorgenommen hat, um dem Erwerber die Vertragsgemäßheit der Ware vorzuspiegeln.

311 Hierzu gehören alle Fälle von Nahrungsmittelfälschungen, so etwa durch den Wirt, der auf abgestandenes Bier Frischbier mit Blume aufzapft und dadurch den Eindruck erweckt, das Bierglas enthalte insgesamt nur Frischbier.[483]

312 Wer eine **Lotterie** veranstaltet, erklärt konkludent gegenüber den Loskäufern, dass in den zum Kauf angebotenen Losen bereits von Anfang an sämtliche Gewinnlose enthalten seien. Der Veranstalter, der das Gewinnlos für den Hauptgewinn vorerst zurückbe-

480 BGH NStZ 2001, 540.
481 BGH NStZ 2005, 634; abl. Soyka NStZ 2005, 636, 638.
482 BGHSt 47, 161, 169 f.
483 Vgl. RGSt 29, 369, 370; vgl. auch RGSt 59, 311, 312; BGHSt 12, 347, 352.

hält und es erst gegen Ende des Losverkaufs unter die Lose mischt, begeht gegenüber den früheren Loskäufern Betrug.[484]

Diesen Grundsatz hat der BGH beginnend mit den Sportwettenfällen auf alle Verträge ausgeweitet. Danach liegt in jeder auf Abschluss eines Vertrages gerichteten Willenserklärung zugleich die schlüssige Behauptung, der Vertragsgegenstand **sei nicht zum Nachteil des Vertragspartners manipuliert und der Erklärende habe auch nicht den Willen zu einer solchen Manipulation.**[485]

Wer dagegen nicht selbst an der Manipulation mitgewirkt hat, sondern nur davon weiß, soll nach Ansicht des BGH durch einen Wettabschluss keine schlüssige Täuschung begehen. Ein solcher Wetter nutze nur einen vermeintlichen oder tatsächlichen **Informationsvorsprung** aus und bewege sich noch im straflosen Geschäftsrisiko jeder Wette.[486]

(6) Nur ausnahmsweise schlüssige Täuschung über die Angemessenheit der erbrachten Leistung

Wer eine Ware oder Leistung zu einem bestimmten Preis anbietet, erklärt im Allgemei- 313
nen **nicht** schlüssig, der Preis sei **angemessen oder üblich**. Da sich der Preis in einer Marktwirtschaft nach Angebot und Nachfrage richtet, ist es in der Regel ausgeschlossen, die Angemessenheit des Preises zu einer Minimalforderung der Redlichkeit im Geschäftsverkehr zu erheben; es gibt also grundsätzlich keinen „Preisgestaltungsbetrug".[487]

Von diesem Grundsatz macht die Rspr. aber **Ausnahmen**, wenn für eine Leistung ein 314
bestimmtes Entgelt **öffentlich-rechtlich in Gebührenordnungen festgesetzt** ist, der Leistungsempfänger die Forderung nicht ohne Weiteres auf ihre Übereinstimmung mit dem amtlich festgesetzten Betrag **überprüfen kann** und der Fordernde die **mangelnde Sachkunde sowie das ihm entgegengebrachte Vertrauen des Vertragspartners zur Erzielung eines erhöhten Entgelts ausnutzt.**[488] Betrug ist ferner dann möglich, wenn der Anbieter die **Kalkulationsgrundlage für die Preisbildung offenlegt und dabei eine falsche Tatsache** behauptet.

Beispiel: Im sog. Galavit-Fall bot der Täter ein aus Russland bezogenes Krebsmittel mit zweifelhafter Wirkung zu einem völlig überhöhten Preis an. Durch seine Behauptung, der Exportpreis betrage 300 € und das Präparat sei in Deutschland nicht billiger zu haben, hielt er Krebspatienten davon ab, sich das Mittel in einer internationalen Apotheke für 21 € zu beschaffen und veranlasste sie, den überteuerten Preis zu bezahlen.[489]

(7) Keine schlüssige Täuschung bei bloßer Annahme der Gegenleistung

Mit der **bloßen Entgegennahme** einer Leistung ist **nicht** die Erklärung verbunden, dass 315
sie auch geschuldet ist. Es gehört in den Risikobereich des Leistenden, dass die Schuld besteht und die Leistung den Anspruch nicht übersteigt.[490]

484 BGHSt 8, 289.
485 BGH RÜ 2007, 140.
486 BGH RÜ 2014, 436.
487 Vgl. BGH LM § 263 Nr. 5; OLG Stuttgart NStZ 2003, 554.
488 BGH LM § 263 Nr. 5.
489 BGH RÜ 2009, 785.
490 BGH MDR 1994, 186.

316 Die **Annahme zuviel gezahlten Geldes**[491] ist grundsätzlich keine schlüssige Täuschung des Geschuldetseins.

317 Wenn ein Kontoinhaber durch Abhebung oder Überweisung über eine **unberechtigte Kontogutschrift** verfügt, liegt darin keine Täuschung über die Berechtigung zur Geldabhebung: Die Führung des Kontos und die ordnungsgemäße Buchung von Last- und Gutschriften fallen in den Pflichtenkreis der Bank. Diese trägt die Verantwortung für die Kontoführung und damit grundsätzlich auch das Risiko, dass die Schuld besteht und die Leistung den Anspruch nicht übersteigt. **Dies gilt sowohl dann, wenn die Kontogutschrift auf einer bankinternen Fehlbuchung als auch, wenn sie auf einer irrtümlichen Fehlüberweisung beruht.**[492]

318 Auch der **Hotelgast**, der zunächst ohne Täuschung einen Beherbergungsvertrag abgeschlossen hat und die Leistungen weiter in Anspruch nimmt, obwohl er zahlungsunfähig geworden ist, begeht keinen Betrug.[493]

d) Täuschung durch garantenpflichtwidriges Unterlassen i.S.v. § 13

319 Soll der Täter einen Betrug durch Unterlassen begangen haben, müssen – wie bei allen unechten Unterlassungsdelikten – die Voraussetzungen des § 13 Abs. 1 vorliegen. Bei einer Täuschung durch Unterlassen muss der Täter die ihm mögliche Aufklärung eines anderen über eine Tatsache unterlassen und eine Garantenpflicht zur Aufklärung haben; ferner muss das Unterlassen der Verwirklichung durch aktives Tun entsprechen und die gebotene Aufklärung muss dem Täter zumutbar sein.[494] Zu dem zentralen Punkt der Garantenpflicht sollten folgende **Fallgruppen** geläufig sein:

aa) Aufklärungspflicht aus Gesetz

320 **Beispiele: § 60 Abs. 1 S. 1 Nr. 2 SGB I** für Empfänger von Sozialleistungen bezüglich Änderungen der für die Leistung erheblichen Verhältnisse;[495] **§ 19 VVG** hinsichtlich der für das Gefahrenrisiko der Versicherung erheblichen Umstände; **§ 666 BGB** für die Auskunfts- und Rechenschaftspflicht des Beauftragten gegenüber dem Auftraggeber.

bb) Aufklärungspflicht bei pflichtwidrigem Vorverhalten

321 Ingerenz begründet allgemein eine Garantenpflicht, wenn der Täter durch sein vorheriges Verhalten eine Norm verletzt hat, die auch den Zweck hatte, den später nicht abgewendeten Schaden zu verhindern und wenn das Vorverhalten die naheliegende Gefahr des späteren Schadens verursacht hat.[496] Übertragen auf den Betrug besteht eine Aufklärungspflicht aus Ingerenz, wenn der Täter durch sein Vorverhalten pflichtwidrig vermögensrelevante Umstände verändert hat, deren Fortbestehen Grundlage weiterer

---

491 Vgl. OLG Köln NJW 1980, 2366; JZ 1988, 101.

492 BGHSt 46, 196, 199.

493 BGH GA 1974, 284.

494 Vgl. LK-Tiedemann § 263 Rn. 51; BayObLG NJW 1987, 1654.

495 Umstritten ist, ob § 60 Abs. 1 S. 2 SGB I auch für erstattungspflichtige Dritte (z.B. nach dem Tod des Berechtigten) eine Garantenspflicht zur Offenbarung zu Unrecht empfangener Sozialleistungen gegenüber dem Leistungsträger begründet; bejaht von OLG Düsseldorf NStZ-RR 2012, 210; verneint von OLG Naumburg StV 2017, 117.

496 Vgl. AS-Skript StrafR AT 1 (2021), Rn. 492.

vermögensmindernder Verfügungen waren. Entgegen Teilen des Schrifttums[497] braucht das Vorverhalten nach der Rspr. nicht den Charakter einer objektiven Fehlinformation zu haben.[498]

Beispiel: Der Täter hat Anleger zur Beteiligung an einem Kapitalfonds gewonnen. Aufgrund eines später gefassten Entschlusses entzieht er dem Fonds durch Untreuehandlungen so viel Kapital, dass selbst das angelegte Geld nicht mehr zurückgezahlt werden kann. Nach BGH Untreue zum Nachteil der Fondsgesellschaft in Tatmehrheit mit Betrug durch Unterlassen zulasten der Anleger.

cc) Aufklärungspflicht aus vertraglich begründeter Gewährübernahme

Da nicht jede Vertragsbeziehung zugleich eine strafbewehrte Aufklärungspflicht auslöst, müssen **besondere Umstände** hinzutreten. Solche können sein: 322

(1) Ausdrückliche Vereinbarung einer Aufklärungspflicht, die gerade dem Schutz des Vermögens des Partners dient.[499]

Beispiel: Aufklärung des stillen Gesellschafters über den Jahresgewinn[500]

(2) Bestehen eines **besonderen Vertrauensverhältnisses** zwischen den Beteiligten. Solche Vertrauensbeziehungen bestehen etwa

- gegenüber Hoheitsträgern in Bezug auf die **Einhaltung öffentlich-rechtlicher Gebührengrundsätze**,[501]
- wenn von vornherein ein **gemeinsamer Zweck** erreicht werden soll (z.B. Gesellschaftsverhältnisse, Beteiligungen an Handelsgeschäften),
- bei Beziehungen, die ihrer Natur nach auf **Beratung** gerichtet sind,[502]
- oder bei auf **Dauer angelegten oder langjährigen laufenden Geschäftsbeziehungen**.[503]

Beispiele: Verschweigen wirtschaftlicher Krisensituationen gegenüber dem **Warenlieferanten**, der wegen der langjährigen korrekten Abwicklung auf die fortbestehende Kreditwürdigkeit seines Partners vertraut[504] oder bei **enger verwandtschaftlicher bzw. freundschaftlicher Verbundenheit** zwischen den Vertragspartnern.[505]

dd) Aufklärungspflicht aus Treu und Glauben in Ausnahmefällen

Nach h.M. kann darüber hinaus aus dem Grundsatz von **Treu und Glauben gemäß § 242 BGB** eine Aufklärungspflicht hergeleitet werden.[506] Wegen des ultima ratio-Prinzips des Strafrechts sind freilich nicht alle zivilrechtlichen Aufklärungspflichten auch 323

---

497 NK-Kindhäuser § 263 Rn. 155.
498 BGH NStZ 2017, 531.
499 Einschränkend Sch/Sch/Perron § 263 Rn. 22.
500 Vgl. RGSt 65, 106, 107.
501 BGH RÜ 2009, 636.
502 Anwalt gegenüber seinem Mandanten, BGH LM § 263 Nr. 40.
503 Vgl. BayObLG NJW 1999, 663, 664.
504 Vgl. BGH StV 1988, 386.
505 Sch/Sch/Perron § 263 Rn. 22.
506 Vgl. BGHSt 6, 198.

strafrechtlich geschützt. Eine strafrechtliche Garantenpflicht entsteht vielmehr im Rahmen von § 263 **nur in eng begrenzten, eindeutigen Ausnahmefällen, wenn sich dies aus einer Abwägung der Interessenlage und des Verantwortungsbereichs der Beteiligten eindeutig ergibt.**[507] Die Rechtspflicht bezieht sich von vornherein nur auf Umstände, **die für die Willensentschließung des anderen erkennbar von wesentlicher Bedeutung sind.** Des Weiteren müssen im Einzelfall Besonderheiten vorliegen, die ein Verschweigen dieser Umstände vor allem wegen der **besonderen Schutzbedürftigkeit des unerfahrenen Geschäftspartners** als strafwürdiges Unrecht und nicht nur als bloße Anstößigkeit erscheinen lassen.[508]

Beispiele: Der **Gebrauchtwagenhändler** muss ungefragt offenbaren, dass er einen Unfallwagen anbietet;[509] bei einer **Eigenbedarfskündigung** nach § 573 Abs. 2 Nr. 2 BGB ist der Vermieter verpflichtet, den Mieter bis zur Räumung der Wohnung auf einen weggefallenen Eigenbedarf hinzuweisen.[510]

2. Irrtum

Die Täuschungshandlung muss **einen Irrtum erregt oder unterhalten** haben.

324 **Irrtum ist jede Fehlvorstellung über die Tatsachen, die Gegenstand der Täuschung waren. „Erregen" bedeutet das Hervorrufen des Irrtums. „Unterhalten" ist nicht nur Verhindern oder Erschweren der Aufklärung, sondern auch das Bestärken einer bestehenden Fehlvorstellung.**[511]

Ist eine solche Fehlvorstellung vorhanden, so spielt es keine Rolle, ob das Opfer die Täuschung bei sorgfältiger Prüfung hätte erkennen können. Der Betrugstatbestand schützt auch leichtgläubige Personen.[512]

a) Bewusstseinsinhalt und Bewusstseinsgrad

325 **aa)** Bezüglich des Bewusstseins**inhalts** des getäuschten Opfers gilt: Stets muss sich die Fehlvorstellung des Opfers mindestens auch auf die **Tatsachen beziehen, die Gegenstand der Täuschung** waren. Nimmt der Getäuschte die vermögensschädigende Verfügung aus anderen Gründen oder infolge abwegiger Werturteile vor, kann allenfalls versuchter Betrug vorliegen [513] (zu Kostenfallen im Internet s.o. Rn. 290).

326 **bb)** Als Bewusstseins**grad** von Fehlvorstellungen des Opfers sind – spiegelbildlich zu den Vorsatzstufen auf Täterseite – verschiedene Intensitätsgrade möglich:

(1) Das Opfer hat über die konkrete Tatsache **reflektiert** und dem Täter **geglaubt**. Hier liegt nach allgemeiner Ansicht ein Irrtum vor.

Beispiel: A spiegelt dem Touristen T vor, er sei Archäologe, und verkauft ihm eine Statue, die angeblich aus einem Pharaonengrab, tatsächlich jedoch aus dem nahe gelegenen Souvenirladen stammt.

---

507 Vgl. BGH NJW 2000, 3013.

508 OLG Stuttgart NStZ 2003, 554.

509 BayObLG NJW 1994, 1078.

510 BayObLG NJW 1987, 1655; vgl. auch Hellmann JA 1988, 73 f.

511 Lackner/Kühl § 263 Rn. 20.

512 BGHSt 34, 199, 201 zum Betrug bei Verkauf wirkungsloser Wundermittel; BGH RÜ 2014, 642 zu Kostenfallen im Internet (s.o. Rn. 290).

513 Vgl. BGH NStZ 1993, 440.

(2) Der Getäuschte hat konkrete **Zweifel** an der vorgetäuschten Tatsache, verfügt aber dennoch. Eine Mindermeinung verneint hier den Irrtum: Wer gezweifelt habe, sehe die Möglichkeit, Schaden zu erleiden, und könne sich selbst schützen. Wo aber Selbstschutz möglich sei, habe der Rechtsgüterschutz durch das Strafrecht zurückzutreten.[514] Eine andere Meinung bejaht den Irrtum nur dann, wenn das Opfer die Richtigkeit seiner Vorstellung für wahrscheinlicher als ihre Unrichtigkeit hält.[515] Nach h.M. schließen Zweifel die Möglichkeit eines Irrtums nicht aus, sofern der Getäuschte die Wahrheit der fraglichen Tatsache nur für möglich halte und **durch die Möglichkeitsvorstellung zur Vermögensverfügung motiviert werde.**[516]

Beispiel: Galerist G spiegelt dem Kunstfreund K vor, ein zum Kauf angebotene Bild sei ein echter Dali. Tatsächlich handelt es sich, wie G weiß, um das Werk eines Kunststudenten, der es im Stil Dalis gemalt hat. Obwohl K durch Lektüre eines Zeitungsartikels über Dali-Fälschungen und wegen des geringen Kaufpreises misstrauisch geworden ist, kauft er das Bild in der Hoffnung, zu einem Schnäppchenpreis ein echtes Bild des berühmten Surrealisten zu erstehen. – Vollendeter Betrug.

(3) Der Getäuschte macht sich keine konkreten Vorstellungen, sondern geht davon aus, dass **„alles in Ordnung"** sei. Da auch für den Tatvorsatz i.S.v. § 16 kein ständiges Nachdenken erforderlich ist, wird allgemein auch **unreflektiertes Mitbewusstsein** der Ordnungsmäßigkeit als Irrtum angesehen; dies allerdings nur, wenn sich das Vorstellungsbild auf eine **hinreichende Tatsachengrundlage** stützen kann. Indizien dafür sind vorherige Kontrollen, allgemeine Lebenserfahrungen, besonderes Vertrauen oder nur das Fehlen von Auffälligkeiten.[517]

Schulbeispiel ist der Betrug gegenüber dem Fahrkartenkontrolleur, der auf die Frage „Noch jemand zugestiegen?" vom Schwarzfahrer keine Antwort erhält.

Komplizierter ist die Begründung eines Irrtums im Prozessbetrug: 327

Fall 15: Prozessbetrug im kontradiktorischen Verfahren

Der Bauunternehmer U sen. hatte vor seinem Tod für den Hausherrn B Verklinkerungsarbeiten ausgeführt und den Werklohn von 2.000 € in bar kassiert. Nach dem Tode des U sen. führt U jun. das verschuldete Baugeschäft fort. Er weiß zwar, dass die Forderung gegen B erfüllt ist, nutzt aber den Umstand aus, dass dem B versehentlich keine Quittung erteilt worden war. Er verklagt daher den B auf Zahlung der angeblich noch offenen Werklohnforderung. B wendet zwar Erfüllung ein, doch kann er dies nicht beweisen. Der Richter R gibt deshalb der Klage statt. Strafbarkeit des U jun.?

U jun. könnte sich wegen eines **(Prozess-)Betruges** gemäß **§ 263 Abs. 1 gegenüber dem Richter R und zulasten des Beklagten B** strafbar gemacht haben.

1. Dann müsste er den Richter getäuscht haben, also ausdrücklich oder schlüssig die Unwahrheit erklärt haben.

   a) Die zur Schlüssigkeit der Klage vorgebrachten Tatsachen – Abschluss eines Werkvertrages und fälligkeitsbegründende Abnahme – entsprachen der Wahrheit.

514 Amelung GA 1977, 1 ff.
515 Giehring GA 1973, 1 f.
516 BGH NJW 2003, 1198.
517 BGHSt 2, 325, 326; Krey/Hellman/Heinrich Rn. 380; Sch/Sch/Perron § 263 Rn. 39.

328 b) Unter Zugrundelegung eines normativen Täuschungsbegriffs (s.o. Rn. 289) kommt aber eine schlüssige Täuschung in Betracht. Nach **§ 138 Abs. 1 ZPO** unterliegen die Parteien im Zivilprozess der Wahrheitspflicht (s.o. Rn. 294). Schon durch die Einreichung der Klageschrift – und nicht erst in der mündlichen Verhandlung[518] – hat U jun. zum Ausdruck gebracht, die klagebegründenden Tatsachen seien vollständig vorgetragen. Da er aber die anspruchsvernichtende Erfüllung nicht hätte unerwähnt lassen dürfen, hat er schlüssig über die Einhaltung der prozessualen Wahrheitspflicht getäuscht.

2. R müsste einem Irrtum über das Fortbestehen des Anspruchs erlegen sein.

a) Ein solcher Irrtum liegt vor, wenn der Richter der unwahren Parteibehauptung glaubt oder seine Entscheidung auf das falsche Beweismittel stützt. Das war hier jedoch nicht der Fall. Vielmehr musste R nach **Beweislastregeln** entscheiden, weil B den ihm obliegenden Beweis für die Erfüllung als rechtsvernichtende Einrede nicht erbringen konnte.

b) Ganz überwiegend wird ein Prozessbetrug auch durch Ausnutzen von Beweislastregeln bejaht, denn der Richter hat hier im Ergebnis so entschieden, wie es der Täuschende wollte. Bei normativem Irrtumsverständnis kann hierfür wiederum die Einhaltung der prozessualen Wahrheitspflicht herangezogen werden: Da der Richter solches Tatsachenvorbringen nicht berücksichtigen darf, von dem er weiß, dass es bewusst unwahr vorgetragen wurde, hält er es zumindest für wahrscheinlich, dass die Parteien ihre Wahrheitspflichten eingehalten haben.[519]

329 3. Fraglich ist, ob der Erlass des Urteils – das ohne die vorgenannte Fehlvorstellung des R nicht zustande gekommen wäre – eine vermögensmindernde Verfügung ist.

a) Da das Zivilurteil eine Geldzahlungspflicht des B an U jun. festschreibt, besitzt es unmittelbaren Vermögensbezug. Es bildet gemäß §§ 708, 709, 704 ZPO die Grundlage für die Zwangsvollstreckung. Der Zugriff auf das Vermögen besteht schon von diesem Zeitpunkt an, ohne dass es noch der Rechtskraft der Entscheidung bedarf. Mit Erlass des Urteils ist also bereits ein für die Tatvollendung ausreichender **Gefährdungsschaden** eingetreten (ausführlich dazu unten Rn. 356 ff.).[520]

330 b) Zwar waren der durch das Urteil verfügende Richter und der geschädigte B personenverschieden, doch ist dies unschädlich, wenn der Verfügende rechtlich oder tatsächlich in einer Nähebeziehung zum geschützten Vermögen steht (sog. **Dreiecksbetrug**, s. dazu unten Rn. 372 ff.). Das ist im Rahmen des durch Klageerhebung begründeten Zivilprozessrechtsverhältnisses gegenüber den Parteien der Fall.

4. Da der Belastung des Vermögens des B kein wirtschaftlicher Wert gegenübersteht, hat er auch einen Vermögensschaden erlitten.

5. U jun. handelte vorsätzlich und in der Absicht, sich durch den Vollstreckungstitel stoffgleich und rechtswidrig zu bereichern.

Ergebnis: U jun. ist strafbar wegen Betruges.

---

518 Wichtig für den Versuch! OLG Bamberg NStZ 1982, 247.

519 Krey/Hellmann/Heinrich Rn. 596; Sch/Sch/Perron § 263 Rn. 51.

520 Vgl. RGSt 72, 113; LK-Tiedemann § 263 Rn. 272; anders Otto § 51 Rn. 141.

Mit dem vorbezeichneten Argumentationsmuster begründet die h.M. auch einen Prozessbetrug des Klägers im **Versäumnisverfahren**. Zwar ergeht antragsgemäß ein Versäumnisurteil gegen den Beklagten allein schon wegen dessen Nichterscheinens und der Schlüssigkeit des Klägervortrages (§ 331 Abs. 1, 2 ZPO); doch dürfte das Klägervorbringen gar nicht herangezogen werden, wenn das Gericht die Verletzung der prozessualen Wahrheitspflicht kennen würde. **331**

Weitaus umstrittener ist die Irrtumsfrage im **Mahnverfahren**: **332**

Fall 16: Versuchter Prozessbetrug durch Erwirken eines Mahnbescheids

(Abwandlung des Falles 15) Ändert sich die Beurteilung, wenn U jun. beim zuständigen Rechtspfleger einen Mahnbescheid „über Werklohn in Höhe von 2.000 €" erwirkte, in der Hoffnung darauf, dass B mangels Beweisbarkeit der Erfüllung keinen Widerspruch einlegen und einen Vollstreckungsbescheid gegen sich ergehen lassen würde.

I. Da ein Vollstreckungsbescheid noch nicht erlassen wurde und erst ein solcher als Vollstreckungsgrundlage gemäß § 794 Abs. 1 Nr. 4 ZPO eine hinreichende Gefahr für das Vermögen des Vollstreckungsschuldners begründet,[521] steht eine Betrugsvollendung gemäß § 263 noch aus.

II. U jun. könnte jedoch wegen **versuchten Betruges** gegenüber dem Rechtspfleger und zulasten des B strafbar sein, **§§ 263 Abs. 1, 2, 22.**

1. U jun. müsste dann Tatentschluss bzgl. aller Umstände gehabt haben, die zum objektiven Tatbestand des § 263 Abs. 1 gehören sowie in der Absicht rechtswidriger Bereicherung gehandelt haben.

a) Der im Mahnantrag gemäß § 690 Abs. 1 Nr. 3 ZPO anzugebende Forderungsgrund ist nicht nur Rechtsbehauptung, sondern enthält den Tatsachenkern, dass die anspruchsbegründende Werkleistung erbracht worden sei, nicht aber die fällige Gegenleistung.[522] U jun. wusste, dass der Werklohnanspruch durch Erfüllung erloschen war. Er hatte damit Täuschungswillen.

b) Fraglich ist, ob nach den dem U jun. bekannten Umständen auch ein **Irrtum des Rechtspflegers** gewollt war. Gemäß § 691 Abs. 1 ZPO ist dieser nur dazu verpflichtet, vor Erlass des Mahnbescheides die allgemeinen Sachurteils- und besonderen Zulässigkeitsvoraussetzungen des Mahnverfahrens zu prüfen. Eine Überprüfung der Richtigkeit der behaupteten Tatsachen wird nicht verlangt.

Teile der Lit. lehnen einen Irrtum des Rechtspflegers daher ab.[523]

Nach überzeugender Auffassung des BGH sollte der Rechtspfleger einem Irrtum unterliegen. Als unabhängiges Rechtspflegeorgan (§ 1 RPflG) ist er der materiellen Gerechtigkeit verpflichtet (Art. 20 Abs. 3 GG) und darf daher nicht

521 Vgl. BGHSt 24, 261; Sch/Sch/Perron § 263 Rn. 74.

522 Vgl. OLG Celle RÜ 2012, 234.

523 Vgl. LK-Tiedemann § 263 Rn. 90;Sch/Sch/Perron § 263 Rn. 52, 73.

sehenden Auges einen unrichtigen Titel schaffen. Hat er – aus welchen Quellen auch immer – Kenntnis davon, dass der zur Rechtfertigung eines Mahnantrages vorgebrachte Tatsachenvortrag entgegen der sich auch insoweit aus § 138 Abs. 1 ZPO ergebenden Verpflichtung zum wahrheitsgemäßen Vorbringen unwahr ist und der geltend gemachte Anspruch deshalb nicht besteht, muss er den Antrag zurückweisen. Erlässt er den beantragten Bescheid, geschieht dies daher regelmäßig in der allgemeinen – nicht notwendig fallbezogenen aktualisierten – Vorstellung, dass die nach dem Verfahrensrecht ungeprüft zu übernehmenden tatsächlichen Behauptungen des Antragstellers pflichtgemäß aufgestellt wurden und wahr sind.[524]

c) U jun. wollte, dass der Rechtspfleger einen Mahnbescheid erließ. Dieser sollte – nach Ablauf der Widerspruchsfrist und einem entsprechenden Antrag des U jun. – die Grundlage für einen Vollstreckungsbescheid gemäß § 699 ZPO gegen B sein. Dieser Vollstreckungsbescheid hätte nach § 794 Abs. 1 Nr. 4 ZPO die Zwangsvollstreckung in das Vermögen des B ermöglicht. Schon dadurch wäre ein Gefährdungsschaden zulasten des B ausgelöst worden.

d) Angesichts solcher Zwischenschritte wird im Schrifttum argumentiert, der Eintritt dieses Vermögensschadens beruhe gar nicht mehr auf einem etwaigen Irrtum des Rechtspflegers bei Erlass des Mahnbescheides, sondern auf dem Verhalten des Antragsgegners und der Einhaltung der ZPO-Vorschriften über das Mahnverfahren.[525] Dem kann jedoch nicht gefolgt werden: Da der Mahnbescheid die Grundlage für den Vollstreckungsbescheid bildet und Täuschung sowie Irrtum für den Mahnbescheid ursächlich sein sollten, hätte auch Ursächlichkeit für den Vollstreckungsbescheid bestanden.[526]

e) U jun. wollte sich durch den Zugriff auf das Vermögen des B rechtswidrig und stoffgleich bereichern. Er hatte damit Tatentschluss.

2. Da mit der Beantragung des Mahnbescheids bereits die entscheidende zivilprozessuale Hürde für die Gefährdung des Vermögens des B überwunden war, hat U jun. gemäß § 22 nach seiner Tatvorstellung auch zur Tatbestandverwirklichung **unmittelbar angesetzt.**[527]

3. Er handelte auch rechtswidrig und schuldhaft.

Ergebnis: U jun. ist strafbar wegen Betrugsversuchs.

Zum Computerbetrug im **automatisierten Mahnverfahren** unten Rn. 460.

---

524 BGH RÜ 2012, 234.

525 Sch/Sch/Perron Rn. 52, 73.

526 OLG Celle RÜ 2012, 234.

527 BGHSt 24, 257, 261; OLG Celle RÜ 2012, 234; a.A. NK-Kindhäuser § 263 Rn. 376, der auf den Antrag auf Erlass des Vollstreckungsbescheids abstellt.

cc) Ein betrugsrelevanter Irrtum liegt nicht mehr vor, wenn der Verfügende ohne intellektuelle Einwirkung eine Tatsache nur nicht kennt, sog. **ignorantia facti**. 333

Beispiel: Der Schiffsführer weiß nicht, dass ein blinder Passagier an Bord ist.

Dasselbe gilt, wenn sich der Verfügende über einen bestimmten Umstand überhaupt keine Gedanken gemacht hat, weil ihm dieser **gleichgültig** ist.

Beispiel: Der Busfahrer, der selbst die Fahrscheine nicht kontrolliert, macht sich keine Gedanken – auch nicht i.S.e. Begleitbewusstseins, dass „alles in Ordnung" sei – über die Berechtigung seiner Fahrgäste.

b) Wissenszurechnung auf Opferseite

Bei Betrugstaten zum Nachteil von Behörden, Körperschaften oder Personenmehrheiten hat häufig ein Repräsentant des Geschädigten irrtumsbedingt die vermögensschädigende Verfügung vorgenommen; in der Sphäre des Verfügenden gab es aber eine weitere Person, z.B. einen Vorgesetzten oder eine nachgeordnete Person, die die Unwahrheit kannte, den Verfügenden jedoch nicht aufgeklärt hat. Hier ist beim Irrtum zu diskutieren, ob sich der Verfügende die Kenntnis der Unwahrheit der anderen aus dem Unternehmen stammenden Person zurechnen lassen muss.[528] 334

Kennt in einer Hierarchie die Leitungsperson die wahren Umstände, nicht aber der handelnde Untergebene, entfällt nach h.M. ein Irrtum i.S.d Betruges.[529] Infrage kommt dann aber Untreue durch die Leitungsperson gemäß § 266 und Anstiftung dazu durch den Außenstehenden,[530] sofern die Leitungsperson nicht ihrerseits durch unvollständige Angaben getäuscht wurde.[531] 335

Kennt im umgekehrten Fall nur ein nachgeordneter Mitarbeiter die wahren Umstände, **nicht aber die Leitungsperson**, so gibt es keine Wissenszurechnung „von unten nach oben". Hat der nachgeordnete Mitarbeiter kollusiv mit dem Täter zusammengewirkt, sind dann beide Mittäter des Betruges zum Nachteil des Unternehmens.[532] 336

528 Zu weiteren Konstellationen LK-Tiedemann § 263 Rn. 82.
529 BGH NStZ 2006, 623.
530 Rengier § 13 Rn. 54, 56.
531 BGH NStZ 2008, 339.
532 BayObLG NStZ 2002, 91.

Täuschung und Irrtum bei § 263

Bezugsgegenstand muss eine **Tatsache** sein. Das sind alle konkreten Geschehnisse oder Zustände der Vergangenheit, die äußere oder innere Vorgänge betreffen und dem Beweis zugänglich sind.

Täuschung ist jede Behauptung oder pflichtwidrige Nichtrichtigstellung einer unwahren Tatsache

- Ausdrückliche Lüge
- Schlüssige Miterklärung, insbes.
  - der Berechtigung zur Verfügung über ein Recht
  - der Kostenlosigkeit einer Leistung
  - des aktuellen Erfüllungswillens und -fähigkeit im Zeitpunkt der Fälligkeit
  - des Vorliegens der Geschäftsgrundlage
  - der Manipulationsfreiheit des Vertragsgegenstandes
- Durch Unterlassen bei Bestehen einer Aufklärungspflicht (§ 13) aus:
  - Gesetz
  - pflichtwidrigem Vorverhalten
  - vertraglich begründeter Gewährübernahme
  - Treu und Glauben in Ausnahmefällen

(kausaler) **Irrtum** ist jede Fehlvorstellung über Tatsachen (die Gegenstand der Täuschung waren)

- Bewusstseinsgrade
  - Annahme als sicher
  - Annahme als möglich trotz vorhandender Zweifel
  - unreflektiertes Begleitbewusstsein „in Ordnung" bei hinreichender Tatsachengrundlage
- Der Irrtum muss auf der Täuschung beruhen.

3. Vermögensverfügung

337 Ungeschriebenes Tatbestandsmerkmal des Betruges ist die **Vermögensverfügung**. Hierdurch wird sichergestellt, dass § 263 seinen Charakter als **Selbstschädigungsdelikt** bewahrt.

Vermögensverfügung ist jedes Tun, Dulden oder Unterlassen des Getäuschten, das unmittelbar zu einer Vermögensminderung führt.

Die Vermögensverfügung muss nicht – wie im Zivilrecht – ein Rechtsgeschäft sein! Es genügt prinzipiell jedes Verhalten, sofern es nur Vermögensbezug aufweist.

Beispiele:

Einem Jugendlichen wird minderwertige Ware aufgeschwatzt. – Vollendeter Betrug mit Vermögensverfügung durch **„Handeln"**, weil der Jugendliche den Kaufpreis bezahlt hat. Auf die zivilrechtliche Wirksamkeit des Geschäfts kommt es nicht an!

Der Täter spiegelt der Ehefrau des Künstlers vor, ihr Mann habe ihm erlaubt, sich ein Bild auszusuchen. – Vollendeter (Besitz-)Betrug mit einer Vermögensverfügung in Form der **„Duldung"**.

Der Automieter gibt dem Vermieter das Mietfahrzeug zurück, an dem er zuvor den von ihm verursachten Lackschaden mit Straßenschmutz kaschiert hat. Der Vermieter bemerkt den Schaden deshalb nicht und nimmt das Fahrzeug unbeanstandet entgegen. – Vollendeter Betrug zulasten des Vermieters, dem sein Schadensersatzanspruch verschleiert wurde und der infolgedessen eine Vermögensverfügung durch **„Unterlassen"** (nämlich: keine Beweissicherung des Anspruchs) vorgenommen hat.

Die inhaltlichen Anforderungen unterscheiden sich, je nachdem, ob Gegenstand des Betruges ein **Recht** bzw. eine **Forderung** ist oder ob es um den **Besitz an einer Sache** geht, denn im letzteren Fall muss das Selbstschädigungsdelikt des Betruges randscharf vom Fremdschädigungsdelikt des Diebstahls abgegrenzt werden (dazu unten Rn. 379 ff.).

a) Vermögensverfügung beim Rechts- und Forderungsbetrug

aa) Kein Verfügungsbewusstsein erforderlich

Eine Vermögensverfügung liegt beim Verzicht auf die Geltendmachung oder Be- **338**
weissicherung von Forderungen und Rechten auch dann vor, wenn der Getäuschte den Vermögensbezug seines Verhaltens gar nicht bemerkt, denn die Täuschung dient bei einem Betrug gerade dazu, dem Getäuschten die vermögensmindernde Wirkung seines Verhaltens zu verschleiern.[533]

S. dazu das vorangegangene **Beispiel** der Täuschung über den Schaden am Mietwagen.

bb) Kausalität und Motivationszusammenhang zwischen Irrtum und Verfügungsverhalten

Die Verfügung muss durch den Irrtum verursacht und motiviert worden sein. Für diesen **339**
psychischen Kausalzusammenhang kommt es in Anwendung der conditio-sine-qua-non-Formel nur darauf an, ob sich der Irrtum **tatsächlich auf die Willensbildung** ausgewirkt hat. Ob sich der Getäuschte auch ohne die Täuschung zu derselben Verfügung veranlasst gesehen hätte, ist unbeachtlich, weil für die Kausalität hypothetische Ersatzbedingungen außer Betracht bleiben.[534]

Deshalb ist entgegen dem BGH[535] Betrug an Krebspatienten zu bejahen, die im Glauben an tatsächlich nicht vorhandene Wirknachweise ein Krebsmittel überteuert erworben haben, auch wenn sie es als letzte Hoffnung vielleicht auch dann gekauft hätten, wenn keine Wirknachweise vorgetäuscht worden wären.

cc) Vermögensminderung und Vermögensbegriffe

Das Vermögen muss infolge der Verfügung um eine Position entwertet sein, der **mate-** **340**
rieller Wert zukommt und als Gut des Wirtschaftsverkehrs angesehen wird. Was zum Vermögen gehört, ist schon seit vielen Jahren Gegenstand einer heftigen wissenschaftlichen Diskussion.

Aufbau: *Der Streit um die Vermögensbegriffe kann also schon beim Tatbestandsmerkmal der Vermögensverfügung auftauchen, nämlich immer dann, wenn schon zweifelhaft ist, ob das, was der Getäuschte infolge seines Irrtums preisgegeben hat, überhaupt Vermögenswert besitzt.*

---

533 BGHSt 14, 170, 172; Rengier § 13 Rn. 65.
534 Vgl. LK-Tiedemann § 263 Rn. 123.
535 BGH RÜ 2009, 784.

(1) Die strafrechtlichen Vermögensbegriffe

341 Nicht durchgesetzt hat sich der sog. ***personale Vermögensbegriff***, der unter „Vermögen" die wirtschaftlichen Möglichkeiten des Rechtssubjekts versteht, die auf der Herrschaftsgewalt über Objekte beruhen, unabhängig von einem etwa vorhandenen Veräußerungswert.[536]

342 In der Lit. wurde früher der ***rein juristische Vermögensbegriff*** vertreten, der zum Vermögen alle subjektiven Rechte unabhängig von ihrem wirtschaftlichen Wert zählte.[537] Dieser Vermögensbegriff berücksichtigte nicht, dass es auch geldwerte Güter ohne zivilrechtliche Konkretisierung in Form eines Anspruchs gibt (z.B. der „good will" eines Unternehmens) und dass es umgekehrt wirtschaftlich wertlose Ansprüche gibt (z.B. bei Vermögenslosigkeit des Verpflichteten). Dieser Vermögensbegriff hat deshalb nur noch rechtshistorische Bedeutung.

343 **Nach dem *juristisch-ökonomischen Vermögensbegriff* gehören zum Vermögen nur solche Positionen, die einen wirtschaftlichen Wert haben und nicht von der Rechtsordnung missbilligt werden.** Hauptargument: Die Rechtsordnung würde sich in Widerspruch zu sich selbst setzen, wenn das, was in einem Teil unserer Rechtsordnung – insbesondere dem Zivilrecht – verboten oder sittenwidrig ist, mit Mitteln des Strafrechts durchgesetzt würde.[538]

344 **Der *wirtschaftliche Vermögensbegriff* versteht unter Vermögen die Gesamtheit der wirtschaftlichen Güter eines Rechtsträgers, unabhängig davon, ob sie diesem rechtlich zustehen oder nicht.** Hauptargument: Es gibt kein strafrechtlich ungeschütztes Vermögen.[539]

Die **Rspr.** vertritt zwar im Grundsatz den wirtschaftlichen Vermögensbegriff.[540] In zahlreichen Einzelfällen, in denen die Bejahung eines Vermögensschadens im Zusammenhang mit sittenwidrigen oder verbotenen Vorgängen zu krasse Wertungswidersprüche erzeugen würde, korrigiert die höchstrichterliche Rspr. das Ergebnis **„normativ"** mit Argumenten der juristisch-ökonomischen Vermögenslehre.[541]

(2) Konsens zwischen den Vermögensbegriffen: Vermögen ist nur, was Wert hat und auch zum Wirtschaftsverkehr gehört

Die Vermögensbegriffe **stimmen insoweit überein**, als sie zunächst voraussetzen, dass die fragliche Position zum **Wirtschaftsverkehr** gehören muss.

(a) Wirtschaftlichen Wert haben:

345 ■ Alle **Nutzungs- und Verwertungsrechte** einschließlich des **Anwartschaftsrechts**.

346 ■ Alle **zivilrechtlich wirksamen Ansprüche** auf eine vermögenswerte Leistung, sofern sie nicht wegen Vermögenslosigkeit des Schuldners uneinbringlich sind.[542]

---

536 Otto § 38 Rn. 7.

537 Vgl. Binding, Lehrbuch Bd. 1, S. 238.

538 LK-Tiedemann § 263 Rn. 132; SK-Hoyer § 263 Rn. 112 f.; Sch/Sch/Perron § 263 Rn. 82 f.; Wessels/Hillenkamp/Schuhr Rn. 532.

539 Krey/Hellmann/Heinrich Rn. 433.

540 BGH StV 2018, 27.

541 BGHSt 4, 373; BGH JR 1988, 125; BGH NStZ 2001, 534; BGH RÜ 2009, 30, 32; vgl. auch Saliger HRRS 2012, 363.

542 LK-Tiedemann § 263 Rn. 157.

Vermögenswert hat nach § 1 i.V.m. § 2 S. 2 ProstG auch die Forderung der Prostituierten auf das **vereinbarte Entgelt für die von ihr erbrachten sexuellen Dienste**. Hat der Kunde also von vornherein seine Zahlungswilligkeit vorgetäuscht, kann dies einen Betrug gemäß § 263 begründen. Wird die Prostituierte nach entgeltlich vereinbartem Geschlechtsverkehr gezwungen, auf ihre Forderung zu verzichten, liegt hierin regelmäßig eine Erpressung, § 253. **347**

Aber: Wird die Prostituierte schon **zu sexuellen Handlungen gezwungen**, liegt hierin vom Standpunkt eines normativ korrigierten Vermögensbegriffs keine Erpressung gemäß § 253: Das ProstitutionsG hat danach **nur die vereinbarte** sexuelle Handlung der rechtlichen Missbilligung entzogen; eine erzwungene sexuelle Handlung wird von der Rechtsordnung weiterhin uneingeschränkt missbilligt und kann deshalb keinen Vermögenswert besitzen – auch nicht unter dem Gesichtspunkt der Ausnutzung von „Arbeitskraft" (s.u. Rn. 350). Bei Erzwingung des Sexualverkehrs liegt also keine Erpressung vor, sondern eine sexuelle Nötigung im besonders schweren Fall gemäß § 177 Abs. 2 Nr. 5 i.V.m. Abs. 6 S. 2 Nr. 1.[543]

- Vermögenswert haben auch sog. **Exspektanzen**, also tatsächliche Erwerbsaussichten, die nicht nur vage und unbestimmt, sondern bereits soweit konkretisiert sind, dass ihnen der Geschäftsverkehr schon für die Gegenwart einen wirtschaftlichen Wert beimisst.[544] **348**

Beispiele: Gewinnerwartung durch den festen Kundenstamm oder good will eines Unternehmens;[545] Gewinnerwartung durch Verkauf einer Sache, sofern der Verkaufsgewinn nach der Marktlage auch wahrscheinlich ist;[546] die Erwartung auf Zuschlag bei einem Ausschreibungswettbewerb (Submission) vor einem anderen Konkurrenten, die dieser durch Schmiergeldzahlungen vereitelt hat.[547]

Gegenbeispiele: Nicht hinreichend sicher und damit noch kein Vermögensbestandteil ist die Gewinnerwartung aus einer **hochspekulativen Kapitalanlage**;[548] auch die Aussichten auf ein **testamentarisches oder gesetzliches Erbe** zu Lebzeiten des Erblassers sind noch keine hinreichend sichere Exspektanz.[549]

- Die **Gewinnchance**, also die durch Spieleinsatz erkaufte Möglichkeit, überhaupt Gewinn erzielen zu können, hat bereits Vermögenswert. **349**

Beispiele: Betrug ist also möglich durch Zurückhalten des Gewinnloses oder durch Ausschalten der Gewinnausschüttung eines Geldspielautomaten.[550]

- Vermögenswert hat schließlich auch die **Arbeitskraft**, sofern für sie im Alltagsleben üblicherweise eine Gegenleistung verlangt wird. Ob das Opfer die Möglichkeit gehabt hätte, seine Arbeitskraft anderweitig gewinnbringend zu verwerten oder ob der Täter eine Verbesserung seiner wirtschaftlichen Gesamtlage erreicht, ist dabei unbeachtlich.[551] **350**

Zum Vermögenswert von Arbeitskraft im Zusammenhang mit nichtigen Verträgen s.u.

543 Vgl. BGH NStZ 2011, 534; BGH RÜ 2013, 783.
544 LK-Tiedemann § 263 Rn. 135.
545 Vgl. RGSt 71, 331, 334.
546 BGH NJW 1991, 2573; BGH NJW 2004, 2603.
547 BGHSt 17, 149.
548 OLG Köln NStZ 2000, 481.
549 Rengier § 13 Rn. 126.
550 BGHSt 8, 289.
551 BGH NStZ, 2001, 258.

(b) Nicht zum Wirtschaftsverkehr gehören:

351 **Geldstrafen i.S.v. § 40, Geldbußen i.S.v. § 17 OWiG, Verwarnungsgelder gemäß § 56 OWiG oder Geldauflagen nach § 153 a StPO**, weil diese ausschließlich sanktionsrechtliche Funktion haben.[552] Täuschungshandlungen, die auf die Vermeidung solcher Zahlungen gerichtet sind, erfüllen also nicht den Betrugstatbestand.

(c) Umstrittene Vermögenspositionen

***Hinweis**: Die nachfolgenden Konstellationen sind **Klausurklassiker** des Betruges!*

Fall 17: Schutz verbotenen Vermögens

A erbot sich gegenüber F, einem Funktionär des sog. „Islamischen Staates" (IS), u.a. in Deutschland Terrorakte zu begehen und erhielt aus dem Vermögen der Terrororganisation für die Beschaffung der Tatmittel 180.000 €. Tatsächlich hatte er nie vor, Terroranschläge auszuführen, sondern wollte das Geld für eigene Zwecke verbrauchen. Strafbarkeit des A? Die §§ 89 c, 129 a, 261 sind nicht zu prüfen.

RÜ-Video 07/18

Fall abgewandelt nach BGH RÜ 2018, 440 mit RÜ-Video 07/18 unter t1p.de/trlw.

I. In Betracht kommt eine Strafbarkeit des A wegen **Sichbereiterklärens zur Begehung eines Mordes** gemäß **§§ 211, 30 Abs. 2 Var. 1**. Diese Modalität erfasst zwar das Sicherbieten zur Begehung eines Verbrechens. Jedoch muss die Erklärung darauf gerichtet sein, sich gegenüber dem Adressaten zu binden und daher von dem Willen getragen sein, die Tat ggf. zu begehen.[553] Daran fehlt es hier.

II. A könnte sich aber wegen **Betruges** zum Nachteil des IS gemäß **§ 263 Abs. 1** strafbar gemacht haben, indem er dem A seine Anschlagspläne unterbreitete.

1. A hat den F über seine Bereitschaft zur Begehung von Mordtaten getäuscht und dadurch bei diesem einen Irrtum hierüber erregt.

352 2. Hierdurch hat er F zur Auszahlung von 180.000 € aus dem Vermögen des IS veranlasst. Fraglich ist, ob es sich dabei um eine Vermögensverfügung handelt. Das setzt voraus, dass das Vermögen des IS strafrechtlich überhaupt geschützt ist. Dagegen bestehen hier Bedenken, weil davon auszugehen ist, dass das Geld durch Straftaten erlangt worden ist und dass § 89 c Abs. 1 das Sammeln von Vermögenswerten zu terroristischen Zwecken sogar ausdrücklich unter Strafe stellt.

   a) Nach **rein wirtschaftlichem Verständnis** spielen diese Umstände keine Rolle. Entscheidend ist die Werthaltigkeit des Vermögensgegenstandes.

   b) Der **juristisch-ökonomische Vermögensbegriff** erfasst die Gesamtheit der wirtschaftlichen Güter einer Person, soweit sie ihr unter dem Schutz der Rechtsordnung zustehen. Danach ist das Vermögen einer Terror-Organisation wie des IS strafrechtlich nicht schutzwürdig.

---

552 Vgl. Sch/Sch/Perron § 263 Rn. 151; i.E. OLG Karlsruhe NStZ 1990, 282; BayObLG JR 1991, 433; OLG Köln StraFo 2001, 352, 354.

553 BGH NStZ 2015, 455; dazu auch AS-Skript StrafR AT 2 (2021), Rn. 162.

c) Die **Rspr.** schließt sich dieser Auffassung nicht an. **Die Rechtsordnung kenne im Bereich der Vermögensdelikte kein wegen seiner Herkunft, Entstehung oder Verwendung schlechthin schutzunwürdiges Vermögen.** Hiernach genießt sogar das Vermögen des IS strafrechtlichen Schutz.[554]

d) **Kritik**: Für diese Auffassung sprechen kriminalpolitische Erwägungen: Gäbe es trotz objektiver Werthaltigkeit strafrechtlich ungeschütztes Vermögen, gäbe es im Verbrechermilieu rechtsfreie Räume.

F hat damit durch Auszahlung der 180.000 € eine vermögensmindernde Verfügung zum Nachteil des IS vorgenommen.

3. Mangels eines vermögenswerten Äquivalents hat die Terrororganisation auch einen Vermögensschaden erlitten.

4. A handelte vorsätzlich, in der Absicht rechtswidriger Bereicherung, rechtswidrig und schuldhaft.

5. Da ab 50.000 € Schadenssumme ein Vermögensverlust großen Ausmaßes vorliegt, ist auch das Regelbeispiel des § 263 Abs. 3 S. 2 Nr. 2 Alt. 2 erfüllt.

Ergebnis: A ist strafbar wegen Betruges (in einem besonders schweren Fall).

Fall 18: Vermögenswert nichtiger Ansprüche

A hat dem Polizeibeamten B 500 € dafür versprochen, dass dieser die Anzeige wegen einer Verkehrsordnungswidrigkeit bis zum Eintritt der Verjährung „liegen lässt". Als B nach einigen Monaten Zahlung verlangt, gibt A ihm eine angeblich „echte Rolex" anstelle von Bargeld. Die Uhr ist eine wertlose Imitation, was B jedoch erst später bemerkt. Strafbarkeit des A?

I. In dem Anbieten einer Belohnung für die Nichtbearbeitung der OWi-Anzeige als amtspflichtwidrige Unterlassung liegt eine vollendete **Bestechung** gemäß **§§ 334 Abs. 1, 336**.

II. Durch die „Bezahlung" mit der Uhr könnte sich A wegen **Betrugs** gemäß **§ 263 Abs. 1 strafbar** gemacht haben.

1. A hat den B bei der Aushändigung der Uhr ausdrücklich über deren Echtheit und damit deren Wert getäuscht. Auch unterlag B einem entsprechenden Irrtum.

2. Fraglich ist, ob eine vermögensmindernde Verfügung angenommen werden kann. Die Entgegennahme der Uhr ist zugleich ein irrtumsbedingter Verzicht auf die Zahlung der von A versprochenen 500 €. Das zugrunde liegende Zahlungsversprechen ist aber wegen Verstoßes gegen §§ 332, 334 als beiderseitiges Verbotsgesetz gemäß § 134 BGB nichtig.

---

554 BGH RÜ 2018, 440.

353 Ob auch **zivilrechtlich nichtige Forderungen** zum Vermögen gehören und daher der Verzicht darauf vermögensmindernd sein kann, ist zwischen den Vertretern des wirtschaftlichen und denen des juristisch-ökonomischen Vermögensbegriffs umstritten:

a) **Nach dem wirtschaftlichen Vermögensbegriff können auch nichtige Verbindlichkeiten Vermögenswert** besitzen, und zwar dann, wenn sie aufgrund geschäftlicher, freundschaftlicher, sonstiger gesellschaftlicher oder anderer Beziehungen des „Schuldners" und seiner Zahlungsbereitschaft **faktisch realisierbar** sind, wobei nur Erpressungsmittel außer Betracht bleiben sollen.[555]

b) **Für den juristisch-ökonomischen Vermögensbegriff besitzen wegen Sittenwidrigkeit oder Gesetzesverstoßes nichtige Forderungen keinerlei Vermögenswert**. Nur bei Nichtigkeit aus Verstoß gegen Formvorschriften oder wegen fehlender Geschäftsfähigkeit – wenn also der Zweck des Geschäfts nicht im Widerspruch zur Rechtsordnung stehe – könne ausnahmsweise ein faktisch-wirtschaftlicher Wert bestehen.[556]

   Die **Rspr**. lehnt inzwischen[557] ebenfalls die Werthaltigkeit von Forderungen ab, die wegen gesetzlichen Verbots oder Sittenwidrigkeit nichtig sind.[558]

c) **Kritik**: Für diese Meinung spricht Folgendes: Die Zahlungswilligkeit und Bonität eines Beteiligten spielen für die Werthaltigkeit einer von der Rechtsordnung geschützten Forderung eine Rolle, können aber nicht überwinden, dass die Forderung schon gar nicht unter dem Schutz der Rechtsordnung und damit auch nicht des Strafrechts steht. Folglich scheidet vollendeter Betrug aus.

III. Für einen **versuchsbegründenden** Irrtum des A, eine Vermögensposition des B zu vereiteln, fehlen Anhaltspunkte.

Ergebnis: A hat sich nur wegen Bestechung strafbar gemacht.

Fall 19: Einsatz von Vermögenswerten für sittenwidrige oder verbotene Zwecke

(Abwandlung des Falles 17) B hat von vornherein nicht vor, die OWi-Anzeige unbearbeitet zu lassen. Er verlangt aber Vorkasse. A zahlt 500 € in bar. Hat sich B strafbar gemacht?

I. Infrage kommt **Bestechlichkeit, § 332 Abs. 1, Abs. 3 Nr. 1** i.V.m. **§ 336**. B hat sich einen Vorteil für die dienstpflichtwidrige Unterlassung versprechen lassen, die OWi-Anzeige nicht weiter zu bearbeiten. Für die Tatvollendung genügt bei zukünftigen Handlungen, dass sich der Amtsträger bereit gezeigt hat, die Pflichtverletzung zu begehen. Darauf, ob er sich tatsächlich pflichtwidrig verhalten hat oder dies wollte,

555 Krey/Hellman/Heinrich Rn. 618, 621.
556 Sch/Sch/Perron § 263 Rn. 92 f.
557 Anders BGHSt 2, 364, 369.
558 Im Zusammenhang mit Erpressung: BGH NStZ 2001, 534; BGH NStZ 2008, 626.

kommt es nicht an. B handelte vorsätzlich, rechtswidrig und schuldhaft. Er hat sich wegen Bestechlichkeit strafbar gemacht.

II. Dadurch dass sich B die 500 € erschlich, könnte er sich auch wegen Betruges gemäß **§ 263 Abs. 1** gegenüber A strafbar gemacht haben.

1. Durch Verlangen der Vorkasse hat B den Willen zum Ausdruck gebracht, die Ordnungswidrigkeit nicht zu verfolgen. Diese innere Tatsache war unwahr, weil B den Vorgang tatsächlich weiterbearbeiten wollte. B hat den A also getäuscht.

2. A ist einer entsprechenden Fehlvorstellung unterlegen.

3. Fraglich ist, ob sein Irrtum eine Vermögensverfügung bewirkt hat.

a) Zu denken wäre zunächst an die Eingehung der Zahlungsverpflichtung. Diese war gemäß § 134 BGB i.V.m. §§ 332, 334 nichtig. Vermögenswert hätte sie nur nach dem ökonomischen Vermögensbegriff, der auf die faktische Durchsetzbarkeit abstellt, die hier wegen der Erfüllungswilligkeit des A bejaht werden kann. Dem ist jedoch – wie im Ausgangsfall dargelegt – nicht zu folgen.

b) A hat aber die 500 € aus seinem Vermögen bezahlt. Ob er das Eigentum verloren hat, weil auch die dingliche Einigung von der Nichtigkeit des Verpflichtungsgeschäfts erfasst sein könnte, ist dabei unerheblich.[559] Zumindest hat A willentlich den Besitz an seinem Geld und damit eine vermögenswerte Position verloren.

Umstritten ist, ob es der Vermögensminderung entgegensteht, dass die Vorauszahlung einem **verbotenen Zweck** diente, nämlich einer Bestechung. 354

aa) Einzelne Vertreter des **juristisch-ökonomischen Vermögensbegriffs** verneinen in solchen häufigen (!) Fällen eine vermögensmindernde Verfügung trotz realer Wertminderung des Vermögens. **Wer zur Erfüllung eines verbotenen oder sittenwidrigen Geschäfts Vermögenswerte einsetze, verliere den Schutz der Vermögensdelikte, leiste also auf eigene Gefahr**, weil es einen unauflöslichen Wertungswiderspruch erzeugen würde, eine wirtschaftlich nutzbare Position als Vermögensbestandteil im Sinne des Strafrechts anzuerkennen, während andere Teile der Rechtsordnung deren Realisierung in jeglicher Beziehung verböten. Das zeigten sowohl § 817 S. 2 BGB, der eine Rückforderung bei beiderseitigem Sittenverstoß ausschließe, als auch § 73, wonach das Strafgericht sogar verpflichtet ist, das zur Begehung einer Straftat eingesetzte Geld einzuziehen.[560]

bb) **Ganz überwiegend bejaht die juristisch-ökonomische Lehre eine Vermögensminderung auch bei Verfolgung verbotener Zwecke**. Andernfalls erhalte der Schädiger einen „Freibrief", sich ungestraft Vermögenswerte zu verschaffen. § 817 S. 2 BGB versage nur die zivilrechtliche Rückabwicklung des verbotenen Geschäfts, enthalte aber wegen der un-

559 Vgl. dazu Palandt/Ellenberger § 134 Rn. 13.

560 Sch/Sch/Perron § 263 Rn. 150; Hecker JuS 2001, 228; Kindhäuser/Wallau NStZ 2003, 152; Mitsch JuS 2003, 122.

terschiedlichen Schutzrichtungen der Teilrechtsordnungen keine Wertung für das Strafrecht.[561] Die Rspr. schließt sich dieser Betrachtung an.[562]

Für die Vertreter der ökonomischen Vermögenslehre kommt es ohnehin nur auf den wirtschaftlichen Verlust des Geldes an.[563]

cc) **Kritik**: Dieser Meinungsgruppe ist zu folgen. Der Betroffene wird durch die täuschungsbedingte Weggabe ungeachtet der Zwecksetzung ärmer. Die Gegenmeinung kann nicht plausibel machen, warum ein nach der Zivilrechtsordnung ansonsten vollumfänglich geschützter Gegenstand nur durch eine subjektive Zweckbestimmung des Leistenden zum rechtsfreien Objekt werden soll.

A hat damit durch die Hergabe des Geldes über sein Vermögen verfügt.

4. Der Schaden liegt darin, dass er für das Weggegebene keinerlei vermögenswerte Gegenleistung erhalten hat.
5. B handelte vorsätzlich, in der Absicht rechtswidriger und stoffgleicher Bereicherung, rechtswidrig und schuldhaft.

Ergebnis: B ist strafbar wegen Bestechlichkeit in Tateinheit mit Betrug, § 52.

Fall 20: Vermögenswert verbotener oder sittenwidriger „Arbeitskraft"

Gastwirt G will sich an seinem Nachbarn N wegen einer Anzeige beim Ordnungsamt rächen. Er verspricht seinem Mitarbeiter, dem Kellner K, 500 € dafür, dass dieser den N krankenhausreif schlägt. Als K nach Ausführung seines Auftrags das Geld verlangt, stellt sich heraus, dass G die Belohnung nie zahlen wollte. Strafbarkeit der Beteiligten? Erforderliche Strafanträge sind gestellt.

A. **Strafbarkeit des K**

Durch das Niederschlagen des N hat K vorsätzlich, rechtswidrig und schuldhaft eine Körperverletzung gemäß **§ 223 Abs. 1** begangen. Der hierfür grundsätzlich nach § 230 Abs. 1 erforderliche Strafantrag ist gestellt.

B. **Strafbarkeit des G**

I. Durch das Versprechen der Belohnung hat G in K den Tatentschluss für dessen vorsätzliche und rechtswidrige Körperverletzung hervorgerufen und sich dadurch wegen Anstiftung zur Körperverletzung strafbar gemacht, **§§ 223, 26.** Auch hierfür ist ein Strafantrag erforderlich, der gestellt worden ist.

II. Infrage kommt ferner **Betrug an K** durch Versprechen der Belohnung, **§ 263 Abs. 1.**

---

561 Lackner/Kühl § 263 Rn. 35; Rengier § 13 Rn. 145.
562 BGH NStZ 2003, 151; KG NJW 2001, 86.
563 Krey/Hellmann/Heinrich Rn. 623.

1. G hat den K ausdrücklich über seinen aktuellen Willen getäuscht, nach Erfüllung des Auftrags die Belohnung von 500 € zu bezahlen.
2. K ist einem entsprechenden Irrtum unterlegen.
3. Fraglich ist, ob K dadurch zu einer Vermögensverfügung, d.h. zu einem unmittelbar vermögensmindernden Verhalten, veranlasst wurde.
   a) Ein wirksamer Dienstvertrag nach § 611 BGB, durch den K zur Ausführung der Körperverletzung verpflichtet worden wäre, ist wegen § 134 BGB – Verstoß gegen § 223 StGB als gesetzliches Verbot – nicht entstanden.
   b) Als mögliche Vermögensverfügung verbleibt nur der tatsächliche Einsatz der Arbeitskraft für die Ausführung des Auftrags. Grundsätzlich hat Arbeitskraft Vermögenswert, und zwar auch dann, wenn sie in Erfüllung eines nichtigen Vertrages erbracht wird. 355

   Fraglich ist, ob das auch dann gilt, wenn **die zu entfaltende Tätigkeit verboten und strafbar** war.

   aa) Vertreter des **ökonomischen Vermögensbegriffs** sehen auch in sittenwidrigen oder verbotenen Tätigkeiten einen Vermögensbestandteil, wenn dafür nur üblicherweise eine Gegenleistung gezahlt wird.[564] Nach dieser Auffassung hätte K eine vermögensmindernde Verfügung durch seine Tätigkeit als Schläger erbracht und wäre auch geschädigt worden, weil er die versprochene Gegenleistung nicht erhalten hat. G wäre wegen Betruges strafbar.

   bb) Die Vertreter des juristisch-ökonomischen Vermögensbegriffs und die Rspr. verneinen einhellig eine vermögensmindernde Verfügung. **Auch dann, wenn kriminelle Tätigkeit in der Lebenswirklichkeit kommerzialisiert ist (Auftragstäter), wird ihr zur Wahrung der Einheit der Rechtsordnung kein strafrechtlicher Vermögensschutz zuerkannt.**[565]

   cc) **Kritik**: Diese Meinung überzeugt. Was zivilrechtlich verboten und ungeschützt ist, kann durch das Strafrecht nicht geschützt sein. Anderenfalls wäre die Arbeitskraft des Lohnmörders oder Drogendealers notwehrfähiges Gut.

   G ist daher nicht wegen vollendeten Betruges strafbar.

III. Ein **Betrugsversuch** gemäß **§§ 263, 22 23** käme nur in Betracht, wenn sich G vorgestellt hätte, K um einen geschützten Vermögenswert zu bringen; ferner wenn ein solcher Rechtsirrtum den Tatentschluss begründen könnte und kein Wahndelikt wäre. Für eine Fehlvorstellung des G fehlen jedoch Anhaltspunkte.

Ergebnis: G ist strafbar wegen Anstiftung zur Körperverletzung.

Zum Vermögenswert **verbotenen Besitzes** unten Rn. 380.

564 Krey/Hellmann/Heinrich Rn. 619.
565 BGH NStZ 2001, 534 zu § 253; Sch/Sch/Perron § 263 Rn. 97.

(3) Vermögensgefährdung als Vermögensminderung

356 Das Vermögen ist immer dann gemindert, wenn tatsächlich ein Vermögenswert im vorgenannten Sinn aus dem Vermögen des Opfers abgeflossen ist. Ist dann für die Vermögensminderung kein wirtschaftliches Äquivalent zurückgeflossen, steht der Vermögensschaden fest (zu dessen Berechnung unten Rn. 389 ff.).

357 Darüber hinaus bejaht die h.M. einen Vermögensverlust auch schon dann, wenn zwar eine reale Minderung noch nicht eingetreten ist, sich die Gefahr dafür aber so verdichtet hat, dass bei wirtschaftlicher Betrachtung bereits eine Entwertung des Vermögens vorliegt. **Eine solche konkrete Vermögensgefährdung, der sog. Gefährdungsschaden, genügt also bereits für die Vollendung des Betruges gemäß § 263 (und der Untreue gemäß § 266 sowie der Erpressung gemäß § 253).**[566]

Das BVerfG hat diese Vorverlagerung des Vollendungszeitpunkts gebilligt: Mit der Gleichsetzung von Schaden (bei fehlender Gegenleistung) und Gefährdung tragen Rspr. und Schrifttum danach der Tatsache Rechnung, dass sich in einem marktorientierten Wirtschaftssystem die Preise über Angebot und Nachfrage bilden und dass sich daher auch die Zukunftserwartungen der Marktteilnehmer auf den erzielbaren Preis und damit den Wert von Gegenständen auswirken. Es stehe mit der wirtschaftlichen Praxis und mit dem – unter dem Blickwinkel des Bestimmtheitsgebots maßgebenden – allgemeinen Sprachgebrauch in Einklang, schon bei konkreter Gefahr eines künftigen Verlusts einen gegenwärtigen Nachteil anzunehmen. Erforderlich ist beim Gefährdungsschaden nach dem BVerfG aber eine wirtschaftlich nachvollziehbare Berechnung dieser Minderung anhand anerkannter Bewertungsverfahren und -maßstäbe.[567] In einer späteren Entscheidung zum Betrug durch Vertragsschluss – s. nachfolgend – präzisiert das BVerfG diese Anforderungen und verlangt eine konkrete **Bezifferung** und nachvollziehbare **Begründung** oder zumindest die tragfähige **Schätzung** eines **Mindestschadens**. Hierauf könne nur in einfach gelagerten und eindeutigen Fällen verzichtet werden.[568]

Klausurhinweis*: Beim Prüfungspunkt „vermögensmindernde Verfügung" können Sie strenggenommen noch nicht von einem Gefährdungsschaden sprechen, denn ob ein Schaden tatsächlich vorliegt, ergibt sich erst bei der späteren Bewertung einer etwaigen Gegenleistung und die wird erst beim Tatbestandsmerkmal „Vermögensschaden" geprüft (dazu unten Rn. 389).*

Folgende **Fallgruppen** zur Vermögensgefährdung als Vermögensminderung sollten bekannt sein:

(a) Eingehungs- und Erfüllungsbetrug

358 Die wichtigste Fallgruppe ist der **Eingehungsbetrug**. Dieser ist vorrangig **bei allen täuschungsbedingt zustande gekommenen Austauschverträgen** (und damit bei den meisten Betrügereien!) zu prüfen.

566 Vgl. BGHSt 23, 300; BGH NStZ 2004, 264.
567 BVerfG RÜ 2010, 638, 642, 643.
568 BVerfG RÜ 2012, 100, 105.

Von einem Eingehungsbetrug spricht man, wenn **schon in der täuschungsbedingten Eingehung der rechtsgeschäftlichen Verpflichtung als solcher wirtschaftlich gesehen eine Belastung des Vermögens liegt und der Verpflichtung kein gleichwertiger Anspruch gegenübersteht.**

Trotz rechtsgeschäftlicher Bindung ist ausnahmsweise bei einem Vertragsschluss **noch keine vermögensmindernde Gefährdung** gegeben: 359

- wenn der Täuschende zwar nicht leistungsfähig, aber **vorleistungspflichtig ist oder wenn das Opfer nur Zug um Zug leisten muss**;[569]
- oder wenn dem Getäuschten Rechte zustehen, die diesem eine **einseitige Loslösung vom Vertrag ohne Beweisschwierigkeiten** ermöglichen, insbesondere Widerrufsrechte nach Verbraucherschutzvorschriften[570] oder ein vertragliches, bedingungsloses Rücktrittsrecht.[571]

Die **Anfechtbarkeit** des Vertrages nach § 123 BGB bleibt aber ebenso wie eine dem Getäuschten unbekannte **Stornierungsbereitschaft** des Vertragspartners außer Betracht, weil es hier von Zufälligkeiten abhinge, ob der Getäuschte den Vertrag beseitigen kann.[572]

Liegt keiner dieser Ausnahmefälle vor, ist der Betrug schon **mit der Eingehung der vertraglichen Verpflichtung vollendet**. Zu einem Leistungsaustausch muss es dann gar nicht mehr gekommen sein. 360

Wurden in Fortwirkung der Täuschung bei Vertragsschluss die Leistungen tatsächlich ausgetauscht, können deren Werte zur Schadensbestimmung miteinander verglichen werden. Die Werte der gegenseitigen Forderungen „materialisieren" sich dann sozusagen darin. Die Erfüllung hat aber für den Täter keine strafbegründende Bedeutung mehr. Sie ist nur die tatsächliche Beendigung einer einheitlichen Betrugstat.[573] Vielfach wird diese Phase als **unechter Erfüllungsbetrug** bezeichnet.[574] 361

Klausurhinweis*: Diese tatbestandliche Verschmelzung von Eingehungs- und nachfolgender Erfüllungsphase zu einer tatbestandlichen Bewertungseinheit sollte man im Gutachten dadurch betonen, dass als Verfügung zusätzlich zur Eingehung der Verbindlichkeit auch die reale Erfüllungsleistung genannt wird. Sodann sind beim Merkmal „Vermögensschaden" die ausgetauschten tatsächlichen Leistungen miteinander zu vergleichen.*

Ein sog. **echter Erfüllungsbetrug** liegt dagegen dann vor, wenn der Inhaber eines vertraglichen Anspruchs erst aufgrund einer neuen Täuschung **im Zuge der Vertragsabwicklung** übervorteilt wird. Hier liegt der Betrug erst dann vor, wenn der Anspruchsinhaber täuschungs- und irrtumsbedingt zur Annahme einer Leistung als Erfüllung veranlasst wird, die im Verhältnis zu der vertraglich geschuldeten Leistung minderwertig ist.[575] 362

569 BGH NStZ 1998, 85; BGH RÜ 2018, 584, 585.
570 Vgl. BayObLG JZ 1986, 122; heute: §§ 312, 312 d, 355, 495 BGB.
571 Vgl. BGH bei Dallinger MDR 1971, 546.
572 Vgl. BGHSt 23, 300.
573 BGH NStZ 1997, 542.
574 BayObLG NJW 1999, 663; Lackner/Kühl § 263 Rn. 53.
575 Vgl. BGH RÜ 2016, 510.

(b) Anstellungsbetrug

363 Das Erschleichen einer Anstellung ist Unterfall des Eingehungsbetruges, weil der Tatbestand schon mit Abschluss des Arbeitsvertrages vollendet ist. Der Schwerpunkt liegt hier in der Schadensfeststellung. Dazu unten ausführlich Rn. 411 ff.

(c) Erschleichen eines Schuldscheins

364 Das Opfer wird durch Täuschung veranlasst, für eine nicht bestehende Forderung einen **Schuldschein** zu unterschreiben. – Vollendeter Betrug, denn mit dem Schuldschein hat der Täter ein urkundliches Beweismittel in der Hand, prozessual gegen den Aussteller vorzugehen und ihn zu einer rechtsgrundlosen Leistung zu zwingen.[576]

(d) Erschleichen einer Kreditkarte oder Geldautomatenkarte mit PIN

365 Vollendeter Betrug gegenüber und zulasten des **Kreditkartenunternehmens**, weil der Täter hier ungehinderten Zugriff auf das Vermögen des Unternehmens erlangt.[577] Soweit schon bei der Erlangung der Kreditkarte die Absicht bestand, diese später auch missbräuchlich einzusetzen, tritt § 266 b Abs. 1 Alt. 2 als mitbestrafte Nachtat zurück.[578]

366 Bei Ablisten von **Geldautomatenkarte und PIN** entweder durch Täuschung des Karteninhabers oder durch **Eröffnung eines Girokontos** liegt vollendeter Betrug im Sinne eines Gefährdungsschadens vor, weil der Täter mit Erlangung aller Zugangsvoraussetzungen ungehindert auf das Vermögen der Bank zugreifen kann.[579]

(e) Stundungsbetrug, Aufrechnungsbetrug

367 Hier gewährt der Gläubiger dem Schuldner täuschungsbedingt ein Zahlungsziel oder er rechnet mit einer Gegenforderung auf, die ins Leere geht. In beiden Fällen kann eine Vermögensminderung darin liegen, dass sich infolge des Zeitablaufs die Realisierbarkeit der Forderung des Getäuschten verschlechtert hat (und der Täter dies wusste).[580] War der Schuldner schon im Zeitpunkt der Stundung **nicht mehr zahlungsfähig und existierte auch kein vollstreckungsfähiges Vermögen**, war die Forderung schon zur Zeit der Stundung wirtschaftlich wertlos. Folglich hat der Getäuschte durch die Gewährung des Zahlungsziels nichts verloren, was er vordem besessen hätte. Betrug scheidet aus.[581]

(f) Prozessbetrug

368 Auch der Prozessbetrug gehört in die Kategorie der Vermögensgefährdung, denn mit täuschungsbedingter Erlangung eines vollstreckbaren Urteils oder eines anderen vollstreckbaren Titels ist die Tat vollendet (ausführlich oben Rn. 327 ff.).

576 BGHSt 34, 394 zum Parallelproblem bei der Erpressung.
577 BGHSt 33, 244.
578 Fischer § 266 b Rn. 24, str.
579 BGH RÜ 2017, 32.
580 BGHSt 1, 262, 264; BGH StraFo 2004, 359.
581 BayObLG NStZ 2004, 503; BGH RÜ 2018, 644.

dd) Unmittelbarkeit

Die täuschungsbedingte Minderung des Vermögens muss „unmittelbar" eingetreten sein. **Unmittelbarkeit bedeutet, dass das irrtumsbedingte Verhalten des Getäuschten die Vermögensminderung auslöst, ohne dass dafür noch zusätzliche deliktische Zwischenhandlungen des Täters erforderlich sind.**[582] Dadurch wird der Charakter des § 263 als Delikt der Selbstschädigung abgesichert, denn an der Unmittelbarkeit fehlt es, wenn der Getäuschte dem Täter irrtumsbedingt lediglich die tatsächliche Möglichkeit verschafft, den Schaden durch eine weitere deliktische Handlung und damit letztlich durch eine Fremdschädigung herbeizuführen.[583] 369

Beispiel hierzu ist das Erschleichen einer Blankounterschrift: Da der Täter allein damit noch keinen Vermögenszugriff hat, fehlt es beim Erschleichen eines Blanketts an einer unmittelbar vermögensmindernden Verfügung. Der Schaden tritt vielmehr erst nach Urkundenfälschung durch den Blankettnehmer ein.[584]

Das Erfordernis der Unmittelbarkeit schließt nicht aus, dass die Vermögensminderung durch eine **mehraktige Verfügung** eintritt. Hieran sind mehrere Personen beteiligt (z.B. der getäuschte Geschäftsinhaber erteilt dem Täter ein schriftliche Anweisung an die Buchhaltung, eine Geldsumme an den Täter auszuzahlen). Vollendet ist der Betrug in solchen Fällen dann, wenn die täuschungsbedingte Anweisung die Einflusssphäre des Opfers verlassen hat, von diesem also nicht mehr ohne Weiteres gestoppt werden kann und der Täter von ihr zeitnah Gebrauch machen will.[585] 370

Liegt der Vermögensnachteil schon in einer **konkreten Vermögensgefährdung**, weil der Täter durch die Täuschung ungehinderten Zugriff auf das Vermögen erlangt hat, ist der Betrug bereits damit vollendet. Die deliktischen Handlungen, welche die Gefährdung realisieren, brauchen zur Tatvollendung nicht mehr vorgenommen zu werden. Sie begründen nur eine Schadensvertiefung. Demzufolge schadet es auch nicht, dass zwischen der Verfügung des Opfers, die die konkrete Gefährdung herbeigeführt hat, und der Schadensrealisierung gar keine Unmittelbarkeitsbeziehung mehr besteht. **Im Bereich des Gefährdungsschadens kommt es nur darauf an, dass die Vermögensverfügung unmittelbar die Gefährdung ausgelöst hat.** 371

ee) Zurechnung vermögensmindernder Handlungen eines getäuschten Dritten gegenüber dem Vermögensträger (Dreiecksbetrug)

Getäuschter und Verfügender müssen stets dieselbe Person sein, weil sonst die Täuschung nicht motivierend gewirkt haben kann. **Dagegen müssen Verfügender und Vermögensinhaber nicht identisch sein**. Möglich ist deshalb auch ein sog. **Dreiecksbetrug**. Da aber nicht alle Vermögensschädigungen durch eine zwischengeschaltete und gutgläubige Person Betrug sind, muss zwischen dem Verfügenden und dem Vermögensträger eine **besondere Beziehung** bestanden haben, die es rechtfertigt, die 372

582 Vgl. SK-Hoyer § 263 Rn. 160 mit Kritik der Gegenansichten.

583 Ständige Rspr., zuletzt BGH NJW 2005, 2789.

584 Vgl. OLG Düsseldorf NJW 1974, 1833; a.A. Sch/Sch/Perron § 263 Rn. 61.

585 Vgl. BGH NStZ 2014, 578.

Handlungen des Dritten dem betroffenen Vermögensträger wie eine Selbstschädigung zuzurechnen. Dies gilt nach h.M. **auch für Forderungs- und Rechtsbetrug.**[586]

Klausurhinweis: *Wenn Sie § 263 als Dreiecksbetrug prüfen, sollten Sie im Einleitungssatz stets schreiben: „Dadurch dass … könnte sich A wegen Betruges gemäß § 263 Abs. 1* ***gegenüber …*** *(hier ist die Person des Dritten zu benennen) und* ***zulasten …*** *(hier ist die Person des Vermögensträgers zu benennen) strafbar gemacht haben."*

373 Handlungen eines Dritten sind dem Vermögensträger immer zuzurechnen, wenn dieser **ermächtigt** war, über das Vermögen des Geschädigten zu disponieren.

Hauptfälle: Gesetzliche, behördliche oder rechtsgeschäftliche **Vertreter** des geschädigten Vermögensträgers; beim **Prozessbetrug der Richter oder der Rechtspfleger** (s.o. Rn. 327 ff.)

374 Umstritten ist, ob auch jenseits solcher Verhältnisse Dreiecksbetrug möglich ist. Hauptfall beim Rechtsbetrug ist der gutgläubige Erwerb:

Fall 21: Eigentumserwerb vom Nichtberechtigten; Gefährdungsschaden; Dreiecksbetrug

E hat dem V für die Urlaubszeit sein Mountainbike geliehen. Schon bei seiner ersten Geländefahrt im Schwarzwald verlassen V die Kräfte. Zufällig kommt der Wanderer W daher und hört den Unmut des V. Er bietet V an, dessen Rad zu kaufen. V verlangt 150 €, der Unbekannte zahlt in bar und radelt davon. Strafbarkeit des V?

I. V könnte sich durch die Veräußerung des Rads wegen **Betrugs gegenüber und zulasten W** gemäß **§ 263 Abs. 1** strafbar gemacht haben.

1. Durch die Verkaufsverhandlungen hat V schlüssig vorgespiegelt, verfügungsberechtigter Eigentümer des Fahrrades zu sein.
2. Bei dem Erwerber, der von dem Eigentum des V ausging, ist durch den Verkauf der Irrtum über die Verfügungsbefugnis des V bestärkt, also unterhalten worden.
3. Infolge des Irrtums wurde W zum Abschluss des Kaufvertrages und zur Zahlung von 150 € als unmittelbar vermögensmindernde Verfügungen veranlasst.

375 4. Zweifelhaft ist, ob dem Käufer dadurch ein Vermögensschaden entstanden ist, denn Zug um Zug für das Geld erhielt er das Fahrrad. Ein Vermögensschaden i.S.d. Betruges liegt vor, **wenn der wirtschaftliche Gesamtwert des betroffenen Vermögens durch die Verfügung des Getäuschten vermindert wurde.** Daran fehlt es, wenn unmittelbar durch die Verfügung eine Gegenleistung erlangt wurde, die das Vermögen ausglich.

a) Der Verkäufer einer Sache ist nach § 433 Abs. 1 S. 1 BGB verpflichtet, dem Käufer Besitz und Eigentum an der Sache zu verschaffen. Hier haben sich V und W über den Eigentumsübergang an dem Fahrrad geeinigt und V hat das Rad dem Erwerber übergeben. Zwar war V nicht der Eigentümer der Sache i.S.v. § 929 BGB, doch war der Erwerber hinsichtlich der Berechtigung des V gutgläubig, § 932 BGB. Da dem E das Rad nicht abhanden gekommen war, ist der Gutglau-

586 LK-Tiedemann § 263 Rn. 117.

benserwerb auch nicht nach § 935 Abs. 1 BGB ausgeschlossen. V hat Besitz und Eigentum auf den Erwerber übertragen.

b) Obwohl W damit, rein rechtlich gesehen, das erhalten hat, was er zu beanspruchen hatte, fragt sich, ob der **Gutglaubenserwerb im Vergleich zum Erwerb vom Berechtigten wirtschaftlich gleichwertig** ist. **376**

aa) Die späte Rspr. des RG hat dies verneint, weil der gutgläubige Erwerb mit einem „sittlichen Makel" behaftet sei, der die Sache „nach gesundem Volksempfinden als minderwertig" erscheinen lasse (sog. ***Makeltheorie***).[587]

Klausurhinweis: *„Makeltheorie" ist heute nur noch eine Eselsbrücke für das Problem des Gefährdungsschadens beim Gutglaubenserwerb. Der Begriff sollte in einem Gutachten nicht mehr auftauchen, weil er kein rechtliches, sondern moralisierendes Kriterium beschreibt.*

bb) Die Rspr. hält dessen ungeachtet **beim Gutglaubenserwerb einen Gefährdungsschaden** für möglich. So könne für den Erwerber einer unterschlagenen Sache schon im Zeitpunkt derer Verfügung die Gefahr bestehen, dass er in einen Herausgabeprozess bezüglich der Sache verwickelt und dabei des bösgläubigen Erwerbs oder der Hehlerei bezichtigt wird. Der Erwerber bekomme u.U. Schwierigkeiten mit Aufsichtsbehörden oder Organen des Handelsstandes oder verlöre sonst an Ansehen. Schließlich könne er an einer Verwertung der angekauften Sache gehindert sein. Für eine solche wirtschaftliche Entwertung genügt nach Ansicht der Rspr. aber nicht schon die abstrakte Gefahr oder ein allgemeines Prozessrisiko. Maßgeblich sei vielmehr, ob **im Einzelfall konkret mit den genannten Nachteilen zu rechnen** sei. Das hänge wesentlich von den beteiligten Personen, dem Handelsobjekt und den Umständen ab, unter denen sich die Veräußerung und der Erwerb der unterschlagenen Sache abgespielt hätten.[588] Erst recht ist das Eigentum nur noch eine „leere Hülle" und damit wirtschaftlich wertlos, wenn das Opfer die erworbene Sache nach dem Täterplan nicht erst in einem Zivilprozess verlieren soll, sondern nach einer unwahren Strafanzeige durch **sofortige Sicherstellung durch die Polizei**, der der Erwerber sein Eigentumsrecht nicht nachweisen kann.[589]

cc) Das Schrifttum liegt auf derselben Linie: Die Position des gutgläubigen Erwerbers – geschützt durch die Vermutung des § 932 Abs. 2 BGB – sei zwar nicht schwächer als die irgendeines anderen, dessen Recht bestritten werde. Die Gefahr der Strafverfolgung oder des Ansehensverlustes sei darüber hinaus kein wertbildender Faktor für den Wirtschaftsverkehr. Von einer konkreten Vermögensgefährdung könne aber ausnahmsweise gesprochen werden, wenn ein konkretes Prozessrisiko, die mangelnde wirtschaftliche Verwertbarkeit der Gegenleistung oder der faktische Zwang zur Aufgabe des gutgläubig erworbenen Eigentums belegbar seien.[590]

---

587 RGSt 73, 61.

588 Vgl. BGHSt 15, 83, 87; BGH JR 1990, 517; BGH wistra 2003, 230.

589 BGH RÜ 2015, 584.

590 Vgl. Begemeier/Wölfel JuS 2015, 307; abl. aber zum Gefährdungsschaden wegen geplanter Beschlagnahme, weil diese erst auf einer neuen deliktischen Handlung beruht Begemeier/Wölfel, NStZ 2015, 129; El Ghazi, HRRS 2015, 386; Brüning, ZJS 2015, 535.

Im vorliegenden Fall verneinen Lit. und neuere Rspr. schon deswegen einen Gefährdungsschaden, weil der Erwerber des Rades nicht mehr zu ermitteln ist und folglich keinen sofortigen Besitzverlust oder ein Prozessrisiko zu fürchten hat.

Mangels Schadens scheidet Betrug gegenüber und zulasten des Erwerbers W aus.

377 II. Zu denken wäre an einen **(Dreiecks-)Betrug gegenüber W und zulasten des E, § 263**.

1. Täuschung und Irrtum des W wurden bereits bejaht.

2. Vermögensverfügung gegenüber und zulasten des E könnte der gutgläubige Eigentumserwerb des W bei gleichzeitigem **Eigentumsentzug** des E sein.

a) Dass W von dem Eigentumsverlust bei E nichts wusste, ist unerheblich, weil bei einer Vermögensverfügung über Rechte kein Verfügungsbewusstsein erforderlich ist.

Anders ist dies bei **Verfügungen über den Gewahrsam an einer Sache** (s.u. Rn. 383 ff.).

b) Auch hat das sachenrechtliche Erwerbsgeschäft unmittelbar zum Eigentumsverlust bei E geführt.

c) Fraglich kann nur sein, ob der gutgläubige W in der für den Selbstschädigungscharakter des Betruges im Dreiecksverhältnis unverzichtbaren **Sonderbeziehung** zu dem Geschädigten E gestanden hat.

aa) Eine unter dem Begriff **„Theorie der rechtlichen Befugnis"** zusammengefasste Meinungsgruppe rechnet dem Vermögensträger nur solche Handlungen als Selbstschädigungen zu, zu denen dieser den Getäuschten ausdrücklich oder stillschweigend rechtlich ermächtigt hat. Innerhalb dieser Meinungsgruppe besteht Streit, ob die Ermächtigung objektiv vorliegen muss[591] oder ob auch Gesichtspunkte der Duldungs- bzw. Anscheinsvollmacht zu berücksichtigen sind[592] oder ob es sogar genügt, dass der Getäuschte nur irrig annimmt, die konkrete Übergabe sei von seiner Befugnis gedeckt.[593] Die Vertreter der Befugnistheorie lehnen beim Gutglaubenserwerb einen Dreiecksbetrug ab, weil der Gutgläubige hierbei gerade keine Erlaubnis vom Berechtigten habe, über die Sache zu verfügen.[594]

bb) Für eine andere Meinungsgruppe kommt es darauf an, ob der Weitergebende normativ gesehen im Lager des Geschädigten stand.[595] Diese sog. **Lagertheorie** verlangt, dass der Getäuschte objektiv gegenüber dem konkreten Tatobjekt eine Obhutsbeziehung besaß und sich subjektiv bei seiner Handlung im Rahmen seiner Hüteraufgabe bewegt hat.[596] Auch

591 So im Kern SK-Hoyer § 263 Rn. 150, der nur die Fälle eines Irrtums nach pflichtgemäßer Prüfung so behandelt, als hätte die Befugnis tatsächlich bestanden.

592 Vgl. Schünemann GA 1969, 46, 55.

593 Otto ZStW Band 79, 59, 84.

594 SK-Hoyer § 263 Rn. 147.

595 Sch/Sch/Perron § 263 Rn. 67.

596 LK-Tiedemann § 263 Rn. 116.

die Lagertheorie verneint mangels Schutzfunktion des gutgläubigen Erwerbers für den Voreigentümer einen Dreiecksbetrug.[597]

cc) Für die sog. **Nähetheorie** ist eine Schutz- oder Obhutsrolle des Verfügenden nicht erforderlich. Vielmehr genügt für einen Dreiecksbetrug jeder rechtliche oder tatsächliche Umstand, aufgrund dessen der Getäuschte dem geschädigten Vermögen näher stand als der Täter. Hierzu gehören auch die Rechtsscheinsvorschriften, weil sie die Möglichkeit schaffen, kraft guten Glaubens in Rechtspositionen anderer einzugreifen.[598] Folglich lässt sich ein Drittschaden bei E bejahen. Auch auf der Grundlage dieser Ansicht scheitert der Betrug jedoch daran, dass V nur hinsichtlich des Kaufpreises zielgerichteten Bereicherungswillen hatte; dieser stammte aber nicht aus dem Vermögen des Geschädigten E, sondern des W und war damit nicht „stoffgleich" (s. dazu unten Rn. 434 ff.).[599] Auch Drittbereicherungsabsicht zugunsten des W scheidet aus, da der Eigentumserwerb für V kein notwendiges Zwischenziel, sondern nur Nebenfolge der Verfügung war.

Eine Entscheidung zwischen den verschiedenen Theorien erübrigt sich damit. V ist nicht wegen Betruges strafbar.

III. Durch Abschluss des Kaufvertrags und die darin liegende Umwandlung des Fremdbesitzes in Eigenbesitz hat sich V das dem E gehörende und ihm anvertraute Fahrrad rechtswidrig zugeeignet, mithin eine veruntreuende **Unterschlagung** gemäß **§ 246 Abs. 1, 2** begangen.

Ergebnis: V ist strafbar wegen veruntreuender Unterschlagung.

Weitere Rechtsscheinsfälle

Wenn der Täuschende den **Rechtsschein der Inhaberschaft einer Forderung ausnutzt**, erwirbt der Getäuschte entweder gutgläubig die Forderung (405 BGB) oder wird seinerseits durch die gutgläubige Leistung an den Nichtberechtigten gegenüber dem tatsächlichen Rechtsinhaber frei, d.h. er erleidet selbst keinen Schaden. Durch die gutgläubige Leistung vernichtet er aber zugleich die fremde Rechtsposition, sodass der frühere Rechtsinhaber geschädigt wird (§§ 370, 407, 408, 409, 808, 851 BGB, § 56 HGB). **378**

Die Vertreter der **Befugnistheorie** müssen Dreiecksbetrug verneinen, weil der Getäuschte, der nur nach Gutglaubensregeln eine drittschädigende Verfügung vornimmt, keine vom Geschädigten abgeleitete Erlaubnis besitzt.[600]

Die Vertreter der **Nähetheorie** bejahen hier Dreiecksbetrug.[601]

597 Vgl. Sch/Sch/Perron § 263 Rn. 67; Rengier § 13 Rn. 115; im Erg. ebenso RGSt 49, 19.

598 Vgl. Fischer § 263 Rn. 84.

599 Rengier § 13 Rn. 250.

600 SK-Hoyer § 263 Rn. 178.

601 LK-Tiedemann § 263 Rn. 117; Sch/Sch/Perron § 263 Rn. 67; Rengier § 13 Rn. 114 ff.

Auch die Rspr. bejaht Dreiecksbetrug, wenn der gutgläubige Schuldner **an den nichtberechtigten Altgläubiger** einer abgetretenen Forderung leistet und dadurch nach § 407 BGB frei wird;[602] Dreiecksbetrug zulasten des Gläubigers soll auch bei Zahlung an einen **durch Abtretungsurkunde legitimierten Scheinzessionar** vorliegen.[603]

b) Besonderheiten der Vermögensverfügung beim Besitz- oder Sachbetrug

aa) Vermögensminderung durch Besitzverlust

379 **(1)** Der Besitz an einer Sache ist eine Rechtsposition (§§ 858 ff. BGB) und gibt faktisch die Möglichkeit, mit der Sache wie ein Eigentümer zu verfahren. Er ist nach allgemeiner Ansicht Wirtschaftsgut, wenn die in Besitz gehaltene Sache ihrerseits Vermögenswert besitzt.

Das ist z.B. **nicht** der Fall bei einem **Tresorschlüssel**, einer **Girokarte oder einer Kreditkarte**. Diese ermöglichen zwar den Zugriff auf fremdes Vermögen, verkörpern es aber nicht selbst. Deshalb ist ein Betrug oder eine Erpressung nicht schon wegen der Besitzerlangung an dem Schlüssel oder der Karte vollendet, sondern allenfalls dann wenn mit Erlangung aller Zugangsvoraussetzungen das fremde Vermögen bereits konkret gefährdet ist (zu den Problemen der „Phishing-Fälle" unten Rn. 477).

Will der Täter einen vermögenswerten Gegenstand dauernd **behalten**, so liegt in der Besitzentziehung zugleich ein Eigentumsangriff und damit eine Vermögensminderung. Auf eine Verschlechterung des Gegenstandes durch Nutzung kommt es nicht an.

Will der Täter den Besitz nur kurzfristig ausüben, ist eine Vermögensminderung nur zu bejahen, wenn der Gegenstand in seinem Nutzungswert verschlechtert worden ist oder – ohne eine solche Verschlechterung – wenn für den vorübergehenden Gebrauch üblicherweise ein Entgelt zu bezahlen ist, wie z.B. bei einem Taxi oder einem Mietgerät.[604]

380 **(2)** Umstritten ist, ob auch der **unredlich erlangte Besitz** einer werthaltigen Sache als Vermögenswert anzusehen ist.

Beispiel: A hat erfahren, dass B ein wertvolles Kunstobjekt gestohlen hat und will es sich verschaffen. Er spiegelt dem B Zahlungswilligkeit vor und veranlasst den B auf diese Weise, ihm das Kunstwerk auszuhändigen. – Betrug?

Der **wirtschaftliche Vermögensbegriff** macht zwischen redlichem und unredlichem Besitz keine Unterschiede. Maßgeblich ist danach allein, ob der Besitz des Gegenstandes als solcher im Wirtschaftsverkehr als Vermögenswert angesehen wird. Darauf, ob der Gegenstand dem Verfügenden rechtlich zusteht, komme es nicht an. Anderenfalls erzeuge das „Ganovenmilieu" straffreien Raum.[605] Dem schließt sich auch die **Rspr.** an.[606]

Auch einzelne Vertreter der **juristisch-ökonomischen Vermögenslehre** bejahen den Strafrechtsschutz vor betrügerischen Besitzentziehungen und verweisen auf die §§ 858, 859 BGB, aus denen sich ergebe, dass der Besitzer schließlich auch Schutz vor Diebstahl und Raub der widerrechtlich erlangten Sache genieße.[607]

---

602 Vgl. RGSt 39, 80, 82.

603 OLG Celle NJW 1994, 142 m. abl. Anm. Krack/Radtke JuS 1995, 17.

604 LK-Tiedemann § 263 Rn. 190.

605 Vgl. Krey/Hellmann/Heinrich Rn. 608.

606 BGH RÜ 2008, 109; BGH NStZ 2008, 627.

607 LK-Tiedemann § 263 Rn. 140.

Andere Anhänger der juristisch-ökonomischen Vermögenslehre sehen in den Besitzschutzregeln nur Vorschriften zur Wahrung des Rechtsfriedens. Hiernach ist der unrechtmäßige Besitz lediglich eine faktische Position, aber kein Vermögensbestandteil. Nach dieser Ansicht kann allenfalls Betrug zum Nachteil des Eigentümers vorliegen, wenn dessen Chance auf Wiedererlangung der Sache durch die Täuschung des unredlichen Besitzers geschmälert wird. Das ist jedoch regelmäßig nicht der Fall.[608]

Kritik: Diese Meinung überzeugt nicht. Das Bürgerliche Recht weist auch dem unredlichen Besitz den Rechtsschein des Eigentums zu und ermöglicht – außer in den Fällen des § 935 Abs. 1 BGB – sogar die gutgläubige Eigentumsverschaffung. Das zeigt, dass es sich auch hierbei um eine rechtlich anerkannte Position handelt.

(3) Die vorgenannten Grundsätze gelten auch für den **Besitz von Drogen**, der nach **381**
dem BtMG verboten ist.

Der 2. Strafsenat hat dies – wie der juristisch-ökonomische Vermögensbegriff – zwischenzeitlich zwar verneint, weil ein Gegenstand, der außerhalb des Rechts stehe, auch strafrechtlich nicht schutzwürdig sei. Er hat deshalb bei den übrigen Strafsenaten angefragt.[609] Derselbe Senat ist aber – in einem anderen Verfahren in anderer Besetzung – kurz darauf wieder zum Standpunkt seiner bisher h.Rspr.[610] zurückgekehrt, mit dem bekannten Argument (s. schon oben Fall 17, Rn. 352), die Rechtsordnung kenne im Bereich der Vermögensdelikte kein wegen seiner Herkunft, Entstehung oder Verwendung schlechthin schutzunwürdiges Vermögen. Nachdem die anderen Strafsenate erklärt haben, an ihrer Rechtsauffassung festhalten zu wollen,[611] hat der 2. Strafsenat von einer Vorlage an den großen Strafsenat abgesehen.[612]

bb) Verfügungsbewusstsein zur freiwilligen und unmittelbaren Gewahrsamsübertragung erforderlich (Abgrenzung Trickdiebstahl und Sachbetrug im Zwei-Personen-Verhältnis)

(1) Wenn der Täter mit Täuschungsmitteln den **Gewahrsam** an einer Sache erlangt, muss **382**
das Selbstschädigungsdelikt des Betruges vom Fremdschädigungsdelikt des Diebstahls randscharf abgegrenzt werden.

An das äußere Geschehen (etwa: Gibt das Opfer die Sache heraus = Betrug/Nimmt sich der Täter die Sache = Diebstahl) kann dafür **nicht** angeknüpft werden. Auch wenn das Opfer die Ansichnahme der Sache durch den Täter duldet, kann immer noch Betrug vorliegen, und umgekehrt kann, wenn das Opfer dem Täter die Sache herausgibt, trotzdem eine Wegnahme gegeben sein (etwa bei vorgetäuschter „Beschlagnahme", s.o. Fall 4 Rn. 93).

(2) Stattdessen ist bei erschlichener Sachentziehung das Betrugsmerkmal der Vermö- **383**
gensverfügung nur gegeben, wenn das Opfer auch **Verfügungsbewusstsein** hatte.

Dieses Verfügungsbewusstsein ist inhaltlich **deckungsgleich mit dem Einverständnis in den Gewahrsamswechsel beim Diebstahl. Entscheidend ist, ob sich das Opfer in**

608 Vgl. Sch/Sch/Perron § 263 Rn. 95.
609 BGH RÜ 2016, 644.
610 BGH NJW 2006, 72.
611 BGH RÜ 2017, 373.
612 BGH StV 2018, 27.

dem Zeitpunkt, in dem es den Gewahrsam völlig verliert, darüber klar ist und dem Gewahrsamsverlust an dem konkreten Gegenstand zustimmt (vgl. oben Rn. 91).

384 Die Zustimmung muss von **Freiwilligkeit geprägt** sein. **Wird das Opfer infolge der Täuschung in eine Drucksituation gebracht, in der es die Vorstellung hat, den Gewahrsam ohnehin zu verlieren, weil Widerstand zwecklos sei, so liegt keine freiwillige Vermögensverfügung mehr vor, sondern eine Wegnahme** (s.o. Rn. 91).

(3) Da eine betrugsrelevante Vermögensverfügung nur vorliegt, wenn sie die Vermögensminderung unmittelbar herbeiführt (s.o. Rn. 369), **ist beim Besitzbetrug nur ein Verhalten, das unmittelbar den Gewahrsamsverlust auslöst, tatbestandsmäßig. Die täuschungsbedingte Gewahrsamslockerung genügt nicht.** In solchen Fällen ist Diebstahl in dem Moment gegeben, in dem der Täter den bis dahin nur gelockerten Gewahrsam aufhebt. Mit einem Gefährdungsschaden darf beim Besitzbetrug nicht argumentiert werden: Könnte nämlich schon jede Gewahrsamslockerung als Vermögensgefährdung den Betrugstatbestand erfüllen, wäre praktisch jeder durch Täuschung eingefädelte Diebstahl zugleich ein Betrug und damit das zwischen beiden Tatbeständen bestehende Exklusivitätsverhältnis wieder aufgehoben (s. dazu schon oben Fall 2, Rn. 78).

cc) Verfügungsbewusstsein im Drei-Personen-Verhältnis (Abgrenzung Diebstahl in mittelbarer Täterschaft und Dreiecksbetrug)

Fall 22: Täuschung eines „Gewahrsamshüters"

Frau W besaß einen Pkw, den sie in einer Sammelgarage untergestellt hatte. Hier war für jeden Wagen ein Zündschlüssel beim Pförtner P hinterlegt. Den zweiten Schlüssel behielten die Fahrzeughalter. Die Verfügungsberechtigten bekamen von der Garagenverwaltung auf Verlangen die dortigen Schlüssel auch ausgehändigt. A, der in Beziehungen zu Frau W stand, holte mehrfach den Wagen nach vorangegangener telefonischer Genehmigung aus der Garage ab. Am Morgen des 20.05. wandte sich A wieder an den P und spiegelte diesem vor, Frau W sei mit der Überlassung des Zündschlüssels an ihn einverstanden. A hatte die Absicht, sich den Wagen auf Dauer anzueignen. Er erhielt den Schlüssel von P und fuhr mit dem Auto davon.
Strafbarkeit des A? („Sammelgaragen-Fall" nach BGHSt 18, 221)

I. A könnte wegen **Betruges ggü. P und zulasten der W** strafbar sein, **§ 263 Abs. 1**.

1. A hat dem P ausdrücklich vorgespiegelt, die W sei mit der Überlassung des Pkw-Schlüssels einverstanden.

2. P hat sich deswegen darüber geirrt.

385 3. Fraglich ist, ob in der Aushändigung des Kfz-Schlüssels und der Duldung der Ausfahrt eine Verfügung über den Gewahrsam der W gesehen werden kann. **Beim Betrug müssen Getäuschter und Verfügender, nicht aber Verfügender und Geschädigter identisch sein.** Die fehlende Identität von Verfügendem und Vermögensträger wird aber nur dann überwunden, wenn irgendeine **Nähebeziehung** des Verfügenden zum Geschädigten besteht.

a) Daher liegt **Diebstahl in mittelbarer Täterschaft** vor, wenn der Getäuschte ein beliebiger Außenstehender ist, der **vorher keinerlei Beziehungen** zu dem Vermögen hatte, das er, durch die Täuschung motiviert, geschädigt hat.

Beispiel: Die C veranlasst den Zugbegleiter Z, den Koffer des im Speisewagen sitzenden B aus dem Abteil zu holen, indem sie Z vorspiegelt, es handele sich um ihr Gepäckstück, das sie wegen einer Armverletzung nur schwer tragen könne – §§ 242 Abs. 1, 25 Abs. 1 Alt. 2.

b) Ist der Getäuschte aufgrund Gesetzes, behördlichen Auftrags oder Rechtsgeschäfts **befugt**, Rechtsänderungen für das fremde Vermögen vorzunehmen, ist auch seine Nähebeziehung unbestritten. Veranlasst der Täter eine solche Person zur Gewahrsamsübertragung zulasten des Gewahrsamsinhabers, liegt **Dreiecksbetrug** vor (sofern der Getäuschte auch das erforderliche Verfügungsbewusstsein hatte). **386**

Beispiel: Die B will ihre Garderobe vervollständigen, ohne dafür zu bezahlen. Durch besonders vornehmes Auftreten veranlasst sie die Verkäuferin V im Modegeschäft der M, ihr einige teure Kleidungsstücke zur Auswahl mit nach Hause zu geben. Nach Angabe einer falschen Adresse verschwindet die B mit den Waren. – Vollendeter Betrug gegenüber V zulasten M.

c) Kontrovers ist die Einordnung in Fällen – wie dem vorliegenden –, in denen sog. Gewahrsamshüter, also Inhaber des **untergeordneten Mitgewahrsams oder bloße Gewahrsamsdiener** in die Sachverschaffung eingeschaltet sind. Hier werden dieselben Meinungen vertreten wie beim Forderungs- und Rechtsbetrug (s oben Rn. 377): **387**

aa) Mit der **Theorie der rechtlichen Befugnis** kann man hier eine rechtlich begründete Sonderrolle des P bejahen, und zwar zum einen, weil W schon mehrfach die Herausgabe des Pkw an A geduldet hatte, zum anderen, weil P irrig annahm, sich im Rahmen der generell erteilten Befugnis zur Weitergabe des Schlüssels zu halten.

bb) Für die **Lagertheorie** kommt es darauf an, dass der Getäuschte objektiv gegenüber dem konkreten Tatobjekt eine Obhutsbeziehung besaß und sich subjektiv bei seiner Weggabehandlung im Rahmen seiner Hüteraufgabe bewegt hat.[613]

cc) Die **Nähetheorie** stellt allein darauf ab, ob der Getäuschte vor der Tat aufgrund seiner Sachherrschaft der Sache faktisch näher stand als der Täter. Ob er tatsächlich über den Gegenstand verfügen durfte oder dies nur irrig annahm, ist danach gleichgültig.[614]

Im vorliegenden Fall sehen auch die Vertreter der Lagertheorie und der Nähetheorie in P einen Verfügenden, dessen Weggabe der W zuzurechnen ist: P hatte eine Hüteraufgabe zu dem Fahrzeug der W und konnte aufgrund der früheren Erfahrungen mit A davon ausgehen, im Interesse der W zu handeln. Nach der Nähetheorie genügt es, dass er aufgrund seines Mitgewahrsams besseren Zugriff auf das Auto hatte als A. Damit liegt

613 LK-Tiedemann § 263 Rn. 116; Krey/Hellmann/Heinrich Rn. 417; Wessels/Hillenkamp/Schuhr Rn. 645; in diese Richtung tendiert auch BGH RÜ 2017, 638.

614 BGHSt 18, 221; BayObLG MDR 1964, 343; OLG Stuttgart JZ 1966, 319; vgl. auch NK-Kindhäuser § 263 Rn. 220.

in der Preisgabe des Besitzes durch P nach allen Ansichten eine drittschädigende Verfügung.

4. Durch den Verlust der Sachherrschaft ohne entsprechenden Gegenwert ist der W auch ein Vermögensschaden entstanden.

5. A handelte vorsätzlich, in der Absicht rechtswidriger und stoffgleicher Bereicherung, rechtswidrig und schuldhaft. Er hat sich wegen Betruges strafbar gemacht.

II. Ein Teil des Schrifttums bejaht tateinheitlich auch noch einen **Diebstahl in mittelbarer Täterschaft, §§ 242 Abs. 1, 25 Abs. 1 Alt. 2**: A habe im Verhältnis zur W einen Gewahrsamsbruch mithilfe des unvorsätzlich handelnden Tatmittlers P begangen, also den Wagen in Zueignungsabsicht weggenommen.[615] Wer jedoch mit der ganz h.M. zwischen Diebstahl und Betrug ein Exklusivitätsverhältnis annimmt, muss diese Exklusivität auch bei Dreiecksbetrug und Diebstahl in mittelbarer Täterschaft bejahen. Die Annahme einer betrugsrelevanten Vermögensverfügung schließt damit eine gleichzeitige Wegnahme aus, und zwar weil die Zustimmung des getäuschten Dritten wegen seiner Nähebeziehung wie ein Einverständnis des Gewahrsamsinhabers selbst behandelt wird.[616]

III. Der durch die Wegfahrt mitverwirklichte Tatbestand des **unbefugten Kraftfahrzeuggebrauchs, § 248 b**, tritt als formell subsidiär hinter dem Besitzbetrug zurück.

Ergebnis: A ist strafbar wegen Betruges.

Klausurhinweis: *Sowohl im Zwei- als auch im Drei-Personen-Verhältnis kann man die Prüfung mit Diebstahl oder mit Betrug beginnen. Die Abgrenzung findet bei der Diebstahlsprüfung im Rahmen des Einverständnisses statt und im Rahmen der Betrugsprüfung bei dem Merkmal „Vermögensverfügung" – dort bei dem Unterpunkt „Verfügungsbewusstsein". Geht es um ein Drei-Personen-Verhältnis, muss sowohl beim Diebstahl als auch beim Betrug zuvor geklärt werden, ob der Dritte in einer besonderen Beziehung zum Gewahrsamsinhaber stand, sodass seine Zustimmung als eine solche des Gewahrsamsinhabers anzusehen ist. Verneinen Sie das zuerst geprüfte Delikt, haben Sie damit schon die Vorentscheidung für das jeweils andere getroffen:*

Scheitert Diebstahl, weil ein Einverständnis in den Gewahrsamswechsel vorliegt, muss zwangsläufig eine Vermögensverfügung vorliegen, sodass in aller Regel Betrug erfüllt ist.

Verneinen Sie zuerst Betrug, weil nicht das für die Vermögensverfügung erforderliche Verfügungsbewusstsein vorliegt, ist eine Wegnahme und vorbehaltlich der übrigen Tatbestandserfüllung Diebstahl zu bejahen.

Aber auch wenn Sie das zuerst geprüfte Delikt bejaht haben, sollten Sie mit knappen Worten darlegen, warum das jeweils andere dann nicht erfüllt ist. Sie zeigen damit, dass Sie das Exklusivitätsverhältnis verstanden haben.

---

615 Vgl. Sch/Sch/Perron § 263 Rn. 67.

616 Vgl. BGHSt 18, 221, 223; LK-Tiedemann § 263 Rn. 116.

Vermögensverfügung beim Betrug

Jedes irrtumsbedingte Tun, Dulden oder Unterlassen, das unmittelbar zu einer Vermögensminderung führt. Im Einzelnen:

	Forderungs- und Rechtsbetrug:	Besonderheiten beim Besitzbetrug:
Verfügungsverhalten d. Getäuschten	Jeder Mitwirkungsakt mit Vermögensbezug reicht aus.	Mitwirkung am Gewahrsamswechsel an einer Sache.
Irrtumsmotivation	Irrtum muss sich tatsächlich auf die Willensbildung ausgewirkt haben. **Kein Verfügungsbewusstsein des Opfers erforderlich.**	**Ausnahmsweise Verfügungsbewusstsein erforderlich:** Dessen Inhalt deckt sich mit Einverständnis in den Gewahrsamswechsel bei § 242. Das Opfer muss sich in dem Zeitpunkt, in dem es den Gewahrsam verliert, dessen bewusst sein und innerlich frei zustimmen. Daran fehlt in den Beschlagnahme-Fällen.
Unmittelbare Vermögensminderung	Allgemein anerkannte Vermögensbestandteile: **Schuldrechtliche Ansprüche/Rechte/Exspektanzen/Gewinnchancen/Arbeitsleistung;** umstritten zwischen wirtschaftlichem und juristisch-ökonomischem Vermögensbegriff sind alle faktischen Positionen, die **verboten** oder **sittenwidrig** sind. Der Vermögensminderung steht die **konkrete Gefährdung** gleich, wenn sie bei wirtschaftlicher Betrachtung schon eine Verschlechterung der gegenwärtigen Vermögenslage darstellt (z.B. **Eingehungsbetrug**). Das irrtumsbedingte Verhalten des Opfers muss **„unmittelbar"**, d.h. ohne weitere deliktische Handlungen des Täters, die Minderung herbeiführen.	Regelmäßig begründet redlicher **Besitz** einer Sache Vermögenswert; nach wirtschaftlicher Betrachtung ist auch der **unrechtmäßige Besitz** (nach umstr. Auffassung **sogar der Besitz illegaler Drogen**) vor Betrug geschützt; so auch nach Vertretern des juristisch-ökonomischen Vermögensbegriffs wegen der von Gut- oder Bösgläubigkeit unabhängigen Besitzschutzregeln. Gewahrsamslockerung ist beim Besitzbetrug noch kein „Gefährdungs"-Schaden. Keine unmittelbare Gewahrsamsverfügung, wenn das Opfer dem Täter die Wegnahme täuschungsbedingt nur erleichtert.
Vermögensinhaber	Sind Verfügender und Geschädigter nicht identisch, kann ein **Dreiecksbetrug** vorliegen, wenn der Verfügende zur Disposition **befugt** war; ferner dann wenn er im **Lager** oder nach a.A. wenn er nur in einer sonstigen **Nähebeziehung** zum **Geschädigten** stand.	Sonderbeziehung bei Einschaltung eines die Sache herausgebenden Dritten ergibt sich nach Lit. aus dessen **rechtlicher Befugnis**; die h.M. stellt darauf ab, ob Dritter im **Lager des Opfers** oder der Sache **zumindest als Gewahrsamshüter näher** steht.

4. Vermögensschaden

388 Dass jemand infolge eines durch Täuschung hervorgerufenen Irrtums eine Vermögensverfügung getroffen hat, die er bei Kenntnis der Wahrheit nicht getroffen hätte, genügt für die Erfüllung des objektiven Betrugstatbestandes noch nicht. **§ 263 schützt das Vermögen und nicht die Willensfreiheit.** Daher muss für die Tatvollendung ein Vermögensschaden festgestellt werden. Dieser liegt vor, wenn der Betroffene infolge der Verfügung nach objektiv-individuellen Kriterien **ärmer (und nicht nur: nicht reicher)** geworden ist.

389 ■ Bei **einseitigen Verfügungen** des Getäuschten steht mit deren vermögensmindernder Wirkung grundsätzlich auch der Schaden fest.

Beispiele: Abschwindeln des Besitzes einer Sache, um sie gewinnbringend weiterzuverkaufen. Täuschung über das Bestehen einer Schadensersatzforderung.

Klausurhinweis: *In solchen Fällen kann man die Tatbestandsmerkmale „Vermögensverfügung" und „Vermögensschaden" zusammenziehen. Sprechen Sie dann von* ***„vermögensschädigender Verfügung"***.

390 ■ **Im Rahmen von Austauschverträgen ist ein Schaden zu bejahen, wenn ein Vergleich der Vermögenslage vor und nach der Verfügung ergibt, dass die Vermögensminderung nicht unmittelbar durch ein vermögenswertes Äquivalent ausgeglichen wurde (Prinzip der Gesamtsaldierung).**[617]

Aufbau: *Bei zweiseitigen Geschäften empfiehlt sich, zwischen „Vermögensverfügung" und „Vermögensschaden" zu unterscheiden. Dann wird bei der Verfügung dargelegt, was dem Vermögen durch die Täuschung entzogen wurde, und beim Schaden, was als Gegenleistung zurückgeflossen ist.*

391 Für die Saldierung ist zunächst an die Vermögensminderung des Opfers anzuknüpfen. Ist gar keine Gegenleistung zugeflossen, steht – wie bei einseitigen Verfügungen – zugleich der Vermögensschaden fest. Ist dem betroffenen Vermögen ein Vermögensvorteil zugeflossen, ist zu fragen, ob dieser überhaupt bei der Saldierung zu berücksichtigen ist. Wenn ja, wird gefragt, ob der zugeflossene Vorteil **objektiv-wirtschaftlich**, also nach ökonomischer Bewertung, **ein vermögenswertes Äquivalent** war. Ausnahmsweise kann auch eine objektiv äquivalente Gegenleistung aufgrund eines **persönlichen Schadenseinschlags** für den Erwerber minderwertig sein. Umgekehrt kann auch bei einseitiger Vermögensminderung des Verfügenden ein Schaden wegen **bewusster Selbstschädigung** zu verneinen sein.

392 Jedenfalls genügt die bloße Vereitelung einer Vermögensvermehrung für den Vermögensschaden nicht, sofern sich die Gewinnerwartung nicht schon zu einer gesicherten Position und damit bereits zu einem vorhandenen Vermögenswert verdichtet hat.[618]

Beispiel hierfür ist der **„Rabattbetrug"**: Die A begibt sich in den Malerfachmarkt des M und kauft dort Material für die Renovierung ihrer Wohnung. An der Kasse spiegelt sie vor, die Waren für einen Gewerbebetrieb zu kaufen. Dadurch erlangt sie unberechtigt einen Firmenkundenrabatt von 25% auf den

---

617 Vgl. BGHSt 34, 199; Sch/Sch/Perron § 263 Rn. 106.

618 BGH StV 1991, 516 f.

Kaufpreis. – Kein Betrug in Höhe des erschwindelten Rabatts. Der Rabatt reduziert lediglich die Gewinnspanne aus dem Geschäft, **verhindert also einen höheren Gewinn** des M. Nur wenn nach den konkreten Umständen hinreichend wahrscheinlich gewesen wäre, dass die Ware ohne Rabatt an einen anderen Kunden verkauft worden wäre, wäre die erhöhte Gewinnerwartung zum selbstständigen Vermögenswert geworden. Das ist im Zweifel nicht nachweisbar.[619]

Nach Vorgabe des BVerfG ist der Vermögensschaden – insbesondere in Fällen des Eingehungsbetruges (s.o. Rn. 358) – nicht nur abstrakt zu festzustellen, sondern auch **der Höhe nach zu beziffern**. 393

a) Bewertung der Vermögensminderung auf Opferseite

aa) Ausgangspunkt der Saldierung ist der Vermögensstatus des Opfers **nach der vermögensmindernden Verfügung**, also regelmäßig die Belastung des Vermögens mit einer Verpflichtung beim Eingehungsbetrug oder der tatsächliche Verlust des Vermögenswertes beim unechten und echten Erfüllungsbetrug. 394

Hinweis: *Bitte hierzu noch einmal oben die Rn. 358 ff. nachlesen.*

bb) Grundsätzlich ist hierfür der **Marktwert** der Leistung maßgeblich. Dies macht bei Handelsware und Dienstleistungen, für die ein Marktpreis als Vergleichsmaßstab existiert, keine Probleme. Nach der Faustregel: „Eine Sache ist soviel wert, wie jemand bereit ist, dafür zu bezahlen" hat dabei die **Preisvereinbarung** zwischen den Parteien erhebliches Gewicht **(intersubjektive Wertsetzung)**. Denn es kann davon ausgegangen werden, dass der von den Parteien festgelegte Preis in etwa dem objekt ven Verkehrs- und Marktwert entspricht. Allein auf die Parteivereinbarung muss ferner dann abgestellt werden, wenn für die fragliche Leistung gar kein Markt mit mehreren Anbietern existiert[620] oder die erschlichene Leistung so individuell ist, dass gar kein Vergleichswert ermittelt werden kann.[621] 395

cc) Die intersubjektive Wertbestimmung gilt aber **nicht ausnahmslos**: Besteht zwischen dem objektiven Marktwert und dem vereinbarten Preis ein auffälliges Missverhältnis, bemisst sich die Schadenshöhe nur am objektiven Marktwert der geschuldeten Sache.[622] Liegt der Betrug ferner in der Vortäuschung eines Zahlungsversprechens für den Erhalt einer Gegenleistung und ist erkennbar, dass der Täuschende, um an die Gegenleistung zu kommen, jeden (Phantasie-) Preis vereinbart hätte, den er ohnehin nicht zu zahlen bereit war, dann kann die getroffene Preisvereinbarung auch nicht den objektiven Marktwert widerspiegeln.[623] 396

619 BGH NJW 2004, 2603 zum Erschleichen eines Sonderrabatts beim Kfz-Kauf.

620 BGH NStZ 2010, 700.

621 BGH RÜ 2016, 306.

622 BGH RÜ 2016, 306; BGH RÜ 2020, 440; BGH NZWiSt 2021, 71.

623 Vgl. BGH RÜ 2020, 440, 442 für die Erschleichung „spezieller sexueller Handlungen."

b) Saldierung der Vermögensminderung mit dem Vermögenszuwachs

aa) Saldierungsfähige Positionen

397 **Einzubeziehen** in die Saldierung sind alle durch die Verfügung **unmittelbar erworbenen Gegenansprüche, Forderungen und Rechte**.

(1) Ansprüche und später ausgetauschte Leistungen

398 Bei einem Eingehungsbetrug ist das der Verbindlichkeit gegenüberstehende **Leistungs- und Lieferungsanspruch**. Ist es zum Leistungsaustausch gekommen, werden nicht mehr die Ansprüche, sondern die ausgetauschten Leistungen verglichen (s schon oben Rn. 361).

Fall 23: Saldierung beim unechten Erfüllungsbetrug

B verkauft und liefert dem O eine Partie Hosen unter der Vorspiegelung, diese bestünden aus reiner Schurwolle. O bezahlt die Ware. Tatsächlich bestehen die Hosen nur aus Zellwolle (Chemiefasern aus Zellulose). Der vereinbarte Kaufpreis entspricht aber tatsächlich dem Marktpreis für Zellwollware. Strafbarkeit des B? (Fall nach BGHSt 16, 220 f., fortgeführt im „Porsche-Plagiat-Felgen-Fall" BGH RÜ 2012, 708)

Infrage kommt **Betrug** gegenüber und zulasten O durch Abschluss des Kaufvertrages und Lieferung der Zellwollware, **§ 263.**

399 I. B hat den O ausdrücklich darüber getäuscht, dass die zu liefernde und später auch gelieferte Ware aus reiner Wolle besteht. Hierdurch ist O in einen entsprechenden Irrtum versetzt worden. Die vermögensmindernde Verfügung liegt im Abschluss des Kaufvertrages und der Zahlung des Kaufpreises.

400 II. Fraglich ist, ob O hierdurch ein Vermögensschaden entstanden ist. Das hängt davon ab, welche Vermögensposition man als Gegenleistung in die Saldierung einbezieht.

1. Eine Meinungsgruppe im Schrifttum vergleicht den **Wert des vertraglichen Lieferungsanspruchs** mit dem **Wert der tatsächlich gelieferten Sache**. Der Käufer erwerbe durch den Abschluss des Vertrages einen Anspruch auf die Leistung mit den vorgespiegelten werterhöhenden Eigenschaften. Entspreche die gelieferte Ware nicht dem Geschuldeten, sei der Erwerber um die werterhöhende Differenz geschädigt.[624]

2. Die h.M. im Schrifttum und in der Rspr. betrachtet dann, wenn die Täuschung über die werterhöhende Eigenschaft schon bei Vertragsschluss geschah – Eingehungsbetrug (s.o. Rn. 358) und späterer unechter Erfüllungsbetrug (s.o. Rn. 361) – Verpflichtungs- und Erfüllungsgeschäft als **eine wirtschaftliche Einheit** und vergleicht den **gezahlten Preis** mit dem **Wert der erlangten Gegenleistung**: Das, worum der Käufer bei Abschluss des Vertrages reicher geworden sei, werde ihm

624 Sch/Sch/Perron § 263 Rn. 137 m.w.N.; Seyfert JuS 1997, 29.

durch die Erfüllung wieder genommen, sodass im Ergebnis kein Minussaldo in seinem Vermögen verbleibe.[625]

3. **Kritik**: Für die letztgenannte Auffassung spricht, dass der Anspruch auf Lieferung der höherwertigen Sache wegen des fehlenden Erfüllungswillens des Verkäufers noch gar kein Vermögensbestandteil des Käufers ist, sondern lediglich eine ungewisse Aussicht der Vermögensverbesserung in Höhe des erhofften Gewinns.[626] Wird diese Gewinnerwartung nur nicht realisiert, sondern erhält der Käufer den Gegenwert für seinen Kaufpreis, ist er auch nicht geschädigt.

Ergebnis: B hat sich nicht strafbar gemacht.

Fall 24: Saldierung beim echten Erfüllungsbetrug

(Abwandlung des vorhergehenden Falles) B wollte zunächst tatsächlich Hosen aus Wolle zum Preis für Zellwollhosen liefern und nahm die Bestellung des O entgegen. Erst nachträglich lieferte er Zellwollhosen unter ausdrücklicher Bezugnahme auf die Bestellung über die hochwertigen Hosen. O zahlte die Lieferung.

I. **(Eingehungs-)Betrug** gemäß **§ 263 Abs. 1** durch Abschluss des Vertrages scheidet hier aus, weil B im Zeitpunkt des Vertragsschlusses nicht über seinen Erfüllungswillen und seine Erfüllungsfähigkeit bezüglich der hochwertigen Hosen getäuscht hat.

II. Infrage kommt echter **(Erfüllungs-)Betrug** gemäß **§ 263 Abs. 1** durch die Falschlieferung.

1. B hat ausdrücklich darüber getäuscht, dass die gelieferten Waren den bestellten entsprachen. O ist in einen entsprechenden Irrtum versetzt worden. Seine vermögensmindernde Verfügung liegt in der Zahlung des vereinbarten Kaufpreises.

2. Fraglich ist, ob auch ein Vermögensschaden entstanden ist, da O – wie im vorher- **401**
gehenden Fall – Ware bekommen hat, die wertmäßig dem Kaufpreis entsprach. Beim echten Erfüllungsbetrug besteht jedoch Einigkeit, dass der Getäuschte geschädigt ist, weil das Vermögen des O hier wegen der zunächst vorhandenen Erfüllungsbereitschaft des B bereits um den **Anspruch auf die höherwertigen Waren** vermehrt worden war. Dafür ist ihm mit den geringerwertigen Hosen das vermögenswerte Äquivalent nicht geliefert worden.[627]

3. B handelte vorsätzlich, in der Absicht rechtswidriger Bereicherung, rechtswidrig und schuldhaft.

Ergebnis: B ist strafbar wegen Betrugs.

---

625 Vgl. BGHSt 16, 220; BGH RÜ 2012, 708, „Porsche-Plagiatfelgen-Fall"; LK-Tiedemann § 263 Rn. 201.

626 Vgl. Rengier § 13 Rn. 170.

627 Vgl. BGHSt 32, 211; LK-Tiedemann § 263 Rn. 202.

402 Bei **Kreditverträgen** ist der Rückzahlungsanspruch von vornherein mit einem üblichen Ausfallrisiko belastet. Dies begründet noch keinen Vermögensschaden, da dieses Risiko in der Regel durch höhere Zinsen abgedeckt ist. Ein Vermögensschaden entsteht hier durch Erschleichen eines Darlehens in dem Umfang, in dem ein **erhöhtes Ausfallrisiko** bestand.[628]

(2) Befreiung von einer Verbindlichkeit

403 Bei der Saldierung zu berücksichtigender Gegenwert kann auch die **Befreiung von einer anderen Verbindlichkeit** sein. Diese muss nicht fällig sein; es bedarf auch keiner Aufrechnungserklärung.[629]

(3) Sicherheiten

404 **Bei Kreditgewährung** sind **die Bonität des Schuldners und Sicherheiten** für das Ausfallrisiko (s.o. Rn. 402) und damit der Wert des Rückzahlungsanspruchs des Darlehens zu berücksichtigen.[630]

bb) Nicht saldierungsfähige Vermögenswerte:

405 **(1) Gegenleistungen**, die zwar erbracht wurden, deren **Erstattungsfähigkeit der Täter aber nur vorgetäuscht** hatte, weil er nach den einschlägigen öffentlich-rechtlichen Gebührenregelungen gar nicht abrechnungsbefugt war.[631]

406 **(2)** Für die Schadensbestimmung nicht zu berücksichtigen sind ferner **gesetzliche Ansprüche**, die dem Betroffenen gegenüber dem Täter gerade aufgrund der Täuschung erwachsen.

407 **(3)** Unerheblich sind ferner **Ersatzleistungen** durch den Täter oder durch Dritte – z.B. durch Versicherungen – die den Vermögensschaden nur nachträglich wieder beseitigen (Schadenswiedergutmachung).[632]

cc) Objektive Bewertung der saldierungsfähigen Gegenleistung

(1) Mangelnde Erfüllungsbereitschaft oder -fähigkeit

408 **Wollte oder konnte der Täter seine Gegenleistung überhaupt nicht erbringen**, so ist der hierauf gerichtete **Anspruch** zwar rechtlich vorhanden, aber – und darauf kommt es an – wirtschaftlich wertlos. Der Betrug ist schon mit Abschluss des Geschäfts vollendet.

Beispiel: K schließt mit V einen Kaufvertrag über ein Kunstwerk zu einem dem Verkehrswert entsprechenden Preis. Zudem verpflichtet sich K zu einer Anzahlung. V täuscht seine Lieferfähigkeit nur vor und will mit der Anzahlung verschwinden. Noch bevor K diese leistet, erfährt er, dass V das Kunstwerk

628 BGH RÜ 2019, 106, 108.

629 BGH RÜ 2011, 641.

630 BGH RÜ 2018, 437, 439.

631 BGH RÜ 2012, 301; BGH RÜ 2014, 783.

632 BGH RÜ 2019, 106, 108

gar nicht beschaffen kann und ficht den Vertrag an. – Vollendeter Betrug, weil der Verpflichtung des K zur Zahlung des Kaufpreises und der Anzahlung schon wegen des Unvermögens des V zur Lieferung kein äquivalenter Anspruch gegenüberstand.

War zwischen den Beteiligten **sofortige Barzahlung** vereinbart und hat der Schuldner über seine **aktuelle Zahlungsfähigkeit getäuscht**, so ist der Betrug mit Eingehung der Verbindlichkeit vollendet. Zwar behält der Gläubiger auch hier rechtlich einen Zahlungsanspruch, doch ist dieser gegenüber der täuschungsbedingt vereinbarten sofortigen Zahlung wirtschaftlich weniger wert und damit kein wirtschaftliches Äquivalent, weil der Gläubiger das Ausfallrisiko trägt und dieses gerade wegen der Barzahlungsvereinbarung auch nicht übernommen werden sollte. Nur wenn der Gläubiger hinreichende Sicherheiten hat (Eigentumsvorbehalt, Pfand) oder die zeitnahe Erfüllung sicher ist, kann es am wirtschaftlichen Minderwert des Zahlungsanspruchs fehlen.[633] **409**

(2) Qualitative oder rechtliche Mängel der Gegenleistung

(a) Unproblematisch ist der niedrigere Marktwert der Gegenleistung gegenüber dem dafür gezahlten Entgelt zu **bejahen**, wenn aufgrund einer Täuschung über die Vertragsgemäßheit bei Vertragsschluss oder bei Erfüllung Waren geliefert oder Dienstleistungen erbracht worden sind, die **qualitative Mängel** aufweisen oder an einem **Rechtsmangel** leiden. Dies sind die häufigsten Betrugsfälle. **410**

Beispiel: Der Dieb verkauft und liefert Diebesgut zu einem Preis, der sogar unter dem Verkehrswert liegt. – Trotzdem vollendeter Betrug: Die vermögensmindernde Verfügung durch Abschluss des Kaufvertrages und Zahlung des Kaufpreises wurde durch die Lieferverpflichtung und die Lieferung der Ware nicht ausgeglichen, da der Erwerber gemäß §§ 929, 932, 935 Abs. 1 BGB schon kein Eigentum erwerben konnte.[634]

Vielfach muss die Wertbestimmung aber ausführlicher begründet werden.

(b) Dies ist regelmäßig beim **Anstellungsbetrug** der Fall: **411**

Fall 25: Anstellungsbetrug bei Vertrauensstellung; Verjährung

V hatte im Jahr 2015 nach einer rechtskräftigen Verurteilung zu einer Freiheitsstrafe von neun Monaten auf Bewährung wegen Untreue seinen Arbeitsplatz verloren und sich sogleich bei einer anderen Firma um die Stelle eines Einkäufers mit eigenem Verantwortungsbereich beworben. In dem Bewerbungsgespräch verschwieg V gegenüber dem Firmeninhaber F seine Vorstrafe; er wurde aber auch nicht ausdrücklich nach Vorbelastungen gefragt. Aufgrund seines gewandten Auftretens erhielt er ab Februar 2016 die Stelle und arbeitete seitdem zur vollsten Zufriedenheit der Geschäftsführung. Erst als im März 2021 ein ehemaliger Kollege des V bei F eingestellt wurde, kam die Vorstrafe heraus. V wurde fristlos gekündigt. Strafbarkeit des V?

V könnte 2015 einen Betrug **gegenüber F durch Unterlassen** gemäß **§§ 263 Abs. 1, 13** begangen haben, indem er seine Vorstrafe verschwieg.

---

633 Vgl. BGH RÜ 2020, 515, wo das Gericht mit dieser Begründung vollendeten Betrug an einer Prostituierten als Vortat für einen Verdeckungsmord an der Frau bejahte.

634 LK-Tiedemann § 263 Rn. 208.

412 1. Eine Täuschung kann hier nur in dem Unterlassen der Aufklärung über die Vorstrafe liegen, sofern den V eine entsprechende Aufklärungspflicht traf. Eine solche kann sich bei **Anbahnung eines Dienst- oder Arbeitsverhältnisses aus Treu und Glauben gemäß § 242 BGB** ergeben. Voraussetzung dafür ist jedoch, dass über ein **besonderes Vertrauensverhältnis** verhandelt wird, bei dem die Geeignetheit des Bewerbers entscheidend durch seine charakterliche Integrität bestimmt wird. Eine Aufklärungspflicht besteht außerdem nicht, wenn der Bewerber nach den Regeln des Zentralregisterrechts die Vorstrafe verschweigen darf.[635] Die von V erstrebte Einstellung als selbstständiger Einkäufer erfordert umsichtiges und eigenverantwortliches Handeln. Der charakterlichen Eignung des Bewerbers kommt damit wesentliche Bedeutung zu. V durfte sich auch nach § 53 Abs. 1 BZRG nicht als unbestraft bezeichnen, weil seine rechtskräftige Verurteilung zu einer Freiheitsstrafe von mehr als drei Monaten gemäß §§ 4, 32 Abs. 2 Nr. 5 b BZRG in das Führungszeugnis eingetragen wurde und weil die Tilgungsfrist dafür gemäß § 46 Abs. 1 Nr. 2 b BZRG noch nicht abgelaufen war.

2. Bejaht man eine Täuschung des V durch Unterlassen, so ist bei F auch ein Irrtum über die charakterliche Eignung des V erregt worden.

413 3. Fraglich ist, ob eine unmittelbar vermögensmindernde Verfügung angenommen werden kann. Der Anstellungsbetrug ist ein **Eingehungsbetrug** (s.o. Rn. 358), d.h. die vermögensmindernde Verfügung liegt nach der Rspr. bereits **im Abschluss des Anstellungsvertrages** und der Übernahme der Gehaltszahlungsverpflichtung durch den Dienstherrn. Die Gehaltszahlungen selbst sind nach dieser Auffassung lediglich Nachwirkungen des erschlichenen Vertragsschlusses.[636] Eine andere Auffassung vertritt das Schrifttum, das jede Entgeltzahlung noch als tatbestandsmäßige Vermögensverfügung begreift.[637]

4. Für die Schadensberechnung kommt es somit darauf an, ob die vom Dienstberechtigten übernommene Zahlungsverpflichtung durch die von dem Verpflichteten zugesagten Dienste ausgeglichen wird oder nicht. Dabei ist zu unterscheiden zwischen der Anstellung im Beamtenverhältnis und dem Erschleichen eines privatrechtlichen Arbeitsverhältnisses sowie zwischen der fachlichen und persönlichen Eignung:

414

- Täuscht der Bewerber für eine **Beamtenstellung** über die **fachliche Qualifikation**, die nach Gesetz oder Verwaltungsvorschrift notwendige Voraussetzung für die Anstellung oder eine Beförderung ist, fehlt es regelmäßig an der Gleichwertigkeit von Leistung und Gegenleistung. Der Beamte gilt als für sein Amt untauglich, auch wenn er zufriedenstellende dienstliche Leistungen erbringt, weil er – unter rechtlichen Gesichtspunkten – keine gleichwertige Gegenleistung für die ihm gewährten Bezüge zu erbringen vermag. Gleiches gilt für falsche Angaben zum Lebensalter und zur Laufbahn, wenn er infolgedessen unberechtigt ein höheres Gehalt erlangt. Täuscht der Beamte hingegen über Umstände seiner **persönlichen**

635 Vgl. Krey/Hellmann/Heinrich Rn. 674 f.

636 BGHSt 22, 38, 39.

637 Lackner/Kühl § 78 a Rn. 4.

Eignung, die für das Amt unerlässlich sind, kommt es für das Vorliegen eines Vermögensschadens – wiederum unabhängig von der Qualität der erbrachten Leistungen – darauf an, ob die Täuschung Umstände betrifft, die der Einstellung des Täters rechtlich entgegenstehen. Wenn der Beamte wegen fehlender persönlicher Eignung nicht hätte eingestellt werden dürfen oder hätte entlassen werden müssen, ist demgemäß ein Vermögensschaden anzunehmen.

- Bei **privaten Anstellungsverhältnissen** wird ein Vermögensschaden in erster Linie danach bemessen, ob der Angestellte die **Leistungen erbringen** kann, die nach seiner gehaltlichen Eingruppierung oder dem Anstellungsvertrag von ihm erwartet werden dürfen. Dabei ist es unerheblich, ob der Angestellte von einem Privaten oder von der öffentlichen Hand beschäftigt wird. **415**

  Selbst bei qualitativ minderwertiger Arbeit soll nach Ansicht des BGH zur Vermeidung von Wertungswidersprüchen mit dem Arbeitsrecht einem Vermögensschaden i.S.d. § 263 entgegenstehen, dass ein Arbeitgeber weder einen Minderungsanspruch in Bezug auf das Arbeitsentgelt gegen den Arbeitnehmer[638] noch einen bereicherungsrechtlichen Anspruch auf Rückzahlung des Arbeitsentgelts hat.[639] **416**

- Ausnahmsweise sind die für Beamte entwickelten Grundsätze anzuwenden, wenn die dem Dienstverpflichteten gestellten Aufgaben eine **besondere Vertrauenswürdigkeit und Zuverlässigkeit erfordern** und mit Rücksicht darauf die Bezahlung höher ausfällt oder wenn Anstellung und Höhe der Bezüge – ähnlich wie bei Beamten – eine abgeschlossene Ausbildung voraussetzen oder von Art und Dauer früherer Beschäftigungen abhängen. Darüber hinaus ist ein Gefährdungsschaden darin zu sehen, dass ein Angestellter **erhebliche Vorstrafen wegen Vermögensdelikten** verschwiegen hatte und in der neuen Stellung über Vermögen des Arbeitgebers verfügen konnte.[640] **417**

Zum Fall: Ein Einkäufer mit eigenem Verantwortungsbereich ist für Angebotsplanung, Kalkulation und Fakturierung zuständig; er hat eine Vertrauensstellung inne. Das Maß seiner Verantwortung schlägt sich auch in der Entlohnung nieder. Wer – wie V – wegen Untreue entlassen worden ist, besitzt nicht die für die Vertrauensstellung erforderliche Zuverlässigkeit und entspricht nicht den Anforderungen, für die er bezahlt wird. F ist damit durch die Anstellung ein Vermögensschaden entstanden. Dieser besteht in der vollen Höhe der Lohnzahlungsverpflichtung und wurde auch durch die fachlich einwandfreie Arbeitsleistung nicht beseitigt.

5. V handelte vorsätzlich und in der Absicht rechtswidriger und stoffgleicher Bereicherung. Rechtswidrigkeit und Schuld liegen ebenfalls vor.

6. Die Tat könnte aber inzwischen **verjährt** sein. Gemäß § 78 Abs. 3 Nr. 4 beträgt die Verjährungsfrist für Betrug fünf Jahre. Nach § 78 a beginnt die Verjährung mit **Beendigung** der Tat. Umstritten ist, wann beim Anstellungsbetrug die Verjährung zu laufen beginnt. Im Schrifttum ist die Ansicht vorherrschend, die den tatsächlichen Abschluss beim Anstellungsbetrug erst mit Zahlung des letzten aufgrund der erschli- **418**

638 BAG BB 2007, 1903.
639 LAG Berlin-Brandenburg, Urt. v. 24.08. 2011 – 15 Sa 980/11, BeckRS 2011, 77331.
640 BGH RÜ 2020, 29, 30 f.

chenen Anstellung geleisteten Gehalts annimmt.[641] Abweichend vom sonst in der Rspr. vertretenen Standpunkt zur Verjährung bei Erschleichen wiederkehrender Leistungen[642] sieht der BGH dagegen den Anstellungsbetrug wegen seines Charakters als Eingehungsbetrug schon mit dem Abschluss des Anstellungsvertrages als beendet an.[643] Nach dieser Ansicht ist die Tat des V inzwischen verjährt.

Ergebnis: V kann nicht mehr bestraft werden.

---

(3) Gefährdungsschaden trotz qualitativer und rechtlicher Äquivalenz

419 Hierher gehören die Fälle, in denen der Getäuschte gutgläubig Eigentum erworben hat, dies aber unter Umständen, die ein besonderes **Prozessrisiko** oder sogar die Gefahr des Entzuges der Sache begründen (s.o. Rn. 376).

(4) Vermögensschaden wegen persönlichen Schadenseinschlags

420 Trotz objektiver Ausgeglichenheit von Leistung und Gegenleistung kann sich ein Vermögensschaden auch aus den **persönlichen Bedürfnissen und Verhältnissen des Erwerbers unter Berücksichtigung der von ihm verfolgten Zwecke** ergeben, sog. **persönlicher Schadenseinschlag**.[644]

421 ■ Ein solcher individueller Schadensfaktor liegt vor, **wenn der Erwerber die angebotene Leistung nicht oder nicht im vollen Umfang zu dem vertraglich vorausgesetzten Zweck oder in anderer zumutbarer Weise verwenden kann**.

Beispiel: Dem Bauern wird eine – preisangemessene – Melkmaschine verkauft, die aber nicht wie versprochen für zehn, sondern nur für drei Kühe ausreicht. – Vollendeter Betrug.[645]

Das einschränkende Kriterium der **zumutbaren Verwendungsalternative** wirkt aber einer völligen Opferbezogenheit des Schadensbegriffs entgegen.

Beispiel: Unter der Vorspiegelung, als Mitglied der Buchgemeinschaft E könne man in einem bestimmten Geschäft 40% Rabatt erhalten, wird der Getäuschte zu einer Beitrittserklärung veranlasst. Nach OLG Köln[646] kein Betrug, selbst wenn der Getäuschte bei Kenntnis der Wahrheit gar nicht Mitglied der Buchgemeinschaft hätte werden wollen. Es sei ihm zumutbar, sich aus dem Angebot von Büchern und Schallplatten des Buchclubs zu bedienen.

422 ■ Ein weiterer individueller Schadensfaktor liegt vor, **wenn der Erwerber durch den Erwerb zu vermögensschädigenden Maßnahmen gezwungen wird.**

Beispiel: A bietet über eine Internet-Plattform Leichtmetallfelgen aus Italien für Sportwagen an. Dabei verschweigt er, dass diese keine Sonderzulassung zum Straßenverkehr in Deutschland haben.

---

641 Fischer § 78 a Rn. 9; Sch/Sch/Bosch § 78 a Rn. 4.

642 Vgl. BGHSt 27, 342 für Rentenbetrug; OLG Koblenz MDR 1993, 70 für Mietbetrug.

643 BGHSt 22, 38.

644 Vgl. zum Folgenden die Grundsatzentscheidung BGHSt 16, 321 ff.; Lackner/Kühl § 263 Rn. 48.

645 BGHSt 16, 321, 326.

646 GA 1977, 188, 189.

Hierfür muss der Käufer zusätzliche Aufwendungen machen. Soweit der Kaufpreis für die Felgen und die Gebühren für die Sonderzulassung den Preis handelsüblicher Leichtmetallfelgen mit straßenverkehrsrechtlicher Zulassung in Deutschland übersteigen, ist der Erwerber geschädigt.[647]

- Schließlich kann sich ein persönlicher Schadenseinschlag daraus ergeben, dass der **Erwerber infolge der Verpflichtung nicht mehr über die Mittel verfügen kann, die zur ordnungsgemäßen Erfüllung seiner Verbindlichkeiten oder sonst für eine seinen persönlichen Verhältnissen angemessene Wirtschafts- oder Lebensführung unerlässlich sind.** **423**

Beispiel: Der Täter täuscht Mutter und Tochter darüber, dass das 13-jährige Kind eine Flugreise gewonnen habe und veranlasst dadurch die Mutter zur Genehmigung einer umfangreichen Wäschebestellung durch die einkommens- und vermögenslose Minderjährige. – Vollendeter Betrug.[648]

c) Kein Vermögensschaden bei bewusster Selbstschädigung ohne Zweckverfehlung

Fraglich ist, ob auch dann ein Vermögensschaden vorliegt, wenn der Verfügende zwar keine oder keine äquivalente Gegenleistung erhalten hat, dies aber wusste, sog. **bewusste Selbstschädigung**. **424**

Fall 26: Vermögensschaden bei bewusster Selbstschädigung; Zweckverfehlungslehre bei unausgewogenen und ausgeglichenen Geschäften; Spenden-, Bettel- und Subventionsbetrug

Bei Frau S klingeln in der Vorweihnachtszeit Spendensammler und Vertreter häufiger als sonst: A sammelt für die Altenhilfe. Als S ihn fragt, was die Nachbarn gegeben hätten, erklärt A wahrheitswidrig: „Jeweils 25 €!" Um nicht zurückzustehen, spendet S den gleichen Betrag. Später erscheint B und verkauft Baumschmuck zum marktüblichen Preis. Das Zögern der S überwindet B, als er wahrheitswidrig erklärt, der Nettoerlös werde von der Herstellerfirma an ein Waisenhaus überwiesen. Strafbarkeit von A und B nach dem StGB? Erforderliche Anträge sind gestellt.

I. Strafbarkeit des A

A könnte sich eines **Betruges** an S schuldig gemacht haben, **§ 263 Abs. 1**.

1. A hat Frau S über die Höhe der von den Nachbarn erhaltenen Spenden getäuscht. Dadurch ist bei S ein entsprechender Irrtum erregt worden.
2. Da S nur deshalb 25 € gespendet hat, um im Vergleich zu den Nachbarn nicht als geizig zu erscheinen, war ihr Irrtum auch kausal für die Vermögensverfügung durch Übereignung des Geldbetrages.
3. Fraglich ist, ob der S ein Vermögensschaden entstanden ist: Einerseits hat sie zwar keinerlei vermögenswerte Gegenleistung erhalten; andererseits war sie sich aber im Klaren darüber, nichts für die Spende zurückzubekommen. **425**

647 BGH RÜ 2012, 708.
648 BayObLG NJW 1973, 633.

a) Nach einer Mindermeinung ist allein entscheidend, dass das Opfer aufgrund eines Irrtums über Tatsachen eine schädigende Verfügung vorgenommen hat.[649] Danach müsste hier ein Betrugsschaden bejaht werden.

Kritik: Diese Ansicht ist abzulehnen. Sie führt dazu, dass jeder Motivirrtum strafbarkeitsbegründend wirken würde, auch wenn der Vermögensschaden – wie im vorliegenden Fall – auf einer eigenverantwortlichen Selbstschädigung beruht.

b) Die Gegenauffassung schließt bei einer bewussten Selbstschädigung die Betrugsstrafbarkeit stets aus, solange die zugrunde liegende Täuschung nicht die Eigenverantwortlichkeit der Verfügung beseitige.[650] Danach ist Betrug im vorliegenden Fall zu verneinen.

c) Die h.M. nimmt einen zurechenbaren Vermögensschaden bei einer **bewussten Selbstschädigung nur dann** an, wenn das Opfer mit der Verfügung einen berücksichtigungsfähigen **sozialen** oder **wirtschaftlichen Zweck verfehle**. Teilweise wird dies damit begründet, dass nicht jeder Motivirrtum des Opfers die Zurechnung eines Vermögensschadens begründen könne. Teilweise wird argumentiert, dass die Erreichung eines solchen Zwecks die Vermögensminderung kompensiere und daher ein Vermögensschaden bei Zweckerreichung nicht vorliege.[651]

d) Auch die Rspr. bejaht einen Vermögensschaden nur, wenn das Opfer mit der Verfügung einen sozialen oder wirtschaftlichen Zweck verfehlt. Uneinheitlich ist sie jedoch in der Argumentation, warum eine solche Zweckverfehlung erforderlich sein soll. Unklar ist auch, welche Zwecke berücksichtigungsfähig sein sollen.[652]

Im vorliegenden Fall ist das Ergebnis auch für alle Befürworter der Zweckverfehlungslehre dasselbe: Zwar war sich S darüber bewusst, dass sie mit der Spende ein einseitiges Vermögensopfer erbrachte. Der von ihr verfolgte soziale Zweck einer Spende wurde jedoch nicht verfehlt, weil A das Geld tatsächlich für die Altenhilfe gesammelt hat. Der bloße Motivirrtum der S über die Freigiebigkeit der Nachbarn ist kein schadensrelevanter „Zweck".

Ergebnis: A ist straflos.

II. **Strafbarkeit des B**

B könnte sich durch den Verkauf des Christbaumschmucks wegen **Betrugs** an S strafbar gemacht haben, **§ 263 Abs. 1**.

1. Er hat die S ausdrücklich über die Weitergabe des Nettoerlöses aus dem Verkauf an ein Waisenhaus getäuscht. Dadurch wurde S in einen Irrtum über diese Tatsa-

---

649 BayObLG NJW 1952, 798; Hilgendorf JuS 1994, 466, 469.

650 MünchKomm-Hefendehl § 263 Rn. 829 ff.

651 Sch/Sch/Perron § 263 Rn. 102.

652 BGH NJW 1995, 539 m.w.N.; BGH NStZ 2015, 89.

che versetzt. Kauf und Bezahlung der Weihnachtsdekoration waren durch den Irrtum motiviert und minderten unmittelbar das Vermögen der S.

2. Der S müsste auch ein Vermögensschaden entstanden sein.

   a) Nach objektiven Kriterien ist dies abzulehnen, weil S mit der zum marktüblichen Preis verkauften Ware das vermögenswerte Äquivalent zugeflossen ist.

   b) Umstritten ist, ob der Vermögensschaden **trotz Ausgeglichenheit von Leistung und Gegenleistung** noch mit dem Argument der sozialen Zweckverfehlung begründet werden kann. Das hängt davon ab, ob man die Zweckverfehlung als selbstständigen Schadensfaktor oder nur als schadensbegründende Rückausnahme bei bewusster Selbstschädigung begreift. 426

   Das OLG Düsseldorf[653] bejaht ersteres in einem Parallelfall von Spendenerschleichung. Begründet wird der Schaden über eine Kombination von Zweckverfehlungslehre und objektiv-individuellem Schadensbegriff. Das karitative Motiv ist nach Meinung des Gerichts zwischen den Beteiligten Vertragszweck geworden, dessen Vereitelung als subjektiver Schadenseinschlag den Vermögensschaden auslöst.

   Mit der Gegenansicht ist bei wirtschaftlich ausgeglichenen Verträgen die Möglichkeit einer Zweckverfehlung abzulehnen. Wenn die Enttäuschung jeder individuellen Zwecksetzung einen Betrugsschaden auslösen könnte, würde dieses Tatbestandsmerkmal völlig ins Subjektive verschoben und der Betrug letztlich zu einem Delikt gegen die Dispositionsfreiheit gemacht. Nach dieser Ansicht ist für die Zweckverfehlungslehre also nur Raum, wenn tatsächlich eine einseitige Vermögenseinbuße, d.h. ein wirtschaftliches Minussaldo im Vermögen des Betroffenen, zurückgeblieben ist.[654]

Ergebnis: Nach h.M. entfällt auch bei B ein Betrug mangels Schadens.

Der dargestellte Streit um die Zweckverfehlung gilt entsprechend **bei gemischten Verträgen**, bei denen zwar ein wirtschaftliches Austauschgeschäft vorliegt, der Kaufpreis aber mit einem wohltätigen Zweck gekoppelt ist (z.B. überhöhter Preis von Blindenwaren oder verbilligte Abgaben von Waren für Minderbemittelte). Soweit hier eine Differenz zum marktüblichen Preis vorliegt, ist der Vermögensschaden an den Kriterien der bewussten Selbstschädigung und der Zweckverfehlung zu messen.[655] 427

653 NJW 1990, 2397.

654 OLG Köln NJW 1979, 1419, 1420; LK-Tiedemann § 263 Rn. 183; Sch/Sch/Perron § 263 Rn. 105.

655 Vgl. Sch/Sch/Perron § 263 Rn. 105.

Vermögensschaden beim Betrug

liegt vor, wenn der wirtschaftliche Gesamtwert des betroffenen Vermögens durch die Verfügung des Getäuschten nach **objektiv-individuellen** Kriterien **geschmälert** wurde (Prinzip der Gesamtsaldierung). Dafür ist bei **gegenseitigen Verträgen** zu fragen:

Ist dem durch Eingehung der Vertragsverpflichtung verringerten Vermögen unmittelbar ein anrechenbares Äquivalent zugeflossen?

↓

Anzurechnen sind alle aus dem Vertrag unmittelbar erworbenen Primärleistungsansprüche, aber auch die Befreiung von einer Verbindlichkeit.

↓

Objektiv-wirtschaftlicher Wertvergleich

- Beim Eingehungsbetrug Vergleich zwischen der Verpflichtung des Getäuschten und dem Wert des Gegenanspruchs/der Gegenleistung.
- Beim Erfüllungsbetrug Wertvergleich zwischen vertraglichem Anspruch und tatsächlich erfolgter Gegenleistung.

  Schaden zu bejahen bei:
  - fehlendem Erfüllungswillen/fehlender Erfüllungsfähigkeit des Täuschenden
  - qualitativen oder rechtlichen Mängeln der Gegenleistung
  - bei Gefährdungsschaden, insbesondere bei drohendem Entzug der gutgläubig erworbenen Sache
  - fachlicher oder persönlicher Ungeeignetheit bei Dienstverträgen

Ist die Gegenleistung objektiv „ihr Geld wert", weiterfragen, ob …

… persönlicher Schadenseinschlag vorliegt,

- **weil der Erwerber die angebotene Leistung nicht zu dem vertraglichen Zweck oder nicht in anderer zumutbarer Weise gebrauchen kann oder**
- **weil der Erwerber durch die eingegangene Verpflichtung zu schädigenden Folgemaßnahmen gezwungen wird oder**
- **weil der Erwerber infolge der Verpflichtung nicht mehr über die Mittel zur angemessenen Lebensführung verfügt.**

Ist keine oder nur eine minderwertige Gegenleistung erbracht worden, …

… so liegt grundsätzlich ein Vermögensschaden vor.

↓

Nach h.M. ausnahmsweise kein Schaden, wenn sich das Opfer der Einseitigkeit seiner Vermögensminderung **bewusst** war.

↑

es sei denn: **Verfehlung eines wirtschaftlich oder sozial anerkannten Zwecks.**

5. Vorsatz

Für alle objektiven Tatbestandsmerkmale genügt dolus eventualis. **428**

Aufbau: *Da der Täuschung das finale Element der Irreführung innewohnt, kann man – ausnahmsweise dann, wenn offensichtlich ist, dass der Täter die Behauptung einer äußeren Tatsache für wahr hält – sogleich mit dem fehlenden Täuschungswillen den objektiven Tatbestand ausschließen, ohne erst noch den langwierigen Weg über alle objektiven Merkmale zum subjektiven Tatbestand gehen zu müssen. Bei inneren Tatsachen (Erfüllungswille, Zahlungsbereitschaft) wird ohnehin schon im objektiven Tatbestand geprüft, ob die entsprechende Erklärung mit der Vorstellung des Täters übereinstimmt. Ist das zu bejahen, ist das Merkmal schon objektiv nicht verwirklicht.*

Bei der schlüssigen Täuschung muss sich der Täter der Wirkung seines Verhaltens auf die Vorstellung des Getäuschten bewusst sein; beim Dreiecksbetrug muss der Täter die Umstände erkennen, die die Sonderbeziehung zum Geschädigten ausmachen. **429**

Bei einem Gefährdungsschaden muss der Täter für möglich halten und billigen, dass der Betrogene ernstlich mit wirtschaftlichen Nachteilen als Folge der täuschungsbedingten Verfügung zu rechnen hat. Dieses Erfordernis ist dann nicht erfüllt, wenn für den Täter der Eintritt wirtschaftlicher Nachteile nicht einmal überwiegend wahrscheinlich ist, sondern von zukünftigen Ereignissen abhängt, die sich der Einflussnahme des Täters im Wesentlichen entziehen.[656] Kennt und billigt der Täter die den Gefährdungsschaden begründenden Umstände, kommt es nicht mehr darauf an, ob er auch mit einer Realisierung des Schadens rechnet. Auch spielt es keine Rolle, ob er später den Schaden ausgleichen oder wiedergutmachen will.[657] **430**

6. Absicht stoffgleicher Eigen- oder Drittbereicherung

a) Verbesserung der Vermögenslage

Der Täter muss dolus directus bezüglich einer Verbesserung der eigenen Vermögenslage oder der Vermögenslage eines Dritten durch Wertzuwachs oder Befreiung von einer Verbindlichkeit haben. Ob diese tatsächlich erlangt wurde oder überhaupt zu erlangen war, ist unerheblich, sofern nur der Handlungsantrieb des Täters darauf gerichtet war. **431**

aa) Als intellektuelles Element der Absicht genügt das Bewusstsein, dass der Erfolg möglicherweise eintreten kann. **432**

bb) Schwerpunkt der Absicht ist das voluntative Element: Dem Täter muss es **auf den Vermögensvorteil ankommen**. Dieser muss aber weder Endziel noch Triebfeder zum Handeln sein. **Es genügt, wenn der Täter ihn neben anderen wichtigen Zielen oder als Zwischenziel für einen anderweitigen Zweck anstrebt.**[658] **433**

Umstritten sind die Fälle, bei denen die Bereicherung kein Ziel, sondern nur **unvermeidbare Nebenfolge der Realisierung eines anderen Beweggrundes ist.**

656 BGHSt 51, 165, 177; BGH StV 2008, 526.

657 BGH RÜ 2009, 374.

658 Grundlegend BGHSt 16, 1; vgl. auch Lackner/Kühl § 263 Rn. 58.

Beispiel hierfür ist der Fahrkarten-Fall des BGH:[659] A fuhr wöchentlich zu einem Lehrgang mit dem Nahverkehrszug. Eines Tages kurz vor Abfahrt des Zuges stellte er fest, dass er seine Mehrfahrtenkarte nicht finden konnte. Um dennoch den für ihn wichtigen Zug zu erlangen, begab er sich in den Eisenbahnwagen. Er hoffte, dort die vermisste Karte noch zu finden, um sie nachträglich entwerten lassen zu können. Die Suche war vergeblich. A hatte aber auch nicht genug Geld, um eine Karte nachlösen zu können. Davon wollte er den Bahnangestellten nicht unterrichten, weil er befürchtete, sonst zuviel Zeit zu verlieren und den Lehrgangsbeginn zu versäumen. A fiel jedoch später auf.

Die Rspr. löst diese Fälle danach, ob der als sicher vorausgesehene Bereicherungserfolg dem Täter innerlich erwünscht war – dann wird Betrug bejaht – oder ob er als peinliche oder lästige Folge seines Handelns innerlich unerwünscht war – dann soll Betrug ausscheiden.[660]

Kritik: Mit der h.M. ist es abzulehnen, die Bereicherungsabsicht auch auf solche Vermögensverbesserungen auszudehnen, deren Eintritt der Täter zur Erreichung anderer Zwecke als unvermeidbar voraussieht. Dolus directus II ist eben keine Absicht.[661]

b) Stoffgleichheit der erstrebten Bereicherung

434 Dieses Merkmal soll sicherstellen, dass der Betrug als **(erfolgskupiertes) Vermögensverschiebungsdelikt** nur die Vorgänge erfasst, bei denen durch die Verfügung unmittelbar ein Vermögenstransfer zum Bereicherten geplant ist. **Stoffgleichheit liegt daher vor, wenn Vorteil und Schaden auf derselben Vermögensverfügung beruhen und der Vorteil unmittelbar aus dem geschädigten Vermögen entsteht.**[662] Bedeutung erlangt das Merkmal in folgenden Fallgruppen:

435 **aa)** Der Täter veranlasst einen anderen durch Täuschung zu einer (Eigen- oder) Fremdschädigung und erstrebt dafür den Vorteil **aus einem anderen Vermögen als demjenigen des Geschädigten.**

Beispiel: Ein Versicherungsnehmer machte gegenüber seinem Haftpflichtversicherer eine bewusst unwahre Unfall-Schadensmeldung, um sich auf diese Weise seinen Schadensfreiheitsrabatt zu erhalten. Nach Ansicht des BayObLG[663] kein eigennütziger Betrug gegenüber der Versicherung und zum Nachteil des Anspruchsgegners. Zwar habe der Anspruchsgegner infolge der unterbliebenen Schadensregulierung einen Nachteil erlitten. Der beabsichtigte Vermögensvorteil des Versicherungsnehmers wäre aber nicht aus dem Vermögen des geschädigten Unfallgegners, sondern aus dem Vermögen der Versicherung erlangt worden.

436 **bb)** Der Täter veranlasst durch eine Täuschung **mehrere vermögensschädigende Verfügungen** des Getäuschten, erstrebt aber nur aus einer Verfügung den Vermögensvorteil für sich. Hier lässt sich nur anhand der Stoffgleichheit ermitteln, welche der Verfügungen zur Tatvollendung geführt hat und wie groß letztlich der Schuldumfang der Tat ist.

Beispiel: Vertreter V hat keinerlei Geldmittel mehr, schuldet aber seiner Firma F mehrere 100 €. Um diese Schulden zu tilgen, täuscht V gegenüber F mehrere Geschäftsabschlüsse vor. Dadurch wird F veranlasst, die angeblich bestellten Waren an tatsächlich nicht existierende Personen abzuschicken und die vermeintlichen Provisionsvorschüsse des V mit dessen Schulden auf seinem Konto zu verrechnen.- Kein

---

659 BGHSt 16, 1.

660 BGHSt 16, 1, 6.

661 NK-Kindhäuser § 263 Rn. 355; Krey/Hellmann/Heinrich Rn. 688.

662 Vgl. BGHSt 34, 379, 391; Lackner/Kühl § 263 Rn. 59.

663 MDR 1994, 933.

vollendeter Betrug des V gegenüber und zulasten der F: Täuschungs- und irrtumsbedingt hat F zwar den Besitz an den abgesandten Waren verloren und neben dem Besitzverlust selbst noch einen zusätzlichen Schaden durch den unnützen Aufwand an Verpackung und Porto erlitten. V erstrebte jedoch weder für sich noch für einen Dritten irgendeinen Vermögensvorteil als unmittelbare Folge der Warenversendung.[664] Betrugsrelevant kann nur die irrtumsbedingte Verrechnung der Provisionsforderungen mit den Schulden des V gewesen sein. War aber die Forderung der F gegen V ohnehin wegen dessen Vermögenslosigkeit wirtschaftlich wertlos, kann auch durch die Verrechnung mit der Provisionsforderung – also in dem faktischen Verzicht auf die ohnehin wertlose Forderung – kein Vermögensschaden liegen.[665]

cc) Durch die Täuschung veranlasst der Täter das Opfer, den Verfügungsgegenstand **in ein fremdes Vermögen** zu übertragen, um sich den Vorteil danach unmittelbar aus diesem Drittvermögen zu beschaffen. 437

Fall 27: Provisionsvertreterbetrug

P ist Provisionsvertreter für die Firma A, die Zigarettenautomaten vertreibt. Er veranlasst den in bescheidenen wirtschaftlichen Verhältnissen lebenden Frührentner B, der keinen Automaten erwerben wollte, zur Unterschrift unter einen Kaufvertrag, indem er ihm vorspiegelt, es handele sich lediglich um einen Automatenaufstellungsvertrag. Diesen Vertrag reicht P sodann seiner Firma ein und lässt sich die Provision auszahlen. Nachdem der Automat aufgestellt worden ist und B die Rechnung erhalten hat, erkennt er, dass P ihn getäuscht hat. Er erstattet Strafanzeige.
Strafbarkeit des P?

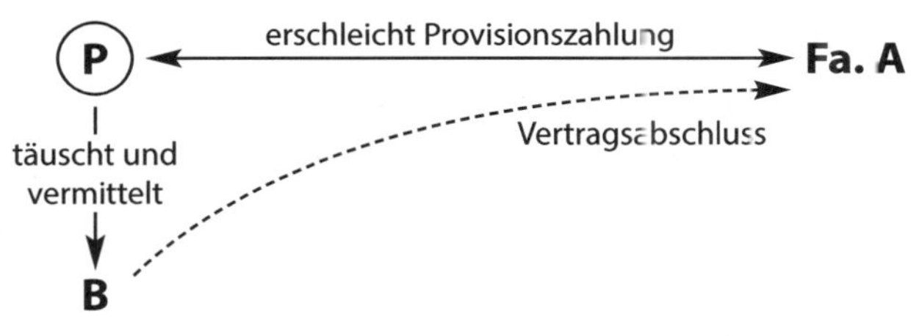

I. In Betracht zu ziehen ist zunächst ein eigennütziger **Betrug gegenüber und zulasten des B, § 263 Abs. 1**.

1. P hat den B über den Inhalt des Vertrages getäuscht. Dadurch wurde bei B die Fehlvorstellung erregt, er unterschreibe einen Automatenaufstellungsvertrag, nicht aber einen Kaufvertrag.

2. Die dadurch veranlasste Vermögensverfügung des B liegt im Abschluss des Kaufvertrages, also in der Belastung des Eigenvermögens mit einer Zahlungsverpflichtung. Dadurch ist dem B nach objektiv-individuellen Kriterien auch ein unmittelbarer Schaden entstanden: Zwar dürfte der Kaufpreis für den Automaten branchenüblich und damit angemessen gewesen sein; vereinbarter Vertragszweck

664 Anders in den Fällen, in denen Warenlieferungen unter fremdem Namen zur Belästigung des Opfers auf den Weg gebracht werden. Nach BayObLG (JZ 1972, 25, gebilligt von BVerfG JuS 2007, 384), wird hier die Arbeit des Versenders als Mittel zur Verwirklichung des Tatplans und damit zur Ersparnis eigener Aufwendungen betrügerisch missbraucht; bei beharrlicher Wiederholung heute auch gemäß § 238 Abs. 1 Nr. 3 a strafbar.

665 BGHSt 6, 115; vgl. auch BGH NJW 1989, 918.

aber war nur die entgeltliche Duldung einer Automatenaufstellung, und hiermit hatte der Eigentumserwerb an einem Automaten nichts zu tun. Dass der Vertrag anfechtbar war, lässt den durch die Eingehung begründeten Gefährdungsschaden nicht entfallen.[666]

3. P handelte vorsätzlich.

4. Bei einem eigennützigen Betrug müsste P auch die Absicht besessen haben, sich einen rechtswidrigen Vermögensvorteil zu verschaffen.

   a) Dass mit der durch die Firma A für den Vertragsschluss auszuzahlenden Provision eine **günstigere Gestaltung der Vermögenslage** verbunden war und dass diese Bereicherung **Handlungsantrieb** des P war, ist unbedenklich.

438 b) Zweifel bestehen an der **Stoffgleichheit** zwischen der zur Vermögensminderung führenden Verfügung und der erstrebten Bereicherung. Stoffgleichheit liegt daher vor, wenn Vorteil und Schaden auf derselben Vermögensverfügung beruhen und der Vorteil unmittelbar aus dem geschädigten Vermögen entsteht.[667] Die vermögensmäßige Besserstellung, die P für sich erstrebte, sollte durch eine Vermögensverfügung der Firma A ausgelöst werden. Zwischen der Vermögensbelastung des B durch den Kaufvertrag und der erstrebten Provision fehlte also die Stoffgleichheit.

Eigennütziger Betrug des P zulasten des B scheidet aus.

II. In Betracht kommt fremdnütziger **Betrug gemäß § 263 Abs. 1 zulasten des B und zum Vorteil der Firma A**.

1. Dass P den B vorsätzlich zu einer täuschungs- und irrtumsbedingten vermögensschädigenden Verfügung veranlasst hat, wurde bereits festgestellt.

2. P müsste die Absicht stoffgleicher Drittbereicherung zugunsten der Firma A besessen haben. Zwar hat der Anspruch aus dem Kaufvertrag Vermögenswert. Fraglich ist, ob P, dem es auf die Provision ankam, diese Bereicherung „beabsichtigte". Die vermögensmäßige Besserstellung der Firma A in Form des Zahlungsanspruchs gegen B war aber nicht nur bloße Nebenfolge, sondern notwendiges Zwischenziel zur Erlangung des Provisionsanspruchs.

   Da die Bereicherung der Firma A durch dieselbe Verfügung wie der Schaden des B hervorgerufen wurde und die Verbindlichkeit letztlich B belastete, ist auch Stoffgleichheit gegeben.

3. Die von P erstrebte Bereicherung war (objektiv und subjektiv) rechtswidrig. Rechtswidrigkeit und Schuld als allgemeine Verbrechensmerkmale liegen vor.

P ist wegen fremdnützigen Betrugs zum Nachteil des B schuldig.

III. Durch die Provisionsabrechnung könnte sich P ferner wegen **eigennützigen Betrugs zum Nachteil der Firma A** strafbar gemacht haben, **§ 263 Abs. 1**.

---

666 Vgl. BGH NJW 1968, 261.

667 Vgl. BGHSt 34, 379, 391; BGH NStZ 2003, 264; Lackner/Kühl § 263 Rn. 59.

1. Als P der A den Vertrag zur Abrechnung einreichte, spiegelte er schlüssig einen ordnungsgemäß zustande gekommenen und rechtsbeständigen Vertragsabschluss vor, obwohl der Vertrag tatsächlich wegen arglistiger Täuschung anfechtbar war. A hat die Ordnungsmäßigkeit des Vertrages irrig angenommen.
2. In der Auszahlung der Provision liegt eine unmittelbar das Vermögen der A mindernde Verfügung. Der Verlust der Provision wurde durch den anfechtbaren Kaufvertragsanspruch wirtschaftlich nicht ausgeglichen, sodass die A geschädigt war.
3. P handelte vorsätzlich.
4. Er erstrebte durch die Auszahlung der Provision einen Vermögensvorteil für sich, der stoffgleich mit der vermögensmindernden Verfügung der Firma A war.
5. Da P tatsächlich keinen Provisionsanspruch hatte und er dies wusste, war der erstrebte Vermögensvorteil rechtswidrig.

P hat sich also auch wegen Betruges zum Nachteil der Firma A schuldig gemacht.

Konkurrenzen und Ergebnis: Wegen der unterschiedlichen Geschädigten tritt keine Betrugstat als gesetzeskonkurrierend zurück. P ist strafbar wegen Betrugs in zwei Fällen in gleichartiger Tatmehrheit.[668]

---

7. Rechtswidrigkeit der erstrebten Bereicherung

Bei der Rechtswidrigkeit der erstrebten Bereicherung wird gefragt, ob die vom Täter er- **439**
strebte vermögensmäßige Besserstellung – wäre sie realisiert worden – **objektiv im Widerspruch zur Vermögensordnung gestanden hätte und ob der Täter bezüglich dieses Widerspruchs Vorsatz hatte**. Die Rechtswidrigkeit der (erstrebten) Bereicherung ist deshalb – ebenso wie die Rechtswidrigkeit der erstrebten Zueignung bei § 242 (s.o. Rn. 137 ff.) – wie ein **normatives, vorsatzbedürftiges Tatbestandsmerkmal** zu behandeln.

a) Keine objektive Rechtmäßigkeit der Bereicherung

Steht die erstrebte Bereicherung **objektiv** im Einklang mit dem materiellen Recht, wird sie nicht allein dadurch rechtswidrig, dass sich der Täter bei ihrer Verwirklichung rechtswidriger Mittel bedient – typisch für den sog. **Selbsthilfebetrug**.[669] Im Einzelnen geht es um folgende Fallgruppen:

aa) Der Täter will die **Durchsetzung eines unbegründeten Anspruchs abwehren** und **440**
bedient sich dazu rechtswidriger Beweismittel.

Beispiel: Vorlage einer falschen Quittung im Prozess. – Kein Prozessbetrug.[670]

---

668 Für Tateinheit in diesen Fällen Seier/Justenhoven JuS 2010, 795, 799.

669 BGHSt 3, 160, 162; 42, 268, 271.

670 BGHSt 20, 136.

441 **bb)** Der Täter setzt **einen fälligen und einredefreien (Stück-, Gattungs- oder Geld-) Anspruch** durch, indem er falsche Beweismittel vorlegt oder einen Scheck erschleicht.

Beispiel: A hat gegen B einen Anspruch auf Lieferung eines Teppichs. B verweigert die Lieferung, weil er sich auf einen zu niedrigen Preis festgelegt hat. A begibt sich in das Geschäft des B und veranlasst dort den nichts ahnenden Angestellten, ihm einen solchen Teppich „auf Rechnung" zu verkaufen. – Kein Betrug. Auch der Umstand, dass A nur Inhaber eines Gattungsanspruchs war, spielt – im Gegensatz zum Diebstahl – keine Rolle, weil der Schuldner, handelnd durch den Ladengehilfen, selbst durch seine Leistung das Schuldverhältnis auf den Gegenstand der Täuschungshandlung konkretisiert hat.[671]

442 **cc)** Der Täter ist Inhaber eines Zahlungsanspruchs und begründet unter Verschweigen seiner wahren Absichten eine eigene Verbindlichkeit gegen den Schuldner, um mit seiner eigenen Forderung **aufzurechnen**[672] (zur häufigeren Parallelproblematik der „Selbsthilfe-Erpressung" unten Rn. 594).

Aufbau: *Bei der letztgenannten Fallgruppe kann man mit der Rspr. schon den Vermögensschaden ablehnen, auch wenn der Täter gar nicht aufrechnen, aber die Forderung nicht mehr verfolgen will (s.o. Rn. 403).*[673]

b) Vorsatz bezüglich der Rechtswidrigkeit der Bereicherung

Der Täter muss die Tatsachen kennen, aus denen sich ergibt, dass sein Anspruch nicht besteht oder von der Rechtsordnung nicht geschützt wird. Für die bei normativen Tatbestandsmerkmalen zusätzlich erforderliche Parallelwertung in der Laiensphäre genügt es dann, wenn der Täter erkannt hat, dass er die von ihm erstrebte Bereicherung in einem Zivilprozess nicht würde durchsetzen können.[674]

443 **aa) Stellt sich der Täter** irrig (tatsächliche oder rechtliche) **Umstände vor**, bei deren Vorliegen die Vermögensverschiebung im Einklang mit der Rechtsordnung stünde, handelt er im Tatbestandsirrtum über die Rechtswidrigkeit der Bereicherung, § 16 Abs. 1 S. 1.[675]

444 **bb) Weiß der Täter umgekehrt nicht, dass ihm tatsächlich ein Recht auf die Vermögensverschiebung zusteht**, hält er also die Rechtswidrigkeit der Bereicherung zumindest für möglich, so muss wegen irriger Annahme von Umständen, bei deren Vorliegen Betrug gegeben wäre („umgekehrter Tatbestandsirrtum") untauglicher Versuch angenommen werden.[676]

---

671 LK-Tiedemann § 263 Rn. 265.

672 BGH NJW 1953, 1479.

673 BGH RÜ 2011, 641.

674 BGHSt 48, 322, 328, 329 zu § 253.

675 Vgl. BGH bei Holtz MDR 1992, 320.

676 Küper NStZ 1993, 313, 315; BGHSt 42, 268, 272, 273.

Absicht rechtswidriger Bereicherung beim Betrug

Absicht stoffgleicher Bereicherung

Vermögensverfügung des Getäuschten — „**stoffgleich**“ → **Bereicherung**

Vermögensverfügung des Getäuschten
- unmittelbar
- → Schaden im eigenen Vermögen oder im nahestehenden Fremdvermögen

„stoffgleich“
- d.h. Vorteil und Schaden müssen auf derselben Verfügung beruhen und der Vorteil muss letztlich zulasten des geschädigten Vermögens gehen
- (–) wenn erst durch eine weitere Verfügung des Geschädigten die Bereicherung eintreten soll
- (–) wenn Vorteil aus externem Vermögen stammen soll

Bereicherung
- beabsichtigt, d.h.
- **intellektuell:** Bewusstsein, dass die Bereicherung möglicherweise eintreten kann
- **voluntativ:** es muss dem Täter auf die Bereicherung (wenn auch nur als Neben- oder Zwischenziel) ankommen
- → Vermögensvorteil beim Täter oder einem Dritten

Rechtswidrigkeit der erstrebten Bereicherung und Vorsatz diesbezüglich

Nach ganz h.M. **Tatbestandsmerkmal**. Es entfällt, wenn der Täter …

… **objektiv**

- einen unbegründeten Anspruch abwehren will;
- einen fälligen und einredefreien (nicht notwendigerweise Spezies-) Anspruch durchsetzen will;
- eine an sich zulässige Aufrechnung erschleichen will.

… oder **subjektiv**

wegen eines Tatsachen- oder Rechtsirrtums glaubt, die erstrebte Vermögensverschiebung stehe aus einem der nebenstehenden Gründe **im Einklang mit der Vermögensordnung**.

8. Verhältnis zu anderen Vermögensdelikten

a) Öffentlich-rechtliche Vorschriften zu Abgaben und Gebühren

Straftaten im Bereich öffentlicher Abgaben verdrängen **innerhalb ihres Anwendungsbereichs** als Spezialvorschriften den Betrug. Das gilt insbesondere für die Steuerhinterziehung gemäß § 370 Abgabenordnung, ferner für die privilegierenden Amtsdelikte der Gebührenüberhebung gemäß § 352 und Abgabenüberhebung gemäß § 353.[677]

b) Diebstahl

445 Diebstahl und Betrug an derselben Sache durch dieselbe Handlung schließen sich bereits auf Tatbestandsebene aus (Exklusivität, s. dazu oben Rn. 382 ff.).

c) Betrug als mitbestrafte Nachtat

446 Hinter vorangegangenen Vermögensdelikten kann der Betrug als **bloße Sicherungstat** und damit als mitbestrafte Nachtat zurücktreten. Voraussetzung ist aber, dass die Täuschung dazu dient, **die aus der Vortat gewonnenen Vorteile zu sichern, auszunutzen oder zu verwerten und dass kein neuer Schaden verursacht, insbesondere keine weitere Person geschädigt wird.**[678]

II. Der besonders schwere Betrug, § 263 Abs. 3

1. Gewerbsmäßiger/bandenmäßiger Betrug, § 263 Abs. 3 S. 2 Nr. 1

447 Zur **gewerbsmäßigen Begehung** i.S.d. 1. Alt gilt dasselbe wie bei § 243 Abs. 1 S. 2 Nr. 3 (s.o. Rn. 215). Die **2. Alt.** erfasst die **bandenmäßige Begehung**. Hier gelten die Ausführungen zu § 244 Abs. 1 Nr. 2 (s.o. Rn. 191 ff.), allerdings mit Einschränkungen: Zunächst unterscheidet sich der Bandenzweck, denn bei § 263 Abs. 3 S. 2 Nr. 1 muss dieser in der fortgesetzten Begehung von Urkundenfälschung oder Betrug liegen. Ferner braucht die Tat nicht unter Mitwirkung eines anderen Bandenmitglieds begangen zu sein.

2. Großer Schaden/große Zahl von Opfern, § 263 Abs. 3 S. 2 Nr. 2

448 Dieses Regelbeispiel setzt in der **1. Alt.** die (wissentliche) Herbeiführung **eines Vermögensverlustes großen Ausmaßes** voraus. Abzustellen ist auf die Vermögenseinbuße beim Opfer, nicht auf den Vermögensvorteil des Täters.[679] Der Verlust muss tatsächlich eingetreten sein; ein bloßer Gefährdungsschaden reicht für die Regelwirkung nicht aus.[680] Die Untergrenze wird heute bei **50.000 €** angesetzt.[681] Eine Addition ist bei mehreren Einzelakten möglich, wenn diese sich gegen dasselbe Opfer richten und eine tatbestandliche Bewertungseinheit bilden.[682]

---

677 Vgl. BGH RÜ 2009, 504.
678 Vgl. BGH RÜ 2008, 716, 717.
679 BGH NJW 2011, 1825; Satzger Jura 2012, 786, 792.
680 BGH RÜ 2004, 37; a.A. Fischer § 263 Rn. 216.
681 BGH NJW 2004, 169.
682 BGH NJW 2011, 1825.

Die **2. Alt.** ist dagegen ein reines Absichtsmerkmal und lässt den (zielgerichteten) Willen des Täters genügen, **eine Vermögensgefährdung bei einer großen Zahl von Menschen** herbeizuführen. Wegen der subjektiven Fassung kann das Regelbeispiel auch schon bei der ersten Tat gegeben sein.[683] „Menschen" sind nur natürliche Personen.[684] Das Merkmal wird überwiegend ab einer Gruppe von **20 Personen** bejaht.[685] 449

3. Wirtschaftliche Not, § 263 Abs. 3 S. 2 Nr. 3

Dieses auch in den §§ 283 a und 291 verwendete Regelbeispiel setzt voraus, dass **der Täter das Opfer in wirtschaftliche Not bringt**. Darunter versteht man eine Lage, in der der Geschädigte in seiner wirtschaftlichen Lebensführung objektiv so eingeengt ist, dass er auch lebenswichtige Aufgaben nicht mehr bestreiten kann.[686] Da die Tat hierfür ursächlich sein muss, genügt es nicht, wenn der Täter die Not nur verstärkt. 450

4. Amtsmissbrauch, § 263 Abs. 3 S. 2 Nr. 4

Diese Strafschärfung schärft die Strafe für die **Begehung durch Amtsträger** i.S.v. § 11 Abs. 1 Nr. 2 oder Europäische Amtsträger gemäß § 11 Abs. 1 Nr. 2 a, die ihnen durch ihr Amt gegebene Handlungsmöglichkeiten ausnutzen. 451

5. Vortäuschen eines Versicherungsfalls, § 263 Abs. 3 S. 2 Nr. 5

Das Regelbeispiel knüpft an die Strafschärfung an **die vor der Täuschung über den Schadensfall liegenden Vorbereitungshandlungen** (insbesondere Brandstiftung) an, sofern diese objektiv **eine Sache von bedeutendem Wert** (ab 750 €[687]) betreffen und subjektiv **zum Zweck des späteren Versicherungsbetruges** vorgenommen werden. 452

III. Banden- und gewerbsmäßiger Betrug, § 263 Abs. 5

Hierbei handelt es sich um eine tatbestandliche **Qualifikation**, die das Delikt zum **Verbrechen** hochstuft. Im Unterschied zum Regelbeispiel des § 263 Abs. 3 S. 2 Nr. 1 müssen hier **gewerbs- und bandenmäßiges Handeln kumulativ** erfüllt sein. Dafür kann sich das kriminelle Betätigungsfeld der Bande über Betrug und Urkundenfälschung auf Computerbetrug, Subventionsbetrug, Fälschung technischer Aufzeichnungen und Datenfälschung erstrecken. 453

B. Computerbetrug, § 263 a

Durch § 263 a sollen die Fälle erfasst werden, in denen der Täter eine rechtswidrige Vermögensverschiebung nicht durch Täuschung eines Menschen, sondern durch Manipulation eines Computers erstrebt. Daher sind die spezifisch auf menschliche Kommunikation bezogenen Tatbestandsmerkmale des § 263, nämlich Täuschung und Irrtum, durch computertypische Beschreibungen ersetzt: 454

683 BGH NStZ 2001, 319.
684 BGH NStZ 2001, 319.
685 Sch/Sch/Perron § 263 Rn. 188 d.
686 Lackner/Kühl § 283 a Rn. 2.
687 Fischer § 315 Rn. 16 a.

Prüfschema: Strukturverwandtschaft zwischen Computerbetrug und Betrug

Aufbau des § 263 a	Parallelmerkmale bei § 263
Manipulationshandlung ■ Unrichtige Programmgestaltung ■ Verwendung unrichtiger/unvollständiger Daten ■ Verwendung von Daten, unbefugt (nach h.M. nur bei Täuschungsäquivalenz) ■ Einwirkung auf den Ablauf, unbefugt	Täuschungshandlung
dadurch ↓	
Ergebnis eines Datenverarbeitungsvorgangs beeinflusst	Irrtum + Vermögensverfügung
dadurch unmittelbar ↓	
Schaden beim Systembetreiber oder einem Dritten	Schaden
dadurch stoffgleich ↓	
rechtswidrige Eigen- oder Drittbereicherung beabsichtigt	Bereicherungsabsicht

I. Deliktsmerkmale

1. Tatmodalitäten

Das Gesetz nennt vier teilweise verwandte Tatmodalitäten, die an die Stelle der Täuschung beim Betrug treten:

a) Unrichtige Programmgestaltung (1. Mod.)

455 **Beispiel:** Software-Manipulation an Geldspielautomaten, sodass der eingeweihte Benutzer nach Eingabe eines bestimmten Codes und dadurch bewirkter Veränderung des Risikospiels abweichend vom üblichen Spielablauf Gewinnpunkte erlangen und sich später auszahlen lassen kann.[688]

b) Verwendung unrichtiger oder unvollständiger Daten (2. Mod.)

456 **Beispiel:** Auf einem Online-Formular beantragt der Täter Kindergeld für ein in Wahrheit nicht existierendes Kind.

688 BGH RÜ 2017, 33.

c) Unbefugte Verwendung von Daten (3. Mod.)

Diese für Klausuren **wichtigste Variante** soll Dateneingaben erfassen, zu der die fragliche Person nicht berechtigt ist. Wie weit der Anwendungsbereich der Modalität reicht, hängt von der Auslegung des Merkmals **„unbefugt"** ab. **457**

Eine ältere **computerspezifische Auslegung** bestimmt die Grenzen befugter Dateneingabe nach den Sicherheitsvorkehrungen im System.[689]

Kritik: Dann wäre die Strafbarkeit vom jeweiligen Sicherheitsstandard eines EDV-Systems abhängig, was den Täter begünstigen würde, der sich Sicherheitslücken zunutze macht. Diese Auffassung hat sich nicht durchgesetzt.

Vielfach wird eine **subjektivierende weite Auslegung** des Merkmals „unbefugt" vertreten. Danach entscheidet über die Befugnis zur Datenverwendung der Vermögensinhaber, der den elektronischen Zugriff auf sein Vermögen zugelassen hat. Soweit eine Datenverwendung seinem erkennbaren Willen zuwiderläuft, ist sie unbefugt.[690]

Kritik: Damit führt jede Vertragswidrigkeit im Zusammenhang mit elektronischen Daten zur Strafbarkeit – und sei es nur die Benutzung eines ausschließlich zu dienstlichen Zwecken überlassenen Handys für Privatgespräche.

Herrschend ist eine **betrugsspezifische enge Auslegung**. Eine Datenverwendung ist danach unbefugt, wenn das fragliche Verhalten **„täuschungsäquivalent"** ist. Dafür wird gefragt, ob die Verwendung der Daten, wäre sie gegenüber einem Menschen geschehen, Täuschungscharakter hätte. Uneinigkeit besteht allerdings innerhalb der h.M. ob das „Vorstellungsbild" dieser fiktiven Kontrollperson identisch ist mit der Prüfung der formellen Zugangsberechtigung, die der Systembetreiber programmiert hat oder darüber hinaus auch die materielle Berechtigung des Nutzers oder sogar die Werthaltigkeit der von ihm ausgelösten Transaktion Inhalt einer „Quasi-Täuschung" ist.

Die klausurwichtigsten Fälle betreffen missbräuchliche Verwendung von Girokarten an Geldautomaten und beim bargeldlosen Zahlungsverkehr durch Dritte sowie den Kontoinhaber selbst. Ausführlich dazu unten Rn. 464 ff.

d) Sonst unbefugte Einwirkung auf den Ablauf (4. Mod.)

Aus dem Merkmal „sonst" folgt, dass es sich hier um einen Auffangtatbestand zu den übrigen Tatmodalitäten handelt.[691] Erfasst werden insbesondere Einwirkungen, die keine vorherigen Dateneingaben voraussetzen, wie Manipulationen über die Tastatur und Eingriffe in die Hardware. **458**

Beispiele:

Leerspielen von Geldspielautomaten durch Ausnutzung der illegal erworbenen Kenntnis über den Programmablauf und gezieltes Drücken der den Gewinn vervielfachenden Risikotaste.[692]

---

689 Lenckner/Winklelbauer CR 1986, 657.

690 NK-Kindhäuser § 263 a Rn. 27.

691 BGH NStZ 1995, 135, 136.

692 BGH St 40, 331; Fischer § 263 a Rn. 19 m.w.N.

Nachdem der Kontoinhaber seine Girokarte in den Geldautomaten gesteckt und seine Geheimzahl eingetippt hat, lenkt A ihn ab, tippt selbst auf dem Display das Feld mit dem Auszahlungsbetrag und verschafft sich so das Bargeld aus dem Automaten.

Auch hier ist umstritten, wann die Handlung „unbefugt“ ist.

Die **subjektivierende Auslegung** stellt darauf ab, ob die Einwirkung dem Willen des Automatenbetreibers entspricht.[693]

Die Gegenauffassung fragt auch bei der 4. Mod., ob die Einwirkung **täuschungsäquivalent** ist, also ob anstelle des Automaten ein fiktiver Mensch getäuscht worden wäre.[694]

Kritik: Vertritt man bei der 3. Mod. die betrugsspezifische objektivierende Auslegung (s.o. Rn. 457), muss man dies bei der 4. Mod. auch tun. Anderenfalls würden alle Handlungen, die mangels Täuschungsäquivalenz nicht unter die 3. Mod. subsumiert werden könnten, von der 4. Mod. erfasst. Die Begrenzung der unbefugten Datenverwendung liefe dann leer.

Im letztgenannten Beispiel widerspricht das Hineindrängen in den Auszahlungsvorgang durch einen Dritten zum einem dem Willen der beteiligten Kreditinstitute (subjektivierende Auslegung), zum anderen ist sie wegen der Vorspiegelung, der berechtigte Kontoinhaber schließe den Auszahlungsvorgang ab, täuschungsäquivalent.[695] Eine unbefugte Einwirkung auf den Ablauf ist damit nach allen Ansichten zu bejahen.

2. Beeinflussung des Ergebnisses eines Datenverarbeitungsvorgangs

459 Dieses Merkmal ist als Parallele zum Irrtum und zur Vermögensverfügung beim Betrug gedacht.[696] Daher sind die dort zur Vermögensverfügung entwickelten Regeln in die Definition einzubeziehen: **Das Ergebnis eines Datenverarbeitungsvorgangs ist beeinflusst, wenn die eingegebenen Daten in den Arbeitsvorgang des Computers Eingang finden und für das spätere Ergebnis ursächlich werden, das seinerseits eine unmittelbar vermögensmindernde Disposition bewirkt.**[697] Kurz gesagt: **Irrtumsäquivalent plus Vermögensdisposition**.

460 Die Bedeutung dieser Elemente zeigt sich bei der Frage, ob ein versuchter Prozessbetrug im **automatisierten Mahnverfahren** möglich ist. Zwar verwendet der Täter in einem solchen Fall durch die Eingabe eines in Wahrheit nicht existierenden Anspruchs unrichtige Daten (1. Mod.). Eine irrtumsäquivalente Beeinflussung eines Datenverarbeitungsvorgangs lässt sich aber nur dann bejahen, wenn der programmgesteuerte Erlass des Mahnbescheids zugleich die Einhaltung der prozessualen Wahrheitspflicht des Antragstellers dokumentiert. Hier wird derselbe Streitstand relevant wie beim schriftlichen Mahnverfahren (s.o. Rn. 332). Die h.M., die einen „maschinellen“ Irrtum über die Einhaltung des § 138 ZPO bejaht, sieht eine Vermögensminderung (i.S. einer konkreten Vermögensgefährdung) und damit die **Tatvollendung aber erst im Erlass des Vollstre-**

---

693 BGHSt 40, 331, 334 f.

694 Sch/Sch/Perron § 263 a Rn. 216 f.; Wessels/Hillenkamp/Schuhr Rn. 617.

695 Lenk JuS 2020, 407, 412.

696 BT-Drs. 10/318 S. 19.

697 Sch/Sch/Perron § 263 a Rn. 21 f.; Lackner/Kühl § 263 a Rn. 16.

ckungsbescheides.[698] Parallel zum Mahnverfahren vor dem Rechtspfleger beginnt der **Versuch** beim automatisierten Verfahren dann schon mit der Beantragung des Mahnbescheids.[699]

3. Vermögensschaden, Vorsatz, Absicht rechtswidriger Bereicherung

Die übrigen Merkmale sind mit dem Betrug identisch.

4. Straferschwerungen und Strafverfolgungsvoraussetzungen

Durch den Verweis in § 263 a Abs. 2 werden auch alle in § 263 Abs. 2–7 enthaltenen Regelungen des Betruges auf § 263 a übertragen. **461**

5. Vorbereitungshandlungen

Gemäß § 263 a Abs. 3 sind auch die **Vorbereitungshandlungen** des Herstellens, Verschaffens, Feilhaltens, Verwahrens und des Überlassens von Programmen strafbar, wenn diese auf die Begehung von Computerbetrügereien abzielen, wie z.B. Ausspähungs- oder Entschlüsselungsprogramme zum Auffinden codierter Bank- oder Kreditkartendaten. § 263 a Abs. 4 verweist für diese Tat auf die Regeln der tätigen Reue gemäß § 149 Abs. 2, 3. **462**

II. Fallgruppen „unbefugter" Datenverwendung, 3. Mod.

Die mangelnde Befugnis kann sich auf den Inhalt einer Datenerklärung beziehen und schon darauf, das Datensystem überhaupt nutzen zu dürfen.

1. Inhaltlich unrichtige rechtsgeschäftliche Erklärungen mit richtigen Daten

Wird der Täter online im Rechtsverkehr wie ein normaler Nutzer durch Verwendung richtiger Daten tätig, schädigt aber den Systembetreiber, weil er nicht erfüllungswillig ist oder den Vertragsgegenstand manipuliert, kann man strafbares Verhalten nur bejahen, wenn eine „unbefugte" Datenverwendung i.S.v. § 263 a Mod. 3 vorliegt. Nach der subjektiven Auslegung lässt sich das schon mit dem Willen des Systembetreibers begründen, auch online nur mit einem redlichen Kunden Verträge zu schließen. Nach der betrugsspezifischen Auslegung ist Täuschungsäquivalenz erforderlich. Eine schlüssige Täuschung kann sich beim Betrug auch auf die Grundlage des betreffenden (Rechts-) Geschäfts, die nach der Verkehrsanschauung als selbstverständlich vorhanden vorausgesetzt wird, beziehen. Die Manipulationsfreiheit des Vertragsgegenstandes ist eine solche notwendige Bedingung des Angebots auf den jeweiligen Vertragsabschluss (s.o. Rn. 310). Weil darüber ein Mensch getäuscht werden kann, ist der Missbrauch eines Automaten anstelle eines Menschen „unbefugt". **463**

---

698 BGH RÜ 2014, 305; a.A. Wessels/Hillenkamp/Schuhr Rn. 610.

699 OLG Düsseldorf NStZ 1991, 586; a.A. Beantragung des Vollstreckungsbescheids: LK-Tiedemann/Valerius § 263 a Rn. 68.

Beispiel: Schließt der Täter Online-Wetten über Sportereignisse ab, die er zuvor manipuliert hatte, begeht er sowohl nach der subjektiven als auch der betrugsspezifischen Auslegung Computerbetrug gemäß § 263 a Mod. 3.[700]

2. Fehlende persönliche Berechtigung zur Datenverwendung

464 Hier liegen die in der Praxis und in Klausuren häufigsten Fälle beim unerlaubten Einsatz von **PIN-gesicherten Karten (Girokarten, Kreditkarten mit der Möglichkeit von Bargeldabhebungen an Automaten, Tankkarten**[701]). Dabei muss man unterscheiden zwischen der Nutzung durch einen Nichtberechtigten (im Zusammenhang mit Betrug s. schon oben Rn. 297 ff.) und durch den Karteninhaber selbst (im Zusammenhang mit Betrug s. schon oben Rn. 304 ff.). Ferner ist zu berücksichtigen, welche unbare Zahlungsfunktion der Täter verwendet hat.

a) Benutzung durch den Nichtberechtigten

Fall 28: Bargeldabhebung nach Entwendung einer fremden Girokarte

D benötigt Bargeld. Im Wartezimmer seines Zahnarztes entwendet er aus der Manteltasche des Patienten P dessen Notizbuch sowie eine Girokarte der Sparkasse. Nach kurzem Suchen findet D heraus, dass P seine persönliche Identifikationsnummer (PIN) im Notizbuch eingetragen hat. Er nimmt die Karte an sich und hebt damit an einem Geldautomaten der Deutschen Bank 200 € ab. Danach benutzt er sie nicht mehr, weil er damit rechnet, dass P die Karte alsbald sperren lassen wird. Strafbarkeit des D? Die §§ 202 a, 265 a, 269, 274, 281, 303 a sind nicht zu prüfen.

A. Die Entwendung der Girokarte

Infrage kommt **Diebstahl** gemäß **§ 242 Abs. 1** an der Karte.

I. D hat die im fremden Eigentum, nämlich des ausstellenden Kreditinstituts stehende Karte vorsätzlich weggenommen.

465 II. Zueignungsabsicht setzt zielgerichteten Willen für eine zumindest vorübergehende Aneignung und Vorsatz zur Enteignung voraus. D wollte die Karte für eine Geldabhebung nutzen. Mit einer Rückführung an den Eigentümer rechnete er nicht. Er hatte damit dolus directus I zur Substanzaneignung und dolus eventualis zur dauernden Enteignung des Berechtigten (Parallele zum Gefängnisschlüssel-Fall, oben Fall 5 Rn. 104).

***Hinweis**: Will der Täter **die Karte** nach heimlichem Gebrauch zur Kontoverfügung durch Barabhebung am Geldautomaten **zurückgeben, scheidet Diebstahl aus**! Es fehlt der Enteignungswille bezüglich der Sachsubstanz. Der abgehobene Geldbetrag ist auch nicht Sachwert der Karte. Die Girokarte verkörpert nicht das durch die Abhebung verminderte Guthaben, weil der Kontoinhaber auch ohne die Karte Kontoverfügungen vornehmen kann. Vielmehr ist die Karte lediglich Schlüssel zu dem in dem Geldautomaten auf-*

700 BGH NJW 2013, 1017; BGH NJW 2016, 1336 sofern Höchstgrenzen für Wetteinsätze bestehen sollen.
701 Vgl. dazu OLG Koblenz RÜ 2015, 311.

bewahrten Geld und diese Funktion geht durch den kurzfristigen Gebrauch nicht verloren (s. schon oben Rn. 133).[702]

III. Die erstrebte Zueignung war objektiv und subjektiv rechtswidrig.

IV. Auch Rechtswidrigkeit und Schuld als allgemeine Verbrechensmerkmale liegen vor.

V. Ein Strafantragserfordernis nach § 248 a besteht nicht. Eine Girokarte ist kein Gegenstand des Handelsverkehrs, sodass kein objektiver Verkehrswert existiert. Abzustellen ist nach h.M. auf den Funktionswert (s.o. Rn. 157). Dieser liegt für den Täter darin, Zugriff auf Bargeld weit über der Geringwertigkeitsschwelle von 25 € zu erlangen.

Zwischenergebnis: Durch die Erlangung der Karte hat sich D wegen Diebstahls strafbar gemacht.

B. Die Geldabhebung

I. **Scheckkartenmissbrauch** nach **§ 266 b Abs. 1 Alt. 1** liegt – unabhängig von der **466**
Frage, ob eine Girokarte überhaupt Tatobjekt sein kann (s.u. Rn. 478) – nicht vor, weil nur der berechtigte Karteninhaber tauglicher Täter dieses **Sonderdelikts** ist.[703]

II. In Betracht kommt **Computerbetrug durch unbefugte Datenverwendung, § 263 a Abs. 1 Mod. 3.**

1. Dann müsste der Einsatz der Girokarte durch D „unbefugt" gewesen sein.

   a) Die subjektivierende Auslegung betrachtet jede Verwendung richtiger Daten **467**
   als „unbefugt", die dem Willen des datenverfügungsberechtigten Vermögensträgers zuwiderläuft.[704]

   b) Die **betrugsspezifische Auslegung** bejaht das Merkmal „unbefugt" nur, wenn das Verhalten gegenüber dem Geldautomaten **„täuschungsäquivalent"** im Vergleich zu einem gedachten Bankangestellten eine nicht vorhandene Berechtigung zur Nutzung der Karte „vorspiegelt". Ob das bei Benutzung einer Girokarte und Authentifizierung durch die PIN zu bejahen ist, hängt davon ab, **welchen Prüfungsumfang** man bei dieser gedachten Vergleichsperson unterstellt.

   Eine **enge Variante** der betrugsspezifischen Auslegung will dafür auf das **Prüfungsprogramm des Geldautomaten** abstellen.[705] Folgerichtig müsste bei Verwendung der korrekten Zugangsmittel Computerbetrug generell ausscheiden, denn ein fiktiver Bankangestellter würde sich dann nur dafür interessieren, ob die Karte echt ist und der Benutzer sich durch seine Identifikationsnummer als Berechtigter ausweist.

   Ein weitergefasster Ansatz der **betrugsnahen Auslegung** stellt auf einen fiktiven Bankangestellten ab, der sich über die Zugangsdaten hinaus auch Gedanken über die tatsächliche Berechtigung zur Geldabhebung macht, weil das

---

702 BGHSt 35, 152, 156 f.

703 Fischer § 266 b Rn. 12.

704 Hilgendorf JuS 1997, 130, 134; 1999, 542.

705 Altenhain JZ 1997, 752, 758.

Kreditinstitut nach § 675 u S. 1 BGB bei einem nicht autorisierten Zahlungsvorgang keinen Anspruch auf Aufwendungsersatz gegen den Kontoinhaber hat. Nach diesem Verständnis handelt jeder unbefugt, **der eine gefälschte, manipulierte oder in sonstiger deliktischer Weise erlangte Karte und PIN verwendet**.[706]

Einige Literaturstimmen wollen sogar bei rechtmäßiger Erlangung der Zugangsdaten, aber **Überschreitung eines Abhebungsauftrags** des Kontoinhabers eine unbefugte Datenverwendung annehmen.[707]

468 Die Rspr. nimmt eine vermittelnde Position ein: Danach ist der Prüfungsumfang der Berechtigung des Abhebenden durch einen fiktiven Bankangestellten – wie bei dem Geldautomaten – mit der Kontrolle der Echtheit der Karte und der PIN abgeschlossen. Das entspricht dem Ansatz der engen betrugsspezifischen Auslegung. Der Vergleich wird sodann aber um eine „Gesamtbetrachtung des Geschehens, das zur Erlangung der Karte und PIN geführt hat, sowie der Geldabhebung ergänzt." Danach ist nur derjenige wegen Computerbetrugs, der sich die Zugangsmittel zum Konto **ohne Willen des Kontoinhabers, nämlich durch Fälschung, Wegnahme oder Nötigung verschafft**, strafbar. Erlangt der Täter Girokarte und PIN durch Täuschung, erfülle die Geldabhebung § 263 a nicht.[708]

Hier hat D sowohl die Karte als auch die PIN durch eigenmächtiges Handeln ohne Wissen des P erlangt. Die weite Variante der betrugsspezifischen Auslegung und die Rspr. bejahen eine unbefugte Datenverwendung.

Kritik: Die enge Variante der betrugsspezifischen Auslegung läuft auf die überkommene computerspezifische Ansicht hinaus. Die Strafbarkeit von Vermögensschädigungen durch missbräuchliche Einwirkungen auf Computersysteme kann aber nicht vom technischen Fortschritt der Sicherungsvorkehrungen abhängig sein. Die weite Variante der betrugsspezifischen Auslegung und die Rspr. kommen zum selben Ergebnis, sodass sich insoweit eine Stellungnahme erübrigt.

D hat unbefugt Daten verwendet, als er die Barabhebung vornahm.

469 2. Folge der Tathandlung muss die **Beeinflussung des Ergebnisses eines Datenverarbeitungsvorgangs** sein. Die h.M. sieht in der Auslösung des durch den Geldautomaten gesteuerten Geldauszahlungsvorgangs die „stärkste Form" der Beeinflussung.[709] Die Bargeldauszahlung ist damit eine EDV-gesteuerte Vermögensdisposition.

470 3. Ob mit der Auszahlung von Bargeld am Geldautomaten unter missbräuchlicher Verwendung von Karte und PIN durch einen unbefugten Dritten ein **Vermögens-**

---

706 Rengier § 14 Rn. 22; Lenk JuS 2020, 407, 409.

707 Rengier § 14 Rn. 34; abl. insoweit Sch/Sch/Perron § 263 a Rn. 12.

708 BGH RÜ 2015, 788; nach einer Entscheidung des 4. Strafsenats des BGH (NStZ-RR 2017, 79) soll ausnahmsweise auch bei nur täuschungsbedingter Erlangung von Girokarte und PIN in der Bargeldabhebung am Geldautomaten eine unbefugte Datenverwendung zu bejahen sein, wenn nach dem Bankkartenvertrag eine **Bevollmächtigung Dritter ausnahmslos ausgeschlossen** ist.

709 Vgl. Fischer § 263 a Rn. 20.

schaden bei dem den Automaten betreibenden Geldinstitut oder wegen der Zahlungsgarantie bei dem kontoführenden Kreditinstitut oder wegen der gleichzeitigen Kontobelastung beim Karteninhaber liegt, ist noch nicht abschließend geklärt:[710]

Für eine Ansicht kommt es auf das ausgezahlte Bargeld an. Um diesen Wert sei das Vermögen des **Kreditinstituts, das den Geldautomaten betreibe**, unmittelbar gemindert. Die Belastung des Kontoinhabers sei nur eine Schadenswiedergutmachung und zudem gar kein wirtschaftliches Äquivalent, weil sie durch den Kontoinhaber nicht gemäß § 675 j BGB autorisiert sei und dieser gemäß § 675 u S. 2 BGB Rückbuchung des zu Unrecht belasteten Betrages verlangen dürfe.[711]

Andere sehen die **kontoführende Bank** als Geschädigte an. Sie kann, so wird argumentiert, einerseits die Lastschrift, mit der die Geldautomaten-Bank den bei ihr abgehobenen Betrag einzieht, wegen der bankeninternen ec-Vereinbarung nicht zurückgeben und hat andererseits wegen der fehlenden Autorisierung der missbräuchlichen Abhebung gemäß § 675 u S. 1 BGB durch den Kontoinhaber keinen Anspruch gegen diesen.[712]

Eine dritte Ansicht verortet den Vermögensschaden beim **Kontoinhaber**. Für den ausgezahlten Bargeldbetrag erhalte das den Automaten betreibende Kreditinstitut sofort und ohne weiteres Zutun ein wirtschaftliches Äquivalent mit der Belastung in Höhe des ausgezahlten Betrages. Hierdurch findet bei diesem Verständnis eine Schadensverlagerung auf den Kontoinhaber statt. Der Anspruch auf Rückbelastung gemäß § 675 u S. 2 BGB ist danach ein Mittel der Schadenswiedergutmachung beim Kontoinhaber, aber keine Schadenskompensation, weil der Anspruch erst noch geltend gemacht werden muss und der Kontoinhaber die Darlegungs- und Beweislast für einen nicht von ihm veranlassten Missbrauch trägt.[713]

Kritik: Die letztgenannte Ansicht überzeugt. Geldauszahlung am Automaten und Kontobelastung beim Karteninhaber sind untrennbar und bilden einen Vorgang. Das zeigt sich bei fehlender Kontodeckung: Eine Auszahlung ist gar nicht möglich, wenn das Kreditinstitut für das ausgegebene Bargeld mangels Deckung das Girokarten-Konto nicht belasten kann. Ist es aber zu einer Auszahlung gekommen, ist wirtschaftlich gesehen erst einmal ein Minussaldo im Vermögen des Kontoinhabers eingetreten. Auf die Rechtsbeständigkeit dieser Minderung kommt es nicht an, denn weder die fehlende Autorisierung noch der Rückbuchungsanspruch des Kontoinhabers beseitigen die wirtschaftliche Minderung. Eine Rückbuchung erfolgt vielmehr erst, wenn der Kontoinhaber aktiv wird und seinen Anspruch – notfalls gerichtlich – durchsetzt, wofür er darlegen und beweisen muss, dass ein Missbrauch durch Dritte vorgelegen hat.

4. D handelte **vorsätzlich**.

---

710 Offengelassen von BGH RÜ 2011, 97, 99; vgl. auch Rengier BT 1 § 14 Rn. 30, wonach sowohl die Bank als auch der Kontoinhaber als Geschädigte infrage kommen.

711 BGH RÜ 2007, 585.

712 Vgl. BGH NStZ 2001, 316, 317; Lenk JuS 2020, 407, 409.

713 BGH RÜ 2004, 584, 585; RÜ 2018, 102, 103.

5. Er **beabsichtigte** auch, sich in Höhe des Werts der erlangten Geldscheine **rechtswidrig zu bereichern**. Dass die physischen Geldscheine und die Kontobelastung nicht derselbe Gegenstand waren, steht der **Stoffgleichheit** der Bereicherung nicht entgegen. Anders als bei den Eigentumsdelikten geht es bei den Vermögensdelikten nur um den nominellen Vermögenswert des Objekts. Entscheidend für die Stoffgleichheit ist, dass Bereicherung und Schaden auf demselben Akt beruhten und die Bereicherung letztlich aus dem Vermögen des Geschädigten erlangt wurde.

6. **Rechtswidrigkeit** und **Schuld** sind gegeben.

D ist strafbar wegen Computerbetrugs zum Nachteil des P.

III. **Diebstahl** gemäß **§ 242 Abs. 1** an den 200 €?

471 Voraussetzung dafür ist, dass D eine fremde bewegliche Sache weggenommen hat, als er die Geldscheine dem Ausgabefach des Automaten entnahm. Sowohl an der Fremdheit als auch an der Wegnahme würde es fehlen, wenn dem D die Scheine nach § 929 S. 1 BGB übereignet worden wären.

1. Eine ältere Ansicht in der Lit. bejaht die Übereignung und schließt damit alle Eigentumsdelikte auf Tatbestandsebene aus: Der Schutz des § 263 a könne nicht weiter reichen als der des Betruges. Setze man aber gedanklich an die Stelle des Automaten einen Menschen, der die Abhebungsbefugnis auch nur anhand des Kartenbesitzes und der PIN überprüfe, so übertrage dieser – wenn auch irrtumsbedingt – zunächst wirksam das Eigentum.[714]

2. Die Gegenmeinung bejaht wegen des bedingten Einverständnisses, nur an den Berechtigten leisten zu wollen, sowohl Fremdheit als auch Wegnahme und damit Diebstahl an dem Geld.[715]

3. Die Rspr. **trennt** zwischen dem Übereignungswillen und dem Einverständnis in den Gewahrsamswechsel aufseiten der auszahlenden Bank: Das mithilfe einer dem Berechtigten weggenommenen Geldautomatenkarte erlangte Geld verbleibe im Eigentum der auszahlenden Bank, weil ihr Übereignungswille bedingt sei, nur an den Berechtigten zu übereignen. Bei funktionsgerechter Bedienung des Geldausgabemechanismus liege aber ein faktisches Einverständnis in den Gewahrsamswechsel vor, das nicht deshalb unwirksam werden könne, weil sich der Täter die die Übergabe bewirkenden Identifikationsgegenstände unbefugt verschafft habe.[716] Danach muss Diebstahl verneint werden.

472 IV. Folgt man der letztgenannten Auffassung, kann in der Ansichnahme des (für D fremd gebliebenen) Geldes allenfalls noch eine **Unterschlagung** nach **§ 246 Abs. 1** gesehen werden. Da der durch Erlangung des Geldes zugleich vollendete Computerbetrug jedoch eine schwerere Strafe androht, tritt die Unterschlagung – ungeachtet der Tatsache, dass hier die den Geldautomaten betreibende Deutsche Bank als Eigentümerin die Geschädigte ist – als formell subsidiär zurück.

---

714 Huff NJW 1988, 981; Otto JR 1987, 221.

715 Sch/Sch/Bosch § 242 Rn. 36; Mitsch JZ 1994, 877, 879.

716 BGHSt 35, 152; 38, 120, 126; vgl. auch BGH RÜ 2018, 102 im Zusammenhang mit Raub.

V. **Konkurrenzen:** Der Diebstahl und der Computerbetrug beruhen auf verschiedenen Handlungen. Zum Teil wird vertreten, § 242 als mitbestrafte Vortat hinter dem späteren Computerbetrug zurücktreten zu lassen.[717] Dem ist jedoch zu widersprechen, weil der Diebstahl als Eigentumsdelikt an der Girokarte das Vermögensdelikt des nachfolgenden Computerbetruges nicht abdeckt. Zum einen sind die Geschädigten nicht identisch (bei § 242 die Sparkasse und bei § 263 a der P); zum anderen ist Computerbetrug keine typische und regelmäßige Folgetat des Diebstahls, da die Erlangung der Karte auch zu Fälschungszwecken erfolgen kann.[718] **473**

Ergebnis: D ist strafbar wegen Diebstahls in Tatmehrheit (§ 53 Abs. 1) mit Computerbetrug.

Fall 29: Warenkauf mit einer fremden Girokarte (Abwandlung des Falls 28)

Ändert sich die Strafbarkeit des D, wenn dieser die entwendete Girokarte zum Einkauf von Waren benutzt, indem er an einer Selbstbedienungskasse ohne Kassenpersonal

A. nach Eingabe der PIN im POS-Verfahren bezahlt,

B. einen Betrag von 40 € ohne Notwendigkeit der PIN-Eingabe nur durch kontaktloses Vorhalten der Karte an das Kartenterminal im POS-Verfahren bezahlt,

C. für den Kaufpreis von 95 € ohne Eingabe der PIN durch falsche Unterschrift auf einem Touchpad eine Lastschriftermächtigung zum Nachteil des Karteninhabers P erteilt?

A. Kartenmissbrauch im POS-Verfahren **474**

I. **Betrug** gemäß **§ 263 Abs. 1** scheidet mangels Täuschung gegenüber einem Menschen aus (und wäre auch bei Handeln gegenüber Kassenpersonal wegen der Zahlungsgarantie bei Nutzung von Karte und PIN ausgeschlossen, vgl. oben Rn. 297).

II. Auch ist D kein tauglicher Täter für eine Straftat des **Scheck- oder Kreditkartenmissbrauchs** gemäß **§ 266 b Abs.1** (s.o. Ausgangsfall Rn. 466).

III. Unbefugte Datenverwendung und damit Computerbetrug gemäß **§ 263 a Abs. 1 Mod. 3** (nach hier vertretener Ansicht: zum Nachteil des Kontoinhabers, s.o. Rn. 470) liegt vor, wenn der Täter anstatt Bargeld am Geldautomaten abzuheben, **mit der entwendeten Girokarte und PIN Waren oder Dienstleistungen im POS-Verfahren** (s.o. Rn. 297) **an einem Kartenlesegerät** mit Kassenpersonal oder an einer Selbstbedienungskasse bezahlt. Wegen seiner Nichtberechtigung handelt der Täter dem Willen der Kassenbetreiber zuwider (**subjektive Auslegung**); ferner ist seine falsche schlüssige Behauptung, der berechtigte Karteninhaber zu sein, jedenfalls nach eigenmächtiger Beschaffung der Zugangsdaten täuschungsäquivalent **(weite betrugsspezifische Auslegung und Rspr.)**.

717 Sch/Sch/Perron § 263 a Rn. 42.

718 BGH RÜ 2001, 173.

IV. Eine **Unterschlagung** gemäß **§ 246 Abs. 1** liegt hinsichtlich der erworbenen Waren schon tatbestandlich nicht vor, weil die Waren bei Einscannen des richtigen Preises vom Verkäufer auf den Kunden übereignet werden und damit nicht mehr fremd sind.

Ergebnis zu A: Die Strafbarkeit gegenüber dem Ausgangsfall ändert sich nicht.

B. Kartenmissbrauch durch kontaktlose Zahlung

475 Fraglich ist, ob auch bei dieser Zahlungsvariante Computerbetrug gemäß **§ 263 a Abs. 1 Mod. 3** zu bejahen ist.

Die **subjektive Auslegung** müsste dies bejahen, weil die an dem digitalen Bezahlsystem Beteiligten auch ohne PIN-Autorisierung eine erleichterte Zahlungsabwicklung nur durch den Karteninhaber, nicht aber durch Nichtberechtigte wollen.

Auf dem Boden der **täuschungsäquivalenten Auslegung in ihrem engen Verständnis** hat das OLG Hamm aktuell eine unbefugte Datenverwendung verneint. Das Gericht stellt darauf ab, ob ein fiktiver Schalterangestellter der Bank, der **dieselben Prüfungen vornehmen würde wie das Computerprogramm** zur Freigabe der Zahlungsbetrages, über die Berechtigung des Kunden getäuscht würde. Dieser würde aber auch nur die Einhaltung des Verfügungsrahmens, die Nichteintragung der Karte in einer Sperrdatei und die Voraussetzungen für das Absehen von der Kundenauthentifizierung durch PIN-Eingabe prüfen und sich keine weiteren Gedanken über die materielle Berechtigung machen. Auch das Kassenpersonal habe keinen Anlass, sich über die Berechtigung des Kunden zur kontaktlosen Zahlung Gedanken zu machen, weil bei Autorisierung der Transaktion die Zahlung garantiert sei. Die vorherige Entwendung der Karte, die bei Nutzung der Girokarte mit PIN im POS-Verfahren nach der Rspr. des BGH die unbefugte Datenverwendung begründet, berücksichtigt das Gericht nicht.[719]

Kritik: Auch beim kontaktlosen Zahlen geriert sich der Nichtberechtigte gegenüber dem Warenhändler als Berechtigter über das fremde Konto und legitimiert sich als Inhaber. Dass das Legitimationsmittel nur der Besitz der Karte und nicht auch noch die PIN ist, zeigt nur, dass die Zugangshürde zur Belastung des fremden Kontos niedriger ist als bei zusätzlicher PIN-Authentifizierung, beseitigt aber nicht die Strafwürdigkeit des Vorgangs. Auch dass ein gedachter Bankangestellter den Betrag ohne weitere Berechtigungsprüfung freigeben würde, ist kein überzeugendes Gegenargument, weil er das nach Eingabe der PIN auch getan hätte und trotzdem Computerbetrug vorläge, zumindest nach der Rspr. des BGH dann, wenn er die Girokarte zuvor – wie hier – eigenmächtig erlangt hat (s.o. Rn. 468). Warum dies bei kontaktlosem POS-Verfahren keine Rolle spielen soll, ist unverständlich.

D hat damit auch bei dieser Zahlungsfunktion unbefugt Daten verwendet und sich gemäß § 263 a Abs. 1 Mod. 3 strafbar gemacht.

Ergebnis zu B: Auch insoweit ändert sich – entgegen der Rechtsauffassung des OLG Hamm – die Strafbarkeit des D im Vergleich zum Ausgangsfall nicht.

---

719 OLG Hamm RÜ 2020, 511, 513; das Gericht bejaht aber Urkundenunterdrückung gemäß § 274 Abs. 1 Nr. 2; ebenso Christoph/Dorn-Haag NStZ 2020, 697, 699.

C. Kartenmissbrauch im elektronischen Lastschriftverfahren (ELV)

In dieser, von der Rspr. bisher noch nicht behandelten Konstellation hat D ebenfalls durch die digitalisierte Unterschrift auf dem Touchpad vorgetäuscht, der berechtigte Karteninhaber zu sein. Schon die Nutzung eines digitalen Bezahlsystems durch Nichtberechtigte widerspricht dem Willen des Warenhändlers und aller Kreditinstitute **(subjektive Auslegung)**. Zudem wäre die Anmaßung angeblicher Verfügungsmacht über das Konto nach vorheriger eigenmächtiger Erlangung der Zugangsmittel täuschungsäquivalent und erfüllt nach der **betrugsspezifischen Auslegung in ihrem weiten Verständnis** und nach den Vorgaben der **Rspr. § 263 Abs. 1 Mod. 3**. **476**

Ergebnis zu C: Die Strafbarkeit gegenüber dem Ausgangsfall ändert sich nicht.

Fall 30: Missbrauch einer fremden Girokarte nach Ablisten der PIN

Dem K war beim Herausholen des Hausschlüssels aus der Manteltasche seine Girokarte der Commerzbank aus der Tasche gefallen. Nachbar N findet die Karte. Um an die PIN zu kommen, ruft er bei K an und meldet sich als angeblicher Mitarbeiter der Commerzbank. Ein Finder habe die Karte an der örtlichen Filiale abgegeben. K könne sie dort am nächsten Tag abholen. Karte und Konto brauche K nicht zu sperren, das habe die Bank selbst sofort aus Sicherheitsgründen veranlasst. Die Aufhebung der Sperre dauere aber zwei Wochen. Bis dahin komme K nicht an sein Geld heran. Eine Aufhebung der Sperre sei aber „kundenfreundlich" sofort möglich, wenn K die Geheimzahl am Telefon durchgebe. Im Vertrauen auf die Richtigkeit der Angaben nennt K dem N die PIN. Das ermöglicht diesem, unverzüglich 500 € am nächsten Geldautomaten abzuheben. Danach gibt N die Girokarte erneut ein und bewirkt durch mehrfache bewusste Falscheingabe der PIN, dass sie eingezogen wird. Strafbarkeit des N?

Die §§ 202 a, 265 a, 269, 274, 281, 303 a sind nicht zu prüfen.

I. Umstritten ist, ob in diesen Fällen der deliktische Schwerpunkt im Abschwindeln der PIN oder erst bei der Geldabhebung liegt. **477**

1. Der BGH sieht schon in der täuschungsbedingten Erlangung aller Zugangsmittel zum Automaten einen **konkreten Gefährdungsschaden** und bejaht deshalb **vollendeten Betrug** gemäß **§ 263 Abs. 1** (s.o. Rn. 366).[720]

   Computerbetrug gemäß **§ 263 a Abs. 1 Mod. 3** verneint der BGH: Ausgehend von der engen Variante der betrugsspezifischen Auslegung liegt danach in der Benutzung der echten Girokarte und dem Eingeben der dazugehörigen PIN kein täuschungsäquivalentes Verhalten. Eine andere Bewertung ergibt sich nach Ansicht des BGH auch nicht bei Berücksichtigung der Erlangung der Karte, da diese – anders als bei Wegnahme oder Nötigung – nicht gegen den Willen des Karteninhabers erfolgt sei, sondern auf einer Täuschung beruhe. Der Täter betrüge da-

---

720 BGH RÜ 2015, 788; RÜ 2017, 32.

mit den berechtigten Inhaber von Bankkarte und Geheimnummer i.S.v. § 263, aber er „betrüge" nicht außerdem den Geldautomaten i.S.v. § 263 a.[721]

2. Die **subjektive Auslegung** müsste dagegen § 263 a Abs. 1 Mod. 3 schon deshalb bejahen, weil sie jede Abweichung von Kartennutzungen im Widerspruch zum Willen des Karteninhabers bzw. der kartenausgebenden Bank als unbefugt ansieht.

3. Aber auch die Vertreter der **betrugsspezifischen Auslegung in ihrer weiten Variante** bejahen § 263 a bei vorausgehendem Ablisten der PIN: Die Differenzierung des BGH danach, ob der Täter sich Karte und PIN eigenmächtig verschafft habe (dann unbefugte Datenverwendung bei der Geldabhebung) oder ob dies mit Willen des Kontoinhabers geschehen sei (dann später keine unbefugte Datenverwendung) sei falsch: Weder der Geldautomat noch ein fiktiver Bankmitarbeiter würden die Art der Erlangung der Zugangsmittel prüfen; außerdem sei auch ein durch Täuschung ermöglichter Zugang so zu behandeln wie ein durch Nötigung oder Wegnahme ermöglichter. Der Computerbetrug verdrängt danach den vorherigen Betrug als mitbestrafte Vortat.[722]

   Kritik: Diese Ansicht überzeugt. Die Ausgrenzung der Geldabhebung aus § 263 a nach betrügerischer Erlangung von Karte und PIN beruht darauf, dass der BGH die Überlassung ähnlich bewertet wie eine Kontovollmacht, bei der ein fiktiver Bankmitarbeiter auch nicht fragt, ob sie ordnungsgemäß zustande gekommen ist. Deshalb hat der BGH schon früher den auftragswidrigen Missbrauch von Karten nach freiwilliger Überlassung nicht als Computerbetrug eingestuft.[723] Dies ist bei einer Überschreitung eines Auftrags richtig, denn hier hat der Kontoinhaber zumindest die Kontobewegung wie bei einer Kontovollmacht willentlich veranlasst. Das Abschwindeln von Karte und PIN angeblich zu anderen Zwecken – wie hier der vorgespiegelten Rücknahme der Kontosperre – ist damit aber nicht vergleichbar.

II. **Unterschlagung** gemäß **§ 246 Abs. 1** an der Karte durch Aufheben und spätere Nutzung am Geldautomaten scheidet aus. Zwar handelt es sich um eine für N fremde bewegliche Sache. Doch ist das bloße Aufheben keine eindeutige Manifestation von Zueignungswillen, weil auch ein redlicher Finder sich so verhalten würde. Zudem hatte N, wie das Einziehenlassen der Karte nach ihrer Benutzung beweist, gar nicht den Willen dauerhafter Enteignung des Eigentümers.

III. **Unterschlagung** gemäß **§ 246 Abs. 1** an dem abgehobenen und mangels Übereignung für N fremd gebliebenen Geld liegt zwar tatbestandlich vor, tritt aber als formell subsidiär hinter § 263 a zurück.

Ergebnis: N ist strafbar wegen Computerbetrugs.

---

721 BGH RÜ 2015, 788, 790; RÜ 2017, 32.
722 Wessels/Hillenkamp/Schuhr Rn. 614.
723 Vgl. BGH NStZ 2003, 213.

b) Missbrauch durch den Berechtigten

Fall 31: Unerlaubte Bargeldabhebung und Warenkauf im elektronischen Lastschriftverfahren

A hat kein Einkommen mehr und wurde von der B-Bank schriftlich aufgefordert, seine Girokarte zurückzugeben. Dispositionskredit bestehe nicht mehr; die Karte werde am nächsten Tag gesperrt. Bevor er dem Verlangen nachkommt, hebt A an einem Geldautomaten der S-Sparkasse 200 € ab. Danach kauft A noch eine Bürolampe bei einem Möbel-Discounter für 78 € und erteilt an der Selbstbedienungskasse eine Einziehungsermächtigung im elektronischen Lastschriftverfahren. Wie von A erwartet, verweigert die B-Bank die Einlösung mangels Kontodeckung. Strafbarkeit des A?

A. Die Bargeldabhebung

I. Fraglich ist, ob durch die Geldabhebung **Scheck- oder Kreditkartenmissbrauch** gemäß **§ 266 b Abs. 1** erfüllt ist. **478**

1. Die Girokarte könnte **Scheckkarte** im Sinne der 1. Alt. sein. Bis zum 31.12.2001 begründete die Vorlage der Scheckkarte und eines ausgefüllten Euroschecks („ec" stand damals für „**e**uro**c**heque) ein Garantieversprechen des bezogenen Kreditinstituts. Seitdem gibt es das ec-Scheckverfahren nicht mehr („ec" steht heute für „**e**lectronic **c**ash"). Die Girokarte ist damit keine Scheckkarte mehr. Zwar kann man Karte und PIN zur Bargeldbeschaffung bei Geldautomaten nicht kontoführender Institute oder zur bargeldlosen Bezahlung von Waren und Dienstleistungen im POS-Verfahren benutzen, sodass sie zumindest in diesen Funktionen Zahlungskarte mit Garantiefunktion ist; nur taucht das Tatbestandsmerkmal „Zahlungskarte" in § 152 b, nicht aber in § 266 b auf. Der unterschiedliche Sprachgebrauch des Gesetzes verbietet es, eine Zahlungskarte ohne Analogieverstoß als fortexistierende „Scheckkarte" zu behandeln.[724]

   § 266 b Abs. 1 Alt. 1 war dagegen nach Ansicht des BGH vor Abschaffung des ec-Scheckkartenverfahrens für alle Geldautomatenverfügungen an Automaten nicht kontoführender Banken anwendbar.[725]

2. Damit ist für die missbräuchliche Verwendung von Girokarten § 266 b nur noch anwendbar, wenn man sie als **Kreditkarten** im Sinne der 2. Alt. ansieht. Kennzeichnend für diesen Kartentyp ist, dass der Inhaber die Befugnis besitzt, den Aussteller zu einer garantierten Zahlung gegenüber einem Vertragsunternehmen für die Lieferung von Waren oder Erbringung von Dienstleistungen zu verpflichten; darüber hinaus kann mithilfe solcher Karten auch Bargeld an Geldautomaten bei Eingabe einer persönlichen Identifikationsnummer abgehoben werden (**Drei/Vier-Partner-Karte**, s.u. Rn. 696). Das Kreditkartenunternehmen rechnet dann monatlich gegenüber dem Kartenkunden ab. Im Schrifttum findet sich die Ansicht, die Girokarte sei wegen der zwischen den Banken bestehenden Vereinbarung, dass das kartenausgebende Kreditinstitut die für die an Geldautomaten mit Karte und PIN abgehobenen Beträge garantieähnlich einstehe, funktionell eine Kreditkarte.[726]

724 Fischer § 266 b Rn. 6; Wessels/Hillenkamp/Schuhr Rn. 795 f.

725 BGHSt 47, 160.

Kritik: Dies wird zu Recht abgelehnt, weil bei der Girokarte die Abbuchung zeitnah erfolgt und nicht jeweils am Monatsende, sodass von einer „Kredit"-Gewährung hier keine Rede sein kann.[727]

§ 266 b erfasst damit nicht den Missbrauch von Girokarten.

479 II. Ob **Computerbetrug** gemäß **§ 263 a Abs. 1 Mod. 3** gegeben ist, hängt wieder von der Auslegung des Merkmals „unbefugt" ab:

Die **subjektivierende Auslegung** stellt auf den erkennbaren Willen der Bank ab, die die Girokarte herausgegeben hat, und bejaht hier schon wegen des vorherigen Rückgabeverlangens der B-Bank unbefugte Datenverwendung.[728]

Innerhalb der **betrugsspezifischen** Auslegung sind die Auffassungen geteilt. Einige meinen, wer seine Girokarte außerhalb des zulässigen Kreditrahmens am Geldautomaten (in der Regel bei einem nicht kontoführenden Bankinstitut) einsetze, erkläre „täuschungsäquivalent" seine materielle Berechtigung.[729] Überwiegend wird argumentiert, dass derjenige, der seine Karte nur vertragswidrig einsetze, nicht über die ihm tatsächlich eingeräumte allgemeine Befugnis, die Karte nutzen zu dürfen, täusche. Dieser Ansicht hat sich der BGH angeschlossen.[730]

Kritik: Diese Auffassung ist vorzuziehen. Selbst bei weitem Verständnis der Täuschungsäquivalenz würde sich kein hypothetischer Kassenangestellter über die Bonität des Kartennutzers Gedanken machen, wenn er – wie hier – aufgrund der Nutzung der PIN eine Zahlungsgarantie des kartenausgebenden Kreditinstituts erlangt. Dieser Umstand ist damit auch gegenüber einem Automaten kein Gegenstand schlüssiger, täuschungsgleicher Kommunikation.

III. Verneint man eine unbefugte Datenverwendung i.S.v. § 263 a Abs. 1 Mod. 3 und legt die Unbefugtheit in **§ 263 a Mod. 4** parallel aus (s.o. Rn. 458), ist auch diese Tathandlung nicht erfüllt.

IV. **Unterschlagung** gemäß **§ 246 Abs. 1** an dem Geld entfällt nach allgemeiner Ansicht, weil die Geldscheine bei korrekter Benutzung des Automaten an A übereignet worden sind.

Zwischenergebnis: A ist straflos.

B. Der Kauf der Bürolampe

480 I. **§ 266 b Abs. 1** scheidet hier unabhängig von der Einordnung der Girokarte als „Scheckkarte" oder „Kreditkarte" aus. Beim elektronischen Lastschriftverfahren trägt das den Lastschriftbeleg vorlegende Unternehmen das Einlösungsrisiko. Eine Zahlungsgarantie des kartenausstellenden Kreditinstituts besteht gerade nicht.[731] Folglich wird auch die Karte nicht einmal als Zahlungskarte genutzt.

726 NK-Kindhäuser § 266 b Rn. 15.

727 Rengier § 19 Rn. 23 a; Sch/Sch/Perron § 266 b Rn. 5 a.

728 Lackner/Kühl § 263 a Rn. 14; Hilgendorf JuS 1997, 130, 134.

729 Wessels/Hillenkamp/Schuhr Rn. 615.

730 BGHSt 47, 160, allerdings auf der Basis der seinerzeit noch möglichen Anwendung des § 266 b.

731 Sch/Sch/Perron § 266 b Rn. 4; Lackner/Kühl § 266 b Rn. 3.

Hinweis: *Der Streit wird relevant, wenn der Inhaber die Karte und PIN im POS-Verfahren benutzt, den hier entsteht eine der früheren Euroscheck-Garantie ähnliche Zahlungsverpflichtung des kartenausgebenden Kreditinstituts.*

II. A könnte sich wegen **Computerbetrugs** gemäß **§ 263 a Abs. 1 Mod. 3** strafbar gemacht haben, als er das ELV an der Selbstbedienungskasse nutzte. **481**

1. Fraglich ist, ob **unbefugte Datenverwendung** gemäß **§ 263 a Abs. 1 Mod. 3** gegeben ist.

Die **subjektive Auslegung** müsste dies bejahen, weil weder der Warenhändler noch die kartenausgebende Bank den Missbrauch des ELV zu ihrem Nachteil wollen.

Innerhalb der **betrugsspezifischen Auslegung** hängt die Beurteilung wieder von der Frage ab, ob der Prüfungsrahmen eines gedachten Kassenangestellten des Warenhändlers identisch ist mit dem Prüfprogramm des Computers beim ELV oder dieser auch die Zahlungsfähigkeit des Kunden als schlüssig miterklärt ansieht. Das OLG Rostock hat in dieser Konstellation einen **engen** Vergleichsrahmen angelegt: Da der Computer nur die Echtheit der Karte und der eingelesenen Kontodaten prüfe, nicht aber die Bonität des Kunden, sei letztere bei einem Kassenangestellten kein Täuschungsgegenstand. Damit fehle es an der Täuschungsäquivalenz gegenüber dem automatisierten Zahlungsvorgang. Computerbetrug wird abgelehnt.[732]

Kritik: Diese Ansicht blendet aus, dass der Warenhändler als Beteiligter des ELV nicht nur ein Interesse an der ordnungsgemäßen Erteilung einer Lastschrift, sondern auch an der Zahlungsfähigkeit des Kunden hat, wenn er keine garantierte Zahlung erhält. Wäre die Lastschrift an einer personalgeführten Kasse erteilt worden, wäre wegen der schlüssigen Vortäuschung der Zahlungsfähigkeit Betrug gemäß § 263 Abs. 1 vollendet worden (s.o. Rn. 304). Wenn es bei § 263 a auf Täuschungsäquivalenz ankommt, ist es inkonsequent, die Zahlungsfähigkeit beim elektronischen Lastschriftverfahren an einer Selbstbedienungskasse unberücksichtigt zu lassen.

A hat damit eine unbefugte Datenverwendung begangen.

2. Indem die Selbstbedienungskasse diese Bezahlungsform akzeptierte und gleichzeitig das Eigentum an der Ware auf A übertrug, hat A das Ergebnis eines EDV-Vorgangs mit Vermögensbezug beeinflusst.

3. Der Möbel-Discounter erlitt dadurch einen Schaden, weil die uneinbringliche Forderung kein vermögenswertes Äquivalent für den Verlust des Eigentums an der Ware war.

4. A handelte vorsätzlich, in der Absicht rechtswidriger und stoffgleicher Bereicherung, rechtswidrig und schuldhaft.

---

732 OLG Rostock, Beschl. v. 06.02.2019 – 20 RR 90/18, BeckRS 2019, 16761, WuB 2020, 54 m. Anm. Ladiges.

III. **Unterschlagung** gemäß **§ 246 Abs. 1** scheitert schon tatbestandlich an der Fremdheit der an A übereigneten Lampe.

Ergebnis: A ist – entgegen der Rechtsauffassung des OLG Rostock – wegen Computerbetrugs strafbar.

Unbefugte Verwendung von Daten bei Missbrauch einer Girokarte, § 263 a Abs. 1 Mod. 3

Betrugsspezifische Auslegung (h.M.)

„Unbefugt" handelt nur, wer **täuschungsäquivalent** gegenüber einem fiktiven Menschen die Berechtigung zur Nutzung „vorspiegelt"; umstritten ist der Prüfungsrahmen der fiktiven Vergleichsperson:

- **Enge Variante (Teil der Lit.)**: Begrenzung auf dieselbe Legitimationsprüfung wie im Automaten programmiert; nach **Rspr.** unter Einbeziehung eigenmächtiger Erlangung von Karte und PIN; Täuschungsäquivalenz danach zu bejahen, wenn der Nichtberechtigte eine **gefälschte, manipulierte** oder durch **verbotene Eigenmacht** erlangte **Karte und PIN verwendet**; insbesondere am Geldautomaten und im POS-Verfahren
- **Weite Variante (Teil d. Lit.):** Über Legitimationsprüfung hinaus jedenfalls dann Vorspiegelung materieller Berechtigung, wenn der Kartennehmer **keinen garantierten Zahlungsanspruch** erlangt, insbesondere beim elektronischen Lastschriftverfahren

Subjektivierende Auslegung (Lit.)

„Unbefugt" handelt jeder, der Karte und PIN **entgegen dem Willen** der kartenausgebenden Bank einsetzt.

Zu bejahen:

- bei jedem Gebrauch durch **Dritte** entgegen den AGB der Bank,
- bei jedem Gebrauch durch den **Karteninhaber**, wenn keine Kontodeckung mehr besteht und auch kein Überziehungskredit eingeräumt ist.

C. Erschleichen von Leistungen, § 265 a

Die Vorschrift enthält vier selbstständige Taterfolge, auf die jeweils die Tathandlung des Erschleichens bezogen ist. Alle sind Auffangtatbestände, die dann eingreifen sollen, wenn spezielle Vermögensdelikte – vor allem Diebstahl und Betrug – nicht erfüllt sind. Ist dies der Fall, so tritt § 265 a als formell subsidiär zurück. Die uneingeschränkte Subsidiaritätsklausel greift nach ihrem Wortlaut und der Auslegung von Parallelvorschriften (§§ 125 Abs. 1 a.E., 246 Abs. 1 a.E.) durch die Rspr.[733] bei allen Delikten mit schwererer Strafdrohung ein.[734]

Klausurhinweis: *Als formell subsidiäre Auffangnorm sollten Sie § 265 a im strafrechtlichen Gutachten erst nach Behandlung der spezielleren Vorschriften prüfen.*

I. Objektiver Tatbestand

1. Beim **Automatenmissbrauch** (Abs. 1 Mod. 1) sind nach h.M. nur sog. Leistungsautomaten, nicht auch Warenautomaten geschützt (vgl. oben Fall 28, Rn. 473). Das sind alle technischen Geräte, durch die nach Entrichtung des vorgesehenen Entgelts eine unkörperliche Leistung erbracht wird.[735] **482**

Beispiel: Monitor im Krankenzimmer mit Internetzugang, der über eine vorher zu erwerbende Karte mit Magnetstreifen in Gang gesetzt wird.

Das „Erschleichen" besteht in der ordnungswidrigen oder missbräuchlichen Benutzung der technischen Vorrichtungen, sogar der Ausnutzung von Geräteschäden.[736]

Beispiel: Mithilfe eines verbogenen Geldstücks gelingt es dem Täter, unbegrenzt an einem Rennsimulator zu spielen.

2. Erschleichen der Leistung eines öffentlichen Zweckes dienenden Telekommunikationsnetzes (Abs. 1 Mod. 2) **483**

Gemeint sind alle Telefon- und Datenübertragungsnetze. Umstritten ist, ob die Netze drahtgebunden sein müssen[737] oder auch drahtlos sein dürfen.[738] Auch bei dieser Tatmodalität müssen entgeltliche Leistungen in Anspruch genommen werden. „Entgeltlich" ist nach Sinn und Aufgabe des Fernmeldeverkehrs die Herstellung und Aufrechterhaltung der Fernmeldeverbindung.[739]

Die Ausnutzung unentgeltlicher Klingelzeichen als Signal oder für Störanrufe, bei denen der Täter vor Abnehmen des Hörers durch den Angerufenen auflegt, sind daher nicht nach § 265 a strafbar.[740]

733 BGHSt 43, 237.

734 Lackner/Kühl § 265 a Rn. 8; für Subsidiarität nur bei Delikten mit derselben Schutzrichtung Wessels/Hillenkamp/Schuhr Rn. 671.

735 Vgl. Sch/Sch/Perron § 265 a Rn. 4.

736 Vgl. Lackner in LK § 265 a Rn. 6 f.

737 So Sch/Sch/Perron § 265 a Rn. 5.

738 Fischer § 265 a Rn. 16.

739 Lackner/Kühl § 265 a Rn. 3.

740 Fischer § 265 a Rn. 17.

„Erschleichen" erfasst in diesem Zusammenhang missbräuchliche Einwirkungen auf Vermittlungs-, Steuerungs- und Übertragungsvorgänge unter Umgehung von Gebührenerfassungs- oder Sicherungseinrichtungen.[741]

Beispiel: An einem Schaltkasten der Telekom schließt der Täter einen Handapparat mit Wähleinrichtung an und führt kostenlose Gespräche.

Gegenbeispiel: Der nur unerlaubte Anschluss an die für einen anderen bestimmte Kabelfernsehanschlussdose[742] oder das Ausnutzen eines Softwarefehlers bei der Gebührenerfassung[743] ist kein Erschleichen.

Da durch § 265 a letztlich nur die Fernmeldedienste vor Gebührenverkürzungen geschützt werden sollen, sind Schädigungen Privater durch Missbrauch ihrer Fernmeldeeinrichtungen nicht strafbar.

Beispiel: Um ihren Chef zu ärgern, wählt die Putzfrau am Freitagabend eine 0180er Servicenummer und legt den Hörer neben den Apparat. – Trotz Schädigung in Höhe von mehreren Tausend Euro Straflosigkeit.[744]

484 **3. Erschleichen einer Beförderungsleistung** (Abs. 1 Mod. 3) **oder des Zutritts zu einer Veranstaltung oder Einrichtung** (Abs. 1 Mod. 4)

„Beförderung" ist jede öffentliche oder private Transportleistung, für die üblicherweise ein Entgelt entrichtet werden muss.[745]

Beispiele: Bahn, Bus, Taxi, nicht dagegen das Anhängen mit dem Skateboard an einen Lkw

„Veranstaltungen" sind Theater, Konzerte etc.; „Einrichtungen" sind Frei- und Hallenbäder, Museen, gebührenpflichtige Parkhäuser, nicht dagegen Parkplätze mit Parkuhren.[746]

485 Im Zusammenhang mit dem Fahren ohne gültigen oder entwerteten Fahrschein in öffentlichen Verkehrsmitteln und ohne Kontrolle ist die Auslegung des Merkmals „Erschleichen" in die Diskussion gekommen. Eine starke Literaturauffassung lässt die bloß unentgeltliche Inanspruchnahme der Beförderung, also das schlichte **Schwarzfahren** ohne Kontrolle nicht genügen, weil sich dann das strafbare Verhalten äußerlich vom rechtskonformen Verhalten nicht unterscheiden lasse; zudem werde auch in den anderen Tatalternativen ein täuschungsähnliches, manipulatives Verhalten vorausgesetzt.[747]

Die Rspr. sieht das anders. Danach **genügt die schlicht unberechtigte Inanspruchnahme der Beförderung, wenn sich der Täter dabei „mit dem Anschein der Ordnungsmäßigkeit umgibt"**. Ein Einschleichen oder die Umgehung besonderer Sicherungsvorkehrungen sei dem Wortsinn des Erschleichens nicht zu entnehmen, sondern nur, dass das Verhalten unrechtmäßig geschehe. Dies entspreche auch dem Normzweck des § 265 a als Auffangtatbestand für die Fälle, in denen dem Täter kein Täuschungsverhalten – und damit kein Betrug nach § 263 – nachzuweisen sei. Dass bei den anderen Modalitäten eine aktive Manipulation vorliegen müsse, beruhe darauf, dass

741 BGH StraFo 2004, 284, 285.
742 Vgl. Krause/Wuemeling NStZ 1990, 527, 528.
743 OLG Karlsruhe RÜ 2003, 215.
744 Vgl. Mahnkopf JuS 1982, 885 f.
745 Sch/Sch/Perron § 265 a Rn. 6.
746 BayObLG JR 1991, 432.
747 LK-Tiedemann § 265 a Rn. 34; Kindhäuser/Böse § 33 Rn. 17.

diese Leistungen auf Anforderung erbracht würden und deshalb Sicherungseinrichtungen vorhanden seien. Solche gäbe es bei den öffentlichen Verkehrsmitteln ohne Fahrscheinkontrollen gerade nicht.[748]

An einem Erschleichen fehlt es aber, wenn der Täter **offen und demonstrativ** die Beförderung unentgeltlich in Anspruch nimmt (dann § 123 Abs. 1 Alt. 1),[749] was aber bei einem bloß an der Mütze befestigten Zettel mit der Aufschrift „Ich fahre schwarz" nicht genügt.[750] **486**

Ein Erschleichen als unbefugt unentgeltliche Inanspruchnahme einer Beförderung ist auch zu verneinen, wenn der Fahrgast lediglich seine vorher erworbene Zeitkarte **vergessen** hat, selbst wenn die Beförderungsbedingungen verlangen, dass die Zeitkarte mitgeführt werden muss, um der Gefahr der gleichzeitigen Nutzung durch Dritte vorzubeugen.[751] **487**

II. Subjektiv verlangt der Tatbestand **Vorsatz**, insbesondere im Hinblick auf die Entgeltlichkeit der in Anspruch genommenen Leistung; darüber hinaus ist **Absicht** im Sinne zielgerichteten Willens erforderlich, das **Entgelt nicht zu entrichten**. **488**

Unter den Voraussetzungen der §§ 247, 248 a ist die Tat antragsbedürftig, § 265 a Abs. 3.

748 BGH RÜ 2009, 234.

749 Vgl. BayObLG NJW 1969, 1042.

750 OLG Köln NStZ-RR 2016, 92.

751 BayObLG RÜ 2020, 721, das die Tatbestandsmäßigkeit wegen fehlenden Vermögensschadens als ungeschriebenes Merkmal verneint.

3. Teil: Zueignungsdelikte, Bereicherungsdelikte und verwandte Straftaten mit Zwang

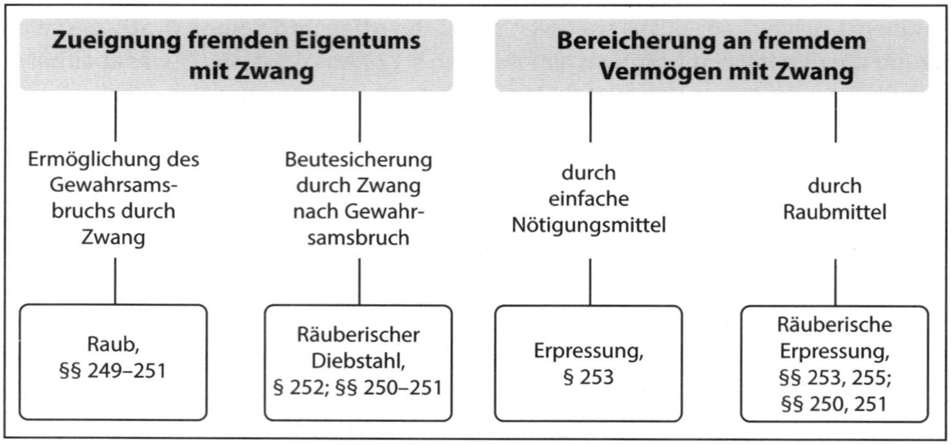

1. Abschnitt: Zueignungsdelikte mit Zwang

A. Raub, §§ 249–251

489 **§ 249** ist der Grundtatbestand. Raub ist ein aus Diebstahl und besonderen Nötigungsmitteln kombinierter, zweiaktiger Sondertatbestand (nicht etwa nur Qualifikation des Diebstahls).

490 Da die **räuberische Erpressung** gemäß **§§ 253 Abs. 1, 255** dem Wortlaut nach jedes Tun, Dulden und Unterlassen als vermögensschädigende Reaktion des Opfers ausreichen lässt und zudem noch denselben Strafrahmen hat wie der Raub, könnten bei erzwungener Erlangung einer Sache beide Straftatbestände erfüllt sein. Ob eine **tatbestandliche Überschneidung** in das System von Eigentums- und Vermögensdelikten passt oder ob die Straftatbestände **sich gegenseitig ausschließen**, ist eine alte Streitfrage zwischen Lit. und Rspr. Der Streit wird bedeutsam:

- im **Tatbestand des Raubes** bei der Auslegung des Merkmals „Wegnahme", wenn der Täter den Gewahrsamsbruch nicht allein vollzieht, sondern eine Mitwirkungshandlung des Opfers erzwingt,
- im **Tatbestand der räuberischen Erpressung**, wenn der Täter Raubmittel eingesetzt und eine Sache zwar durch Wegnahme erlangt hat, aber § 249 zu verneinen ist, weil der Täter entweder keine fremde, sondern herrenlose Sache weggenommen hat oder weil er nicht die Absicht rechtswidriger Zueignung besaß.

  Hier ist fraglich, ob bei Bejahung einer Wegnahme noch ein „Dulden" i.S.d. §§ 253, 255 angenommen werden und auf räuberische Erpressung quasi als Auffangtatbestand ausgewichen werden darf.

*Und nun **der wichtigste Hinweis in diesem Skript:** Raub und räuberische Erpressung werden in jeder zweiten oder dritten Examensklausur thematisiert. Die Weichenstellungen, fer-*

ner den Streitstand zur Wegnahme bei § 249 einerseits und zum „Tun, Dulden, Unterlassen" bei §§ 253 Abs. 1, 255 andererseits und zuletzt die gutachtliche Darstellung des Meinungsstreits sollten Sie unbedingt auswendig kennen! Ich werde diese Problemkreise im Folgenden an den Stellen ansprechen, wo sie in einer Fallbearbeitung auftauchen.

Werden Raubmittel erst nach vollendeter Wegnahme angewendet, so ist räuberischer **Diebstahl** nach **§ 252** einschlägig. 491

Qualifikationstatbestände in mehreren Stufen enthalten die **§§ 250 Abs. 1, Abs. 2** und **251**. Sie gelten über den Verweis „gleich einem Räuber zu bestrafen" **auch für die räuberische Erpressung gemäß §§ 253 Abs. 1, 255 und für den räuberischen Diebstahl** gemäß **§ 252**. 492

Aufbau: *Für alle Klausurkonstellationen gilt folgende Regel: Verschafft sich der Täter eine Sache durch Zwang,* ***prüfen Sie immer zuerst Raub, § 249****!*

Aufbauschema: Raub, § 249
1. Personengewalt/Drohung mit gegenwärtiger Gefahr für Leib oder Leben
2. Fremde bewegliche Sache
3. Wegnahme
4. Raubspezifische Einheit zwischen Raubmittel und Wegnahme
5. Vorsatz mit Finalzusammenhang
6. Absicht, sich oder einem Dritten die Sache zuzueignen
7. Rechtswidrigkeit der erstrebten Zueignung und Vorsatz diesbezüglich
8. Rechtswidrigkeit als allgemeines Verbrechensmerkmal
9. Schuld

I. Die Deliktsmerkmale des Raubes, § 249

1. Personengewalt/Drohung mit gegenwärtiger Gefahr für Leib oder Leben

a) Gewalt gegen eine Person

Gewalt gegen eine Person ist physische Zufügung eines gegenwärtigen Übels, das auf den Körper des Genötigten wirkt und geleisteten oder erwarteten Widerstand entweder dadurch verhindern soll, dass die Willensbildung des Opfers ganz ausgeschlossen wird (= *vis absoluta*), oder dadurch, dass sich das Opfer dem Willen des Täters unterwirft (= *vis compulsiva*).[752] 493

Die Gewalt muss auf einer **physischen Einwirkung des Täters beruhen und sich auf den Körper des Genötigten auswirken** (Schläge, Betäubungen, Fesselungen). Eine 494

752 Vgl. BGH NStZ 1986, 218; StV 1990, 262; Wessels/Hillenkamp/Schuhr Rn. 347.

unmittelbare Einwirkung auf das Opfer – etwa durch eine Berührung – ist nicht erforderlich. Es genügt, wenn der Zwang durch eine Sache oder einen Stoff **physisch vermittelt** wird.[753] **Psychisch vermittelter Zwang und Gewalt gegen Sachen reichen aber – anders als bei der Nötigung gemäß § 240 – nicht aus!**

Beispiel: Der Täter schüttet Öl auf die Windschutzscheibe des im Auto herannahenden Opfers und erzwingt so das Abbremsen. – Nach Ansicht des BGH keine Personengewalt, weil die Reduzierung der Geschwindigkeit durch den wahrgenommenen Sichtverlust, also nur psychisch vermittelt worden sei.[754]

495 Entgegen einer Minderansicht[755] ist für Personengewalt kein erheblicher Eingriff, keine „Brachialgewalt" erforderlich. Es genügt, dass etwas mehr physische Energie eingesetzt wird als zum Gewahrsamsbruch selbst erforderlich ist,[756] und dass beim Opfer eine von dessen Willen unabhängige physische Reaktion eingetreten ist, die seine Widerstandsmöglichkeiten gegen die Wegnahme beeinträchtigt.[757] Folglich erfüllt Zwang insbesondere durch Einsperren[758] und gegenüber Schlafenden[759] oder auch nur **schwacher körperlicher Zwang den Raubtatbestand**.

Beispiel: Der Täter sprüht einer Kassiererin, nachdem diese ihre Kasse geöffnet hat, Deospray aus 60 cm Entfernung ins Gesicht, nur um den Moment, in dem sie reflexartig die Augen verschließt, dafür auszunutzen, Bargeld aus der Kasse zu nehmen. – Nach BGH vollendeter Raub, sogar qualifiziert als schwerer Raub nach § 250 Abs. 1 Nr. 1 b durch Verwendung des Sprays als (ungefährliches) Gewaltmittel.[760]

496 An Personengewalt **fehlt** es aber, wenn die Wegnahme durch die angewandte List, Geschicklichkeit, Schnelligkeit oder Ausnutzung eines Überraschungsmoments beim Opfer bestimmt wird.[761]

Hauptfall ist der irreführend so bezeichnete **„Handtaschenraub"**: Irreführend ist diese Bezeichnung deshalb, weil nach der vorgenannten Formel gar kein Raub vorliegt, wenn der Täter überraschend zugreift und nur durch die Geschwindigkeit der Tatausführung Widerstand vermeiden will.[762]

b) Drohung mit gegenwärtiger Gefahr für Leib oder Leben

497 **„Drohung" ist das Inaussichtstellen eines Übels, auf dessen Eintritt der Drohende Einfluss zu haben vorgibt und das dann eintreten soll, wenn der Bedrohte nicht das tut, was der Täter von ihm verlangt.**[763]

Mit „Gefahr für Leib oder Leben" droht, wer nicht unerhebliche Beeinträchtigungen der körperlichen Integrität eines Menschen in Aussicht stellt.[764]

Die angekündigte Gefahr ist „gegenwärtig", wenn bei natürlicher Weiterentwicklung der Dinge der Eintritt des Schadens sicher oder doch höchstwahrscheinlich

753 Wessels/Hillenkamp/Schuhr Rn. 347.
754 BGH NStZ 2019, 523.
755 Krey/Hellmann/Heinrich Rn. 187.
756 BGHSt 16, 341.
757 BGH RÜ 2002, 358.
758 BGHSt 20, 194, 195; Sch/Sch/Bosch § 249 Rn. 4.
759 RGSt 67,168.
760 BGH NStZ 2003, 89.
761 BGH NStZ 1986, 218; StV 1990, 262; Fischer § 249 Rn. 4 b.
762 Vgl. BGH GA 1990, 265; RÜ 2020. 177.
763 BGHSt 16, 386; ergänzend BGH NStZ 2004, 385.
764 BGHSt 7, 252, 254.

ist, falls nicht alsbald Abwehrmaßnahmen ergriffen werden.[765] Es genügt eine Gefahr, die als Dauergefahr über einen längeren Zeitraum in dem Sinne gegenwärtig ist, dass sie jederzeit – zu einem ungewissen Zeitpunkt, alsbald oder auch Tage später – in einen Schaden umschlagen kann.[766]

In **Abgrenzung zur Gewalt** erfasst die Drohung also den Zwang durch psychische Ein- **498**
flussnahme. Das bedeutet jedoch nicht, dass jedes geistig-seelische Gefügigmachen gleich Drohung ist.[767] Erforderlich ist vielmehr, dass der Täter in dem Opfer die Furcht vor dem Eintritt eines bevorstehenden oder der Fortsetzung eines andauernden und vom Täterwillen abhängigen Übels für Leib oder Leben erzeugt, wenn es nicht die vom Täter gleichzeitig vor Augen geführte Handlungsalternative wählt (beim Raub: widerstandsloses Geschehenlassen der Wegnahme).

Beispiel: Das Opfer wird durch Vorhalten einer Schusswaffe dazu gebracht, die Wegnahme der Geldbörse zu dulden. – Der BGH hat in einer vereinzelt gebliebenen Entscheidung Gewalt bejaht, weil das Opfer in einen Zustand extremer seelischer Erregung gebracht worden sei.[768] Diese Entscheidung ist nach Verengung des Gewaltbegriffs auf physische Einwirkungen, wie sie das BVerfG[769] bestimmt hat, nicht mehr haltbar. Stattdessen ist aber Raub durch Drohung mit gegenwärtiger Gefahr für Leib/Leben zu bejahen, denn das Opfer sollte aus Furcht vor einem tödlichen Schuss aus der Waffe daran gehindert werden, der Wegnahme Widerstand entgegenzusetzen.

Gegenbeispiel: Das Opfer wird durch Hypnose, Suggestion oder Ausnutzung einer Angstkrankheit vor Spinnen kurzzeitig willenlos gemacht, um es leichter bestehlen zu können. – Kein Raub, wenn man in einem nur psychisch vermittelten Zwang keine Gewalt sieht, aber auch keine Drohung, weil in der Herbeiführung des Ausnahmezustandes keine weitere Übelsankündigung mehr liegt.

Die Drohung kann ausdrücklich in eindeutigen Worten, durch allgemeine Redensarten **499**
oder in versteckter Form durch Andeutungen erfolgen oder sogar in schlüssigen Handlungen liegen, allerdings nur wenn das angekündigte Übel genügend deutlich gemacht worden ist.[770]

Das bloße Ausnutzen der Angst des durch die Einwirkung des Täters eingeschüchterten Opfers ist dagegen kein Raubmittel – nicht einmal Mittel der Nötigung![771]

Beispiel: Tritt der Täter nachts einer Frau auf einem abgelegenen Garagenhof entgegen und veranlasst das allein durch die Situation verängstigte Opfer, die Wegnahme der Geldbörse zu dulden, liegt kein Raub, nicht einmal Nötigung, sondern nur Diebstahl gemäß § 242 vor.

Der Eintritt des Übels muss ferner als **vom Willen des Täters abhängig** erscheinen. An- **500**
derenfalls liegt eine nicht tatbestandsmäßige Warnung vor.[772]

Beispiel: Die Erklärung: „Wenn du in das brennende Haus zurückkehrst, wirst du in den Flammen umkommen!" ist daher keine tatbestandsmäßige Drohung.

Gegenbeispiel: Die Ankündigung, dass ein Dritter das Übel zufügen werde, ist Drohung, wenn der Täter gleichzeitig vorgibt, dass er das Verhalten des Dritten beeinflussen könne.

765 BGH JZ 1988, 935; 1989, 550.
766 BGH StV 1998, 79; StV 1999, 377.
767 Vgl. BVerfG NJW 1995, 1141, 1142.
768 BGHSt 23, 126, 127.
769 NJW 1995, 1141.
770 BGH JZ 1989, 550.
771 BGH RÜ 2014, 376.
772 Sch/Sch/Eisele Vor §§ 234 ff. Rn. 31.

501 Es ist dabei nicht erforderlich, dass das angekündigte Übel realisierbar ist oder dass der Drohende ernstlichen Realisierungswillen besitzt. Er muss lediglich wollen, dass das Opfer an die Durchführbarkeit und Ernstlichkeit der Drohung glaubt, sog. **Scheindrohung**.

c) Nötigungsopfer und Geschädigte des Raubes können verschiedene Personen sein

502 Die Personengewalt und die Drohung brauchen sich **nicht gegen den Gewahrsamsinhaber oder den Eigentümer der fremden Sache** zu richten. Gewaltopfer kann jede beliebige Person sein, sofern es sich um eine zum Schutz des Gewahrsams bereite Person handelt, deren potenzieller Widerstand beseitigt werden soll, z.B. Angestellte oder Bewachungspersonal.

503 Sogar der Adressat der Nötigungsmittel und das Opfer der Übelszufügung können personenverschieden sein, sog. **Nötigungsdreieck**:

Wird der Widerstand der schutzbereiten Person dadurch gebrochen, dass diese mit ansehen muss, wie ein Dritter physisch gequält wird, genügt dies – selbst wenn zwischen dem zu Nötigenden und dem Dritten keine Nähebeziehung besteht. Entscheidend ist, dass der Täter sich überhaupt des physischen Gewaltmittels bedient.[773]

Auch wenn dem Bedrohten die Leibes-/Lebensgefahr eines anderen Menschen angekündigt wird, braucht nach h.M. keine emotionale Nähebeziehung zwischen dem Drohungs- und dem potenziellen Übelsempfänger zu bestehen. Entscheidend ist nur, dass ein durchschnittlicher Erklärungsempfänger die Ankündigung als Übel empfinden würde, weil das Wohl des Opfers für ihn irgendeine Bedeutung hat (vgl. auch § 239 a Abs. 1: „Sorge eines Dritten um das Wohl des Opfers").[774]

504 Von § 249 **nicht erfasst** ist aber die Ankündigung des Täters, sich selbst[775] oder ein Tier[776] zu verletzen oder zu töten.

505 Tatbestandsmäßig i.S.v. § 249 ist auch **nicht** der Fall, dass die Gewalt oder die Drohung den **Betroffenen dazu zwingt, die Wegnahme selbst auszuführen**. In diesem Fall wird das Opfer gerade nicht in raubtypischer Weise „ausgeschaltet", sondern zur Ermöglichung des Gewahrsamsbruchs „eingeschaltet". Möglich ist in diesen Fällen nur **räuberische (Dreiecks-)Erpressung** gemäß **§§ 253 Abs. 1, 255** oder **Diebstahl in mittelbarer Täterschaft** gemäß **§§ 242 Abs. 1, 25 Abs. 1 Alt. 2** (s. dazu unten Rn. 592).[777]

RÜ-Video 05/20

***Aufbau**: Wegen der vom Raubbild abweichenden Funktion des Nötigungsmittels kann man diese Fälle auch erst unter dem Prüfungspunkt der raubspezifischen Einheit zwischen Nötigungsmittel und Wegnahme ausgrenzen (s.u. Rn. 517 ff.).*

773 Vgl. Sch/Sch/Eisele Vor §§ 234 ff. Rn. 19.

774 BGH NStZ 1985, 408; BGH RÜ 2020, 95, 98 f. zur räuberischen Erpressung durch Drohung gegenüber Supermarkt-Betreibern, Kunden durch vergiftete Lebensmittel zu töten.

775 LK-Vogel § 249 Rn. 15.

776 BGH StV 2014, 287.

777 Ausführlich zur kompletten Falllösung BGH RÜ 2020, 310 m. RÜ-Video unter t1p.de/159s.

2. Fremde bewegliche Sache

Das Tatobjekt ist dasselbe wie beim Diebstahl (s.o. Rn. 12 ff.). 506

Aufbau: *Ist das Tatobjekt also herrenlos, scheidet Raub aus. Im Tatbestand der* ***räuberischen Erpressung*** *gemäß* ***§§ 253 Abs. 1, 255*** *ist dann zu erörtern, ob diese noch erfüllt sein kann, wenn sich der Täter die Sache durch eine Wegnahme i.S.v. § 249 verschafft hat (s. dazu ausführlich unten Rn. 611).*

Früher waren Fälle häufig, in denen dem Wilderer mit Raubmitteln von einem Dritten – nicht Jagd- und damit Aneigungsberechtigten – das erlegte und nach h.M. immer noch herrenlose Tier wieder abgenommen wurde. Da die Jagdwilderei weitgehend kein Prüfungsstoff mehr ist, sind heute Fälle denkbar, in denen der Täter mit Raubmitteln sonstige herrenlose Sachen (etwa unberechtigt gesammeltes Zahngold) an sich bringt (s. dazu oben Rn. 28).

3. Wegnahme

Die Begriffselemente der Wegnahme sind beim Raub dieselben wie beim Diebstahl, 507 nämlich **Bruch fremden und Begründung neuen, nicht notwendig tätereigenen Gewahrsams. Das ist unstreitig!**

Umstritten ist, ob für die **Art und Weise**, also **wie** der unfreiwillige Gewahrsamswechsel 508 vollzogen wird, ein für den Raub typisches **Handlungsmuster** erfüllt sein muss: Beim Diebstahl kommt es nicht darauf an, wer den Gewahrsamswechsel vornimmt, sofern dieser nur vom Täter verursacht wurde und kein Einverständnis des vormaligen Gewahrsamsinhabers vorliegt.

Beim Raub verlangt die **Rspr.**, dass der Täter selbst den Wechsel der Sachherrschaft vollzieht, und zwar durch einen **äußeren Akt des Nehmens**.

Der **Lit.** genügt es, dass der **Genötigte aus seiner Sicht den Verlust des Gewahrsams nicht verhindern** kann, egal ob er oder der Täter den Wechsel physisch ausführt (dazu unten Fall 31).

a) Unumstrittene Fälle

aa) Hat der Täter allein den Gewahrsamswechsel vollzogen, so bejahen alle An- 509 **sichten eine Wegnahme**. Für die Rspr. folgt die Wegnahme dann schon aus dem äußeren Erscheinungsbild. Nach dem Verständnis des Schrifttums bestand, wenn gar kein unverzichtbarer Mitwirkungsakt des Gewahrsamsinhabers vorliegt, in der Regel auch keine Möglichkeit für ihn, den Verlust der Sache zu verhindern.

Beispiel: Unter Todesdrohung mit einem vorgehaltenen Messer verlangt A, dass der vor ihm stehende B seine persönlichen Sachen aus seiner Umhängetasche herausnimmt und die Tasche dann auf eine Abstellfläche legt. Von dort holt sich A die Tasche, um sie zu behalten. – Nach allen Ansichten liegt Raub vor: Das Ablegen der Tasche war noch keine Gewahrsamswechsel, sondern erst eine Gewahrsamslockerung; den Gewahrsamswechsel vollzog der Täter, als er sich die Tasche nahm. Das ist für die Rspr. der entscheidende äußere Akt. Nach dem Schrifttum konnte B den Gewahrsamswechsel angesichts der Todesdrohung mit dem Messer nicht verhindern; das Hinlegen der Tasche war kein Mitwirkungsakt, den nur er vornehmen konnte, weil sich A die Tasche auch sofort selbst nehmen konnte.[778]

---

778 Vgl. BGH RÜ 2018, 510.

510 **bb)** Unabhängig davon, ob sich der Täter die Sache nimmt oder herausgeben lässt, **scheidet eine Wegnahme nach allen Ansichten** trotz Einsatz von Raubmitteln aus, wenn der Alleingewahrsamsinhaber **mit dem Übergang der Sachherrschaft auf den Täter einverstanden** war.

Beispiel: Juwelier J hat mit R verabredet, in Anwesenheit von Kunden „überfallen" zu werden, damit er später den angeblich geraubten Schmuck von der Versicherung ersetzt verlangen kann. – Kein Raub gemäß § 249 (und auch kein Diebstahl gemäß § 242), weil der Gewahrsamswechsel mit Einverständnis des J geschah. Auch keine räuberische Erpressung gemäß § 255, da wegen der Zustimmung des J in den Vermögensverlust kein Vermögensschaden vorlag. Nicht einmal Nötigung gemäß § 240 ist erfüllt, weil die Duldung der Entziehung der Wertsachen nicht auf der willensbeugenden Wirkung der Nötigungsmittel beruhte. J und R sind strafbar wegen mittäterschaftlichen Versicherungsmissbrauchs gem. § 265.[779]

511 **cc)** Eine Raubwegnahme entfällt trotz des Einsatzes von Raubmitteln auch dann, wenn bei gestuften Gewahrsamsverhältnissen der **übergeordnete Mitgewahrsamsinhaber** mit dem Gewahrsamsverlust **einverstanden** ist.[780]

Abwandlung des vorgenannten Beispiels: Juwelier J hat mit R verabredet, dass dieser den in dem Geschäft angestellten Mitarbeiter M mit dem Tod bedroht und dann den Schmuck an sich bringt, während J im Büro des Juweliergeschäfts anwesend ist. – Kein Raub und keine räuberische Erpressung, weil der übergeordnete Mitgewahrsams- und Vermögensinhaber J mit dem Verlust des Gewahrsams einverstanden war. Gegeben ist mittäterschaftliche Nötigung gemäß §§ 240, 25 Abs. 2 an M in Tateinheit mit gemeinschaftlichem Versicherungsmissbrauch, §§ 265, 25 Abs. 2.

Klausurhinweis: *Vor allem die beiden letztgenannten Konstellationen sind echte Fallen! Man übersieht leicht, dass es auf das umstrittene Verständnis des Vorgangs der Raubwegnahme gar nicht ankommt, weil schon kein Gewahrsamsbruch vorlag.*

b) Streit über den Raub-Wegnahmebegriff

512 Steht das Opfer nicht unter dem Zwang von Raubmitteln, glaubt es aber trotzdem, den Gewahrsamsverlust letztlich nicht verhindern zu können und gibt es deshalb die Sache heraus, so liegt nach allgemeiner Ansicht eine Wegnahme i.S.v. § 242 vor (s.o. Rn. 93). Wird der Gewahrsamsinhaber mit Raubmitteln gezwungen, die Sache herauszugeben, ist zwischen Lit. und Rspr. umstritten, ob auch das eine **Wegnahme** gemäß **§ 249** ist oder als „Handlung" eine Opferreaktion i.S.d. **räuberischen Erpressung** nach **§§ 253 Abs. 1, 255** ist.

Fall 32: Geben und Nehmen

R betritt den Laden des Juweliers J wie ein normaler Kunde. Als er sieht, dass keine anderen Kunden anwesend sind, täuscht er dem J mit ausgestrecktem Zeigefinger in der Manteltasche den Besitz einer geladenen Pistole vor und ruft: „Los, alles, was in den Schubladen ist, da rein, sonst knallt's." Dann wirft er dem eingeschüchterten J einen Rucksack zu. Wie befohlen, holt J aus den unverschlossenen Schubfächern wertvolle Uhren, Halsketten und Ringe und füllt damit den Rucksack, den er dem R anschließend aushändigt. R verschwindet mit seiner Beute.

779 Vgl. auch BGH RÜ 2018, 375, 376; vgl. auch BGH RÜ 2019, 305.
780 Vgl. dazu OLG Celle NStZ 2012, 447.

I. Infrage kommt **Raub** an dem Schmuck gemäß **§ 249**.

1. Indem R dem J vortäuschte, ihm eine geladene Pistole vorzuhalten und es „knallen" zu lassen, wenn J die Schmuckstücke nicht in den Rucksack packt, hat er ihm mit gegenwärtiger Lebensgefahr gedroht. Darauf, dass R seine Drohung nicht realisieren konnte, kommt es nicht an. Es genügt, dass er nur den Eindruck von Realisierbarkeit und Realisierungswillen beim Opfer hervorrief (Scheindrohung).

2. Die Schmuckstücke standen im Eigentum des J und waren für R deshalb fremde bewegliche Sachen.

3. R müsste diese weggenommen haben. Über den Grundsatz, dass darunter auch beim Raub der Bruch fremden und Begründung neuen Gewahrsams zu verstehen ist, besteht Einigkeit. Wie sich bei § 249 dieser „Gewahrsamsbruch" vollziehen muss, wird von Lit. und Rspr. aber ganz unterschiedlich gesehen. Dieser Streit ist Folge der unterschiedlichen Sichtweisen zum systematischen Verhältnis von räuberischer Erpressung und Raub:

   a) Für das Schrifttum ist entscheidend, ob der Gewahrsamswechsel **ohne Einverständnis** erfolgt ist. Begründung: Da Raub die Diebstahlselemente enthält, muss auch dieser Tatbestand als Fremdschädigungsdelikt behandelt und von §§ 253 Abs. 1, 255 als betrugsparalleles Selbstschädigungsdelikt randscharf abgegrenzt werden. Daher muss derselbe, die Fremdschädigung charakterisierende Wegnahmeakt vorliegen wie beim Diebstahl. Ebenso wenig wie bei § 242 kommt es bei diesem Verständnis für § 249 darauf an, wer den Gewahrsamswechsel vollzieht. Maßgeblich ist sowohl beim Diebstahl als auch beim Raub, ob die Gewahrsamsverschiebung **ohne Einverständnis des Opfers** geschieht. Kriterium für dieses Einverständnis ist beim Raub das – in Parallele zum Betrug – auch für die Erpressung verlangte Verfügungsbewusstsein, also die innere Willensrichtung des Opfers. Nach der Lit. gilt: 513

   Wegnahme i.S.v. § 249 liegt vor, wenn der Genötigte im Moment des Gewahrsamsverlustes die Vorstellung hat, er könne diesen letztlich nicht verhindern.

   Hat der Genötigte dagegen die Vorstellung, dass, wenn er den Zwang aushielte, der Täter ohne ihn nicht an die Sache herankäme (z.B. der Kassierer wegen seines durch Panzerglas gesicherten Schalters oder der Kontoinhaber am Geldautomaten, weil nur er die PIN kennt), so liegt in dem Mitwirkungsakt ein Einverständnis in den Gewahrsamswechsel. Wegnahme scheidet dann aus. In diesem Fall soll eine Vermögensverfügung i.S.d. räuberischen Erpressung zu bejahen sein.

   Ob das Opfer die Sache weggibt oder sich abnehmen lässt, ist für dieses Wegnahmeverständnis bedeutungslos.[781]

781 Vgl. Sch/Sch/Bosch § 249 Rn. 2; Lackner/Kühl § 255 Rn. 2; Kühl NStZ 2004, 387, 388.

Nach dieser Ansicht konnte J aus seiner Sicht den Verlust der Schmuckstücke und Uhren letztlich nicht verhindern, weil diese ungesichert in den Schubladen lagen und der Täter sich die Beute auch hätte selbst nehmen können, nachdem er J mit der vermeintlichen Pistole erschossen hätte. J hat den Gewahrsam ohne sein Einverständnis verloren. R hat den Schmuck und die Uhren weggenommen.

514 b) Für die Rspr., die auch im Schrifttum zunehmend Anhänger findet, besteht keine Notwendigkeit einer juristischen Abgrenzung zwischen Raub und räuberischer Erpressung, sondern nur einer handlungstypischen Zuordnung. Begründung: Da nach dem Wortlaut des § 253 Abs. 1 als Reaktion des Genötigten jedes Tun, Dulden oder Unterlassen ausreicht, also eine Vermögensverfügung gar nicht verlangt wird, **kann auch die Duldung einer Wegnahme räuberische Erpressung sein**. Also schließen sich – anders als nach der vorgenannten Literaturauffassung – Raub und räuberische Erpressung nicht gegenseitig aus. Vielmehr ist Raub nur lex specialis zur räuberischen Erpressung. Damit kann auch nicht auf das Verfügungsbewusstsein als Einverständnis in den Gewahrsamswechsel abgestellt werden. Die Rspr. stellt deshalb schon seit jeher für die Frage, ob eine Raubwegnahme vorliegt, auf das **äußere Erscheinungsbild des Gewahrsamswechsels** ab. Nach der Rspr. gilt:

Wegnahme i.S.v. § 249 liegt vor, wenn der Täter nach dem äußeren Erscheinungsbild den Gewahrsamswechsel selbst vollzieht, also wortwörtlich die Sache an sich nimmt.

Wegnahme i.S.v. § 249 liegt dagegen nicht vor, wenn der genötigte Gewahrsamsträger den Gewahrsamswechsel vollzieht, die Sache also herausgibt.[782]

Da J im vorliegenden Fall den Schmuck und die Uhren in den Rucksack gesteckt und diesen an R weitergegeben hat, scheidet nach dieser Ansicht Raub aus.

c) **Kritik**: Für die Lit. spricht, dass sie dieselben Kriterien, die bei der Definition des Diebstahls gelten, auch bei der Raubwegnahme anwendet. Das Einverständnis ist aber für die als notwendig erachtete Abgrenzung untauglich. Wenn ein Einverständnis beim Diebstahl schon wegen Unfreiwilligkeit des Gewahrsamsverlustes entfällt, ist es unverständlich, wieso ein Einverständnis beim Raub trotz des hier viel stärkeren Zwangs nur durch ein Verhindernkönnen des Sachverlusts aus Opfersicht möglich sein soll.

Zudem überzeugt die Ableitung eines solchen „Einverständnisses" aus dem Verfügungsbewusstsein bei der Erpressung nicht. Die Prämisse, die (räuberische) Erpressung sei wie der Betrug ein Selbstschädigungsdelikt und verlange deswegen wie dieser eine Vermögensverfügung, wird durch den Wortlaut des § 253 Abs. 1 widerlegt. Dieser benennt neben dem Tun ausdrücklich auch das

782 BGHSt 14, 386, 390; 25, 224, 228; LK-Vogel § 249 Rn. 24; NK-Kindhäuser Vor § 249 Rn. 58; Krey/Hellmann/Heinrich Rn. 433. Ohne Einbeziehung von vis absoluta SK-Sinn § 249 Rn. 24.

Dulden, also die Hinnahme einer Fremdschädigung (zu weiteren auf die Erpressung bezogenen Argumenten unten Fall 34 Rn. 610 f.).

Damit ist die Ansicht der Rspr. vorzuziehen. Raub bei äußerlicher Weggabe, also bei einem vom Opfer selbst vollzogenen Gewahrsamswechsel an der Beute, scheidet aus.

II. Durch seine Drohung mit Lebensgefahr hat R den J zur Herausgabe des Schmucks und der Uhren, also zu einer vermögensschädigenden Handlung, veranlasst, um sich zu Unrecht zu bereichern. Er hat damit rechtswidrig und schuldhaft eine **räuberische Erpressung** gemäß **§§ 253 Abs. 1, 255** begangen. 515

III. Ein Strafschärfung nach **§ 250 Abs. 1 Nr. 1 b** ist nicht gegeben. Körperteile, wie hier der in der Manteltasche ausgestreckte Finger, sind keine „Werkzeuge" oder „Mittel".[783]

IV. Die mit der Erpressung verwirklichte **Nötigung** gemäß **§ 240** und **Bedrohung** gemäß **§ 241** treten aus Gründen der Spezialität hinter den §§ 253 Abs. 1, 255 zurück.

V. **Betrug** gemäß **§ 263** wird von der Rspr. verneint, weil die Täuschung, im Besitz einer Waffe zu sein, als bloße Verstärkung der Drohung nicht tatbestandlich sei.[784] Das Schrifttum bejaht zwar den Tatbestand, lässt § 263 aber als mitbestrafte Begleittat hinter der Erpressung zurücktreten.[785]

VI. **Hausfriedensbruch** gemäß **§ 123 Abs. 1 Alt. 1** durch Betreten des Juweliergeschäfts setzt voraus, dass R in die Geschäftsräume eingedrungen ist. Da er diese aber nach seinem äußeren Erscheinungsbild wie ein normaler Kunde betreten hat, ohne dass seine räuberische Absicht erkennbar wurde, war sein Handeln von der generellen Zutrittserlaubnis des J gedeckt.[786]

Ergebnis: R ist strafbar wegen räuberischer Erpressung.

Ist nach dem Sachverhalt **unklar**, ob der Täter sich die Sache unter Anwendung von Raubmitteln selbst **genommen** hat **oder** ob er sie sich hat **geben** lassen, so liegt nach der Lit., die sowieso nicht auf das äußere Erscheinungsbild abstellt, in beiden möglichen Geschehensabläufen Raub vor. Die Sachverhaltsungewissheit löst als sog. Tatsachenalternativität oder gleichartige Wahlfeststellung nur zusätzlichen Begründungsaufwand aus, ändert am eindeutigen Schuldspruch aber nichts.[787] Nach der Rspr. wirkt sich der Sachverhaltszweifel ebenfalls nicht aus: Da hiernach in jedem Raub auch eine räuberische Erpressung liegt, hat der Täter in der Variante der äußerlichen Wegnahme räuberische Erpressung neben Raub und im Fall des äußerlichen Sich-Geben-Lassens nur eine räuberische Erpressung begangen. Damit ist der Täter eindeutig aus räuberischer Erpressung strafbar. Wegen des von der Lit. abweichenden Ergebnisses muss der Streit aber entschieden werden.[788] 516

783 Fischer § 224 Rn. 13.
784 BGHSt 11, 66, 67.
785 NK-Kindhäuser § 253 Rn. 50.
786 Vgl. Fischer § 123 Rn. 18.
787 S. dazu AS-Skript StrafR AT 2 (2021), Rn. 485 f.
788 BGH RÜ 2014, 639.

4. Raubspezifische Einheit zwischen Nötigungsmittel und Wegnahme

517 Einigkeit besteht darüber, dass zwischen den Raubmitteln und der Wegnahme ein Zusammenhang bestehen muss.

Eine Meinung sieht diesen in einem objektiven (und vorsatzbedürftigen) **Kausalzusammenhang.**[789] Die h.M. lehnt dies ab, weil beim Raub, anders als bei § 240, der Taterfolg nicht „durch" Gewalt oder Drohung erreicht werden müsse. Danach kann vollendeter Raub auch vorliegen, wenn der Täter auch ohne Gewalt an die Beute gekommen wäre, das Raubmittel also keine conditio sine qua non für die Wegnahme war.

Die h.M. verlangte bisher im objektiven Tatbestand nur einen räumlich-zeitlichen Zusammenhang zwischen dem Einsatz der Raubmittel und der Wegnahme.[790] Ein innerer funktionaler Zusammenhang war nur nach der Tätervorstellung erforderlich, sog. Finalzusammenhang (s.u. Rn. 522 ff.).

518 Inzwischen hat die Rspr. den räumlich-zeitlichen Zusammenhang und den Finalzusammenhang zu einer **raubspezifischen Einheit** zwischen Nötigungsmitteln und Wegnahme fortentwickelt. Vereinfacht gesagt müssen die Raubmittel **objektiv die Wegnahme erleichtert** haben und vom Täter **subjektiv mit dieser Zielrichtung angewendet** worden sein.

519 **a)** Für den **objektiv erforderlichen räumlich-zeitlichen Zusammenhang** ist weder erforderlich, dass der Ort der Nötigungshandlung und der Ort des Gewahrsamsbruchs identisch sind, noch bestehen verbindliche Werte zu einem zeitlichen Höchstmaß zwischen dem Einsatz des Nötigungsmittels und der Wegnahme. Entscheidend ist, ob es zu einer – vom Täter erkannten – **nötigungsbedingten Schwächung des Gewahrsamsinhabers** (Ergänzung des Verfassers: **oder eines sonstigen schutzbereiten Dritten**) in seiner Verteidigungsfähigkeit oder -bereitschaft gekommen ist.[791] Damit ist der räumlich-zeitliche Zusammenhang letztlich nichts anderes als ein objektiver Risikozusammenhang zwischen dem Raubmittel und der Wegnahme.

Dieser Zusammenhang ist in den Fällen unproblematisch gegeben, in denen der Täter das Opfer durch die Raubmittel ausschaltet und die Wegnahme in Ausnutzung der Situation sofort vollzieht.

Auch wenn das Opfer nach der Gewaltanwendung zur ärztlichen Versorgung vom Tatort weggebracht wird und der Täter nun ungestört die Wegnahme vornimmt, ist die raubspezifische Einheit noch gegeben.[792]

Ist die Tatsituation nach einem Raubversuch aber abgeschlossen und nimmt der Täter – wenn auch in räumlich-zeitlichem Zusammenhang zum Vorherigen – eine Sache weg, ohne dass die Willensbeugung der Raubmittel fortwirkt, so ist der objektive raubspezifische Zusammenhang und damit vollendeter Raub zu verneinen.[793]

520 **b) Subjektiv** setzt die raubspezifische Einheit voraus, dass auch **Finalzusammenhang** bestand, also nach dem Täterplan eine funktionale Beziehung zwischen den Nötigungsmitteln und der Wegnahme bestand.

---

789 SK-Sinn § 249 Rn. 29.

790 Vgl. BGH b. Holtz MDR 1984, 276; Sch/Sch/Bosch § 249 Rn. 7, 10.

791 BGH RÜ 2020, 26 mit Verweis auf BGH RÜ 2016, 436; BGH RÜ 2016, 713,

792 BGH RÜ 2016, 713.

793 Fall des BGH RÜ 2016, 436.

Aufbau: *Es ist sicher vertretbar, die objektive und subjektive Seite der von der Rspr. so definierten raubspezifischen Einheit zusammen zu prüfen. Versteht man diese aber wie ein ungeschriebenes vorsatzbedürftiges Tatbestandsmerkmal, kann man den „räumlich-zeitlichen Zusammenhang" im objektiven und den „Finalzusammenhang" im subjektiven Tatbestand darstellen. In den meisten Fällen ist der „räumlich-zeitliche Zusammenhang" unproblematisch. Der Schwerpunkt liegt dann sowieso beim Finalzusammenhang. Dazu sogleich.*

5. Vorsatz

Im Zeitpunkt der Zwangsanwendung und der Wegnahme muss der Täter bezüglich al- **521**
ler objektiven Tatbestandsmerkmale **Vorsatz** besitzen.

6. Finalzusammenhang

Finalzusammenhang setzt voraus, dass der Täter schon im Zeitpunkt des ersten **522**
Teilakts der Tat, nämlich der Nötigungshandlung, den Vorsatz für das gesamte Raubdelikt besitzt und die Nötigung zur Ermöglichung der Wegnahme einsetzen will. Unter „Nötigungshandlung" versteht man dabei allein die auf die Herbeiführung der Zwangslage gerichtete **Willensbetätigung.**

a) Solange diese **Willensbetätigung andauert und der Wegnahme dient**, ist der Fi- **523**
nalzusammenhang gegeben, selbst wenn der Täter bei Beginn seiner Handlung andere Motive verfolgte.

Beispiel: A riss die M an sich, um sie zu küssen. Das Mädchen wehrte sich. Dabei fühlte A die Armbanduhr der M und kam auf den Gedanken, sie ihr vom Arm zu streifen, um die Uhr zu behalten. Er tat dies, ohne dass die sich sträubende M es bemerkte. – Vollendeter Raub, weil A die andauernde Gewaltanwendung – das Festhalten des Mädchens – ausnutzte, um seinen Wegnahmeentschluss zu realisieren.[794]

b) Der Finalzusammenhang fehlt aber, wenn die Nötigungshandlung lediglich Be- **524**
gleiterscheinung der Wegnahme ist oder wenn die Wegnahme bei Gelegenheit der Nötigungshandlung vorgenommen wird oder wenn die Wegnahme der Nötigungshandlung ohne innere Verknüpfung nur zeitlich nachfolgt. Die Ausnutzung der nur noch **fortwirkenden Nötigungsfolgen** genügt für § 249 grundsätzlich nicht.[795]

Beispiel: A machte sich über die Fußgängerin F her, um sie sexuell zu belästigen. Als dabei ihre Handtasche hinfiel, entschloss er sich spontan, die durch seine Gewaltanwendung entstandene Lage auszunutzen und nahm die Tasche an sich. – Kein Raub, weil die Gewaltanwendung – **anders als im vorhergehenden Beispiel –** nicht mehr andauerte, als A die Tasche an sich nahm. A hat sich vielmehr nur die fortwirkenden Gewaltfolgen zunutze gemacht.[796]

c) Ausnahmsweise kann eine vorher zu anderen Zwecken verübte Gewalt als **schlüssige** **525**
Drohung weiterer Gewaltanwendung ein neues Raubmittel sein. Erforderlich ist dann aber, dass der Täter dem Opfer die Gefahr für Leib oder Leben **deutlich in Aussicht stellt**, sie also durch ein bestimmtes Verhalten genügend erkennbar macht. Das bloße

794 BGHSt 20, 32; vgl. BGH RÜ 2013, 100.
795 BGH RÜ 2018, 788, 790; vgl. auch BGH RÜ 2021, 240, 241.
796 Vgl. BGH StV 1995, 416; BGH NStZ 2003, 431.

Ausnutzen der Angst eines der Einwirkung des Täters schutzlos ausgelieferten Opfers reicht, da dies – anders als in § 177 – kein Tatmittel des Raubes ist, nicht aus![797]

Beispiel: A schlägt seine Ex-Frau F im Rahmen eines Streits. Dann fasst er den Entschluss, Bargeld an sich zu bringen und nimmt aus der auf dem Tisch liegenden Geldbörse den gesamten Inhalt. Aus Angst vor weiteren Schlägen lässt F dies geschehen. – Mangels Finalzusammenhang zwischen der Gewalt und der Wegnahme kein Raub durch die Schläge. Auch kein Raub durch das Entwenden des Geldes, weil ohne eine zumindest schlüssige Ankündigung neuer Gewalt die bloße Ausnutzung der Einschüchterung nicht genügt. Auch (räuberische) Erpressung sowie Nötigung sind damit zu verneinen. Gegeben ist nur Körperverletzung gemäß § 223 in Tatmehrheit mit Diebstahl gemäß § 242.[798]

526 **d)** Umstritten ist, ob die **Nichtaufhebung zu anderen Zwecken geübter Gewalt** Raub begründen kann.

Fall 33: Grenzen des Finalzusammenhangs; Raub durch Unterlassen

R hat den schlafenden Hausherrn K in dessen Schlafzimmer eingeschlossen, um ungestört mit dessen Tochter zusammen sein zu können. Als er – aufgeschreckt durch heftiges Klopfen des inzwischen erwachten K – das Haus verlassen will, beschließt R, die Situation auszunutzen und entwendet einige Bilder aus der Sammlung des K, während dieser in seinem Schlafzimmer auf Befreiung wartet. Hat sich R wegen Raubes strafbar gemacht?

I. **Raub, § 249**, durch Einsperren und die anschließende Entwendung?

1. R hat durch die Einsperrung Personengewalt angewendet, durch die K objektiv in seinem Gewahrsamsschutz beeinträchtigt wurde und in zeitlich-räumlichem Zusammenhang damit die im Eigentum des K stehenden Bilder weggenommen.

2. Hinsichtlich der genannten Merkmale hatte R Tatvorsatz. Fraglich ist hier der Finalzusammenhang, weil R den K ursprünglich zu anderen als zu Diebstahlszwecken eingesperrt hatte. Stellt man auf das Einschließen als aktives Tun ab, fehlt der Finalzusammenhang zwischen dieser Gewaltanwendung und der späteren Wegnahmehandlung. R, der sich erst nach dem Verriegeln der Schlafzimmertür zur Wegnahme entschlossen hatte, nutzte nur die durch die vorangegangene Gewaltanwendung geschaffene Gewaltwirkung aus.[799]

II. Infrage kommt **Raub mit Gewalt durch Unterlassen**, indem R die fortdauernde Einsperrung nicht beseitigte, **§§ 249, 13**.

1. Begrifflich lässt sich eine Gewaltanwendung durch Unterlassen bejahen, weil der auf K ausgeübte körperliche Zwang beendet worden wäre, wenn R die Tür geöffnet hätte, da es R möglich war, die Türverriegelung zu öffnen und weil er aus Ingerenz hierzu verpflichtet war. R, dem die Situation bewusst war, nutzte auch die fortdauernde Zwangswirkung, um auf diese Weise die Wegnahme der Bilder zu ermöglichen. Insofern besteht auch der erforderliche räumlich-zeitliche sowie finale Zusammenhang.

797 BGH RÜ 2014, 376.

798 BGH RÜ 2014, 376.

799 Vgl. auch den Fall BGHSt 32, 88.

2. Umstritten ist dennoch, ob eine solche Unterlassungskonstruktion mit der Tatbestandsstruktur des Raubes vereinbar ist. 527

   a) Im Schrifttum werden folgende Gegenthesen vertreten: Gewalt als solche könne nicht durch Unterlassen verwirklicht werden,[800] ein Unterlassen könne nicht im Sinne des Finalzusammenhangs ausgenutzt werden[801] und das Unterlassen der Beseitigung der Zwangslage entspreche nicht der Gewaltanwendung durch aktives Tun, weil anderenfalls der ungleich aggressivere Täter, der sein Opfer bewusstlos schlage und dann den Wegnahmeentschluss fasse, privilegiert würde (nur § 243 Abs. 1 S. 2 Nr. 6), weil er die Gewaltwirkungen nicht beseitigen könne.[802]

   b) Der BGH bejaht in einem ähnlich gelagerten Fall Raub: Auch bei der Nötigung sei anerkannt, dass Gewalt auch durch Unterlassen verwirklicht werden könne. Das Abstellen allein auf aktive Gewaltanwendung werde auch dem Charakter der Freiheitsberaubung als Dauerdelikt nicht gerecht. Wer einen anderen einschließe oder fessele, wende gegen diesen Gewalt an, und zwar durch vis absoluta. Durch das Aufrechterhalten des rechtswidrigen Zustandes, den der Täter zurechenbar bewirkt habe, setze sich – anders als etwa beim Niederschlagen des Opfers – die Gewaltanwendung fort. Sie sei erst mit dem Aufschließen oder dem Lösen der Fesselung beendet.[803]
   Der Unterlassungstäter könne die Aufrechterhaltung des rechtswidrigen Zustandes auch wollen, um die Wehrlosigkeit des Opfers zur Wegnahme auszunutzen. Insofern schlössen sich Unterlassen und Finalität nicht aus.
   Auch der Einwand, dass der Unrechtsgehalt bei einem so begangenen Raub nicht dem der aktiven Tatbestandsverwirklichung entspreche, wird verworfen. Gerade wenn die aus anderen Gründen erfolgte Gewaltanwendung durch positives Tun und ihre Ausnutzung zur Wegnahme durch den Täter, der das Opfer durch die Fesselung in seine Gewalt gebracht hat, zeitlich und räumlich dicht beieinander lägen, könne von einem unterschiedlichen Unrechtsgehalt je nachdem, wann sich der Täter zur Wegnahme entschlossen habe, nicht ausgegangen werden.

Ergebnis: R ist damit wegen Raubes (durch Unterlassen) strafbar.

---

7. Absicht rechtswidriger Zueignung

Wie beim Diebstahl ist auch beim Raub **die Zueignungsabsicht zu eigenen Gunsten oder zugunsten eines Dritten** erforderlich. Die im Rahmen von § 242 abgehandelten Probleme (s.o. Rn. 99 ff.) gelten allesamt auch bei § 249. Insbesondere ist die gewaltsame Wegnahme einer Sache, nur um das Opfer durch den Sachentzug zu demütigen 528

800 Joerden JuS 1985, 20.

801 Krey/Hellmann/Heinrich Rn. 273; Rengier § 7 Rn. 32.

802 Rengier § 7 Rn. 32.

803 BGH RÜ 2004, 81.

oder zu ärgern und sie wegzuwerfen, mangels Aneignungsabsicht kein Raub (häufiges Klausurmotiv!).[804] Auch muss die Zueignungsabsicht zum Zeitpunkt der Wegnahme hinsichtlich der weggenommenen Sache vorliegen (sachliche und zeitliche Kongruenz von Wegnahme und Zueignungsabsicht, s.o. Rn. 101 ff.).[805]

Bezüglich der **Rechtswidrigkeit der erstrebten Zueignung** gilt ebenfalls das zu § 242 Gesagte. Wichtigste Konsequenz: Entwendet der Täter unter Anwendung von Zwang eine Sache nur als **Druckmittel**, scheiden Raub und Diebstahl aus (vgl. oben Fall 7 Rn. 132).[806]

***Aufbau**: Hatte der Täter keine Absicht rechtswidriger Eigen- oder Drittzueignung, wohl aber Bereicherungsabsicht (z.B. durch vorübergehenden Gebrauch der weggenommenen Sache, aber mit Rückführungswillen), muss man wiederum die räuberische Erpressung in den Blick nehmen: Dort ist dann innerhalb des Tatbestandes darzulegen, ob die §§ 253 Abs. 1, 255 überhaupt noch erfüllt sein können, wenn eine Wegnahme vorlag (s. dazu ausführlich unten Fall 34 Rn. 611).*

Raub, § 249

- **Personengewalt / Drohung mit gegenwärtiger Leibes-/Lebensgefahr**
  gegen zum Gewahrsamsschutz bereite Person
- **Wegnahme einer fremden beweglichen Sache**
  durch Gewahrsamsbruch ohne Einverständnis
  - Nach Lit., wenn das Opfer glaubt, den Verlust der Sache nicht verhindern zu können
  - Nach Rspr., wenn der Täter äußerlich selbst den Gewahrsamswechsel vollzieht
- **Raubspezifische Einheit zwischen Nötigungsmittel und Wegnahme**
  - Objektiv: räumlich-zeitlicher Zusammenhang mit der Wirkung einer nötigungsbedingten Schwächung des Gewahrsamsinhabers
  - Subjektiv: Finalzusammenhang, d.h. nach dem Täterplan muss die Anwendung des Raubmittels Mittel zur Ermöglichung der Wegnahme gewesen sein
- **Vorsatz**
- **Absicht rechtswidriger Zueignung (wie § 242)**

8. Verhältnis zu anderen Strafvorschriften

529 **Diebstahl** gemäß § 242 (einschließlich § 243) sowie **Nötigung** gemäß § 240 werden im Wege der Spezialität von Raub verdrängt. Soweit sich die Qualifikationen in §§ 244, 244 a mit § 250 decken, bestehen auch keine Bedenken am Gesetzesvorrang des qualifizierten Raubes. Zumindest bei § 244 Abs. 4 (schwerer Wohnungseinbruch) sprechen aber

804 BGH RÜ 2011, 309.
805 BGH RÜ 2017, 434.
806 Vgl. BGH NStZ-RR 2007, 15.

der eigenständige Schutzgehalt und insbesondere der Verbrechenscharakter für eine Klarstellung durch Tateinheit.

Sofern eine **Freiheitsberaubung** gem. § 239 lediglich Nötigungsmittel ist, tritt sie zurück; Tateinheit ist aber anzunehmen, wenn die Freiheitsberaubung darüber hinausgeht.[807]

Körperverletzungs- und Tötungsdelikte sind kein notwendiges Mittel des Raubes; sie stehen daher aus Klarstellungsgründen zum Raub in Tateinheit.

II. Raubqualifikationen, §§ 250, 251

§ 250 enthält zwei nur zum Teil aufeinander aufbauende Qualifikationsstufen: 530

Abs. 1 erhöht die Mindeststrafe auf drei Jahre Freiheitsentziehung.

Abs. 2 erhöht die Strafuntergrenze auf fünf Jahre Freiheitsstrafe.

Hinweise: *Um die Zweistufigkeit von § 250 Abs. 1 und Abs. 2 zu betonen, sollten die beiden Absätze gliederungstechnisch* ***wie zwei selbstständige Delikte*** *behandelt werden. Die unterschiedlichen Schweregrade werden auch in der Tenorierung von Strafurteilen hervorgehoben, und zwar § 250 Abs. 1 als* ***„schwerer Raub“*** *und § 250 Abs. 2 als* ***„besonders schwerer Raub.“***[808] *Übernehmen Sie diese Bezeichnungen auch für Ihr Gutachten.*

Dritte Erschwerungsstufe ist der **Raub mit Todesfolge, § 251**. Diese Erfolgsqualifikation begründet eine Mindeststrafe von zehn Jahren und eine Höchststrafe von lebenslänglicher Freiheitsstrafe.

1. Schwerer Raub, § 250 Abs. 1

a) Raub mit Waffen/gefährlichen Werkzeugen, § 250 Abs. 1 Nr. 1 a

Diese Qualifikation ist wortgleich mit § 244 Abs. 1 Nr. 1 a. Zur Auslegung des Beisichführens einer Waffe, eines gefährlichen Werkzeugs gilt also dasselbe wie dort (s.o. Rn. 166 ff.). Einsatzwille ist nicht erforderlich. 531

Hinweis: *Auch wenn das Raubobjekt selbst eine einsatzfähige Waffe oder ein gefährliches Werkzeug war, hat der Täter dieses durch die Wegnahme bei der Tat „bei sich geführt“. Die Strafschärfung ist dann gegeben!*[809] 532

b) Raub mit sonstigen Werkzeugen oder Mitteln, § 250 Abs. 1 Nr. 1 b

Diese Vorschrift ist ebenfalls in Wortlaut und Inhalt identisch mit § 244 Abs. 1 Nr. 1 b (ausführlich oben Rn. 172 ff.). 533

Eine objektive Gefährlichkeit des mitgeführten Gegenstandes ist nicht erforderlich. Erfasst werden neben ungefährlichen Gewaltmitteln – wie etwa Schlaftabletten[810] oder

807 BGHSt 32, 88, 93.

808 BGH, Beschl. v. 09.03.2016 – 2 StR 455/15, BeckRS2016, 5826.

809 BGH RÜ 2014, 31, wo das Raubobjekt ein mit fünf Küchenmessern bestückter Messerblock war.

810 Vgl. BGH StV 1998, 660.

K.-o.-Tropfen[811] – insbesondere Scheinwaffen. Dafür muss der Täter neben dem Vorsatz zum Beisichführen die Absicht besessen haben, den Gegenstand als Mittel zur Willensbeugung einzusetzen.

534 Auch bei § 250 Abs. 1 Nr. 1 b gilt, dass das **evident ungefährliche Tatmittel**, das zur Verstärkung einer Scheindrohung eingesetzt wird, schon nicht unter die Strafschärfung fällt.[812]

c) Raub mit Gefahr einer schweren Gesundheitsschädigung, § 250 Abs. 1 Nr. 1 c

535 **aa) „Andere Person"** muss nicht der Beraubte selbst sein; es genügt auch die Gefährdung Unbeteiligter. Nur Tatbeteiligte selbst sollen nicht in den Schutzbereich des § 250 einbezogen sein.[813]

536 **bb)** Erforderlich und ausreichend ist die **Gefahr einer schweren Gesundheitsschädigung**.

Für eine **„schwere Gesundheitsschädigung"** reicht es aus, wenn das Opfer in eine ernste langwierige Krankheit hätte verfallen können, wenn eine ernsthafte Störung der Körperfunktionen zu befürchten war oder wenn seine Arbeitskraft hätte erheblich beeinträchtigt werden können.[814] Die Gesundheitsschädigung muss aber nicht eingetreten sein. Andererseits genügt die nur abstrakte Möglichkeit eines Schadenseintritts nicht. Die Vorschrift ist vielmehr ein **konkretes Gefährdungsdelikt**. Von einer konkreten Gefahr kann nur die Rede sein, wenn zu befürchten ist, dass sich der Erfolg mit dem Akt oder infolge des Aktes der Gefährdung einstellen kann oder sein Eintreten oder Ausbleiben **dem Zufall überlassen** ist.[815]

Beispiel: Schlag mit einer massiven Eisenstange auf den Kopf des Opfers[816]

Das Risikopotenzial wird durch Berücksichtigung des konkreten Opfers und seiner individuellen Schadensdisposition – etwa als alter Mensch – ermittelt.[817]

537 **cc)** Die Gefahr muss **durch die Tat** verursacht worden sein, also auf solchen Handlungen beruhen, welche die qualifikationstypische Gefährlichkeit des Raubes widerspiegeln: Das sind regelmäßig nur Einwirkungen eines Tatbeteiligten, die auf die Beuteerlangung und -sicherung gerichtet sind, nicht dagegen Selbstgefährdungen des Opfers oder riskante Handlungen Dritter.[818]

538 **dd)** Subjektiv ist **Gefährdungsvorsatz** erforderlich. § 250 Abs. 1 Nr. 1 c ist **keine Erfolgsqualifikation**![819] Vom Tötungs- oder Körperverletzungsvorsatz unterscheidet

---

811 BGH StV 2009, 408.
812 BGH RÜ 2007, 198; BGH RÜ 2011, 506, 508.
813 Sch/Sch/Bosch § 250 Rn. 22.
814 BT-Drs. 13/8587, S. 28; BGH NStZ 2002, 542, RÜ 2002, 362.
815 Sch/Sch/Bosch § 250 Rn. 21.
816 Vgl. BGH bei Dallinger MDR 1976, 15.
817 BGH NStZ 2002, 542; RÜ 2002, 362.
818 Sch/Sch/Bosch § 250 Rn. 23.
819 Vgl. BGHSt 26, 176, 244.

sich der Gefährdungsvorsatz dadurch, dass der Täter zwar den Erfolgseintritt für möglich hält und auch in die durch sein oder seines Tatgenossen Handeln geschaffene Gefahr einwilligt, **aber dennoch ernsthaft und nicht nur vage auf das Ausbleiben von Körperverletzung und Tod vertraut.**[820]

Beispiel: Der Räuber R flieht mit seinem Auto durch die belebte Fußgängerzone. Er weiß, dass Passanten durch seine riskante Fahrweise unter das Auto geraten können, hofft aber, dass nichts passiert. Glücklicherweise wird niemand verletzt. – Schwerer Raub.[821]

d) Bandenraub, § 250 Abs. 1 Nr. 2

Die Bandenqualifikation ist identisch mit § 244 Abs. 1 Nr. 2 (s.o. Rn. 191 ff.). 539

2. Besonders schwerer Raub gemäß § 250 Abs. 2

a) Raub unter Verwendung von Waffen/gefährlichen Werkzeugen, § 250 Abs. 2 Nr. 1

Die Verwendungsqualifikation baut nur auf **§ 250 Abs. 1 Nr. 1 a** auf. Setzt der Täter ein 540
ungefährliches Werkzeug ein, bleibt es also bei der Strafschärfung aus § 250 Abs. 1 Nr. 1 b. Nicht einmal diese ist erfüllt, wenn der Gegenstand sogar „evident ungefährlich", ist (s. schon oben Rn. 533).

aa) Bezüglich der **1. Alt. „Waffe"** gilt dasselbe wie in § 250 Abs. 1 Nr. 1 a Alt. 1 (s.o. 541
Rn. 531).

bb) Fraglich ist, was unter einem **gefährlichen Werkzeug** i.S.d. **2. Alt.** zu verstehen ist. 542

(1) Aus dem Wort „gefährlich" folgt als Mindestvoraussetzung, dass der fragliche Gegenstand bei einem – wenn auch zweckentfremdenden – Einsatz gegen Menschen zu **erheblichen Verletzungen geeignet** sein muss.

Ist der Gegenstand in der konkreten Verwendung nicht zu erheblichen Verletzungen geeignet, scheidet § 250 Abs. 2 Nr. 1 aus und die Tat ist nur nach § 250 Abs. 1 Nr. 1 b zu bestrafen.

(2) Ob das generelle Gefahrenpotenzial genügt, wie die abstrakt-objektive Theorie annimmt oder ob der Gegenstand nach den Fallumständen als Waffenersatz dienen sollte, wie die objektiv-konkrete Theorie meint, oder ob der Täter sogar einen abgeschwächten Gebrauchswillen besessen haben, was die subjektive Theorie verlangt, ist umstritten (s.o. im Zusammenhang mit § 244 Abs. 1 Nr. 1 a Alt. 2 Rn. 170).

Hierauf kommt es aber im Zusammenhang von § 250 Abs. 2 Nr. 1 nicht an: **Hat der Täter den objektiv gefährlichen Gegenstand in gefährlicher Weise eingesetzt, hat nach allen Ansichten auch ein gefährliches Werkzeug vorgelegen.** Die Gefährlichkeit eines Werkzeuges folgt bei § 250 Abs. 2 Nr. 1 also aus der Verwendung.

Aufbau: *Die Ableitung der Gefährlichkeit eines Gegenstandes aus seinem Einsatz sollten Sie sich zunutze machen: Hat der Räuber in Ihrem Sachverhalt ein Werkzeug tatsächlich gegen*

---

820 Vgl. BGHSt 26, 244, 246.

821 Vgl. allgemein BGH JZ 1990, 297.

einen Menschen eingesetzt, ***beginnen Sie die Prüfung der Qualifikationen mit § 250 Abs. 2 Nr. 1****. Ist diese erfüllt, ist notwendigerweise auch § 250 Abs. 1 Nr. 1 a Alt. 2 durch das Beisichführen zu bejahen, ohne dass es auf die verschiedenen Ansichten zur Bestimmung des gefährlichen Werkzeuges ankommt. Hinter der vollendeten schwereren Qualifikation des § 250 Abs. 2 Nr. 1 tritt Abs. 1 Nr. 1 ohnehin zurück. (Vgl. zu Darstellung unten Rn. 544).*

543 **cc)** Zum Begriffsinhalt des **Verwendens** nachfolgend

Fall 34: Genügt auch „verbales Verwenden" für § 250 Abs. 2 Nr. 1?

Die A betrat abends als scheinbare Besucherin ein Seniorenheim, um dort Wertsachen zu entwenden. Für alle Fälle hatte sie ein Fleischermesser in ihrem Rucksack. Als A das Zimmer der B betrat, fand sie diese halb eingenickt vor ihrem kleinen Fernseher sitzend in dem sonst völlig abgedunkelten Raum vor. Durch das Geräusch, das A beim Aufziehen der Nachttischschublade verursachte, wurde B aufgeschreckt und wollte um Hilfe rufen. Da zog A das Messer hervor, hielt es vor sich und rief: „Ganz ruhig bleiben, dann geschieht Ihnen nichts. Ich habe ein Messer!" A glaubt, B sehe das Messer. Aufgrund der Dunkelheit und da sie ihre stark korrigierte Brille nicht trug, konnte B das Messer jedoch nicht erkennen. Sie hatte trotzdem keinen Zweifel daran, dass A tatsächlich ein Messer in der Hand hielt. Deshalb verhielt sie sich still. A nahm etwas Bargeld aus der Nachttischschublade und verschwand damit.

Strafbarkeit der A? § 123 ist nicht zu prüfen.

I. Indem sie B unter Hinweis auf das Messer einschüchterte und dann das Geld einsteckte, könnte sich A wegen **Raubes** gemäß **§ 249 Abs. 1** strafbar gemacht haben.

1. Durch den Ausruf, B solle sich ruhig zu verhalten, sonst passiere nichts, bei gleichzeitigem Hinweis auf das Messer, hat A der B mit gegenwärtiger Gefahr für Leib und Leben gedroht. Dadurch konnte sie das Bargeld der B an sich bringen, also eine für sie fremde Sache durch die Widerstand verhindernde Wirkung der Drohung wegnehmen.
2. A hatte Raubvorsatz; die Drohung erfolgte zur Ermöglichung der Wegnahme (Finalzusammenhang); ferner wollte A sich die Beute rechtswidrig zueignen.
3. Auch Rechtswidrigkeit und Schuld liegen vor.

A ist strafbar wegen Raubes. Die mitverwirklichten Tatbestände der **§§ 240, 242** treten dahinter zurück.

II. Die Tat könnte wegen des Hinweises auf das Messer als **besonders schwerer Raub** gemäß **§§ 252, 250 Abs. 2 Nr. 1** qualifiziert sein.

544 1. Das Fleischermesser war als Gebrauchsmesser nicht zum Einsatz gegen Menschen bestimmt und damit **keine Waffe** i.S.d. **1. Alt.** Ein Messer dieser Art hat jedoch generell erhebliches Verletzungspotenzial (objektiv-abstrakte Betrachtung). Das Mitführen „für alle Fälle" zeigt auch, dass das Messer als Waffenersatz dienen sollte (objektiv-konkrete Betrachtung). Zudem hat A sogar durch den Einsatz als Drohungsmittel nicht nur ihren Gebrauchsvorbehalt, sondern sogar die

Absicht dazu manifestiert (subjektive Betrachtung). Damit handelte es sich nach hierzu vertretenen Ansichten (s.o. Rn. 170) um ein **gefährliches Werkzeug** i.S.d. **2. Alt.**

2. A müsste dieses bei der Tat verwendet haben. **Verwenden** bedeutet zweckgerichteter Gebrauch des Tatmittels. Da außer der Gewalt die Drohung mit gegenwärtiger Leibes- und Lebensgefahr Raubmittel ist, kann der Täter den Gegenstand auch dadurch verwenden, dass er diesen **als Drohungsmittel einsetzt**. Bei einer Drohung muss das Opfer für die Tatvollendung das Nötigungsmittel aber zusätzlich als solches **erkannt** und die **Androhung seines Einsatzes wahrgenommen** haben.[822] Die Wahrnehmung des Nötigungsmittels musste nach bisheriger Rspr. **nicht notwendig visuell** erfolgt sein; ausreichend war auch eine **taktile Wahrnehmung**, etwa durch Fühlen eines in den Rücken gedrückten Stemmeisens.[823] Das war bei B aber nicht der Fall. Sie hat das Messer in der Dunkelheit weder erkannt noch an ihrem Körper gespürt. **545**

RÜ-Video 04/18

Der 3. Strafsenat des BGH bejaht aktuell trotzdem die Strafschärfung, weil danach **auch die akustische Wahrnehmung des Gegenstands durch die Bezugnahme in der Drohung für das Verwenden genügen soll**. Das optische Vorzeigen sei nur eine von mehreren Möglichkeiten des Täters, das Opfer auf sein gefährliches Werkzeug aufmerksam zu machen und es damit zu bedrohen. Auf welche Weise oder durch welchen Körpersinn er seinem Gegenüber die Bewaffnung vermittelt, sei für die Herbeiführung der qualifizierten Zwangslage im Sinne des § 250 Abs. 2 Nr. 1 nicht entscheidend. Für die akustische Wahrnehmung des gefährlichen Werkzeugs durch das Tatopfer gelte dasselbe wie für die visuelle und taktile Wahrnehmung. Vergleichbar seien Fallkonstellationen, in denen der Täter mit der Waffe oder dem gefährlichen Werkzeug selbst ein (Warn-)Geräusch produziere. Der Warnschuss oder das Durchladen einer Pistole vermitteln danach dem Opfer die vom Tatwerkzeug ausgehende Gefahr auch dann, wenn ihm der Blick auf die Waffe oder den Gegenstand verwehrt ist, sei es aufgrund der Lichtverhältnisse, der räumlichen Gegebenheiten oder einer Sehbehinderung. Die im Vergleich zum bloßen Beisichführen des gefährlichen Werkzeugs im Sinne des § 250 Abs. 1 Nr. 1 a oder zum Gebrauch einer Scheinwaffe im Sinne des § 250 Abs. 1 Nr. 1. b erhöhte Strafandrohung des § 250 Abs. 2 Nr. 1 habe ferner ihren Grund sowohl in der gesteigerten Verletzungsgefahr für das Opfer als auch in der höheren kriminellen Energie desjenigen Täters, der einen anderen Menschen mittels einer objektiv gefährlichen Bewaffnung in Angst und Schrecken versetzt, um an seine Beute zu gelangen oder sich deren Erhalt zu sichern. Beide Straferhöhungsgründe seien in der vorliegenden Konstellation gegeben.[824]

Kritik: Die Auslegung des Verwendens durch den 3. Strafsenat fordert zum Widerspruch heraus. Wenn die verbale Bezugnahme auf einen mitgeführten Gegenstand ausreicht, wäre A sogar dann aus § 250 Abs. 2 Nr. 1 zu bestrafen, wenn sie

822 BGH NStZ 2008, 687.
823 BGH RÜ 2018, 233 mit RÜ-Video unter t1p.de/6jh5.
824 BGH RÜ 2020, 651.

das Messer nur in der Tasche gehabt und den Einsatz nur angedroht hätte. Damit hätte das Verwenden gar keinen gegenüber der Drohung selbstständigen Inhalt mehr, es wäre mit dem Raubmittel völlig „verschliffen". Ferner ist zweifelhaft, ob damit noch die Grenzen des natürlichen Wortsinns von „Verwenden" i.S.v. Gebrauchen gewahrt sind: Wer allein damit droht, einen Gegenstand einzusetzen, ohne irgendwie in einschüchternder Weise damit zu hantieren, diesen zumindest zu präsentieren, verwendet den Gegenstand noch gar nicht, sondern kündigt dies erst an. Auch der vom BGH gezogene Vergleich zu den mit der Waffe produzierten Geräuschen passt nicht, weil der Täter dafür den Gegenstand physisch benutzt, was bei einem Hinweis gerade nicht der Fall ist. Auch nach Systematik und Normzweck ist der Strafrahmensprung von drei Jahren Mindeststrafe für das Beisichführen des gefährlichen Werkzeugs gemäß § 250 Abs. 1 Nr. 1 a auf fünf Jahre Mindeststrafe für das Verwenden gemäß § 250 Abs. 2 Nr. 1 nur gerechtfertigt, weil der konkrete Einsatz das Eskalationspotential eines Raubgeschehens im Vergleich zum bloßen Beisichführen steigert. Eine solche Steigerung ist aber noch nicht darin zu sehen, dass der Täter das bei sich geführte gefährliche Werkzeug nur mit Worten in die Drohung einbezieht.[825]

Eine vollendete Strafschärfung gemäß § 250 Abs. 1 Nr. 2 ist deshalb entgegen dem BGH abzulehnen.

III. Da A nicht wusste, dass B das Messer gar nicht sehen konnte, stellte sie sich aber vor, dass B es optisch wahrnehmen würde. Sie hatte damit Tatentschluss für ein Verwenden i.S. der engeren Auslegung. Hierzu hat sie durch den Hinweis auf das gefährliche Werkzeug auch unmittelbar angesetzt. Damit lag ein **versuchter besonders schwerer Raub** gemäß **§§ 249, 250 Abs. 2 Nr. 1, 22, 23 Abs. 1, 12 Abs. 1** vor.

IV. Vollendet ist indes die Strafschärfung des **§ 250 Abs. 1 Nr. 1 a Alt. 2** durch das Beisichführen des Messers als gefährliches Werkzeug bei der Tat. Zur Klarstellung der objektiven Verfügbarkeit des Messers steht diese Strafschärfung in Tateinheit zum Versuch des besonders schweren Raubes.

Ergebnis: A ist strafbar wegen schweren Raubes in Tateinheit mit versuchtem besonders schweren Raub.

---

b) Bandenraub mit Waffen, § 250 Abs. 2 Nr. 2

546 Diese Vorschrift kombiniert zwei Tatbestände der ersten Qualifikationsstufe, nämlich den **Bandenraub** (§ 250 Abs. 1 Nr. 2) und den **bewaffneten Raub** (§ 250 Abs. 1 Nr. 1 a Alt. 1), zu einer weiteren Strafschärfung. Das Beisichführen von gefährlichen Werkzeugen oder sonstigen ungefährlichen Mitteln durch Bandenmitglieder genügt dagegen nicht![826]

---

825 Vgl. zur Kritik auch Rieck NStZ 2021, 230 f.

826 BGH RÜ 2015, 514.

c) Raub mit schwerer Misshandlung/Lebensgefährdung, § 250 Abs. 2 Nr. 3

aa) Für die in Nr. 3 a genannte **schwere körperliche Misshandlung** bei der Tat muss die körperliche Integrität des Opfers entweder mit erheblichen Folgen für die Gesundheit oder in einer Weise, die mit erheblichen Schmerzen verbunden ist, beeinträchtigt sein.[827] Heftige und mit Schmerzen verbundene Schläge gegen den Kopf des Opfers genügen. Eine schwere Folge i.S.v. § 226 braucht nicht eingetreten zu sein.[828] 547

bb) Die Herbeiführung (konkreter) **Lebensgefahr** (Nr. 3 b) entspricht – bis auf die höhere Gefährlichkeit – inhaltlich § 250 Abs. 1 Nr. 1 c (s.o. Rn. 535). 548

d) Sukzessive Qualifikationen

Umstritten ist schon grundsätzlich, ob Strafschärfungen auch noch in der Phase nach Vollendung des Grunddelikts ausgelöst werden können. Das Schrifttum verneint die strafschärfende Wirkung aller Handlungen, die **nach der Tatvollendung** liegen, weil das gegen den Bestimmtheitsgrundsatz verstoße.[829]Die Rspr. hält zwar im Grundsatz sukzessive Qualifikationen für möglich, schränkt dies aber bei § 250 wieder ein und verlangt, dass der Täter in dem Moment, in dem er die strafschärfenden Umstände verwirklicht, immer noch **Zueignungsabsicht** in Bezug auf bereits erlangte oder weitere Beute besessen haben muss.[830] 549

Häufiges Klausurbeispiel: Aus Wut darüber, dass er nicht mehr Beute machen konnte, misshandelt der Räuber sein Opfer schwer. – Keine sukzessive Strafschärfung gemäß § 250 Abs. 2 Nr. 3 a.

Wurde die Strafschärfung in der Beendigungsphase mit der Absicht der Beutesicherung verwirklicht, begeht der Täter zugleich einen **besonders schweren räuberischen Diebstahl** gemäß **§§ 252, 250 Abs. 2**. Dann ist auf Konkurrenzebene zu klären, welches Delikt dominiert (s. dazu unten Rn. 576). 550

3. Raub mit Todesfolge, § 251

a) Qualifikationsmerkmale

Fall 35: Vorsätzliche Tötung des Gewahrsamsinhabers; qualifikationsspezifischer Gefahrzusammenhang; Konkurrenzen

H, der sich mit Gelegenheitsprostitution Geld verdiente, hatte den Freier F in dessen Haus aufgesucht. Als er bemerkte, dass F eine erhebliche Menge Bargeld in seinem Schreibtisch aufbewahrte, fasste er den Entschluss, F zu töten, um sich in den Besitz des Geldes zu bringen. Er schüttete dem F eine Überdosis Schlafmittel in dessen Martini und wartete, bis der Tod eintrat. Dann raffte er das Geld zusammen und verschwand. Strafbarkeit des H?

827 BGH NStZ-RR 2017, 79.
828 BGH StV 1998, 488.
829 SK-Sinn § 250 Rn. 31.
830 BGH RÜ 2009, 369; BGH StV 2012, 153.

Aufbau: *Besteht in einem Fall Anlass, §§ 249 ff. und § 211 zu prüfen, sollten Sie mit den Raubdelikten beginnen; anderenfalls laufen Sie Gefahr, bei den Mordmerkmalen der Ermöglichungs- und Verdeckungsabsicht die §§ 249 ff. „einbauen" zu müssen, obwohl diese Delikte eigenständige Bedeutung haben.*

I. Durch die Tötung des F und die anschließende Entwendung des Geldes könnte sich H wegen **Raubes** gemäß **§ 249 Abs. 1** strafbar gemacht haben.

1. Die Beibringung von Narkotika oder Gift ist Personengewalt. Gleichviel ob der Täter bei der Beibringung körperliche Kraft entfaltet oder nur List anwendet, ist entscheidend, dass das Gift sich durch die Lähmungsfolgen körperlich auswirkt und den Widerstand des Opfers ausschaltet.[831]

2. Ungeachtet des Vollendungszeitpunkts war das Bargeld für H fremd, da es vor dem Tod im Eigentum des F stand und nach dessen Tod in das Eigentum der Erben gefallen ist, § 1922 BGB.

551 3. Bedenken bestehen an der Wegnahme, weil sich die Gewahrsamserlangung an dem Geld erst vollzog, als F bereits tot war. Tote haben aber keinen Gewahrsam mehr. Auch die Besitzfiktion des § 857 BGB ist für die nach tatsächlichen Umständen zu beurteilende Gewahrsamsfrage bedeutungslos.

a) Zergliederte man das Gesamtgeschehen in einen Tötungs- und einen Verschaffungsakt des Geldes, so müsste Raub stets dann entfallen, wenn das Opfer im Zeitpunkt der Gewahrsamserlangung nicht mehr lebte. Übrig bliebe als Eigentumsdelikt – wenn niemand an die Stelle des Getöteten in die Gewahrsamsposition eingetreten ist – nur noch eine Unterschlagung gemäß § 246.[832]

b) Diese Aufspaltung hat jedoch nur dann Bedeutung, wenn die Nötigungshandlung und die spätere Sacherlangung durch eine Zeitspanne der Gewahrsamslosigkeit so voneinander getrennt sind, dass sie auch bei natürlicher Betrachtung als eigenständige Vorgänge erscheinen. **Schließt sich dagegen die Gewahrsamserlangung direkt an die Tötungshandlung an, so liegt bereits in der Gewaltanwendung der Beginn der Wegnahme, also der Angriff auf den (noch bestehenden) Gewahrsam. Dass die Wegnahme dann erst nach dem Tod des Opfers vollendet wird, ist ohne Belang.**[833]

Die Wegnahmehandlung des H begann mit der Gewaltanwendung und endete mit dem Zusammenraffen des Geldes unmittelbar nach dem Tod des Opfers.

4. Die Gewalt schaltete den Gewahrsamsschutz des F sogar völlig aus und erleichterte objektiv die Wegnahme.

5. H handelte vorsätzlich und setzte die Gewalt als Mittel auch der Gewahrsamserlangung ein. Ferner beabsichtigte er, sich die Beute rechtswidrig zuzueignen. H hat rechtswidrig und schuldhaft einen Raub begangen.

---

831 Vgl. BGHSt 1, 145; 21, 299.

832 Vgl. RGSt 56, 23, 24.

833 Vgl. BGHSt 9, 135, 136; Sch/Sch/Bosch § 251 Rn. 9.

II. Die Strafschärfung des **§ 250 Abs. 2** ist mehrfach erfüllt.

1. H hat das gefährliche Werkzeug bei der Tat verwendet, **Nr. 1**.
2. Die Tötung stellt zugleich eine schwere körperliche Misshandlung dar, **Nr. 3 a**.
3. Im Tod des F hat sich dessen konkrete Lebensgefahr realisiert, **Nr. 3 b**.

III. Notwendigerweise mitverwirklicht sind die Qualifikationen des **§ 250 Abs. 1 Nr. 1 a Alt. 2** (gefährliches Werkzeug) sowie **Nr. 1 c** (konkrete Leibesgefahr).

IV. Die Tat könnte auch als **Raub mit Todesfolge** gemäß **§ 251 erfolgsqualifiziert** sein.

1. Nach dem Gesetzeswortlaut muss der **Täter** den Tod verursacht haben. Dies darf nicht so verstanden werden, dass nur der Raubtäter die eigentliche Todesursache gesetzt haben darf. Vielmehr wird die Erfolgsqualifikation für **jeden Tatbeteiligten** – kombiniert mit seiner Strafbarkeit als Mittäter oder Teilnehmer – ausgelöst, wenn ein anderer Tatbeteiligter die zum Tode führende Handlung begangen hat, diese Handlung von dem infrage stehenden Raubbeteiligten gekannt und gebilligt wurde und ihm hinsichtlich des Erfolges ebenfalls Leichtfertigkeit zur Last fällt.[834] Hier hat H durch die Vergiftung die Todesursache selbst gesetzt. **552**

2. **Anderer** muss hier genauso wenig wie bei § 250 das Raubopfer selbst sein. Nur die Tötung von Tatbeteiligten ist vom Schutzzweck der Strafschärfung nicht erfasst.[835] Im vorliegenden Fall ist das Raubopfer selbst zu Tode gekommen. **553**

3. Der Tod des anderen muss **durch den Raub** verursacht worden sein. Dafür ist zunächst Kausalität erforderlich. Außerdem muss wie bei jeder Erfolgsqualifikation ein **qualifikationsspezifischer Gefahrzusammenhang** zwischen Grunddelikt und schwerer Folge vorliegen. Mit anderen Worten muss sich in der Todesfolge ein für den Raub typisches Risiko niedergeschlagen haben. **554**

   Dies ist regelmäßig der Fall, wenn das Opfer **an den Folgen der eingesetzten Raubmittel** stirbt. Diese müssen den Tod **nicht unmittelbar** und für sich allein herbeigeführt haben. Der erforderliche Zusammenhang besteht auch, wenn sie erst im Zusammenwirken mit (nicht inadäquaten) **Vorschädigungen** des Opfers tödlich verlaufen sind. Auch **fehlgeschlagene ärztliche Behandlungsmaßnahmen**, die der Lebensrettung des Raubopfers dienten und medizinisch indiziert sowie lege artis ausgeführt wurden, beseitigen den qualifikationsspezifischen Gefahrzusammenhang nicht. Sogar wenn das Opfer infolge der vorgenannten Umstände auf lebenserhaltende Intensivmedizin angewiesen war, hierauf aber in einer **Patientenverfügung** verzichtet hat, ist der Tod durch Behandlungsabbruch immer spezifische Folge des Raubes.

   Nur wenn der Tod außerhalb der vorgenannten Fälle durch **Eingreifen eines Dritten** oder durch ein **eigenverantwortliches Handeln des Opfers** selbst herbeigeführt wurde, ist eine Bestrafung aus § 251 zu verneinen.[836]

834 Vgl. BGH NJW 1987, 77.
835 Vgl. LK-Vogel § 251 Rn. 4.
836 Zum Vorgenannten insgesamt BGH RÜ 2021, 24 ff.

Da der Tod des F hier sogar unmittelbar auf der Gewalteinwirkung durch das Gift beruht, ist der qualifikationsspezifische Gefahrzusammenhang gegeben.

555 4. § 251 verlangt darüber hinaus objektiv und subjektiv **wenigstens Leichtfertigkeit**. Das ist gesteigerte – nicht notwendig bewusste – Fahrlässigkeit: Leichtfertig hinsichtlich der Todesfolge handelt der Räuber, wenn sich ihm nach seinen individuellen Fähigkeiten und in der konkreten Situation die Möglichkeit eines tödlichen Verlaufs geradezu aufdrängte und er dieser Gefahr aus besonderem Leichtsinn oder aus besonderer Gleichgültigkeit nicht entgegenwirkte.[837] H hat nicht fahrlässig gehandelt, sondern den Tod des F mit Vorsatz herbeigeführt. Der Gesetzgeber hat aber durch das Wort **„wenigstens"** klargestellt, dass erst recht derjenige aus der Erfolgsqualifikation strafbar sein soll, der **bezüglich des Erfolges Vorsatz** hatte.[838]

H hat rechtswidrig und schuldhaft auch einen Raub mit Todesfolge verwirklicht.

V. Durch die Giftbeibringung hat H ferner einen **Mord** gemäß **§ 211** begangen, weil er den F in Ausnutzung seiner Arg- und Wehrlosigkeit, also **heimtückisch**, tötete, dabei durch rücksichtsloses Gewinnstreben, also von **Habgier** motiviert war, und weil die Tötung der **Ermöglichung einer anderen Straftat**, nämlich des Raubes, diente.

VI. Mitverwirklicht sind **Diebstahl mit Waffen, §§ 242, 244 Abs. 1 Nr. 1 a**, und **gefährliche Körperverletzung** gemäß **§§ 223, 224 Abs. 1 Nr. 1 u. 5**.

556 VII. **Konkurrenzen:** Der Diebstahl mit Waffen tritt hinter dem weitergehenden schweren Raub zurück. § 250 Abs. 1 wird von der weitergehenden Qualifikation des Abs. 2 verdrängt. § 250 Abs. 2 tritt als Gefährdungsqualifikation hinter der weitergehenden Erfolgsqualifikation des § 251 zurück.[839] Als Durchgangsdelikt steht die gefährliche Körperverletzung zum Mord in Gesetzeskonkurrenz.[840] Zwischen Raub mit Todesfolge und Mord besteht Tateinheit. Die Idealkonkurrenz hat klarstellende Bedeutung; der Tod wird deshalb nicht zweimal in der Strafzumessung verwertet.[841]

Ergebnis: H ist strafbar wegen Mordes und Raubes mit Todesfolge, §§ 211, 249, 251; 52.

---

b) Sukzessive Verursachung der Erfolgsqualifikation

557 Ebenso wie schon im Zusammenhang mit § 250 (s.o. Rn. 549) begrenzt das Schrifttum § 251 auf die Fälle, in denen zwischen Versuchsbeginn und tatbestandlicher Vollendung der Tod als spezifische Folge des Einsatzes der Nötigungsmittel zum Zweck der Wegnahme verursacht worden ist.[842]

837 Vgl. BGHSt 33, 67; OLG Nürnberg NStZ 1986, 556.
838 BGHSt 39, 100; BGH NStZ-RR 2003, 44.
839 Rengier § 8 Rn. 37.
840 BGH BeckRS 2004, 04272.
841 BGHSt 39, 100, 109.
842 Vgl. LK-Vogel § 251 Rn. 7; Wessels/Hillenkamp/Schuhr Rn. 388.

Die Rspr. lässt **alle Handlungen vom Versuchsbeginn bis zur tatsächlichen Beendigung der Tat ausreichen, sofern sie noch eng mit dem Raubgeschehen zusammenhängen.**

Anders als bei § 250 muss die tödliche Handlung nicht mehr der Erlangung der Beute dienen.[843]

Der für § 251 spezifische Zusammenhang soll sich nur dann **nicht mehr realisieren**, wenn der Raub bei der zum Tode führenden Gewaltanwendung bereits **beendet** war. Dem steht es gleich, wenn die Tat lediglich **versucht** und zum Zeitpunkt der tödlichen Gewalteinwirkung die Erlangung einer Tatbeute aus Sicht des Täters bereits **endgültig gescheitert** war.[844]

843 BGH RÜ 2016, 785; RÜ 2021, 28; Sch/Sch/Bosch § 251 Rn. 4.

844 BGH RÜ 2019, 645.

Raubqualifikationen, §§ 250, 251

Nach Rspr. zwar sukzessive Qualifikation bis zur Tatbeendigung möglich
(§ 250 aber nur, wenn noch Zueignungsabsicht bestand)

Schwerer Raub, § 250 Abs. 1 (Freiheitsstrafe nicht unter 3 Jahren)	**Nr. 1 a** ■ **1. Alt.: Waffe** im technischen Sinn ■ **2. Alt.: gefährliches Werkzeug** ■ **Beisichführen** ■ **Vorsatz** (bei Waffen Einsatzwille nicht erforderlich) (wie § 244 Abs. 1 Nr. 1 a)	**Nr. 1 b** ■ Sonstiges (im konkreten Einsatz objektiv ungefährliches) Mittel ■ Beisichführen ■ Vorsatz + Gebrauchswille als objektiv ungefährliches Gewalt- oder Drohungsmittel (wie in § 244 Abs. 1 Nr. 1 b)	**Nr. 1 c** ■ Herbeiführung konkreter Gefahr schwerer Gesundheitsschädigung, d.h. ernste langwierige Krankheit/ernsthafte Störung d. Körperfunktionen/erhebl. Beeinträchtigung der Arbeitskraft ■ Gefährdungsvorsatz	**Nr. 2** ■ Bandenmäßige Begehung ■ Vorsatz (wie in § 244 Abs. 1 Nr. 2)
Besonders schwerer Raub, § 250 Abs. 2 (Freiheitsstrafe nicht unter fünf Jahren)	**Nr. 1** ■ **1. Alt.: Waffe** im techn. Sinn ■ **2. Alt.: Gefährliches Werkzeug:** Entweder generell oder im konkreten Einsatz nach seiner obj. Beschaffenheit zu erhebl. Verletzungen geeigneter Gegenstand ■ **Verwendung** des Gegenstands als Gewalt- oder Drohungsmittel (bei Drohung muss das Opfer den Gegenstand mit Sinnesorganen wahrgenommen haben) ■ Vorsatz	**Nr. 3 a** ■ Schwere körperliche Misshandlung, d.h. erhebliche Gesundheitsbeeinträchtigung/besondere Schmerzzufügung ■ Vorsatz	**Nr. 3 b** ■ Herbeiführung konkreter Gefahr des Todes ■ Lebensgefährdungsvorsatz	**Nr. 2** ■ Bandenmäßige Begehung ■ Beisichführen einer Waffe (nicht auch eines Werkzeugs) ■ Vorsatz
Raub mit Todesfolge § 251, (Freiheitsstrafe nicht unter zehn Jahren)	**Wenigstens leichtfertige (also auch vorsätzliche) Todesverursachung als qualifikationsspezifische Folge des Raubes** (nach Rspr. auch bis zur Beendigung des Raubes, selbst wenn keine Zueignungsabsicht mehr bestand)			

B. Räuberischer Diebstahl, § 252

§ 252 bestraft denjenigen wie einen Räuber, der bei einem Diebstahl auf frischer Tat be- 558
troffen wurde und sofort danach Raubmittel einsetzt, um sich im Besitz der Beute zu erhalten. Der Unterschied zum Raub besteht darin, dass die Zwangsmittel nicht schon der Gewahrsamserlangung, sondern **der Gewahrsamssicherung** dienen.

Anwendungsbereich des räuberischen Diebstahls, § 252

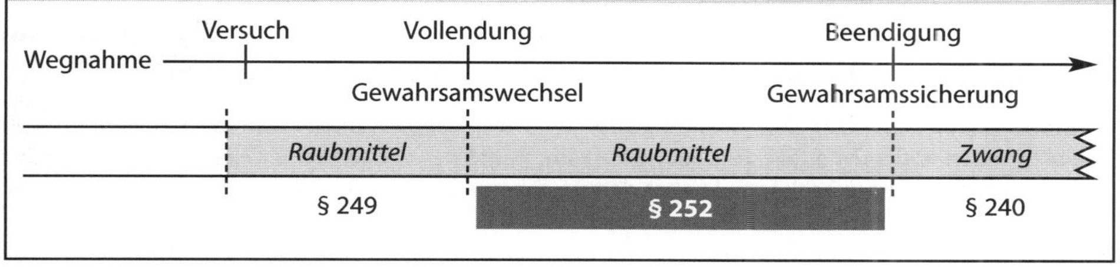

Aufbauschema: Räuberischer Diebstahl, § 252

1. Täter bei einem Diebstahl auf frischer Tat betroffen
2. Einsatz von Personengewalt oder Drohung mit gegenwärtiger Gefahr für Leib oder Leben nach Vollendung, aber vor Beendigung des Diebstahls
3. Vorsatz
4. Besitzerhaltungsabsicht an der Beute
5. Rechtswidrigkeit
6. Schuld

I. Die Deliktsmerkmale des räuberischen Diebstahls, § 252

1. Bei einem Diebstahl auf frischer Tat betroffen

a) Geeignete Vortat kann nur ein **Diebstahl** nach § 242 sein, auch mit den Straferschwe- 559
rungen der §§ 243–244 a, selbst unter den Antragsvoraussetzungen der §§ 247, 248 a.[845] Auch der einen Diebstahl enthaltende Raub kann Vortat sein.[846]

Geeignete Vortaten für § 252 sind also nicht Unterschlagung oder Betrug!

Aufbau: *Immer wenn der Täter nachträglich Gewalt übt, um sich den Beutebesitz zu sichern, muss vorher geklärt sein, ob die Sacherlangung auf einer Wegnahme beruht und ob sie auch von Vorsatz und der Absicht rechtswidriger Zueignung getragen war (s. schon oben Fall 2, Rn. 77). Ist dies zu verneinen (z.B. weil der Täter die Sache durch Sachbetrug erlangt hat oder weil er sie nur als Druckmittel entwenden wollte), kann die Besitzverteidigung nicht mehr aus § 252 strafbar sein. Auch (räuberische) Erpressung gemäß §§ 253 Abs.1, 255 scheidet*

845 Vgl. BGH bei Dallinger MDR 1975, 543; LK-Vogel § 252 Rn. 11.
846 BGHSt 21, 377, 379.

dann aus, entweder weil man in der Besitzerhaltung keinen selbstständigen Vermögensschaden mehr sieht oder weil man die Erpressung als mitbestrafte Nachtat, ähnlich wie einen Sicherungsbetrug (vgl. oben Rn. 446), zurücktreten lässt. Übrig bleibt dann nur eine zum Vorgeschehen tatmehrheitliche Nötigung gemäß § 240.

560 **b)** Die Vortat ist nur „frisch", wenn und solange zwischen dem Betreffen und der **Wegnahmehandlung ein ununterbrochener räumlicher und (!) zeitlicher Zusammenhang besteht**. Dies kann während der Tatausführung des Gewahrsamswechsels sein.[847] Es genügt aber auch ein Betreffen in unmittelbarer Tatortnähe alsbald nach Vollendung der Wegnahme. Spätestens mit ihrer **tatsächlichen Beendigung, d.h. mit Erlangung gesicherten Gewahrsams**, hört die Tat aber auf, frisch zu sein.[848]

Beispiel: A hat im Nachtzug einen Mantel gestohlen und im Gepäckabteil versteckt. Der Zugbegleiter Z, dem A wegen anderer Vorfälle verdächtig vorkam, fragte den A nach seiner Fahrkarte. Weil A keine Fahrkarte hatte, entfernte er sich und nahm den gestohlenen Mantel aus dem Gepäckabteil wieder an sich. Als Z auf Angabe der Personalien bestand, drückte A ihn an die Wand, zog die Notbremse und verschwand. – Der BGH verneint räuberischen Diebstahl. A wurde nicht auf frischer Tat betroffen, als er mit dem Mantel unter dem Arm mit Z zusammentraf. Der Besitz an der Diebesbeute war nicht unmittelbares Ergebnis der Wegnahme. Das zwischenzeitliche Ablegen und Wiederansichnehmen der Beute hat den unmittelbaren Tatzusammenhang vielmehr unterbrochen. Damit lag in diesem Zeitpunkt keine „frische Tat" mehr vor.[849]

561 **c)** Das Tatbestandsmerkmal **„betroffen"** abstrahiert die h.M. zum **räumlich-zeitlichen Zusammentreffen des Täters mit irgendeiner anderen tatunbeteiligten Person**. Wie weit diese Definition reicht, zeigt nachfolgende Kasuistik, geordnet nach der Intensität des Täter-Opfer-Kontakts:

- Der „Betreffende" – der außer einem Tatbeteiligten der Gewahrsamsinhaber, aber auch ein beliebiger Dritter sein kann – war während des Diebstahls mit dem Täter zusammen oder ist erst später (bei unbeendeter und noch frischer Tat) mit dem Täter zusammengetroffen, hat aber in beiden Fällen **die Situation erkannt**. – Hier ist unstreitig ein „Betreffen" gegeben.

- Täter und Opfer waren während der Tatausführung zusammen bzw. das Opfer ist erst später hinzugekommen, doch ahnt das Opfer nichts Böses; **nur der Täter glaubt, er sei als Tatverdächtiger erkannt worden**. – Ein Teil des Schrifttums lehnt hier ein Betreffen ab.[850] Nach Rspr. und h.M. genügt es demgegenüber, wenn der Täter nur räumlich-zeitlich mit einer anderen Person zusammentrifft. Ist das der Fall, kommt es auf eine tatsächliche Entdeckung nicht mehr an. Aus der von § 252 geforderten Besitzerhaltungs-„Absicht" ergibt sich, dass der Täter nur glauben muss, er sei entdeckt worden und ihm könne die Beute wieder entzogen werden.[851]

- **Häufiger Klausurfall:** Der Tatunbeteiligte **kommt hinzu, hat den Dieb noch nicht einmal sinnlich wahrgenommen**, wird aber mit Gewalt ausgeschaltet, um dem Bemerken zuvorzukommen. – Eine starke Auffassung in der Lit. verneint hier § 252: Es sei

---

847 RGSt 73, 343.
848 BGHSt 9, 255, 257; 26, 95; 28, 224, 229.
849 BGH RÜ 2013, 170.
850 Vgl. Lackner/Kühl § 252 Rn. 4.
851 BGH StV 1987, 196; LK-Vogel § 252 Rn. 23.

verbotene Analogie, denjenigen, der ein Betreffen gerade durch schnelles Zuschlagen verhindere, einem Täter gleichzustellen, der tatsächlich betroffen worden sei.[852] Die Rspr. und überwiegende Lit. bejahen dennoch auch hier § 252, weil allein auf das räumlich-zeitliche Zusammentreffen zwischen Täter und Opfer abgestellt wird.[853]

- Täter und Opfer **sind während der Tatausführung räumlich zusammen** und der Täter schaltet das Opfer aus, **bevor es den Diebstahl wahrgenommen** hat. – Hier ist nach allgemeiner Ansicht kein Betreffen gegeben, weil das bei der Tatausführung anwesende und nichts ahnende Opfer nicht „hinzugekommen" ist, sodass von einem räumlich-zeitlichen Zusammentreffen nicht mehr die Rede sein kann.[854] Die Möglichkeit eines räuberischen Diebstahls beginnt in solchen Fällen erst, wenn das Opfer den Diebstahl **wahrgenommen** hat.[855]

2. Einsatz von Raubmitteln

a) Die Tathandlungen „Gewalt oder Drohung mit gegenwärtiger Gefahr für Leib oder Leben" entsprechen vollinhaltlich § 249 (s.o. Rn. 493 ff.). 562

b) Die Präposition **„bei"** verknüpft nicht nur den Diebstahl, dessen Tatfrische und das Betreffen (s.o. Rn. 561). Vielmehr bestimmt sie auch den **zeitlichen Zusammenhang zwischen dem Diebstahl und dem Einsatz der Raubmittel**: Der Täter muss sich immer noch „bei" dem Diebstahl, d.h. hier „während" des Diebstahls befinden, wenn er Gewalt oder Drohung verübt. Ist dies zu verneinen, ist § 252 nicht erfüllt, selbst wenn der Täter vorher auf frischer Tat des Diebstahls betroffen wurde.

aa) Dieser zeitliche Zusammenhang muss zunächst mit Blick auf die **Abgrenzung zum Raub** präzisiert werden: **Zwang nach Vollendung der Wegnahme kann nicht mehr als deren Mittel angesehen werden,** weil die Wegnahme schon vorher vollzogen ist und lediglich die Sicherung des bereits gewonnenen Gewahrsams noch aussteht.[856] Es fehlt der für den Raub erforderliche raubspezifische Zusammenhang (s. dazu oben Rn. 518 f.). Damit beginnt der Anwendungsbereich des § 252, wenn der Täter den Zwang übt, **nachdem die Wegnahme vollendet** wurde. 563

bb) „Bei" einem Diebstahl befindet sich der Täter jedenfalls dann nicht mehr, wenn der Diebstahl tatsächlich beendet ist. Die Erlangung gefestigten und gesicherten Beutegewahrsams markiert also andererseits die zeitliche Grenze, bis zu der räuberischer Diebstahl noch begangen werden kann.[857] **Nach Beendigung des Diebstahls geübter Zwang ist allenfalls als Nötigung strafbar.** 564

Beispiel: X wird von dem Detektiv D beobachtet, als er heimlich Lebensmittel aus dem Regal nimmt und sofort verzehrt. An der Kasse will D den X aufhalten, wird aber mit Gewalt weggestoßen. – Entgegen LG Freiburg[858] kein räuberischer Diebstahl. X war zwar von D auf frischer Tat beobachtet worden

852 LK-Vogel § 252 Rn. 28; Seelmann JuS 1986, 201, 206.
853 BGHSt 26, 95; Sch/Sch/Bosch § 252 Rn. 4.
854 Vgl. BGHSt 28, 224, 227 f.; für ein Betreffen auch in diesem Fall Rengier § 10 Rn. 10.
855 Vgl. den Fall in BGH GA 1987, 307.
856 BGHSt 28, 224, 226; Sch/Sch/Bosch § 252 Rn. 3.
857 BGH NStZ 1987, 453; Sch/Sch/Bosch § 252 Rn. 3.
858 ZIS 2006, 40 auch mit abwegiger Argumentation zur Beutesicherungsabsicht.

und damit „betroffen". Weil X aber mit dem Aufessen eine faktisch nicht mehr rückgängig zu machende Herrschaftsposition an den Lebensmitteln erlangt hatte, also die Diebstahlstat beendet war, als er Gewalt anwendete, befand er sich beim Wegstoßen des D nicht mehr „bei" dem Diebstahl.[859]

565 **c) Der Diebstahl** muss beim Einsatz der Raubmittel **nicht mehr „frisch"** sein. Die Tatfrische bezieht sich nur auf das Betreffen. Es genügt deshalb, dass der auf frischer Tat Betroffene die Raubmittel erst während der Nacheile einsetzt.[860] Die Gegenansicht argumentiert, die Gleichwertigkeit von Raub und räuberischem Diebstahl sei nur gegeben, wenn der Täter nötigt, solange der Diebstahl noch frisch ist.[861]

Beispiel : Der Täter wird von der Polizei schon beim Diebstahl beobachtet und anschließend verfolgt, Etwa 35 km vom Tatort entfernt und 30 Minuten nach Vollendung des Diebstahls hält die Polizei ihn an. Mit seinem Fluchtwagen fährt der Täter einen der Beamten an. Zum Zeitpunkt der Gewaltanwendung hatte der Täter noch keinen gesicherten Gewahrsam erlangt, weshalb der Diebstahl noch nicht beendet war. Angesichts der räumlichen und zeitlichen Entfernung war dieser jedoch nicht mehr frisch. Trotzdem hat der BGH einen räuberischen Diebstahl angenommen. [862]

566 **d)** Die Raubmittel müssen zwar eine Folge des Betroffenseins darstellen. Sie müssen sich aber nicht gegen denjenigen richten, der den Täter auf frischer Tat **betroffen** hat. Sie brauchen sich nicht einmal gegen eine Person zu richten, die dem Täter die Beute wirklich zugunsten des Bestohlenen wieder abnehmen will. Es genügt, dass der auf frischer Tat betroffene Täter davon **ausgeht**, es handele sich um eine Person, die ihm die Beute zugunsten des Bestohlenen wieder entziehen könnte.[863]

Beispiel: Vollendeter räuberischer Diebstahl, wenn die Mittäter A und B bei der Tatausführung von einem Nachtwächter entdeckt werden, mit ihrer Beute fliehen und wenn A in der irrigen Ansicht, B sei der verfolgende Nachtwächter, auf seinen Komplizen schießt.[864]

3. Vorsatz

567 Bezüglich aller Tatumstände, also sowohl derjenigen des Diebstahls als auch derjenigen des Betroffenseins und des Einsatzes von Raubmitteln, muss der Täter Vorsatz besessen haben. Da dieser Vorsatz gemäß § 16 Abs. 1 S. 1 erst bei Begehung der Tat, also bei Vornahme der Gewalt oder der qualifizierten Drohung, vorzuliegen braucht, muss der Täter erst zu diesem Zeitpunkt bemerkt haben, dass er bei dem Diebstahl betroffen worden war. Geht man mit der Rspr. des BGH davon aus, dass der Täter die Raubmittel auch bei einer nicht mehr frischen Tat anwenden kann, kann der Vorsatz daher zu bejahen sein, obwohl er das Betroffensein nicht bemerkt hat, solange die Tat noch frisch war.[865]

4. Absicht, sich im Besitz des gestohlenen Gutes zu erhalten

568 Dieses subjektive Merkmal umschreibt das Täterziel. Ob das Ziel später erreicht wurde, ist unerheblich.

859 Zutreffend Marlie ZIS 2006, 42, 44.
860 BGH RÜ 2015, 791.
861 Becker NStZ 2015, 701.
862 BGH RÜ 2015, 791.
863 Vgl. BGHSt 9, 162, 163.
864 Fischer § 252 Rn. 8.
865 BGH RÜ 2015, 719.

a) Nur eigener Beutebesitz

aa) Das Merkmal „sich" stellt klar, dass nur derjenige Beuteerhaltungsabsicht haben kann, der 569

- **in seiner Person die tatsächliche Sachherrschaft über die Beute ausübt und die Beute verteidigt, um sie sich oder einem Dritten zuzueignen** oder
- dem als **Täter des Diebstahls** der **Beutebesitz eines anderen Diebstahlsbeteiligten zugerechnet** werden kann.[866]

bb) Täter des § 252 kann dagegen **nicht** sein, wer **selbst schon nicht im Besitz der Beute ist, auch wenn er den Zwang verübt**, um von dem Täter der Vortat die Beute zu erhalten. § 252 erfasst keine „Drittbesitzerhaltungsabsicht". Infrage kommt in solchen Fällen allenfalls § 252 in mittelbarer Täterschaft für den mit Zueignungsabsicht handelnden Diebstahlstäter – aber nur, wenn er die Zwangsausübung durch den anderen als **tatbestandslos-doloses Werkzeug** veranlasst hat. An dieser Tat ist dann der Zwang Übende **Gehilfe.**[867] 570

Klausurhinweis: *Diese Konstellation ist schon häufiger Gegenstand von Examensfällen geworden. Es lohnt sich, sie unter Zurhilfenahme des AS-Skripts StrafR AT 2 (2021), Fall 6 einmal gedanklich durchzuspielen.*

b) Gewahrsamserhaltung zum Zweck der Zueignung der Beute

aa) Mindesterfordernis ist, dass es dem Täter darum gehen muss, **eine Gewahrsamsentziehung zu verhindern, die – tatsächlich oder nur aus seiner Sicht – unmittelbar bevorsteht.** 571

bb) Die Absicht der Beutesicherung wird darüber hinaus als **modifizierte Zueignungsabsicht** verstanden: Raub und räuberischer Diebstahl unterscheiden sich nur im Zeitpunkt des Einsatzes der Zwangsmittel, nicht aber in der grundsätzlichen Zielrichtung. Auch der räuberische Dieb muss deshalb die Absicht verfolgen, die Sache in seine eigene oder die Verfügungsmacht eines Dritten zu bringen, um sie – wenn auch nur begrenzt – wirtschaftlich zu nutzen (gegenüber der in §§ 242/249 vorausgesetzten Absicht ist die des § 252 nur insofern modifiziert, als hier der Täter die Sache bereits in seiner Verfügungsgewalt hat). Diesbezüglich muss Absicht, also **zielgerichteter Wille** vorliegen. Die Beutesicherung braucht aber nicht der einzige oder dominierende Handlungsantrieb zu sein. Es genügt, wenn sie einer unter mehreren Beweggründen ist. Nur wenn das Motiv des Täters, sich der Strafverfolgung zu entziehen, die Beutesicherungsabsicht ganz verdrängt, ist § 252 ausgeschlossen.[868] Konsequenzen: 572

Der mit Eigen- oder Drittzueignungsabsicht handelnde **(Mit-)Täter des Diebstahls**, der die Beute im eigenen oder ihm zurechenbaren Besitz hat, kann zum Täter des räuberischen Diebstahls werden, wenn er die Raubmittel zum Zweck der Eigen- oder Drittzueignung der Beute einsetzt.

---

866 Abl. Dehne/Niemann NStZ 2015, 251 für Mittäter.

867 Vgl. Wessels/Hillenkamp/Schuhr Rn. 408.

868 Vgl. BGH RÜ 2015, 24, 27.

Der Täter, der die Sache nur deshalb unter Einsatz von Personengewalt und qualifizierter Drohung in seinem Gewahrsam behalten will, um sie später als **Beweismittel** beseitigen zu können, oder den die Beute gar nicht mehr interessiert, weil er **nur noch fliehen** will, handelt **ohne Beutesicherungsabsicht**![869]

573 **cc)** Fraglich ist, ob der **die Beute besitzende Diebesgehilfe**, der sie **gewaltsam nur für den Haupttäter** verteidigt, selbst Beutesicherungsabsicht i.S.v. § 252 besitzt und damit sukzessive zum Täter des § 252 werden kann. Die Rspr. hat dies früher bejaht, indem sie die Beutesicherungsabsicht als Erhaltung des physischen Besitzes interpretierte.[870] Zur Bejahung der Täterschaft kommt auch ein Teil des Schrifttums mit Hinweis darauf, dass die für Beutesicherungsabsicht notwendige Zueignungsabsicht auch die Fälle der Drittzueignung erfasse.[871] Die h.M., der sich auch der BGH angeschlossen hat, verneint die Möglichkeit einer nachträglichen Täterschaft aus § 252 für den Diebesgehilfen.

Kritik: Für die h.M. spricht, dass räuberischer Diebstahl ebenso wie Raub ein zweiaktiges Delikt ist, das nur dann täterschaftlich erfüllt werden kann, wenn auch hinsichtlich beider Teilakte Täterschaft vorliegt. Danach kann ein Diebesgehilfe durch nachträglichen Zwang generell nicht zum Täter des § 252 werden.[872]

5. Verhältnis zu anderen Strafvorschriften

574 **a)** Das Verhältnis zu Diebstahl, Nötigung, Freiheitsberaubung und Körperverletzung ist dasselbe wie beim Raub (s.o. Rn. 529).

575 **b)** Fraglich ist das Verhältnis von § 252 zu § 249, wenn der **Raub Vortat des räuberischen Diebstahls** war. Sind weder der Raub noch der räuberische Diebstahl nach §§ 250, 251 qualifiziert oder sind beide gleich qualifiziert, tritt § 252 als mitbestrafte Nachtat zurück.[873] Ist nur eines von beiden Verbrechen qualifiziert, **geht dasjenige vor, das im Verhältnis zu dem anderen die weitergehenden Strafschärfungen verwirklicht.**[874] Das in beiden Delikten enthaltene Diebstahlselement wird dann jeweils von dem konkurrenzdominanten Delikt aufgezehrt. Die zweite Nötigung soll zur Klarstellung aber in Tateinheit dazu stehen bleiben.[875]

II. §§ 250, 251 auch als Qualifikationen des § 252

576 Nach § 252 a.E. ist der räuberische Dieb „gleich einem Räuber zu bestrafen". Hierin liegt nach allgemeiner Ansicht nicht nur ein Verweis auf den Strafrahmen des § 249, sondern auch auf die Qualifikationen des § 250 und § 251.

Hinweis: *Das wird in Klausuren regelmäßig übersehen!*

869 BGH JZ 1987, 52; Sch/Sch/Bosch § 252 Rn. 7; Rengier § 10 Rn. 17.

870 BGHSt 6, 248, 250.

871 SK-Sinn § 252 Rn. 22.

872 Rengier § 10 Rn. 25; Wessels/Hillenkamp/Schuhr Rn. 407; BGH RÜ 2015, 24, 26.

873 Vgl. Rengier § 10 Rn. 27.

874 BGH RÜ 2016, 31.

875 Vgl. Hellmann JuS 2003, 17, 20 m.w.N.

Sukzessive Qualifikationen gemäß **§ 250** sind wie beim Raub nur möglich, wenn der Täter dabei noch die dem Grunddelikt eigentümliche Absicht verfolgt hat; wenn er also bei einem vorher vollendeten räuberischen Diebstahl auch noch im Zeitpunkt der möglichen Qualifikation **Beutesicherungsabsicht** besaß. 577

So wie in den Fällen des § 250 Abs. 1 Nr. 1 a die Waffe in einem Handlungsabschnitt mitgeführt werden muss, der wenigstens zu einer Intensivierung der tatbestandstypischen Rechtsgutverletzung bzw. zur Sicherung des Erlangten dient (s.o. Rn. 549), ist es im Fall des § 250 Abs. 2 Nr. 1 erforderlich, dass diese gerade **als Mittel zur Sicherung des Besitzes an dem gestohlenen Gut eingesetzt wird**.

Hat der Täter zunächst Gewalt zur Beutesicherung verübt, dann aber seine **Beutesicherungsabsicht aufgegeben** und ergreift er in diesem Moment spontan einen gefährlichen Gegenstand, nur um damit seine Flucht zu ermöglichen, ist der vorher verwirklichte räuberische Diebstahl **nicht mehr (sukzessive) nach § 250 qualifiziert**.[876]

Räuberischer Diebstahl, § 252

- Vortat kann nur **Diebstahl** sein (oder Raub wegen des darin enthaltenen § 242; in diesem Fall entscheidet das Schwergewicht der Qualifikationen darüber, ob § 252 von § 249 konsumiert wird oder umgekehrt).
- **Auf frischer Tat betroffen** ist, wer bei Begehung der Vortat oder alsbald danach am Tatort oder in unmittelbarer Nähe mit irgendeiner tatunbeteiligten Person zusammentrifft. Diese Person braucht den Täter noch nicht wahrgenommen zu haben.
- **Raubmittel** gegen eine aus Tätersicht schutzbereite Person bei Begehung des Diebstahls, d.h. nach Vollendung, aber vor Beendigung der Wegnahme; die Vortat muss in diesem Zeitpunkt nicht mehr frisch sein.
- **Besitzerhaltungsabsicht** verlangt, dass der Inhaber des Beutegewahrsams oder der Vortäter, dem die Sachherrschaft durch einen Vortatbeteiligten zugerechnet wird, zielgerichteten Willen besitzen muss, die Gewahrsamsentziehung und damit Vereitelung der gewollten Eigen- oder Drittzueignung zu verhindern.

2. Abschnitt: Bereicherungsdelikte mit Zwang

A. Erpressung, § 253

Grunddelikt aller Erpressungstaten ist **§ 253**. Der Gesetzgeber hat den Wortlaut des § 240 Abs. 1, 2 übernommen und um eine objektive Schadens- und subjektive Bereicherungskomponente wie in § 263 ergänzt. Entstanden ist daraus ein eigenständiger Straftatbestand zum Schutz des **Vermögens** und der **Willensfreiheit** vor Schädigungen durch Zwang. 578

876 BGHSt 52, 376.

579 **Regelbeispiele** der besonders schweren Erpressung enthält § 253 Abs. 4.

580 **Qualifikation** mit Verbrechenscharakter ist die **räuberische Erpressung**, **§ 255** (ausführlich dazu unten Rn. 610 ff.). Für diese wiederum gelten durch den Verweis „gleich einem Räuber zu bestrafen" auch die Qualifikationen der **§§ 250, 251**.

Aufbau: *Hat sich ein Täter durch erheblichen Zwang einen Vermögensvorteil verschafft, sollte man nicht umständlich mit einfacher Erpressung beginnen, sondern sogleich auf Raub und räuberische Erpressung eingehen. Für § 253 bleibt Raum in den Fällen „einfachen" Zwanges.*

Aufbauschema: Erpressung, § 253
1. Gewalt/Drohung mit einem empfindlichen Übel
2. Dadurch Erzwingung einer Handlung, Duldung oder Unterlassung
3. Erpressungsspezifischer Zusammenhang
4. Dadurch Vermögensnachteil beim Genötigten oder Dritten
5. Vorsatz mit Finalzusammenhang
6. Absicht stoffgleicher (Eigen- oder Dritt-)Bereicherung
7. Rechtswidrigkeit der erstrebten Bereicherung und Vorsatz diesbezüglich
8. Verwerfliche Mittel-Zweck-Relation, § 253 Abs. 2
9. Schuld
10. Regelbeispiele für besonders schweren Fall nach § 253 Abs. 4: Gewerbsmäßigkeit oder Bandenerpressung

I. Die Deliktsmerkmale der einfachen Erpressung, § 253

1. Einsatz einfacher Nötigungsmittel

a) Gewalt

581 Es gilt der für die Nötigung entwickelte, eingeschränkt vergeistigte Gewaltbegriff.[877] **Gewalt ist jede nicht notwendig erhebliche Kraftentfaltung, durch die entweder physischer oder psychischer Zwang ausgeübt wird.** Psychisch vermittelter Zwang muss als körperlich empfunden werden. Körperlich wird Zwang empfunden, wenn das Opfer ihm gar nicht, nur mit erheblicher Kraftentfaltung oder in unzumutbarer Weise begegnen kann. Der psychische Zwang, der allein von der Anwesenheit einer Person ausgeht, genügt nicht.[878]

Da die Tat sofort zur räuberischen Erpressung gemäß § 255 wird, wenn es um Gewalt „gegen eine Person" geht, bleibt für die einfache Gewalt nur wenig Raum. Denkbar ist

877 Ausführlich dazu AS-Skript StrafR BT 2 (2021), Rn. 237.

878 BGHSt 23, 126 f.; BGH NJW 1995, 2643.

die Erpressung mittels **Einwirkung auf Sachen** etwa durch Beschädigung mit körperlichen Auswirkungen auf den Genötigten oder durch Entzug als Handlungsmittel.

b) Drohung mit einem empfindlichen Übel

„Drohung" ist das Inaussichtstellen eines Übels, auf dessen Eintritt der Drohende Einfluss zu haben vorgibt und das dann eintreten soll, wenn der Bedrohte sich nicht so verhält, wie es der Täter von ihm verlangt.[879] **„Empfindliches Übel" ist jeder Nachteil, der so erheblich ist, dass seine Ankündigung geeignet erscheint, auch einen besonnenen Menschen in der Lage des Opfers zu dem bezweckten Verhalten zu veranlassen.**[880] 582

Hinweis: *Beinhaltet die Drohung eine Gefahr für Leib oder Leben, ist wieder die räuberische Erpressung einschlägig.*

Als Drohung kommt auch die **Ankündigung eines Unterlassens** infrage. Dies ist unabhängig davon, ob der Täter verpflichtet oder frei ist oder ob es ihm sogar von Rechts wegen verboten ist, auf die für das Opfer nachteilige Situation Einfluss zu nehmen. 583

Beispiele

Nach Einschleusen eines „Verschlüsselungs-Trojaners" droht der Täter damit, die Festplatte eines PC nur gegen Zahlung einer bestimmten Geldsumme wieder zu entschlüsseln.

Der Täter erklärt, einen Strafantrag nur gegen Geldzahlung zurückzunehmen.

Der Drogendealer weigert sich, dem abhängigen Konsumenten Stoff zu verkaufen, wenn er nicht für ihn einen Diebstahl begeht.

Der Schwerpunkt der Prüfung liegt in all diesen Fällen bei der Verwerflichkeit nach § 253 Abs. 2.[881]

c) Wie beim Raub muss derjenige, den das Übel trifft, nicht identisch mit demjenigen sein, der genötigt werden soll. Auch bei der Erpressung ist also ein **Nötigungsdreieck** möglich (s. dazu oben Rn. 503). 584

2. Opferverhalten

Von der Auslegung der das Opferverhalten kennzeichnenden Merkmale „Tun, Dulden oder Unterlassen" hängt es ab, ob die Erpressung allein die Selbstschädigung oder auch die Fremdschädigung erfasst. Wie bereits im Zusammenhang mit der Auslegung der Wegnahme beim Raub dargestellt, hält die Rspr. gemäß dem Wortlaut sowohl die aktive Selbstschädigung als auch die Duldung der Fremdschädigung für tatbestandsmäßig. Das Schrifttum dagegen verengt den Gesetzeswortlaut aus systematischen Gründen auf eine Vermögensverfügung des Opfers (s.o. Rn. 513 f.). 585

Klausurhinweis: *Diesen Auslegungsstreit gibt es sowohl bei der einfachen als auch der räuberischen Erpressung. Er wird aber in Klausuren in der Regel im Zusammenhang mit der räuberischen Erpressung relevant.*

---

879 Vgl. BGHSt 16, 386; ergänzend BGH NStZ 2004, 385.

880 Vgl. BGHSt 31, 195, 201.

881 Ausführlich dazu AS-Skript StrafR BT 2 (2021), Rn. 234.

a) Unumstrittene Fallkonstellationen

586 Stehen sich Täter und Opfer **nicht unmittelbar gegenüber** oder **muss sich der Genötigte erst noch die vom Täter erstrebten Vermögensgegenstände beschaffen** – insbesondere bei **Lösegeld- oder Forderungserpressung** – ist nach allen Ansichten der Tatbestand erfüllt: Nach der Rspr. veranlasst der Täter den Genötigten typischerweise zu einer Handlung und nach der Lit. zu einer unerlässlichen Mitwirkung, die damit „Vermögensverfügung" ist.

Klausurhinweis: *In solchen Fällen genügt in einem strafrechtlichen Gutachten eine knappe Darstellung der verschiedenen Auslegungsvarianten und nach Subsumtion die Feststellung, dass alle Ansichten zu demselben Ergebnis führen.*

b) Umstrittene Fallkonstellationen

587 Hat sich der Täter in der unmittelbaren Konfrontation mit dem Opfer die Sache **geben** lassen, ist zunächst im Rahmen des Raubes zu klären, ob auch dies eine Wegnahme sein kann. Aus der Entscheidung dieses Streits ergibt sich dann zugleich die Entscheidung für die Notwendigkeit und inhaltliche Bestimmung des „Tuns, Duldens oder Unterlassens" bei der räuberischen Erpressung (s.o. Fall 32, Rn. 513 f.).

Lag nach allen Ansichten eine Raubwegnahme vor, war die Sache aber **herrenlos** oder hatte der Täter **nicht die Absicht**, sich oder einem Dritten die Sache **rechtswidrig zuzueignen**, so fragt sich, ob trotz Wegnahme noch eine räuberische Erpressung angenommen werden kann. Dies hängt davon ab, ob man bei §§ 253, 255 auch die Duldung der Fremdschädigung ausreichen lässt oder eine Vermögensverfügung verlangt (dazu ausführlich unten Fall 36, Rn. 611).

c) Erpressungsspezifischer Zusammenhang

588 Ebenso wir beim Raub muss für das Opferverhalten gerade der durch **von der Gewalt oder Drohung ausgelöste Druck ursächlich bzw. motivierend** gewesen sein. Daran fehlt es bei der Erpressung, wenn das Opfer z.B. nur auf den Rat der Polizei hin gezahlt hat.[882]

3. Vermögensnachteil beim Genötigten oder einem anderen

589 Unter dieses Tatbestandsmerkmal ist zu subsumieren, ob es zu einer **Vermögensminderung** gekommen ist, die auch nicht durch ein unmittelbar zufließendes vermögenswertes **Äquivalent ausgeglichen** worden ist. Es gelten dieselben Grundsätze wie beim Betrug (s.o. Rn. 389 ff.).

a) Vermögensminderung am Maßstab der Vermögensbegriffe

590 Das erzwungene Verhalten des Opfers muss sich negativ auf eine vorher vorhandene strafrechtlich geschützte Vermögensposition ausgewirkt haben. Dabei können die un-

882 BGH NJW 1997, 265, 266.

terschiedlichen Maßstäbe des **wirtschaftlichen** und des **ökonomisch-juristischen Vermögensbegriffs** eine Rolle spielen (s.o. Rn. 341 ff.).

Beispiel: Der Bedrohte zahlt Geld dafür, dass eine von ihm begangene Straftat nicht aufgedeckt wird. – Vollendete Erpressung. Das abgepresste Geld dient hier zwar der Verdeckung einer vorangegangenen Straftat. Die Verfolgung solcher verbotenen Zwecke macht jedoch nach h.M. aus einem Vermögenswert kein strafrechtlich ungeschütztes Vermögen.[883]

Gegenbeispiel: Der Weingroßhändler W wird durch Drohungen veranlasst, einen bestimmten Wein, der nicht zu seinem hochwertigen Programm passt, zu dem für den Wein üblichen Großhandelspreis ins Sortiment zu nehmen. W hat wegen der Ausgeglichenheit von Geld und Ware keinen Vermögensschaden erlitten. Auch ein persönlicher Schadenseinschlag scheidet aus, weil W den Wein zumutbar weiterverkaufen konnte. Es liegt keine Erpressung, sondern nur Nötigung gemäß § 240 vor. [884]

b) Vermögensminderung schon durch Vermögensgefährdung

In aller Regel bewirkt die erzwungene Mitwirkung des Opfers bereits den endgültigen Verlust eines Vermögenswerts, z.B. bei Abpressung eines Schweige- oder Lösegeldes. Wie beim Betrug kann aber auch schon eine konkrete Vermögensgefährdung eine Vermögensminderung sein. **591**

Häufiger Klausurfall: Der Täter erreicht durch Drohungen, dass ihm das Opfer seine Girokarte aushändigt und die **PIN** nennt. – Von diesem Zeitpunkt an hat der Täter den jederzeitigen Zugriff auf fremdes Vermögen (der später auszahlenden Bank); die Erpressung ist nach der Rspr. bereits damit vollendet[885] (zu weiteren Beispielen oben Rn. 365 f.).

Aber: Ist das **Konto** des Karteninhabers **nicht gedeckt** und ist deshalb eine Geldauszahlung ausgeschlossen, ist noch keine konkrete Vermögensminderung eingetreten. Der Täter, der von einer Auszahlung ausgeht, hat die (ggf. räuberische) Erpressung erst versucht.[886]

c) Genötigter und Vermögensträger müssen nicht identisch sein (Dreieckserpressung)

Ebenso wie beim Betrug können auch bei der Erpressung (und räuberischen Erpressung) der Genötigte und der Geschädigte personenverschieden sein. Eine **„Dreiecks-Erpressung"** liegt in solchen Fällen aber nach allgemeiner Ansicht in Lit. und Rspr. nur dann vor, wenn der Genötigte vor der Verfügung in einer **Sonderbeziehung** zum Geschädigten gestanden hat. Bei der Frage, wie diese beschaffen sein muss, taucht derselbe Streit auf wie beim Dreiecksbetrug (s.o. Rn. 372 ff.). **592**

Die Anhänger der **Befugnistheorie** können Dreieckserpressung nur bejahen, wenn der Genötigte schon vor der Tat ausdrücklich, schlüssig oder mutmaßlich zu der konkreten Verfügung ermächtigt worden ist.[887]

883 BGH RÜ 2010, 708 zu Erpressung mit der Weitergabe von Belegen über Schwarzgeldkonten an die Finanzbehörden.
884 Vgl. BGH RÜ 2016, 104.
885 BGH NStZ-RR 2004, 333.
886 BGH RÜ 2011, 97.
887 Otto JZ 1995, 1022.

Die **Nähetheorie** lässt es ausreichen, dass der Genötigte schon vorher in einer Herrschaftsposition über das Vermögen des später Geschädigten gestanden hat.[888]

Herrschend ist auch hier die **Lagertheorie**: Eine Dreieckserpressung liegt danach vor, wenn der Genötigte entweder aufgrund der ihm tatsächlich eingeräumten Verfügungsmöglichkeiten oder aufgrund seiner Mitgewahrsamsposition oder seiner Aufgabe als Schutzperson oder schließlich aufgrund seiner sozialen Beziehung zum Geschädigten auf der Seite des Vermögensinhabers steht und dessen Vermögensinteressen auch wahrnehmen wollte.[889]

In den meisten Fällen kommen die Ansichten zu denselben Ergebnissen:

Beispiel: Räuberische (Dreiecks-)Erpressung, wenn der Schutzgeldeintreiber den Sohn des Opfers aufsucht und ihn durch die Drohung, anderenfalls sofort den Vater umbringen zu lassen, zur Herausgabe von Bargeld des Vaters zwingt. Hier ergibt sich die Nähe aus der Verwandtschaftsbeziehung und dem erleichterten Zugriff des Sohnes auf die Sachen.

RÜ-Video 05/20

Gegenbeispiel: A begegnet dem kleinen Jungen J auf der Straße. Mit der Drohung, ihn sonst schwer zu misshandeln, bringt er J dazu, mit seinen schmalen Händen aus dem Briefkasten des X eine wertvolle Postsendung herauszuangeln und A auszuhändigen. – Mangels Näheverhältnis keine (räuberische) Erpressung gegenüber J und zum Nachteil des X, sondern Nötigung des J gemäß § 240 in Tateinheit mit Diebstahl in mittelbarer Täterschaft, §§ 242 Abs. 1, 25 Abs. 1 Alt. 2.[890]

d) Saldierungsfähige Vermögenspositionen

593 **aa)** „Erkauft" sich das Opfer zwangsweise etwas vom Täter, kann dies den Vermögensnachteil nur dann kompensieren, wenn die Gegenleistung objektiv-individuell für das Tatopfer ein vermögenswertes Äquivalent ist. Ungeachtet dessen kann oft aus **„normativen"** Erwägungen (die weitgehend im ökonomisch-juristischen Vermögensbegriff wurzeln) eine anrechenbare Gegenleistung abgelehnt werden. Hauptfälle:

- Die Gegenleistung hat für das Opfer gar **keinen eigenen wirtschaftlichen Wert**; der bestimmungswidrige Einsatz als Erpressungsmittel schafft keinen eigenen Vermögenswert.

  Beispiel: Auf DVD gespeicherte Daten über Schwarzgeldkonten[891]

- Das, worauf der Erpresser verzichtet, dürfte er nach der Rechtsordnung nicht tun, nutzen oder behalten. Wer aber etwas preisgibt, was **ihm gegenüber dem Geschädigten ohnehin nicht zusteht**, erbringt keine anrechenbare Gegenleistung.

  Beispiele:

  Der Erpresser verzichtet auf die Veröffentlichung intimer Informationen, die er wegen Verletzung des Persönlichkeitsrechts sowieso nicht publizieren dürfte.[892]

  Der Erpresser gibt eine Sache zurück, die er zuvor zum Zweck der Lösegelderpressung weggenommen hatte und zu deren Herausgabe er nach §§ 861, 985 BGB gegenüber dem Erpressten verpflichtet wäre.[893]

---

888 Vgl. NK-Kindhäuser § 253 Rn. 26.

889 Rengier § 11 Rn. 30; im Ergebnis ebenso BGHSt 41, 123, 126.

890 Vgl. BGH RÜ 2020, 310 m RÜ-Video unter t1p.de/159s.

891 BGH RÜ 2010, 708.

892 BGH NJW 1993, 1484, 1485.

893 BGHSt 26, 346.

bb) Sehr häufig nötigt der Täter seinen Schuldner zur Tilgung einer fälligen und einredefreien Forderung. Bei solchen **Selbsthilfe-Erpressungen** ist unklar, bei welchem Tatbestandsmerkmal die Erfüllungswirkung zu berücksichtigen ist. Nach dem juristisch-ökonomischen Vermögensbegriff kann derjenige, der rechtlich zu einer Leistung verpflichtet ist, durch die Erfüllung der Verbindlichkeit schon gar nicht geschädigt werden.[894] Vertreter des wirtschaftlichen Vermögensbegriffs sagen, dass der Besitz am geschuldeten Leistungsgegenstand wirtschaftlich stets höher zu bewerten sei als die Befreiung von einer auf Herausgabe dieses Leistungsgegenstandes gerichteten Verbindlichkeit und bejahen folglich trotz dieser Tilgungswirkung einen Vermögensnachteil i.S.v. § 253.[895] Nach dieser Ansicht entfällt dann die Rechtswidrigkeit der erstrebten Bereicherung (s.u. Rn. 598 ff.). **594**

Klausurhinweis: *Der Schwerpunkt liegt in solchen Fällen weniger in der Frage, bei welchem Erpressungsmerkmal die Tilgungswirkung zu berücksichtigen ist, als vielmehr,* ***ob die Forderung tatsächlich bestand.***[896] *Deshalb kann man die Frage des „wo" in einem Gutachten getrost offenlassen und etwa folgendermaßen formulieren: „Fraglich ist, ob dadurch ein Vermögensschaden bei … entstanden ist und ob sich … hierdurch rechtswidrig zu bereichern beabsichtigte, denn ihm ging es um die Bezahlung für … Am Vermögensschaden bzw. an der Absicht rechtswidriger Bereicherung fehlt es, wenn tatsächlich ein Anspruch des … gegen … bestand."*

4. Vorsatz

Notwendig ist **mindestens dolus eventualis** bezüglich aller objektiven Tatumstände. **595**

5. Finalzusammenhang

Der Täter muss **schon bei Anwendung des Zwangsmittels** den Willen haben, dadurch die vermögensmindernde Handlung des Opfers herbeizuführen. Insoweit gilt derselbe Finalzusammenhang wie beim Raub (s.o. Rn. 522). Fasst er den Vorsatz zur Vermögensschädigung erst danach und liegt auch keine schlüssige Drohung mit einem empfindlichen Übel vor, so scheidet auch Erpressung aus.[897] **596**

6. Absicht stoffgleicher Eigen- oder Drittbereicherung

Das subjektive Erpressungsmerkmal der **Absicht, sich oder einen Dritten zu bereichern**, deckt sich vollinhaltlich mit der Bereicherungsabsicht beim Betrug (s.o. Rn. 431 ff.). Dem Täter muss es durch die Tat also um eine Verbesserung des eigenen oder eines dritten Vermögens gehen,[898] ferner muss zwischen der Herbeiführung des Vermögensnachteils und der Bereicherung **Stoffgleichheit** bestehen.[899] **597**

---

894 Vgl. Sch/Sch/Perron § 263 Rn. 117 m.w.N.

895 Krey/Hellmann/Heinrich Rn. 499.

896 Vgl. RÜ 2017, 437.

897 BGH RÜ 2017, 103.

898 BGH NJW 1988, 23, 26; BGH BeckRS 2010, 15789.

899 BGH NJW 1982, 2265.

7. Rechtswidrigkeit der erstrebten Bereicherung

598 Dieses Merkmal ist vorsatzbedürftiges objektives Tatbestandselement wie beim Betrug.

a) Keine objektive Rechtmäßigkeit der Bereicherung

599 Die erstrebte Bereicherung ist nicht rechtswidrig, **wenn die vom Täter erstrebte Vermögensverschiebung objektiv von der Vermögensordnung gedeckt ist.**[900] Das gilt auch, wenn sich der Täter durch Zwang eine Sicherheit (Wechsel, Schuldschein oder Pfandsache) verschafft, um damit die Forderung leichter beitreiben zu können.[901] Maßgeblich ist **allein das Zivilrecht**.

Problemfälle für Klausuren entstehen im Zusammenhang mit **Drogengeschäften**:

aa) Erzwungene Zahlung des Kaufpreises für gelieferte Drogen

600 Ein Zahlungsanspruch aus Kaufvertrag besteht in solchen Fällen nicht, da dieser gemäß § 134 BGB i.V.m. § 29 BtMG als Verbotsgesetz nichtig ist. Ein Wertersatzanspruch für die ohne Rechtsgrund geleisteten Drogen (§ 812 Abs. 1 S. 1 Alt. 1 i.V.m. § 818 Abs. 2 BGB) ist wegen beiderseitigen Sittenverstoßes gemäß § 817 S. 2 BGB ausgeschlossen. Auch sonstige Schadensersatzansprüche auf Wertersatz – etwa aus § 826 BGB oder §§ 989, 990 BGB, jeweils i.V.m. § 251 BGB – scheiden mit dem BGH aus.[902] Da § 251 BGB an die Stelle der nicht mehr möglichen Naturalherstellung gemäß § 249 BGB tritt, die Naturalherstellung (Rückgabe der Drogen) aber nach § 29 BtMG verboten wäre, ist auch die Geltendmachung eines Schadensersatzanspruchs zur Herbeiführung eines derartigen rechtswidrigen Zustandes mit Treu und Glauben unvereinbar. Die erstrebte Bereicherung durch Abpressen des vermeintlich zu beanspruchenden Kaufpreises ist in solchen Fällen also rechtswidrig.

bb) Erzwungene Rückzahlung des Drogenkaufpreises wegen Lieferung von Drogenimitaten

601 Anders ist die Beurteilung, wenn der durch die Lieferung von Imitaten geprellte Rauschgiftkäufer durch Zwang Schadensersatz für den gezahlten Kaufpreis erstrebt. Hier verneint die Rspr. die Rechtswidrigkeit der Bereicherung, weil ein Anspruch aus § 823 Abs. 2 BGB i.V.m. § 263 i.V.m. §§ 249 ff. BGB besteht.[903] Die Durchsetzung ist auch nicht treuwidrig, weil der Besitz des Kaufgeldes trotz des Einsatzes zu sittenwidrigen Zwecken nicht verboten ist.[904]

---

900 Vgl. BGH StV 1990, 205.
901 BGH NStZ 2009, 386.
902 BGH RÜ 2003, 500, 501.
903 BGH NStZ 2003, 151.
904 BGH RÜ 2003, 500, 501.

b) Vorsatz bezüglich der Rechtswidrigkeit der Bereicherung

Es genügt dolus eventualis. Der Täter muss dafür zunächst die Umstände in sein Vorstellungsbild aufgenommen haben, die den Widerspruch zur Vermögensordnung begründen. Wegen seines normativen Charakters verlangt das Merkmal nach h.M. auch eine ungefähre Bedeutungskenntnis, eine sog. **Parallelwertung in der Laiensphäre**. Genaue Rechtskenntnisse braucht der Täter nicht zu besitzen. Bei irriger Annahme eines tatsächlich nicht bestehenden Anspruchs genügt es für die Parallelwertung und damit für den Vorsatz, dass dem Täter klar war, zur Durchsetzung seines Begehrens **keine gerichtliche Hilfe** in Anspruch nehmen zu können.[905] 602

Klausurhinweis: *Verneinen Sie die objektive oder subjektive Rechtswidrigkeit der Bereicherung und damit § 253 (oder § 255), dürfen Sie nicht vergessen, dass trotzdem eine* ***Nötigung*** *gemäß* ***§ 240*** *vorliegt.*

8. Rechtswidrigkeit

Gemäß § 253 Abs. 2 ist die Tat nur dann rechtswidrig, wenn der Einsatz der Nötigungsmittel zu dem erstrebten Zweck als **verwerflich** anzusehen ist. Ebenso wie bei dem gleichlautenden § 240 Abs. 2 muss die Verwerflichkeit positiv festgestellt werden. 603

- Diese kann sich bereits aus der isolierten Verwerflichkeit des eingesetzten Mittels oder des verfolgten Zwecks ergeben,

  Beispiel: Die Ausnutzung der Autorität als Anwalt und Organ der Rechtspflege gegenüber einem juristischen Laien durch Androhung von Klage zur Durchsetzung einer nicht bestehenden Forderung.[906]

- oder daraus, dass gerade die Koppelung von Zwangsmittel und Bereicherung von der Rechtsordnung missbilligt wird.[907]

  Beispiel: Androhung einer Strafanzeige zur Durchsetzung von Forderungen, die gar nicht aus der Straftat stammen.

905 Vgl. BGH RÜ 2003, 500.
906 BGH RÜ 2014, 103 unter dem Gesichtspunkt der Nötigung.
907 Vgl. dazu die Ausführungen bei der Nötigung, AS-Skript StrafR BT 2 (2021), Rn 234.

Erpressung, § 253 Abs. 1

Gewalt/Drohung mit empfindlichem Übel

- **Gewalt** ist jede, nicht notwendig erhebliche Kraftentfaltung durch physischen oder psychischen Zwang mit körperlicher Auswirkung.
- **Drohung** ist das Inaussichtstellen eines Übels, auf dessen Eintritt der Drohende Einfluss zu haben vorgibt und das eintreten soll, wenn der Bedrohte sich nicht so verhält, wie es der Täter von ihm verlangt. **Empfindliches Übel** ist jede, auch einen besonnenen Menschen motivierbare Werteinbuße.

Dadurch erpressungsspezifisches Tun/Dulden/Unterlassen des Genötigten

- **Rspr. und Teil der Lit.:** Jedes Verhalten des Genötigten, das den Vermögensnachteil selbst herbeiführt oder dies dem Täter ermöglicht.
- **Lit.:** Nur ein Verhalten, das eine bewusste Vermögensverfügung durch einen unerlässlichen Mitwirkungsakt darstellt.

Dadurch Vermögensnachteil beim Genötigten oder einem anderen

Eintritt einer Vermögensminderung am Maßstab des ökonomischen/ökonomisch-juristischen Vermögensbegriffs unter Einbeziehung einer konkreten Vermögensgefährdung. Vermögensträger muss entweder der Genötigte sein oder ein Dritter, zu dem der Genötigte nach den Kriterien der Befugnis-/Nähe- oder Lagertheorie in einer Sonderbeziehung gestanden hat. Der Nachteil darf nicht durch ein anrechenbares objektiv-individuell werthaltiges Äquivalent kompensiert sein.

Vorsatz und Finalzusammenhang

Der Vorsatz muss schon im Zeitpunkt der Anwendung des Zwangsmittels alle objektiven Tatumstände erfassen; aus Tätersicht muss das Zwangsmittel die Vermögensschädigung ermöglichen oder erleichtern.

Absicht stoffgleicher und rechtswidriger Eigen- oder Drittbereicherung

Entfällt objektiv, wenn dem Täter ein gerichtlich durchsetzbarer Anspruch auf die den Vermögensschaden herbeiführende unmittelbare Bereicherung zustand; entfällt subjektiv, wenn er einen solchen Anspruch irrig annahm.

9. Verhältnis zu anderen Strafvorschriften

a) Täuschung und Drohung (Betrug und Erpressung)

Schwierigkeiten bestehen bei Täuschungen **im Überschneidungsbereich zur Drohung** und damit zur (räuberischen) Erpressung, §§ 253, 255. Hierzu folgende Grundsätze: 604

aa) Beinhaltet die unwahre Ankündigung des Übels schon keine tatbestandliche Drohung, sondern nur eine Warnung, weil der Ankündigende den Übelseintritt nicht als von seinem Willen abhängig darstellt, so liegt nur **eine betrugsrelevante Täuschung** vor. 605

Beispiele: Ausschließlich Betrug gemäß § 263 ist gegeben, wenn der Täter wahrheitswidrig behauptet, er werde selbst erpresst und benötige Geld.[908] Ebenfalls Betrug (in Tateinheit mit Bedrohung gemäß § 241 Abs. 2) ist gegeben, wenn der Täter vorspiegelt, dem Opfer drohe Gefahr für Leib und Leben von Dritten („Killerkommando"), und er könne diese Gefahr mit Geld des Opfers abwenden.[909]

bb) Täuschung und Drohung stehen selbstständig nebeneinander, wenn die vorgetäuschte Tatsache inhaltlich nicht mit der Nötigung zusammenhängt. 606

Beispiel: Tateinheit zwischen Betrug und Erpressung liegt vor, wenn der Täter mit einer kompromittierenden Veröffentlichung droht und für die Nichtveröffentlichung ein Darlehen verlangt, dessen Rückzahlung er wahrheitswidrig verspricht.[910]

cc) Nur eine Drohung liegt vor, wenn die Täuschung lediglich dazu dient, die Realisierbarkeit des Übels vorzutäuschen. 607

Beispiele hierfür sind die zahlreichen Fälle der **Scheindrohung**, die bei den §§ 240, 249, 253, 255 tatbestandlich ist, weil es nur darauf ankommt, dass das Opfer an die Realisierbarkeit glaubt. Die nur drohungsverstärkende Täuschung erfüllt nach der Rspr. schon den Tatbestand des Betruges nicht.[911] Das Schrifttum lässt den Betrug als materiell subsidiär zurücktreten.[912]

b) Sicherungserpressung

So wie ein Betrug entfällt auch eine Erpressung entweder mangels Schadens oder als mitbestrafte Nachtat, wenn die Zwangsmittel nur dazu dienen, den bereits durch eine strafbare Vortat (z.B. § 263) erlangten Vorteil zu erhalten.[913] 608

II. Die besonders schweren Fälle der Erpressung, § 253 Abs. 4

Als **Regelbeispiele** für besonders schwere Fälle nennt § 253 Abs. 4 S. 2 nur das **gewerbsmäßige** und das **bandenmäßige** Handeln. Beide Regelbeispiele stimmen mit § 263 Abs. 3 S. 2 Nr. 1 überein (s.o. Rn. 447). Die übrigen Regelbeispiele des besonders schweren Betruges – insbesondere § 263 Abs. 3 S. 2 Nr. 2 – hat der Gesetzgeber unverständlicherweise nicht in die Erpressung miteinbezogen. 609

---

908 BGHSt 7, 197, 198.

909 BGH NStZ-RR 2007, 16.

910 BGHSt 9, 245, 247 zur noch weitergehenden Tateinheit zwischen Erpressung, Betrug und Bestechlichkeit.

911 BGHSt 23, 294, 296.

912 NK-Kindhäuser § 253 Rn. 50.

913 BGH NStZ 2008, 627.

B. Die räuberische Erpressung, §§ 253 Abs. 1, 255

610 Die räuberische Erpressung ist **Qualifikation der einfachen Erpressung**. Sie unterscheidet sich davon nur in der Intensität der Zwangsmittel: Der räuberische Erpresser muss statt einfacher Gewalt oder Drohung mit einem empfindlichen Übel Raubmittel eingesetzt haben, also entweder **Personengewalt oder Drohung mit gegenwärtiger Gefahr für Leib oder Leben**. Inhaltlich gilt dasselbe wie beim Raub (s.o. Rn. 493 ff.). Da schon die Raubmittel die Tat verwerflich machen, ist die Rechtswidrigkeit indiziert; eine besondere Verwerflichkeitsprüfung wie in § 253 Abs. 2 entfällt.

Aufbauschema: Räuberische Erpressung, §§ 253 Abs. 1, 255
1. Personengewalt/Drohung mit gegenwärtiger Gefahr für Leib oder Leben
2.–8. wie bei der einfachen Erpressung
9. Rechtswidrigkeit als allgemeines Verbrechensmerkmal (ist indiziert)
10. Schuld

I. Abgrenzung Raub und räuberische Erpressung nach Lit. und Rspr.

Lesen Sie zum besseren Verständnis bitte vorab noch einmal oben Fall 32 (Rn. 512).

Fall 36: Auslegungsstreit zum Opferverhalten bei der (räuberischen) Erpressung

A hatte sein Auto zur Reparatur in die Werkstatt des R gegeben. Als die Arbeiten abgeschlossen waren, erfuhr A, dass ein Gläubiger seine Konten gepfändet hatte. A war nun mittellos. R lehnte die Stundung des Reparaturpreises für das Auto ab und verweigerte die Herausgabe. In seiner Stammgaststätte beklagte A, dass er jetzt „fertig" sei, denn ohne seinen Wagen könne er als Handelsvertreter nicht mehr arbeiten. B, ein Freund des A, beschloss spontan zu helfen. Er begab sich zur Werkstatt des R und versuchte zunächst, diesen mit Worten davon zu überzeugen, das Auto freizugeben. Als das nicht gelang, griff er zu handfesteren Mitteln: Er schlug R mit einem Faustschlag nieder und suchte den PKW des A auf dem Betriebshof. Dann zog er hinter der hochgeklappten Sonnenblende die Fahrzeugschlüssel hervor, fuhr davon und stellte das Auto vor dem Haus des A ab.
Strafbarkeit des B, wenn nur R Strafantrag gestellt hat?

I. Infrage kommt **Raub** gemäß **§ 249 Abs. 1** durch Entwenden des Autos.

1. Indem B den R niedergeschlagen hat, hat er Personengewalt (vis absoluta) geübt.
2. Das Fahrzeug stand im Eigentum des A und war für B deshalb eine fremde bewegliche Sache.
3. B müsste diese weggenommen haben. Über den Grundsatz, dass darunter auch beim Raub „Bruch fremden und Begründung neuen, nicht notwendig tätereigenen Gewahrsams" zu verstehen ist, besteht Einigkeit. Unter welchen Voraussetzungen allerdings bei § 249 ein „Gewahrsamsbruch" vorliegen soll, wird von Rspr.

und Lit. unterschiedlich gesehen. Für die Rspr. kommt es auf das äußere Erscheinungsbild an, wohingegen das Schrifttum auf das Vorstellungsbild des Genötigten zur Notwendigkeit eines Mitwirkungsaktes abstellt. Hier hat B den R ausgeschaltet und sich selbst in den Besitz des Fahrzeugs gebracht. Das ist nach allen Ansichten Wegnahme gemäß § 249, und zwar nach der Rspr., weil das äußere Geschehen als Akt des Nehmens erscheint, nach der Lit., weil R durch vis absoluta ausgeschaltet wurde und infolgedessen keinerlei notwendigen Mitwirkungsakt mehr vornehmen konnte.

4. Das Niederschlagen beseitigte objektiv den Gewahrsamsschutz des R und stand damit in raubspezifischem Zusammenhang zur Wegnahme.

5. B handelte mit Tatvorsatz und Finalzusammenhang, denn das Niederschlagen des R war von dem Willen getragen, dessen Widerstand zu brechen und dadurch an das Fahrzeug gelangen zu können.

6. B müsste auch die Absicht besessen haben, sich oder einem Dritten das Auto rechtswidrig zuzueignen. Erforderlich dafür sind Aneignungsabsicht und Enteignungsvorsatz. B wollte das Fahrzeug zwar kurzfristig in Gebrauch nehmen; auch war ihm bewusst, dass er etwaige Gläubigerrechte des R vereitelte, doch wollte er das Auto gerade nicht dem Eigentümer auf Dauer entziehen, sondern es diesem umgekehrt sogar zurückverschaffen. Damit fehlte seine Zueignungsabsicht.

Raub ist zu verneinen.

II. Infrage kommt **räuberische Erpressung, §§ 253 Abs. 1, 255.**

1. Durch Niederschlagen hat B gegenüber R **Personengewalt** angewendet.

2. Umstritten ist, ob in der **erzwungenen Duldung der Wegnahme** eine für den Tatbestand ausreichende Opferreaktion liegt. 611

a) Für die Rspr. und einen Teil der Lit. folgt aus der wörtlichen Übereinstimmung von Tatmittel, Opferverhalten und Verwerflichkeitsprüfung des § 253 mit § 240, dass die Erpressung wesensverwandt mit der Nötigung ist, dass sie sozusagen eine „Vermögens-Nötigung" darstellt. Bei der Nötigung kann als Opferreaktion aber jedes Verhalten ausreichen, von der aktiven Mitwirkung bis zur willenlosen Duldung, sofern das Opfer nur durch Zwang dazu gebracht worden ist. Folgerichtig kann nach dieser Konzeption die Erpressung sowohl durch erzwungene Vornahme einer Selbstschädigung als auch durch erzwungene Duldung einer Fremdschädigung erfüllt werden: 612

Nach der Rspr. genügt bei der Erpressung jedes Verhalten des Genötigten, das den Vermögensnachteil herbeiführt oder dies dem Täter ermöglicht.[914]

Damit schließt eine Wegnahme i.S.v. § 249 die Annahme einer (Wegnahme-) Duldung i.S.v. § 255 nicht aus. Jeder Raub erfüllt danach zugleich die Voraus-

914 BGHSt 14, 386, 390; 25, 224; NK-Kindhäuser § 253 Rn. 17; SK-Sinn (ab 5. Aufl.) Vor § 249 Rn. 13 f., der aber immer zumindest willentliches Verhalten des Genötigten verlangt.

setzungen einer räuberischen Erpressung. Letztere tritt dann hinter dem spezielleren Raub zurück. Sind die Raubvoraussetzungen nicht erfüllt (z.B. mangels Fremdheit der weggenommenen Sache oder – wie im vorliegenden Fall – mangels Zueignungsabsicht des Täters), bleibt eine Bestrafung wegen räuberischer Erpressung möglich.[915] Nach der Rspr. genügt es für §§ 253 Abs. 1, 255 folglich, dass der Täter das Opfer – wie vorliegend der B den R – mit vis absoluta ausschaltet und sodann die vermögensschädigende Handlung selbst vornimmt.[916]

613 b) Viele Vertreter des Schrifttums sehen eine stärkere Strukturverwandtschaft der Erpressung mit dem Betrug, da in beiden Delikten durch Willensbeugung des Opfers ein Vermögensschaden zum Zweck rechtswidriger Bereicherung herbeigeführt werden müsse. Statt mit Täuschung erreiche der Erpresser sein Ziel durch Zwang. Betrug sei aber ausschließlich ein Selbstschädigungsdelikt mit der Notwendigkeit einer Vermögensverfügung als Bindeglied zwischen Irrtum und Schaden. Folgerichtig müsse **auch die Erpressung als Selbstschädigungsdelikt** angesehen werden, das als Opferverhalten des Genötigten eine **Vermögensverfügung** voraussetze. **Nach dieser Verfügungslehre ist „Tun, Dulden oder Unterlassen" im Sinne des Erpressungstatbestandes nur ein Verhalten, das eine bewusste Vermögensverfügung darstellt.**[917]

614 aa) Meinungsverschiedenheiten bestehen innerhalb dieser Konzeption über die **Konturen der Vermögensverfügung** bei der Erpressung, da wegen der Zwangslage des Genötigten eine vollständige Übertragung des Verfügungsbegriffs des Betruges nicht möglich ist.

Einige verlangen eine „freiwillige" Mitwirkungshandlung. Diese soll gegeben sein, wenn für das Opfer die **Wahlmöglichkeit** zwischen der Hinnahme des drohenden Übels und dem Schutz des eigenen Vermögens einerseits und dem Verlust des Vermögensgegenstandes andererseits besteht.[918]

Überwiegend wird auf die **subjektive Notwendigkeit** der Opfermitwirkung abgestellt, also ob sich das Opfer in einer „Schlüsselstellung für das Vermögen" sieht: Eine **Vermögensverfügung** soll vorliegen, wenn das Opfer die Vorstellung habe, einen für die Herbeiführung des Vermögensnachteils **unerlässlichen Mitwirkungsakt** vorzunehmen.

Eine dritte Gruppe entfernt sich ganz vom Freiwilligkeitskriterium und lässt es genügen, dass das Opfer willentlich den Gewahrsam überträgt. **Indiz** für diesen faktischen Verfügungswillen soll der **äußere Verschaffungsakt** sein (insofern stimmt diese Auffassung mit der Rspr. überein): Das sichtbare Sichgebenlassen soll dem Erpressungsbereich, die eigen-

---

915 BGH NStZ 1998, 158; BGH RÜ 2002, 32, 33.

916 Vgl. BGH bei Holtz MDR 1992, 17, 18.

917 Lackner/Kühl § 253 Rn. 3; Sch/Sch/Bosch § 253 Rn. 8; SK-Samson (bis zur 4. Aufl.) Vor § 249 Rn. 22; Rengier § 11 Rn. 13; Wessels/Hillenkamp/Schuhr Rn. 712; differenzierend zwischen Sach- und Forderungserpressung Brand JuS 2009, 900.

918 Vgl. Krey/Hellmann/Heinrich Rn. 314.

mächtige Sachverschaffung dem Bereich der Wegnahmedelikte zugeordnet sein.[919]

bb) Uneinigkeit besteht auch darüber, ob man bei der Erpressungs-Verfügung auf die **Unmittelbarkeitsbeziehung** zum Vermögensnachteil verzichten kann. **615**

So soll räuberische Erpressung nach einigen Autoren auch dann vorliegen, wenn das Opfer durch Raubmittel zur Preisgabe eines Verstecks oder der Öffnung eines Tresors mit Zahlenschloss gezwungen wird, obwohl dadurch erst eine Gewahrsamslockerung geschaffen wird, die es dem Täter ermöglicht, die Wegnahme selbst zu vollziehen.[920] Dieses Opferverhalten ist nach anderer Ansicht – an den Kriterien der Vermögensverfügung beim Betrug gemessen – mangels Unmittelbarkeit nicht tatbestandsmäßig.[921]

Konsens innerhalb der Literaturkonzeption besteht jedoch darüber, dass eine durch **vis absoluta** erzwungene Duldung **niemals Verfügungscharakter** besitzt. Nach der Lit. ist damit im vorliegenden Fall schon der objektive Tatbestand einer räuberischen Erpressung abzulehnen.

c) **Kritik**: Die Verfügungslehre weist zutreffend darauf hin, dass die These der Rspr., in jedem Raub sei eine räuberische Erpressung enthalten, falsch ist. Das zeigt sich am Fall der mit qualifiziertem Zwang weggenommenen **wertlosen Sachen**. Der Täter ist hier wegen gewaltsamer Verletzung der formalen Eigentumsposition wohl aus Raub strafbar; auch nach der Rspr., die die Wegnahmeduldung für tatbestandsmäßig hält, muss räuberische Erpressung indes mangels eines Vermögensschadens entfallen. Diese Widersprüchlichkeit der Rspr. ist aber kein Argument für die Verfügungslehre, da der Strukturunterschied zwischen dem Raub als Eigentumsdelikt und der Erpressung als Vermögensdelikt nicht zwangsläufig zu einem tatbestandlichen Ausschlussverhältnis führen muss. **616**

Ferner argumentiert die Verfügungslehre, der Verzicht auf eine Opfermitwirkung bei der räuberischen Erpressung nehme dem Raub jede selbstständige Bedeutung. Wegen der Rechtsfolgenidentität der §§ 249/255 wäre **Raub überflüssig**. Auch diese Überlegung überzeugt nicht, weil es im Strafrecht zahlreiche Vorschriften gibt, die im Verhältnis zu anderen spezieller sind und wegen der Rechtsfolgenidentität verzichtbar wären, z.B. die Sachzerstörung als Spezialfall der Sachbeschädigung gemäß § 303, die Missbrauchsuntreue als Spezialfall der Treubruchuntreue in § 266.

Außerdem argumentieren die Anhänger der Verfügungslehre: Derjenige, der eine herrenlose Sache in Zueignungsabsicht wegnimmt, oder derjenige, der eine Pfandkehr oder Gebrauchsentwendung begeht, sei kein Dieb. Durch den Einsatz qualifizierter Nötigungsmittel könne er – mangels Diebstahlsvoraus-

919 Sch/Sch/Bosch § 253 Rn. 8, 31.
920 So Tenckhoff JR 1974, 489, 491.
921 Sch/Sch/Bosch § 253 Rn. 8; Wessels/Hillenkamp/Schuhr Rn. 714.

setzungen – auch kein Räuber werden. Diese **gesetzgeberische „Privilegierung"** werde durch den Rückgriff auf §§ 253 Abs. 1, 255 und die dadurch wieder ausgelöste Raubstrafe unterlaufen. In dem Bestreben, die angebliche Privilegierung der erzwungenen Gebrauchsentwendung zu erhalten und die Raubstrafe zu vermeiden, gerät die Verfügungslehre aber in Widerspruch zu sich selbst, wenn der Täter die Sache, die herrenlos ist oder bezüglich derer er keine Zueignungsabsicht hat, nicht wegnimmt, sondern sich **vom Opfer durch qualifizierte Drohung herausgeben** lässt (z.B. die Schlüssel zum Pkw). Hier muss auch die Lit. selbst dann räuberische (Besitz-)Erpressung annehmen, wenn der Täter „nur" eine Gebrauchsentwendung wollte. Andererseits ist die Lit. nicht in der Lage, Besitzerpressungen im Rahmen von § 255 zu erfassen, wenn der Täter sich nicht mit Drohung oder willensbeugender Gewalt begnügt, sondern die erheblich strafwürdigere vis absoluta anwendet. Die Argumente der Lit. für eine Einschränkung des Erpressungstatbestandes entgegen seinem Wortlaut überzeugen damit nicht.

Auch die durch vis absoluta erzwungene Duldung der Wegnahme ist ein tatbestandliches Opferverhalten. Die Konzeption der Rspr. ist überzeugender.

3. Folgt man diesem Ansatz, so sind im vorliegenden Fall auch die übrigen Deliktsmerkmale der §§ 253 Abs. 1, 255 erfüllt: R hat infolge der Wegnahmeduldung den Besitz an dem Pkw verloren. Dadurch sind sein Zurückbehaltungsrecht an dem Kfz gemäß § 273 BGB und sein Werkunternehmerpfandrecht gemäß § 647 BGB faktisch entwertet und das Vermögen des R geschädigt worden. B handelte vorsätzlich. Er wollte zwar nicht sein eigenes Vermögen verbessern, doch genügt es, wenn der Täter – wie hier – einen Dritten durch den Besitz der entzogenen Sache vermögensmäßig begünstigen will. Die Bereicherung war auch rechtswidrig, da R aufgrund der §§ 273, 647 BGB nicht zur Herausgabe des Pkw verpflichtet war, § 986 BGB.

III. Die mitverwirklichten Delikte der **einfachen Erpressung, § 253**, und der **Nötigung** gemäß **§ 240** treten dahinter zurück.

IV. Die **Körperverletzung** des R gemäß **§ 223 Abs. 1**, für die der nach § 230 erforderliche Strafantrag gestellt ist, muss aus Klarstellungsgründen zur räuberischen Erpressung in Tateinheit treten.[922]

V. Dasselbe gilt für die durch Entfernung des Pkw aus dem Machtbereich des Unternehmerpfand- und Zurückbehaltungsberechtigten R verwirklichte und verfolgbare **Pfandkehr, § 289 Abs. 1, Abs. 3.**[923]

VI. Die unbefugte **Ingebrauchnahme des Kfz** gemäß **§ 248 b Abs. 1** ist dagegen mangels Antrags des Eigentümers A nicht verfolgbar.

Ergebnis: B ist strafbar wegen räuberischer Erpressung in Tateinheit mit Körperverletzung und Pfandkehr.

---

922 Fischer § 255 Rn. 9.

923 Vgl. RGSt 25, 435; offengelassen von BGHSt 32, 92.

Das Verhältnis von Raub und (räuberischer) Erpressung

Rechtsprechung:

§ 253 (§ 255) ist strukturverwandt mit § 240!

↓

Das Opferverhalten des Erpressten kann in einem aktiven Tun (Selbstschädigung), aber auch in passiver Duldung (= Hinnahme der Fremdschädigung) bestehen.

↓

§ 249 ist lex specialis	§ 255 ist lex generalis

↓

- Keine echte Abgrenzung, sondern nur begriffliche Zuordnung bei § 249 und §§ 253 Abs. 1, 255 erforderlich
- Anderer Wegnahmebegriff bei § 249 als bei § 242

Herrschende Literatur:

§ 253 (§ 255) ist strukturverwandt mit § 263!

↓

Das Opferverhalten des Erpressten kann nur in einer bewussten Vermögensverfügung (= Selbstschädigung) bestehen.

↓

§ 242	Exklusivitätsverhältnis	§ 263
§ 249		§§ 253, 255

↓

- Echte Abgrenzung zwischen § 249 und §§ 253 Abs. 1, 255 erforderlich, und zwar wie zwischen § 242 und § 263
- Derselbe Wegnahmebegriff wie bei § 242, aber modifizierter Verfügungsbegriff bei §§ 253, 255

§ 249

- *Qualifiziertes Nötigungsmittel*
- *fremde bewegliche Sache*
- *Wegnahme*
- *Vorsatz*
  - *– in Bezug auf alle TB-Merkmale*
  - *– Finalzusammenhang*
- *Absicht rechtswidriger Zueignung*

Wegnahme – *Auslegung nach Rspr.: Äußerer Akt des Nehmens*

Wegnahme – *Auslegung nach h.Lit.: Gewahrsamswechsel mit der Vorstellung des Opfers, Gewahrsamsverlust letztlich nicht verhindern zu können*

§§ 253, 255

- *(Qualifiziertes) Nötigungsmittel*
- *Tun, Dulden, Unterlassen*
- *Schaden*
- *Vorsatz*
- *Absicht rechtswidriger und stoffgleicher Bereicherung*

Tun, Dulden, Unterlassen – *Auslegung nach Rspr.: Äußerer Akt des Gebens; auch Duldung der Wegnahme genügt*

Tun, Dulden, Unterlassen – *Auslegung nach Lit.: Vermögensverfügung erforderlich. Immer dann gegeben, wenn nach Opfervorstellung notwendiger Mitwirkungsakt erforderlich*

II. Verhältnis von Raub und räuberischer Erpressung

617 **Wechselt** der Täter **in Bezug auf dasselbe Tatobjekt im Verlauf desselben Handlungsakts** vom Raubversuch (durch Wegnahme) zur vollendeten räuberischen Erpressung (durch Sichgebenlassen/notwendigen Mitwirkungsakt) und umgekehrt, so deckt sowohl nach der Rspr. als auch nach dem Schrifttum das jeweils vollendete Delikt das zuvor nur versuchte andere mit ab. Das versuchte Delikt tritt also als **materiell subsidiär** zurück.[924]

618 Geht es um **verschiedene Tatobjekte oder Tatopfer** innerhalb einer **Handlungseinheit**, muss **Tateinheit** zwischen Versuch der einen und Vollendung der anderen Tat angenommen werden. Liegen sogar selbstständige Handlungen vor, ist **Tatmehrheit** gegeben.[925]

III. Qualifikationen der räuberischen Erpressung

619 Durch den in § 255 enthaltenen Verweis „gleich einem Räuber zu bestrafen" gelten für die räuberische Erpressung sowohl der Strafrahmen des § 249 als auch alle Qualifikationen des Raubes, also §§ 250, 251 (s. dazu oben Rn. 530 ff.). Zu beachten sind zwei Besonderheiten:

620 War die Bandenabrede nur auf räuberische Erpressung und nicht auch auf Raub gerichtet, sind die Qualifikationen des § 250 Abs. 1 Nr. 2 und des Abs. 2 Nr. 1 nicht einschlägig, da diese die Erpresserbande nicht erwähnen.[926]

621 Sukzessive Strafschärfungen gemäß § 250 sind auch bei der räuberischen Erpressung nicht erfüllt, wenn der Täter dabei **nicht mehr zur Verwirklichung seiner Bereicherungsabsicht** gehandelt hat.[927]

---

924 Sch/Sch/Bosch § 253 Rn. 31.

925 BGH RÜ 2011, 97.

926 Ladiges NStZ 2016, 646.

927 BGH BeckRS 2013, 19681.

3. Abschnitt: Raub- und erpressungsverwandte Spezialtatbestände

A. Erpresserischer Menschenraub, § 239 a

Dieser Straftatbestand schützt die persönliche Freiheit und das Vermögen.

Aufbauschema: Erpresserischer Menschenraub, § 239 a Abs. 1
1. Entführungstatbestand, Alt. 1: **a)** 1. Mod.: Entführen eines anderen / 2. Mod.: Sichbemächtigen eines anderen **b)** Vorsatz **c)** Absicht der Ausnutzung zu einer (geplanten) Erpressung **2.** Ausnutzungstatbestand, Alt. 2: **a)** Vom Täter (ohne Nötigungsabsicht) selbst geschaffene Lage i.S.d. Alt. 1 **b)** Begehung einer zumindest versuchten Erpressung unter Ausnutzung der Zwangslage des Opfers **3.–4.** Rechtswidrigkeit, Schuld

Klausurhinweis: *Auch die §§ 239 a, b werden in Strafrechtsarbeiten trotz ihrer Bedeutung immer wieder übersehen.* ***Bei qualifiziertem Zwang*** *also immer zur Sicherheit erpresserischen Menschenraub und Geiselnahme in Betracht ziehen! Insbesondere die §§ 249, 253 Abs. 1, 255 sollten dann aber* ***vor*** *§§ 239 a, b erörtert werden, um unnötige Inzidenter-Prüfungen zu vermeiden.*

I. Entführungstatbestand, Alt. 1

1. Die 1. Mod. des **Entführens bedeutet Verbringen des Opfers gegen dessen Willen an einen anderen Ort, wo es dem ungehemmten Einfluss des Täters preisgegeben ist**. Opfer kann dabei jeder Mensch sein, auch das eigene Kind.[928] 622

2. Die 2. Mod. des **Sichbemächtigens verlangt die Begründung physischer Herrschaft des Täters über das Opfer, ohne dass dafür eine Ortsveränderung oder Freiheitsberaubung notwendig wäre**. 623

Dies ist auch durch eine Scheindrohung möglich.[929] Auch wenn sich das Opfer in der Gewalt anderer befindet, die es entführt oder sich seiner bemächtigt haben, so kann ein Dritter durch sein Eingreifen noch eigenständig Gewalt i.S.d. Sichbemächtigens erlangen.[930] Wird die einmal begründete physische Herrschaft kurzzeitig unterbrochen, weil das Opfer die vom Täter beabsichtigte vermögensschädigende Handlung woanders vornimmt, kann das Sichbemächtigen trotzdem durch die aufrechterhaltene psychische Zwangslage fortbestehen.[931]

---

928 Vgl. BGHSt 26, 70.
929 BGH NStZ-RR 2002, 213.
930 BGH RÜ 2014, 171.
931 BGH RÜ 2019, 435.

Beide Tathandlungen sind durch Einverständnis ausgeschlossen, wenn sich das Opfer für die Zwecke des Täters als **Scheingeisel** zur Verfügung stellt. Kein tatbestandsausschließendes Einverständnis liegt dagegen vor, wenn sich das Opfer als **Ersatzgeisel** zur Verfügung stellt, weil sich durch diesen Entschluss der illegale Zustand der Beherrschung eines anderen Menschen nicht ändert.[932]

Nutzt ein Dritter die vom Täter begangene Entführung zu einer Erpressung aus, sog. „Trittbrettfahrer", liegen nur §§ 253 Abs. 1, 255, nicht auch § 239 a vor.

624 **3.** Der Täter muss durch die Tat eine Erpressung ermöglichen wollen. Zur Erpressung selbst muss es nicht gekommen sein. Die Tätervorstellung muss aber **alle Erpressungsmerkmale**, insbesondere eine rechtswidrige Bereicherung, umfassen.

Folgt man der Erpressungskonzeption der Rspr., **erfüllt ein Raub auch die Voraussetzungen einer räuberischen Erpressung**, sodass auch Raubabsicht als Erpressungsabsicht i.S.d. § 239 a anzusehen ist.[933]

625 Erstrebt der Täter **keine rechtswidrige Bereicherung**, sondern will er eine fällige und einredefreie Forderung durchsetzen (oder ein sonstiges Tun, Dulden oder Unterlassen), ist zwar § 239 a nicht erfüllt. Möglich ist dann aber bei Anwendung entsprechender Zwangsmittel trotzdem noch eine Bestrafung aus **Geiselnahme, § 239 b**, die denselben Strafrahmen hat wie § 239 a![934]

626 **4.** Die vermögensschädigende Handlung muss **durch die Sorge um das Wohl des Entführten motiviert** werden. Darunter versteht man die Befürchtung, der Entführte könne bei Fortbestehen der vom Täter geschaffenen Lage körperlichen oder seelischen Schaden erleiden.[935] Eine entsprechende Drohung ist für die Tatbestandserfüllung nicht erforderlich.

627 **a)** Der Grundtyp des erpresserischen Menschenraubes, das sog. „Kidnapping", ist durch eine **Drei-Personen-Beziehung** gekennzeichnet: Der Täter, das Opfer des Menschenraubes und das Erpressungsopfer sind dann verschiedene Personen („ … um … die Sorge eines Dritten um das Wohl des Opfers …"). Liegt eine solche Dreiecks-Situation vor, z.B. bei einer Kindesentführung oder Bedrohung eines Bankkunden, um dadurch den durch Panzerglas gesicherten Kassierer zur Geldherausgabe zu zwingen, besteht in der Regel auch kein Grund für Strafbarkeitsbeschränkungen. Erforderlich ist nur, dass der Nötigungsadressat in Kenntnis der Lage des Opfers und gerade wegen dieser Lage die vom Täter gewollte Handlung vornehmen soll.[936]

628 **b)** Der Tatbestand kann aber auch in einer **Zwei-Personen-Beziehung** erfüllt werden, und zwar in der Weise, dass das Opfer des Entführens bzw. Sichbemächtigens und der Erpresste dieselbe Person sind („ … um die Sorge des Opfers um sein Wohl …").

Hier kann die uneingeschränkte Anwendung des § 239 a und des § 239 b mit ihren besonders hohen Mindeststrafandrohungen und ihrer vorverlagerten Vollendungsstrafbarkeit zu Wertungswidersprüchen führen: Da der Täter einer räuberischen Erpressung, Vergewaltigung oder sexuellen Nötigung das Opfer regelmäßig in seine physische Ge-

932 Vgl. Sch/Sch/Eisele § 239 a Rn. 9; vgl. auch BGHSt 26, 70, 72.

933 St.Rspr., vgl. BGH NStZ-RR 2009, 16.

934 Z.B. Erzwingung von Schadensersatz: BGH NStZ 2003, 151.

935 BGHSt 25, 35.

936 Vgl. BGH NStZ-RR 2002, 213.

walt bringt, wäre in diesen Fällen typischerweise § 239 a bzw. § 239 b in der Modalität des „Sichbemächtigens" miterfüllt. Die den kriminellen Unrechtskern bildenden speziellen Delikte der §§ 255 bzw. 177 würden dann wegen des geringeren Strafrahmens in ihrer Bedeutung für den Rechtsfolgenausspruch von den allgemeinen, aber ungleich schwereren Delikten des erpresserischen Menschenraubes/der Geiselnahme verdrängt. Zudem könnte ein Täter, der sich seines Opfers bemächtigt hat, vom vollendeten Delikt des § 239 a oder § 239 b nicht mehr zurücktreten, auch wenn er später von dem eigentlichen Zieldelikt zurücktritt.

Daher nimmt die Rspr. eine **Einschränkung der §§ 239 a, b im Zwei-Personen-Verhältnis vor**: Beide Tatbestände seien „unvollkommen zweiaktige Delikte". Erfasst würden all die Fälle, in denen der Täter durch das Entführen oder Sichbemächtigen eine Lage schaffe, die erst die Möglichkeit zu einer darauf aufbauenden weiteren Nötigungs- bzw. Erpressungshandlung eröffne. Dies gelte sowohl im Drei- als auch im Zwei-Personen-Verhältnis. § 239 a bzw. § 239 b sei also immer erst dann erfüllt, wenn über den Zwang hinaus, der im Sichbemächtigen bzw. Entführen liege, ein **weiterer**, den eigentlichen Zielen des Täters dienender **Zwang** gewollt sei. Dabei müsse der Täter die durch das Entführen oder Sichbemächtigen geschaffene Lage „ausgenutzt" haben wollen. Zwischen der hierdurch geschaffenen Zwangslage und der eigentlich beabsichtigten Nötigung (bei § 239 b) und Erpressung (bei § 239 a) müsse deshalb aus der Sicht des Täters ein **zeitlich-funktionaler Zusammenhang** bestehen, denn der Zweck des § 239 a (§ 239 b) bestehe gerade darin, das Entführen oder Sichbemächtigen des Opfers deshalb besonders unter Strafe zu stellen, weil der Täter seine Drohung **während der Dauer der Zwangslage** jederzeit realisieren könne.[937] Für die verschiedenen Tathandlungen des § 239 a Abs. 1 Alt. 1 (und des § 239 b Abs. 1 Alt. 2) folgt daraus:

aa) Die Notwendigkeit einer **stabilisierten Zwangslage**: **629**

- Bei der **Entführung** wird regelmäßig eine eigenständige Zwangslage geschaffen, die der Täter dazu ausnutzen kann, das Opfer zu einer weiteren Handlung oder Duldung zu zwingen.
- Das bloße **Sichbemächtigen** schafft (im Zwei-Personen-Verhältnis) eine solche Lage nur dann, wenn sich die Zwangssituation für das Opfer verfestigt, also in gewissem Grad **stabilisiert** hat. An einer eigenständigen und ausnutzbaren **Stabilisierung fehlt es**, wenn die Mittel, mit denen der Täter die Herrschaft über das Opfer erlangt (durch Gewaltanwendung oder Drohung) **zugleich die Zwangsmittel** sind, durch die er sein eigentliches Tatziel erreichen will, wenn also Bemächtigungs- und Nötigungsmittel zusammenfallen. Im Übrigen soll für die Stabilisierung jede darüber hinausgehende Drucksituation für das Opfer genügen.[938]

  Beispiel: Das Opfer wird durch Drohung mit Schlägen veranlasst, an einem Geldautomaten Bargeld abzuheben. Auf dem Weg dorthin wird es von den Tätern begleitet, um eine Flucht zu verhindern. Hier soll die eigenständige Bedeutung der Bemächtigung nach Aussprechen der Drohung in der fortdauernden Kontrolle über das Opfer liegen.[939]

---

937 BGHSt 40, 350, 359; BGH StV 2007, 355; kritisch zur Unschärfe des Stabilisierungskriteriums Fischer § 239 a Rn. 8; Wolters StV 2007, 355.

938 BGHSt 40, 350; BGH RÜ 2013, 640.

939 BGH RÜ 2006, 255; BGH NStZ-RR 2007, 77.

630 **bb)** Erfordernis eines **zeitlich-funktionalen Zusammenhangs**:

Nach dem Täterplan muss die Vermögensverfügung (§ 239 a) oder Handlung/Duldung/Unterlassung (§ 239 b) des Opfers noch während der durch das Entführen oder Sichbemächtigen geschaffenen Zwangslage vorgenommen worden sein. **Daran fehlt es, wenn das Opferverhalten erst zu einem Zeitpunkt beginnen soll, zu dem die physische Herrschaft durch den Täter bereits beendet ist.**[940]

Beispiel: A und B verbringen O in ein Waldstück, um ihn dort durch Prügel so einzuschüchtern, dass er am folgenden Tag Geld abliefert, auf das A und B – wie beide wissen – keinen Anspruch haben. Dann bringen sie O zurück. – Da die Geldzahlung nach dem Ende der durch die Entführung begründeten Herrschaft erfolgen sollte, liegt kein erpresserischer Menschenraub vor.[941]

II. Ausnutzungstatbestand, Alt. 2

631 § 239 a Abs. 1 **Alt. 2** erfasst die **Ausnutzung der durch eine der vorgenannten Tathandlungen** ohne Erpressungsabsicht, sondern aus anderen Motiven **vom Täter geschaffenen Lage**. Im Unterschied zur 1. Alt. muss hier zur Tatvollendung die Erpressung zumindest versucht worden sein.

III. Verhältnis zu anderen Straftaten

632 Die notwendigerweise mitverwirklichten §§ 239, 240 und 239 b treten hinter dem spezielleren § 239 a zurück.

633 Verwirklicht der Täter seine erpresserische Absicht in der 1. Alt., treten die §§ 253, 255 in **Tateinheit** zu § 239 a.[942]

IV. Erfolgsqualifikation

634 ist die wenigstens leichtfertige Todesverursachung des Opfers gemäß § 239 a Abs. 3.

---

940 BGH StV 1997, 302; BGH NStZ 2005, 508.

941 BGH NStZ-RR 2008, 109.

942 Fischer § 239 a Rn. 21 a.

Erpresserischer Menschenraub, § 239 a Abs. 1 Alt. 1

- **Entführung/Bemächtigung:** Erlangung physischer Herrschaft gegen den Willen des Opfers mit/ohne Ortsveränderung
- **Erpressungsabsicht:** Tätervorstellung muss alle objektiven und subjektiven Voraussetzungen des § 253 erfüllen (nach Rspr. auch dann, wenn Raub gewollt ist, weil dieser zu §§ 253 Abs. 1, 255 nur lex specialis ist)
- **Ausnutzungsabsicht**:
  - **Schaffung einer stabilisierten Zwangslage** (im Zwei-Personen-Verhältnis nur, wenn die Drucksituation gegenüber der Anwendung der Tatmittel der erstrebten Erpressung selbstständige Bedeutung hat)
  - **Zeitlich-funktionaler Zusammenhang** zwischen der Zwangslage durch die Erlangung physischer Herrschaft und dem abgepressten Verhalten des Opfers (woran es fehlt, wenn das Opfer diese Handlung erst nach Beendigung der physischen Herrschaft vornehmen soll)

B. Räuberischer Angriff auf Kraftfahrer, § 316 a

§ 316 a schützt sowohl die Sicherheit des Straßenverkehrs als auch das Vermögen. Gesetzgeberische Intention war es, Führer und Mitfahrer von Kraftfahrzeugen davor zu bewahren, gerade wegen ihrer Beschäftigung mit Verkehrsvorgängen leichter Opfer von räuberischen Angriffen zu werden. Rechtsfolge des § 316 a Abs. 1 ist Freiheitsstrafe von mindestens fünf Jahren. **635**

636

Aufbauschema: Räuberischer Angriff auf Kraftfahrer, § 316 a
1. Tatopfer: Führer oder Mitfahrer eines Kfz
2. Verüben eines Angriffs auf Leib/Leben/Gesundheit/Entschlussfreiheit
3. Ausnutzung der besonderen Verhältnisse des Straßenverkehrs
4. Vorsatz
5. Absicht der Begehung eines Raubes/eines räuberischen Diebstahls/ einer räuberischen Erpressung
6.–7. Rechtswidrigkeit, Schuld

Klausurhinweis: *§ 316 a wird in Klausuren leider allzu oft vergessen. Das führt zu empfindlichem Punktabzug. Also, wenn es nach* ***„Benzin riecht"*** *und Raub oder räuberische Erpressung einschlägig sind, § 316 a prüfen!*

Aufbau: *Wie bei den §§ 239 a, b bietet sich auch bei § 316 a eine* ***Abweichung vom Grundsatz chronologischer Prüfungsreihenfolge*** *an. Hat man nämlich die zeitlich späteren Delikte der §§ 249, 252, 253 Abs. 1, 255 vorgeprüft und verneint, erspart man sich überflüssige Ausführungen zu § 316 a; hat man ein Raubdelikt bejaht, vermeidet man eine umständliche Inzidenterprüfung innerhalb des § 316 a .*

§ 316 a ist seit jeher wegen seiner tatbestandlichen Weite und extrem hohen Strafdrohung in der Kritik. Die Norm wurde 1938 durch das sog. Autofallengesetz eingeführt und war zunächst sogar mit Todesstrafe bedroht. Nach Außerkraftsetzung durch das Kontrollratsgesetz wurde sie 1952 als echtes Unternehmensdelikt wieder eingeführt. Das 6. StrRG gestaltete sie als echtes Erfolgsdelikt um. Die Rspr. setzt der Norm seit einigen Jahren durch restriktive Auslegung der Tatbestandsmerkmale weitere Grenzen.

I. Tatopfer: Führer eines Kraftfahrzeuges oder Mitfahrer

637 **Führer eines Kraftfahrzeugs ist, wer das Fahrzeug in Bewegung zu setzen beginnt, es in Bewegung hält oder allgemein mit dem Betrieb des Fahrzeugs bzw. mit der Bewältigung von Verkehrsvorgängen beschäftigt ist.**[943]

Dementsprechend ist eine im Fahrzeug sitzende Person nur **„Mitfahrer“**, solange eine andere Person nach der genannten Definition „Führer eines Kraftfahrzeugs“ ist.[944]

638 Diese Eigenschaft des Tatopfers muss im Zeitpunkt der Tathandlung, also in dem Moment gegeben sein, in welchem der Angriff verübt wird. Hier setzt die erste Restriktion des Tatbestandes an:

- Hat das Tatopfer das **Fahrzeug verlassen**, ist es kein Kraftfahrzeugführer mehr.
- Hält sich das Tatopfer noch **im Fahrzeug** auf, ohne dass sich dies in Bewegung befindet, kommt es darauf an, ob der Fahrer noch mit Verkehrsvorgängen beschäftigt ist:
  - Bei einem **verkehrsbedingten Halt** (z.B. Stopp vor einer Rotlicht zeigenden Ampel, vor einer geschlossenen Schranke, im Stau) besteht die Eigenschaft als Kfz-Führer fort, unabhängig davon, ob der Motor noch weiterläuft, weil der Fahrer hier immer noch seine Aufmerksamkeit auf das Verkehrsgeschehen richten muss.
  - Liegt **kein verkehrsbedingter Halt** vor, bleibt der Fahrer so lange „Kraftfahrzeugführer“, wie der Motor läuft, weil er auch noch mit dem Betrieb des Fahrzeugs beschäftigt ist. Nur wenn bei nicht verkehrsbedingtem Halt der Motor ausgestellt ist, ist er kein Kraftfahrzeugführer mehr.[945]

II. Verüben eines Angriffs auf Leib, Leben, Gesundheit oder die Entschlussfreiheit

639 **1. „Angriff“ ist jede auf die Verletzung der genannten Rechtsgüter gerichtete feindselige Handlung.**[946]

640 **2.** Die **Entschlussfreiheit** ist bei **Nötigungshandlungen** angegriffen. Umstritten ist, ob **Täuschungen** als Angriff auf die Entschlussfreiheit angesehen werden können. Ein Teil des Schrifttums sieht jede Form der Beeinflussung der Willensbildung als tatbestandlich an, mithin auch die Täuschung, sofern sie nötigungsgleiche Wirkung hat.[947] Der BGH

943 LK-Sowada § 316 a Rn. 17.

944 BGH RÜ 2005, 34.

945 BGHSt 50, 169, 171; BGH RÜ 2004, 87, 89.

946 Fischer § 316 a Rn. 6.

947 Lackner/Kühl § 316 a Rn. 2; Sch/Sch/Hecker § 316 a Rn. 5.

schließt sich der Gegenansicht an. Danach hindert eine Täuschung nicht den Entschluss als solchen, sondern bewirkt lediglich eine falsche Vorstellung bzw. ein falsches Motiv. Die Willensbildung und -betätigung als solche empfindet das Opfer weiterhin als frei. Eine Täuschung wird danach erst dann zum Angriff auf die Willensfreiheit, wenn der Fahrzeugführer zur Fahrt oder zur Weiterfahrt oder zum Anhalten – z.B. durch eine Autofalle – gezwungen wird.[948]

Eine Täuschung kann ferner dann ein Angriff auf die Entschlussfreiheit sein, wenn sie eine **nötigungsgleiche Drucksituation** hervorruft. Das ist insbesondere der Fall, wenn Täter eines geplanten Raubes das Opfer durch eine **vorgetäuschte Polizeikontrolle** zum Anhalten veranlassen. Eine vorgetäuschte Polizeikontrolle unterscheidet sich substanziell von bloßen Vortäuschungen allgemein motivierender Umstände (Panne; Anhalter); sie entspricht vielmehr den Fällen der Straßensperre, denn der Kraftfahrzeugführer ist bei Androhung von Geldbuße (§ 36 Abs. 1 i.V.m. § 49 Abs. 3 Nr. 1 StVO) verpflichtet, Haltezeichen Folge zu leisten, und befindet sich daher objektiv in einer irrtümlich als gerechtfertigt angesehenen) Nötigungssituation.[949] **641**

3. Der Angriff ist erst **verübt**, wenn die **Einwirkung das Opfer tatsächlich erreicht** hat. Darauf, ob der Angriff Erfolg hatte, kommt es nicht mehr an.[950] **642**

Dies kann auch dadurch geschehen, dass das Opfer durch einen **schon vor Fahrtantritt begonnenen Angriff** zur (Mit-)Fahrt gezwungen und der Angriff während der Fahrt fortgesetzt wird.[951]

III. Ausnutzung der besonderen Verhältnisse des Straßenverkehrs

Hierin liegt die zweite wesentliche Tatbestandseinschränkung des § 316 a:

1. Der Führer eines Kraftfahrzeugs muss im Zeitpunkt des Angriffs objektiv noch **in einer solchen Weise mit der Beherrschung seines Kraftfahrzeugs und/oder mit der Bewältigung von Verkehrsvorgängen beschäftigt sein, dass er gerade deshalb leichter zum Angriffsobjekt eines Überfalls werden kann.**[952] **643**

- Verübt der Täter den Angriff auf den Führer eines Kraftfahrzeugs **im fließenden Verkehr**, ist dies in aller Regel ohne Weiteres zu bejahen.
- Besondere Straßenverkehrsverhältnisse sind auch anzunehmen, wenn das Kraftfahrzeug während der Fahrt **verkehrsbedingt mit laufendem Motor hält** und der Fahrer darauf wartet, seine Fahrt sogleich nach Veränderung der Verkehrssituation fortsetzen zu können, und sich das Fahrzeug mithin – trotz des vorübergehenden Halts – weiterhin im fließenden Verkehr befindet.
- Bei einem **nicht verkehrsbedingten Halt** folgen jedoch besondere Verkehrsverhältnisse nicht ohne Weiteres daraus, dass der Motor noch läuft und der Fahrer deshalb

948 BGH RÜ 2004, 87, 89.
949 BGH RÜ 2014, 788.
950 Sch/Sch/Hecker § 316 a Rn. 3.
951 BGH RÜ 2008, 177.
952 BGHSt 50, 169, 172 ff.

zum Zeitpunkt des Angriffs noch mit dem Betrieb des Fahrzeugs beschäftigt ist. Hier müssen **weitere verkehrsspezifische Umstände** vorliegen, aus denen sich ergibt, dass das Opfer gerade deshalb leichter Opfer des räuberischen Angriffs wurde und der Täter dies für seine Tat ausnutzte.

Beispiele:

So können spezifische Bedingungen des Straßenverkehrs dann gegeben sein, wenn der Angriff unmittelbar im Zusammenhang mit dem Anhaltevorgang verübt wird,[953] wenn der Fahrer das Automatikgetriebe auf Dauerbetrieb belässt und mit dem Fuß auf der Bremse bleibt, um das Weiterrollen des Fahrzeugs zu verhindern oder wenn sich das Fahrzeug nach dem Anhalten mit laufendem Motor während der heftigen Gegenwehr seines angegriffenen Führers plötzlich in Bewegung setzt.[954]

Auch ein Taxifahrer, der nach Abschluss der Beförderung den Leerlauf einlegt und auf die Fußbremse tritt, damit von hinten kommende Fahrzeuge ihn bemerken, ist mit der Bewältigung von Verkehrsvorgängen beschäftigt und kann deshalb leichter zum Angriffsobjekt werden.[955]

644 **2.** Ein **Ausnutzen** der besonderen Straßenverkehrsverhältnisse i.S.d. § 316 a ist nur dann gegeben, wenn der räuberische Angriff **durch die verkehrsspezifischen Einschränkungen, denen sich der Kraftfahrzeugführer während der Fahrt ausgesetzt sieht, auch objektiv erleichtert** wird. **Daran fehlt es, wenn der Täter sein Opfer bereits vor der Fahrt unter seine uneingeschränkte Kontrolle gebracht hat** und die dadurch geschaffene Nötigungslage während der nachfolgenden Fahrt lediglich aufrechterhalten wird. In diesen Fällen dient das Fahrzeug nur Beförderungszwecken, ohne dass sich die mit der Fahrt einhergehende eingeschränkte Abwehrmöglichkeit des Tatopfers auf die Angriffshandlung des Täters noch in irgendeiner Weise fördernd auswirkt.[956]

Beispiel: A hat B bereits in dessen Wohnung überfallen und zwingt ihn durch Vorhalten einer Waffe, in dessen Pkw gemeinsam zu einem Geldautomaten zu fahren, wo B Geld abheben soll, das sich A verschaffen will. – Nur § 239 a Abs. 1, aber kein § 316 a Abs. 1, denn die Nötigungslage ist bereits vor Fahrtantritt derart „stabilisiert“, dass die fahrtbedingten eingeschränkten Abwehrmöglichkeiten des Tatopfers für die fortdauernde Angriffshandlung des Täters ohne Belang sind.[957]

IV. Vorsatz und räuberische Absicht

645 In subjektiver Hinsicht genügt entsprechend dem Ausnutzungsbewusstsein bei der Heimtücke nach § 211 Abs. 2, dass sich der Täter der die Abwehrmöglichkeiten des Tatopfers einschränkenden besonderen Verhältnisse des Straßenverkehrs bewusst ist.[958]

Außer dem Tatvorsatz muss der Täter den zielgerichteten Willen haben, alle Umstände zu verwirklichen, die entweder einen **Raub**, einen **räuberischen Diebstahl** oder eine **räuberische Erpressung** erfüllen.

953 Vgl. BGH VersR 2004, 801.
954 BGH RÜ 2018, 378.
955 BGH RÜ 2017, 512.
956 BGH RÜ 2008, 177.
957 BGH RÜ 2008, 177.
958 BGH RÜ 2016, 513.

V. Verhältnis zu anderen Strafvorschriften

Verwirklicht der Täter seine räuberische Absicht, steht § 316 a aus Gründen der Klarstellung in Tateinheit zu den §§ 249, 252, 255. Ist das Fahrzeug selbst die Beute und begeht der Täter unmittelbar nach der räuberischen Erlangung Verkehrsdelikte (§§ 315 c, 316), so stehen auch diese in Tateinheit zu § 316 a.[959] 646

VI. Erfolgsqualifikation

§ 316 a Abs. 3 erhöht die Strafe auf mindestens zehn Jahre oder sogar lebenslange Freiheitsstrafe, wenn der Täter wenigstens leichtfertig den Tod eines anderen verursacht hat. 647

648

Räuberischer Angriff auf Kraftfahrer, § 316 a Abs. 1

- Opfer kann der **Führer eines Kfz** oder ein **Mitfahrer** sein. Das ist der Fall, wenn der Fahrer (auch bei verkehrsbedingtem Halt) mit Verkehrsvorgängen beschäftigt ist. Die Eigenschaft endet bei nicht verkehrsbedingtem Halt mit Ausschalten des Motors.
- **Verüben eines Angriffs auf Leben, Gesundheit oder Entschlussfreiheit** ist jeder Aggressionsakt im Sinne einer Körperverletzung, Tötung, Nötigung; Täuschung genügt nicht, es sei denn durch die Täuschung wird zugleich eine nötigungsgleiche Drucksituation erzeugt (z.B. vorgetäuschte Polizeikontrolle).
- **Unter Ausnutzung der besonderen Verhältnisse des Straßenverkehrs** setzt objektiv voraus, dass im Zeitpunkt des Angriffs sowohl die Eigenschaft als Führer eines Kfz als auch seine Beschäftigung mit Verkehrsvorgängen die Tat erleichtert haben. Die Kfz-Führereigenschaft erleichtert die Tat nicht, wenn der Täter sich des Opfers schon vorher in einer stabilisierten Weise bemächtigt hatte; eine besondere Beschäftigung mit Verkehrsvorgängen fehlt in der Regel, wenn der Angriff erst bei nicht verkehrsbedingtem Halt und in einem vor ungewollter Bewegung gesicherten Fahrzeug erfolgt.
- **Vorsatz** kann spontan während der Fahrt gefasst werden, muss aber auch bzgl. des Ausnutzens schon beim Angriff vorliegen. Für das Ausnutzungsbewusstsein genügt Kenntnis der objektiv erleichternden Umstände.
- **Absicht der Begehung der Tat nach § 249/§ 252/§§ 253 Abs. 1, 255**

959 Fischer § 316 a Rn. 20.

4. Teil: Schädigungsdelikte in Bezug auf fremdes Eigentum und Vermögen sowie verwandte Delikte

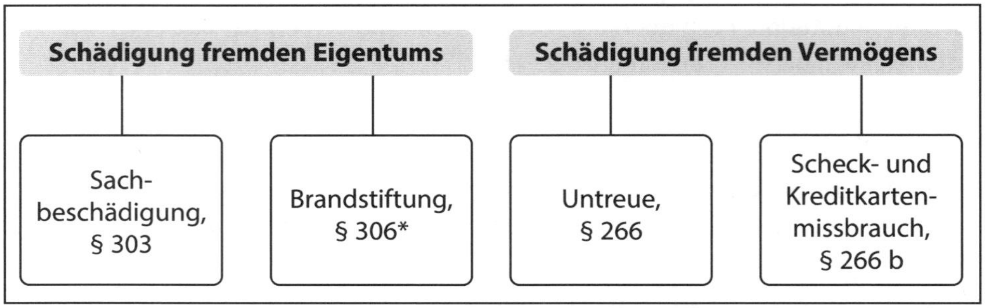

*S. AS-Skript StrafR BT 2 (2019), Rn. 488 ff.

1. Abschnitt: Beeinträchtigung fremden Eigentums

A. Sachbeschädigungsdelikte, §§ 303, 305, 305 a

I. Deliktsmerkmale der einfachen Sachbeschädigung, §§ 303, 303 c

1. Tatobjekt fremde Sache

649 Die Objektbeschreibung entspricht der des Diebstahls (s.o. Rn. 12 ff.), allerdings mit zwei Besonderheiten: Das Merkmal „fremd" stellt zwar nur auf die formale Eigentumsposition ab, sodass auch eine Sache ohne Geldwert geschützt ist, z.B. Formulare.[960] Hat der Eigentümer an der Erhaltung der Sache aber kein vernünftiges (Gebrauchs-, Tausch-, Affektions-)Interesse, so entfällt nach h.M. die Tatbestandsmäßigkeit.[961] Da das Adjektiv „beweglich" bei § 303 fehlt, können auch unbewegliche Sachen wie Felder oder Brunnen beschädigt werden.

2. Tathandlungen

650 **a)** Die in **Abs. 1** genannten Modalitäten stehen in einem Stufenverhältnis zueinander. Die **Zerstörung** (2. Alt.) ist lediglich eine intensivere Form der **Beschädigung** (1. Alt.).[962]

Beschädigen ist jede nicht ganz unerhebliche körperliche Einwirkung auf die Sache, durch die ihre stoffliche Zusammensetzung verändert oder ihre Brauchbarkeit für ihre Zwecke gemindert ist.[963]

Zerstören ist eine so wesentliche Beschädigung, dass die beeinträchtigte Sache für ihren Zweck völlig unbrauchbar wird.[964]

---

960 Vgl. OLG Köln NJW 1988, 1102; LG Bonn NJW 1987, 2825.
961 OLG Köln NJW 1988, 1102; BayObLG NJW 1993, 2760.
962 Lackner/Kühl § 303 Rn. 7.
963 BGHSt 13, 207; BGH NStZ 1982, 508.
964 Fischer § 303 Rn. 14.

aa) Ausgangspunkt ist bei der Sachbeschädigung immer eine **Einwirkung** – gleich in welcher Weise – **auf die Substanz**. Als Sachbeschädigung scheiden daher von vornherein aus: 651

- eine bloße Funktionsvereitelung ohne Einwirkung auf die Sachsubstanz;[965]

  Beispiel: Beschattung der Sonnenterrasse des Nachbarn durch Anpflanzen einer Fichtenhecke ist nach h.M. keine Sachbeschädigung der Terrasse.

- eine bloße Sachentziehung;

  Schulbeispiel: Das Fliegenlassen einheimischer Vögel, die im hiesigen Klima überleben können.[966]

  Auch der Sachentzug kann aber zur Beschädigung führen, nämlich sowohl zu einer Substanzbeeinträchtigung (Witterungseinflüsse) als auch zu der Funktionsbeeinträchtigung einer anderen Sache, wie etwa das Wegwerfen der Batterie einer Taschenlampe.[967]

- der bestimmungsgemäße Verbrauch einer Sache.[968]

  Beispiel: Das Zusenden einer unerwünschten Telefaxnachricht und der damit verbundene Verbrauch von Faxpapier und Toner sind nicht als Sachbeschädigung strafbar.[969]

bb) Vorrangig ist weiter zu fragen, ob die Einwirkung zu einer **Veränderung der stofflichen Zusammensetzung** geführt hat (= Substanzverletzung). Zur Substanz einer Sache gehören der Lack- und Farbanstrich sowie die sonstige Oberflächenbeschaffenheit. Da der Eigentümer die Umgestaltung seiner Sache mit Farbe oder durch Beklebungen nicht zu dulden braucht, sind auch die mit ihrer Entfernung notwendigerweise verbundenen Eingriffe in die Sachsubstanz dem Täter zuzurechnen. Deshalb liegt Sachbeschädigung auch dann vor, wenn die nachträgliche Reinigung einer beklebten oder beschmierten Sache zwangsläufig zu einer nicht unbeträchtlichen Beschädigung ihrer Oberfläche, insbesondere des Lack- oder Farbanstrichs führt. Ist eine solche Substanzverletzung zu erwarten, hängt ihre Erheblichkeit vom Aufwand für Reinigung und Renovierung ab.[970] 652

Beispiel: Daher Sachbeschädigung nach § 303 Abs. 1 Alt. 1, wenn eine Hausfassade mit Lackspray verschmiert wird, das nur mit aggressiven Lösungsmitteln oder mit Sandstrahlgeräten entfernt werden kann.

cc) Tatbestandsmäßig ist eine körperliche Einwirkung aber auch dann, wenn sie – ohne Veränderung der Sachsubstanz – die **Gebrauchsfähigkeit der Sache** beeinträchtigt. Liegt eine solche Funktionseinbuße vor, ist eine Sachbeschädigung gegeben, auch wenn es möglich ist, die Gebrauchsfähigkeit durch Instandsetzungsmaßnahmen wiederherzustellen. 653

Beispiele: Oberbekleidung wird mit Ekel erregenden Stoffen besudelt.[971] Dasselbe gilt, wenn die Flüssigkeit einen aufdringlichen Geruch erzeugt (Bier), durch den andere zu den verschiedensten Vorstellungen über seine Entstehung veranlasst werden können.[972]

---

965 SK-Hoyer § 303 Rn. 7.
966 Vgl. RGSt 20, 182, 185.
967 Vgl. RGSt 64, 250.
968 Sch/Sch/Hecker § 303 Rn. 13.
969 OLG Frankfurt NStZ 2004, 687.
970 BGHSt 29, 129, 131, 133; OLG Düsseldorf NJW 1982, 1167; OLG Oldenburg NJW 1983, 57.
971 RG HRR 1936 Nr. 853: Bespritzen eines Kleides mit Urin.
972 OLG Frankfurt NJW 1987, 389; vgl. Stree JuS 1988, 187, 190.

Es fehlt allerdings an der Erheblichkeit des Eingriffs, wenn für die Wiederherstellung des gebrauchsfähigen Zustandes kein nennenswerter Aufwand an Zeit, Arbeit oder Kosten erforderlich ist.[973]

Beispiele:

Klappen Jugendliche einen Scheibenwischerarm von der Windschutzscheibe weg, so liegt keine Sachbeschädigung vor, wenn der Autofahrer allein durch Zurückklappen des Scheibenwischers den alten Zustand wiederherstellen kann.

Umstritten ist, ob das **Ablassen von Luft** aus einem Kfz- oder Fahrradreifen auch dann eine erhebliche Gebrauchsbeeinträchtigung im Sinne der Sachbeschädigung verursacht, wenn der Fahrer ein Ersatzrad oder eine Luftpumpe griffbereit hat. – Das BayObLG[974] setzt die Erheblichkeitsschwelle sehr gering an und bejaht schon wegen des Zeitaufwandes und der Kraftanstrengung für Reifenwechsel und Luftaufpumpen Sachbeschädigung. Der BGH[975] verneint unter den genannten Umständen die Tatbestandsmäßigkeit.

Reine Veränderungen des äußeren Erscheinungsbildes einer Sache (ohne Substanzbeeinträchtigung), z.B. durch Plakatieren oder Graffitis, die sich nicht mit der Oberfläche der besprühten Sache verbinden und nur aufwendig beseitigen lassen, sind auch dann eine Sachbeschädigung im Sinne von Abs. 1, wenn die **Gebrauchsbestimmung des Tatobjekts mit einem ästhetischen Zweck zusammenhängt, insbesondere Statuen, Gemälde oder Baudenkmäler**.[976]

654 **b)** Damit bleiben für die gegenüber Abs. 1 **subsidiäre Tathandlung des Abs. 2** die Fälle übrig, in denen es – ohne Substanzverletzung – zu einer **Veränderung des Erscheinungsbildes** einer fremden und nicht ästhetischen Zwecken dienenden Sache gekommen ist.

Beispiel: Graffiti-Verschmierungen von Starkstromkästen

Um zu vermeiden, dass durch die Erweiterung der Strafbarkeit gemäß § 303 Abs. 2 jede optische Veränderung strafbar wird (z.B. Wäsche Aufhängen auf dem Balkon der gemieteten – und damit fremden – Wohnung), verlangt der Tatbestand zusätzlich, dass die Veränderung **unbefugt, nicht nur unerheblich und nicht nur vorübergehend** erfolgt. Die Zustimmung des Eigentümers wirkt nach dem Willen des Gesetzgebers[977] tatbestandsausschließend. Mit dem Kriterium „nicht nur unerheblich" scheiden bagatellhafte Beeinträchtigungen aus, und das Merkmal „nicht nur vorübergehend" schließt solche Einwirkungen aus, die binnen kurzer Zeit selbst wieder vergehen oder entfernt werden können.[978]

3. Vorsatz

655 In subjektiver Hinsicht verlangt § 303 Vorsatz, zumindest in Form des dolus eventualis. Eine fahrlässige Sachbeschädigung ist nicht strafbar, vgl. § 15.

---

973 BGHSt 13, 207, 208.

974 NJW 1987, 3271.

975 BGHSt 13, 207.

976 BGHSt 29, 129, 133 f.; BGH NJW 1980, 602, 603, allerdings noch vor Einfügung des § 303 Abs. 2 n.F.

977 BT-Drs. 15/5313.

978 Fischer § 303 Rn. 19.

4. Verfolgbarkeit

Zur Strafverfolgung bedarf es eines Strafantrags, sofern die Staatsanwaltschaft nicht das besondere öffentliche Verfolgungsinteresse bejaht, § 303 c. 656

II. Qualifikationen der Sachbeschädigung, §§ 305, 305 a

1. Zerstörung von Bauwerken, § 305

Tatobjekt: **Gebäude** (auch Rohbauten und teilweise zerstörte Häuser),[979] Schiffe (nur größere Wasserfahrzeuge),[980] eine **Brücke** (keine kleineren Fußgängerstege), ein Damm oder eine gebaute (Wasser-) **Straße**, eine **Eisenbahn** (nur der Bahnkörper mit den Schienen) oder ein anderes **Bauwerk** (z.B. künstlicher Fischteich). 657

Alle Tatobjekte müssen in **fremdem Eigentum** stehen.

Ganz oder teilweise zerstört ist das Objekt nur, wenn es längere Zeit für seine Zweckbestimmung unbrauchbar ist. 658

2. Zerstörung wichtiger Arbeitsmittel, § 305 a

Abs. 1 Nr. 1 stellt Sabotageakte gegen die **Errichtung von Anlagen oder Unternehmen i.S.d. § 316 b** unter Strafe. Tatobjekt sind fremde technische **Arbeitsmittel von bedeutendem Wert**; das ist jede gebrauchsfähige technische Einrichtung, die dazu bestimmt ist, Arbeit im weitesten Sinne zu verrichten, insbes. Hebe- und Förderungseinrichtungen sowie Beförderungsmittel,[981] die im Eigentum eines anderen stehen, von bedeutendem Wert sind und die von wesentlicher Bedeutung sind, deren Ausfall also den störungsfreien Ablauf der für die Anlage oder das Unternehmen vorgesehenen Baumaßnahmen im Ganzen beeinträchtigen würde.[982] 659

In Abs. 1 Nr. 2 sind den Arbeitsmitteln **Kraftfahrzeuge der Polizei oder der Bundeswehr** gleichgestellt; die Beschränkung auf fremde Sachen erübrigt sich hier.

Tathandlung ist das **Zerstören oder teilweise Zerstören**, also die Aufhebung bestimmungsmäßiger Funktionen des Tatobjekts.[983] 660

B. Sachbeschädigungsverwandte Spezialtatbestände

I. Datenveränderung, § 303 a

1. Tatobjekt Daten

Daten i.S.v. § 202 a Abs. 2 sind alle nicht unmittelbar wahrnehmbar gespeicherten oder übermittelten Informationen. Nach h.M. fallen hierunter auch die Programme selbst. Eine Beschränkung auf „fremde" Daten ist juristisch nicht möglich, weil nur körperliche Gegenstände in fremdem Eigentum stehen können, nicht aber unverkörperte elektronische Daten als solche. Da § 303 a aber das Interesse an der unversehrten Verwendbarkeit der gespeicherten Daten schützt, muss sich die Tat gegen einen anderen richten, 661

979 BGHSt 6, 107.
980 Sch/Sch/Hecker § 305 Rn. 3.
981 Sch/Sch/Hecker § 305 a Rn. 4.
982 Vgl. Lackner/Kühl § 305 a Rn. 2.
983 Lackner/Kühl § 305 a Rn. 4.

der analog § 903 BGB **Verfügungsberechtigter** über die Daten ist. Das ist entweder der Urheber der Speicherung oder der nutzungsberechtigte Inhaber des Datenmediums.[984]

Beispiel: Möglich ist daher auch Datenveränderung durch den Inhaber einer Geldautomatenkarte, der die vom Kreditinstitut auf den Magnetstreifen gespeicherten Informationen manipuliert.[985]

2. Tathandlungen

662 **Löschen** ist als Parallele zum Zerstören bei § 303 ein nicht wiederherstellbares vollständiges Unkenntlichmachen der Daten.[986] Die – über § 303 hinausgehende – Tathandlung des **Unterdrückens** verwirklicht, wer die Daten dem Zugriff des Berechtigten nur zeitweilig entzieht.[987] **Unbrauchbar gemacht** sind die Daten, wenn ihre Gebrauchsfähigkeit so beeinträchtigt wird, dass sie nicht mehr zweckentsprechend verwendbar sind.[988] **Verändert** werden Daten, wenn sie inhaltlich umgestaltet werden.[989] Die vorgenannten Wirkungen können auch durch Eingabe von Schadensprogrammen erzeugt werden.

Beispiele: Spielprogramme mit zerstörerischen Nebenwirkungen oder sog. „Trojaner", die auf einen Auslösebefehl andere Programmteile zerstören („logische Bomben"); selbstreproduzierende und mit einer bestimmten Unterfunktion in Wirtsprogrammen ablaufende Programme, (**„Viren"**)

3. Rechtswidrig

663 Das Merkmal **„rechtswidrig"** ist hier **Tatbestandsmerkmal**, weil sonst Verhaltensweisen, die bei jedem Computergebrauch notwendig sind, immer tatbestandsmäßig wären.[990]

4. Sonstiges

Für die Tat ist **Vorsatz** erforderlich.

Zum Antragserfordernis **§ 303 c**.

664 Vorbereitungshandlungen, die einer Tat nach § 303 a dienen, sind nach § 303 a Abs. 3 i.V.m. § 202 c selbstständig strafbar.[991]

Die Störung einer Datenverarbeitung ist teils als Qualifikation des § 303 a, teils als Qualifikation des § 303 im Tatbestand der **Computersabotage, § 303 b,** erfasst.

II. Gemeinschädliche Sachbeschädigung, § 304

Da § 304 kein fremdes Tatobjekt verlangt, ist dieser kein Eigentumsdelikt, wird aber aus Gründen des Sachzusammenhangs hier mitbehandelt.

---

984 BayObLG JR 1994, 476 m. Anm. Hilgendorf.
985 BayObLG JR 1994, 476.
986 Hilgendorf JuS 1996, 890, 891.
987 Sch/Sch/Hecker § 303 a Rn. 4.
988 Vgl. Lackner/Kühl § 303 a Rn. 3.
989 LK-Tolksdorf § 303 Rn. 29.
990 H.M., Hilgendorf JuS 1996, 890, 892.
991 41. StrÄndG (BGBl. I 1786).

1. Tatobjekte

Praktisch wichtigste Tatobjekte sind die **Gegenstände, die dem öffentlichen Nutzen dienen**. Darunter fallen solche Sachen, die der Allgemeinheit unmittelbar Nutzen bringen, sei es durch ihren Gebrauch, sei es in anderer Weise. Unmittelbarkeit in diesem Sinne liegt vor, wenn jedermann, ohne Vermittlung Dritter, ggf. nach Erfüllung bestimmter, allgemein gültiger Bedingungen aus dem Gegenstand selbst oder aus dessen Erzeugnissen oder Wirkungen Nutzen ziehen kann.[992] 665

Beispiele: Ausstattungen eines öffentlichen Kinderspielplatzes, Parkscheinautomaten, Verkehrszeichen, Ruhebänke in öffentlichen Anlagen,[993] Feuerlöscher in einem allgemein zugänglichen Raum[994]

Eine Begrenzung auf fremde Sachen enthält § 304 nicht. Da es sich um einen eigenständigen Tatbestand zum Schutz der Interessen der Allgemeinheit handelt, kann die Sache auch dem Täter selbst gehören oder herrenlos sein.[995] Wegen der andersartigen Schutzrichtung des § 304 ist Tateinheit mit § 303 oder § 242 möglich.

Beispiel: A schneidet in der Uni-Bibliothek aus wissenschaftlichen Werken alte Stücke heraus, um sich diese zuzueignen. – §§ 304, 242 in Tateinheit.[996]

2. Tathandlungen

a) Das **Beschädigen** und **Zerstören** in Abs. 1 entspricht § 303 Abs. 1, allerdings mit einer Besonderheit: Der Tatbestand ist nur dann erfüllt, **wenn der besondere Zweck, dem die Sache dient, durch die Handlung beeinträchtigt wird.**[997] 666

Beispiel: Keine gemeinschädliche, sondern nur einfache Sachbeschädigung, wenn in eine Parkbank eine Liebeserklärung eingeritzt wird.

b) Die Tatmodalität der **Veränderung des Erscheinungsbildes in § 304 Abs. 2** ist ebenso auszulegen wie in § 303 Abs. 2. Hier ist nach h.M. aber zusätzlich erforderlich, dass die Erscheinungsveränderung gerade die **öffentliche Funktion des Tatobjekts beeinträchtigt.**[998] 667

Eine solche Funktionsbeeinträchtigung hat das Hans. OLG Hamburg bei **Graffiti-Schmierereien an S-Bahn-Wagen** bejaht: Dadurch werde der öffentliche Zweck unterlaufen, „mit komfortablen und sauberen Fahrzeugen neben dem Erhalt von Fahrgästen neue Fahrgäste zu gewinnen, um so durch Stärkung und Ausweitung des öffentlichen Personennahverkehrs ein weiteres Anwachsen des Individualverkehrs mit seinem Flächenverbrauch und seiner Umweltbelastung zu verhindern". Führten die zur Beseitigung der Schmierereien erforderlichen Reinigungsarbeiten ferner zu einem gegenüber der regelmäßigen Reinigung und Wartung zusätzlichen Ausfall der Fahrzeuge für deren Einsatz im Personennahverkehr, stelle dies eine eigenständige Beeinträchtigung der öffentlichen Funktion dar.[999]

---

992 BGHSt 31, 185, 186; BGH NStZ 1990, 540.
993 Sch/Sch/Hecker § 304 Rn. 6.
994 BayObLG NJW 1988, 837.
995 Sch/Sch/Hecker § 304 Rn. 1.
996 Vgl. BGHSt 10, 285.
997 Vgl. RGSt 66, 203, 205.
998 Fischer § 304 Rn. 13 a.
999 Hans. OLG Hamburg NStZ 2015, 37.

2. Abschnitt: Schädigung fremden Vermögens

A. Untreue, § 266

668 § 266 hat in der Praxis als Wirtschaftsdelikt große Bedeutung. In den Examensaufgaben spielt die Vorschrift eine untergeordnete Rolle. Strafbar ist jede Form der Vermögensschädigung, dies aber nur wenn sie von einer dem Vermögen besonders nahe stehenden Person begangen wird, und zwar entweder durch Missbrauch (Abs. 1 Alt. 1) oder durch Treubruch (Abs. 1 Alt. 2). **Bereicherungsabsicht ist nicht erforderlich**. § 266 ist vorsätzliches **Sonderdelikt** als Vergehen, ohne **Versuchsstrafbarkeit und ohne Fahrlässigkeitsvariante**.

Aufbauschema: Untreue, § 266

1. Missbrauch Alt. 1
- **a)** Verfügungs-/Verpflichtungsbefugnis über fremdes Vermögen, h.M.: als Vermögensbetreuungspflicht
- **b)** Wirksames Rechtsgeschäft im Außenverhältnis unter Überschreitung des Dürfens im Innenverhältnis

2. Sonst: Treubruch Alt. 2
- **a)** Vermögensbetreuungspflicht
- **b)** Treuepflichtverletzung

3. Dadurch Vermögensschaden beim betreuten Vermögen

4. Vorsatz

5. Rechtswidrigkeit

6. Schuld

7. Besonders schwerer Fall nach § 266 Abs. 2 i.V.m. § 263 Abs. 3 S. 2

8. Antrag, § 266 Abs. 2 i.V.m. §§ 247, 248 a

I. Die Merkmale des Tatbestandes im Einzelnen

1. Missbrauch, Alt. 1

a) Befugnis, über fremdes Vermögen zu verfügen oder einen anderen zu verpflichten

669 **aa) Fremd** ist das Vermögen, wenn es nach materiellem Recht – nicht nach wirtschaftlichen Gesichtspunkten – einem anderen als dem Täter zuzurechnen ist.[1000]

670 **bb)** Die **Befugnis, über das Vermögen zu verfügen oder jemanden zu verpflichten**, umschreibt die Rechtsmacht, mit Außenwirkung rechtsgeschäftlich oder hoheitlich auf

1000 Sch/Sch/Perron § 266 Rn. 6.

fremde Vermögensrechte einzuwirken oder eine schuldrechtliche Belastung mit einer Verbindlichkeit begründen zu können. Die rein faktische Einwirkungsmöglichkeit auf fremdes Vermögen fällt nicht unter den Missbrauchstatbestand. Die Befugnis kann beruhen auf

- **Gesetz**

  Beispiele: Eltern (§ 1626 Abs. 1 BGB), Vormund (§ 1793 BGB), Insolvenzverwalter (§ 80 Abs. 1 InsO), Nachlassverwalter (§ 1985 BGB), Gerichtsvollzieher (§ 753 ZPO), GmbH-Geschäftsführer (§§ 35 Abs. 1, 37 Abs. 2 GmbHG), Vereins- und Parteivorstand (§ 26 BGB),[1001] Oberbürgermeister, Bürgermeister und Kämmerer einer Gemeinde nach Maßgabe der jeweiligen Gemeindeordnung und der Hauptsatzung der Gemeinde[1002]

- **behördlichem Auftrag**

  Beispiele: Staatlich bestellte Treuhänder oder Liquidatoren[1003]

- **Rechtsgeschäft**

  Beispiele: Vollmacht (§§ 164 ff. BGB), Verfügungsermächtigung (§ 185 BGB), Prokura (§§ 48 ff. HGB), Handlungsvollmacht nach § 54 HGB

b) Tathandlung: Missbrauch der Befugnis

Deutlicher wäre der Begriff *„Miss-Gebrauch“*,[1004] denn tatbestandlich ist nur ein solches Rechtsgeschäft (oder hoheitliches Handeln), das gerade aufgrund der dem Täter eingeräumten Befugnis im Außenverhältnis Wirksamkeit erlangt hat, das dem Täter aber im Innenverhältnis nicht erlaubt war. 671

Faustregel: **Missbrauch ist Handeln im Rahmen des rechtlichen Könnens (Außenverhältnis) unter Überschreitung des rechtlichen Dürfens (Innenverhältnis).**[1005]

Missbrauch (und Treubruch) können sowohl durch aktives Tun als auch durch Unterlassen verwirklicht werden.[1006] Beim Missbrauch ist Unterlassen aber nur tatbestandsmäßig, wenn das Zivilrecht damit rechtsgeschäftliche Wirkungen verknüpft, etwa bei § 362 HGB und beim Schweigen auf kaufmännische Bestätigungsschreiben.

§ 13 Abs. 1 ist trotz der in § 266 umschriebenen Pflichtenstellung des Täters anzuwenden.[1007] Auch die Strafmilderungsmöglichkeit des § 13 Abs. 2 bei Untreue durch Unterlassen ist anerkannt.[1008]

aa) Handeln innerhalb des rechtlichen „Könnens“ im Außenverhältnis

Das Rechtsgeschäft muss zivilrechtlich wirksam sein, weil sonst kein echter „Gebrauch“ der Verpflichtungs- oder Verfügungsbefugnis vorliegt. Daher ist insbesondere beim 672

1001 Näher Velten NJW 2000, 2852.
1002 BGH NStZ 2011, 520.
1003 Vgl. Labsch Jura 1987, 411, 413.
1004 Vgl. Labsch Jura 1987, 411, 413.
1005 Vgl. BGHSt 5, 61, 63.
1006 Sch/Sch/Perron § 266 Rn. 16, 35.
1007 Vgl. BayObLG JR 1989, 299.
1008 BGH StV 1998, 127.

Missbrauch der Vertretungsmacht im zivilrechtlichen Sinne – der die Nichtigkeitsfolge nach § 138 Abs. 1 BGB auslöst[1009] – kein Missbrauch i.S.d. § 266 Abs. 1 Alt. 1 gegeben![1010] **Die Wirksamkeit des Rechtsgeschäfts muss sich immer aus der dem Täter eingeräumten Rechtsmacht ergeben.**

Es genügt auch nicht, dass ein Rechtsgeschäft lediglich aufgrund von Schuldnerschutzvorschriften, z.B. § 407 BGB, oder aufgrund von Gutglaubensregeln, z.B. §§ 932 ff. BGB, Wirksamkeit entfaltet.[1011]

bb) Überschreitung des rechtlichen „Dürfens" im Innenverhältnis

673 Ob das so gekennzeichnete Verhalten des Täters missbräuchlich ist, ergibt ein Vergleich mit dem **Innenverhältnis**: Nach h.M. muss dafür das Kausalgeschäft, aus dem der Täter seine Verpflichtungs- oder Verfügungsbefugnis ableitet, nicht wirksam sein, sofern nur die Befugnis selbst abstrakt bestehen bleiben kann.[1012] Die Grenzen des Innenverhältnisses werden regelmäßig durch Weisungen konkretisiert. Verstößt der Täter gegen solche Weisungen, ist Missbrauch zu bejahen. Ist der Täter nicht weisungsgebunden, so muss durch Auslegung des der Befugniserteilung zugrunde liegenden Gesetzes, behördlichen Auftrags oder Rechtsgeschäfts ermittelt werden, was ihm erlaubt ist.[1013]

Beispiel: A war Vertriebsleiter der Firma R, die Handelsmärkte und Online-Shops mit Computern und Computerzubehör belieferte. In dieser Funktion war A insbesondere für das Aushandeln und den Abschluss von Geschäften mit Großkunden der Firma R zuständig. Er war bevollmächtigt, im Außenverhältnis wirksam Verträge abzuschließen. Im Innenverhältnis musste er die Vertragsangebote mit dem Geschäftsführer der Firma R abstimmen. A schloss unter Missachtung der Vorgaben der Geschäftsleitung Kaufverträge mit zu geringen, unter dem Einkaufs- bzw. Herstellungspreis liegenden Verkaufspreisen ab. – Vollendete Missbrauchsuntreue nach § 266 Abs. 1 Alt. 1: Dem A war zumindest schlüssig Handlungsvollmacht gemäß § 54 Abs. 1 HGB für die Erledigung aller mit dem Vertrieb üblicherweise verbundenen Geschäfte erteilt worden. Der Handlungsbevollmächtigte gemäß § 54 HGB ist Befugnisinhaber i.S.d. § 266 Abs. 1 Alt. 1. § 54 HGB regelt in Abs. 1 eine widerlegbare Vermutung für einen bestimmten typisierten Umfang der erteilten Handlungsvollmacht. Die Handlungsvollmacht erstreckt sich auf alle Geschäfte und Rechtshandlungen, welche die Vornahme derartiger Geschäfte gewöhnlich mit sich bringt. Bei einem Unternehmen wie der Firma R sind selbst Vertragsabschlüsse von erheblicher finanzieller Tragweite noch zum gewöhnlichen Geschäftsbetrieb zu rechnen. Im Außenverhältnis konnte A demnach den Verkaufspreis verbindlich festlegen. Der Abschluss von Kaufverträgen unter Missachtung der Vorgaben der Geschäftsleitung mit zu geringen, unter dem Einkaufs- oder Herstellungspreis liegenden Verkaufspreisen war jedoch im Innenverhältnis nicht durch die verliehene Befugnis gedeckt und ist daher missbräuchlich i.S.v. § 266 Abs. 1 Alt. 1.[1014]

c) Vermögensbetreuungspflicht

674 Ganz herrschend in Rspr. und Lehre ist die Auffassung, dass der in § 266 enthaltene Satzteil „und dadurch dem, dessen Vermögensinteressen er zu betreuen hat" auf **beide** vorhergehenden **Alternativen** zu beziehen ist, sodass der Missbrauchstatbestand **dieselbe Vermögensbetreuungspflicht wie der Treubruchstatbestand** verlangt. Nur auf

---

1009 Vgl. BGH NJW-RR 1989, 642.

1010 Rengier § 18 Rn. 9.

1011 Vgl. BGHSt 5, 61.

1012 Sch/Sch/Perron § 266 Rn. 18; Labsch Jura 1987, 411, 414.

1013 Zur Abgrenzung erlaubter „gewagter Geschäfte" von verbotenen Risikogeschäften BGH NStZ 1990, 437.

1014 BGH NStZ 2011, 280.

diese Weise sei einer Ausuferung des § 266 zu begegnen. Folge der h.M. ist, dass der Missbrauchstatbestand nur noch **spezieller Anwendungsfall des Treubruchstatbestandes ist.**[1015] Zu den Einzelheiten nachfolgend.

Mit der fehlenden Vermögensbetreuungspflicht, die vor allem durch die Fremdnützigkeit gekennzeichnet ist, hat der BGH im 24. Bd. Untreue beim Scheckkartenmissbrauch und im 33. Bd. Untreue beim Kreditkartenmissbrauch abgelehnt, weil beide Karten allein im Interesse des Kunden ausgegeben werden. Aufgrund dieser Rspr. ist § 266 b eingeführt worden (dazu unten Rn. 594 ff.). Man kann also davon ausgehen, dass die Auslegung des § 266 durch die h.M. mittelbar Gesetz geworden ist.

***Aufbau**: In den durchaus häufigen Fällen, in denen die Vermögensbetreuungspflicht das Hauptproblem der Untreueprüfung bildet, ist es angesichts der klaren Festlegung der h.M. inzwischen gut vertretbar, diese vorzuziehen und **als erstes** zu prüfen, ob die fragliche Person die erforderliche Sonderdeliktseigenschaft (nämlich Vermögensbetreuungspflicht) besitzt.*

2. Treubruch, Alt. 2

a) Vermögensbetreuungspflicht

Täter kann hier nur sein, wer eine **ihm kraft Gesetzes, behördlichen Auftrags, Rechtsgeschäfts oder eines Treueverhältnisses obliegende Pflicht hat, fremde Vermögensinteressen wahrzunehmen.** Diese komplexe Vermögensbetreuungspflicht prüft man zweckmäßigerweise in zwei Schritten: 675

aa) Rechtliche Grundlage des Treueverhältnisses

(1) Soweit die 2. Alt. auf eine Rechtsbeziehung kraft **Gesetzes, behördlichen Auftrags oder Rechtsgeschäfts** Bezug nimmt, kommt zunächst derselbe Personenkreis, der auch Missbrauchstäter sein kann, als Treubruchstäter infrage. Darüber hinaus erfasst die Aufzählung alle Personen, die keine Rechtsmacht nach außen, also keine Vertreterbefugnisse besitzen, sondern nur im Innenverhältnis zur Vermögensfürsorge verpflichtet sind. 676

Beispiele:

Bei der Beurkundung eines Grundstückskaufvertrages ist der **Notar** unparteiischer Betreuer der Beteiligten und hat kraft Gesetzes, § 14 Abs. 1 S. 2 BNotO, die Pflicht, die Vermögensinteressen beider Parteien wahrzunehmen. Dazu gehört auch, sie über Bedeutung und Tragweite der zu beurkundenden Erklärungen zu belehren, soweit anzunehmen ist, dass sie diese nicht erkennen.[1016]

Der **Vermieter** von Wohnraum – nicht dagegen von Gewerberäumen (!) – ist nach § 551 Abs. 3 BGB vermögensbetreuungspflichtig hinsichtlich der ihm überlassenen Mietkaution.[1017]

Der **Gerichtsvollzieher** ist gemäß §§ 753 ff. ZPO kraft seiner gesetzlichen Stellung als Vollstreckungsorgan im Rahmen des Vollstreckungsauftrags vermögensbetreuungspflichtig gegenüber dem Vollstreckungsgläubiger.[1018]

1015 BGHSt 24, 386; 33, 244, 250; BGH RÜ 2004, 145; Lackner/Kühl § 266 Rn. 9; Rengier § 18 Rn. 14; a.A. Labsch Jura 1987, 343, 346.

1016 BGH RÜ 2014, 713.

1017 BGH RÜ 2008, 437.

1018 BGH RÜ 2011, 238.

Der **Vertragsarzt** ist aufgrund des in § 12 SGB V enthaltenen **Wirtschaftlichkeitsgebots** bei verordneten Heilmitteln und diagnostischen Maßnahmen vermögensbetreuungspflichtig gegenüber den Krankenkassen. Er begeht deshalb Treubruchsuntreue zulasten der Krankenkassen, wenn er ärztliche Leistungen ohne medizinische Indikation oder gar nicht erbrachte Leistungen abrechnet.[1019]

677 **(2)** Daneben nennt die 2. Alt. noch das **(tatsächliche) Treueverhältnis**. Darunter fallen

- **erloschene Rechtsverhältnisse vermögensfürsorglicher Art**;

  Beispiele:

  Ein Geschäftsbesorgungsvertrag mit dem Inhalt gewinnbringender Geldanlage wandelt sich nach der Vertragsauflösung bis zur Herausgabe des anvertrauten Geldes in ein tatsächliches Treueverhältnis um. Greift der Verpflichtete das anvertraute Geld an, begeht er Treubruchsuntreue.[1020]

  Nach Ansicht des BGH soll auch eine Vermögensbetreuungspflicht des Gerichtsvollziehers als tatsächliches Treueverhältnis fortbestehen, wenn dieser nach Einleitung des Vollstreckungsverfahrens sein Amt durch Versetzung in den Innendienst verloren hat, aber gegenüber einem Vollstreckungsschuldner immer noch ausübt.[1021]

- **rechtsunwirksame Betreuungsverhältnisse**.

  Beispiel: Der Rechtsanwalt veruntreut Kaufpreiszahlungen, die an ihn aufgrund formungültiger Kaufverträge und Vollmachten geleistet werden.

678
- Ob auch **wegen Gesetzes- oder Sittenwidrigkeit nichtige Rechtsgeschäfte** tatsächliche Treueverhältnisse auslösen können, ist umstritten. Der Streit konzentriert sich auf die Frage, ob echte Pflichtverstöße – vor allem eigene Bereicherungen – Untreue sein können (unstreitig liegt also keine Untreue vor, wenn der „Verpflichtete" dem Auftrag nur nicht nachkommt, weil **keine Treuepflicht bestehen kann, gesetzwidrige oder sittenwidrige Handlungen vorzunehmen**). Ein Teil des Schrifttums – namentlich die Vertreter des juristisch-ökonomischen Vermögensbegriffs, die auch beim Betrug den Getäuschten, der Geld zu sittenwidrigen Zwecken einsetzt, als nicht geschädigt ansehen (s.o. Rn. 354) – verneint in solchen Fällen Treubruchsuntreue, weil das Strafrecht nicht schützen könne, was das Zivilrecht missbillige.[1022] Die h.M. bejaht Untreue, weil für Kriminelle untereinander kein straffreier Raum entstehen könne, der es dem Täter gestatte, sich an einer – vielleicht auch rechtswidrig erlangten, aber – vermögenswerten Position des Betroffenen zu vergreifen.[1023]

bb) Einschränkungen

679 Beließe man es bei dieser Anwendungsweite der 2. Alt., so wäre jede vorsätzliche Pflichtverletzung i.S.d. § 280 Abs. 1 S. 1 BGB zugleich strafbares Unrecht. Daher besteht Einigkeit darüber, dass die vorgenannten Fürsorgeverhältnisse zusätzlich einschränkende Kriterien aufweisen müssen, bevor sie eine strafrechtlich bewehrte Vermögensbetreuungspflicht begründen. Faustregel für diese Restriktion: **Das Verhältnis muss durch Fremdnützigkeit typisiert und von einiger Bedeutung sein.**

1019 BGH RÜ 2016, 781; Examensklausur!

1020 BGH NStZ 1986, 361.

1021 BGH RÜ 2013, 786.

1022 Vgl. Sch/Sch/Perron § 266 Rn. 31.

1023 BGHSt 8, 254, 258; LK-Schünemann § 266 Rn. 79.

(1) Typisierung der Fremdnützigkeit bedeutet, dass die Wahrnehmung fremder Vermögensinteressen den wesentlichen Inhalt des Treueverhältnisses ausmacht; handelt es sich um Vertragsbeziehungen, muss die Vermögensbetreuung **Hauptpflicht** sein.[1024] Aus diesem Grunde fallen alle Austauschverträge aus dem Anwendungsbereich des § 266, bei denen jeder Vertragsteil die Beziehung zum anderen nur um des eigenen Vorteils willen anknüpft und bei denen die Wahrung der Vermögensinteressen des anderen nur Nebenpflicht ist. 680

Beispiele mangelnder Vermögensbetreuung als Hauptpflicht: **Eigentumsvorbehaltskäufer** im Verhältnis zum Verkäufer;[1025] **Forderungsverkäufer** im Verhältnis zum Forderungskäufer beim echten und unechten Factoring,[1026] Reiseveranstalter gegenüber den Leistungsträgern;[1027] **Leasingnehmer** im Verhältnis zum Leasinggeber.[1028] **Überlassung einer Tankkarte oder Kreditkarte vom Inhaber** zur – wenn auch zweckgebundenen oder limitierten – eigenen Nutzung.[1029]

Hinweis: *Die fehlende Fremdnützigkeit ist in Klausuren zum 1. Examen der häufigste Grund für die Verneinung von Untreue.*

(2) Ob ein Verhältnis **von einiger Bedeutung** ist, hängt von dem Grad der Selbstständigkeit, der Bewegungsfreiheit und der Verantwortlichkeit des Verpflichteten ab.[1030] Handelt es sich um **Geschäftsbesorgungsverhältnisse** i.S.v. § 675 BGB, die Entscheidungsspielraum und Dispositionsfreiheit zulassen, liegt nach allgemeiner Ansicht eine Vermögensbetreuungspflicht vor.[1031] 681

Beispiele für Vermögensbetreuung: Rechtsanwalt gegenüber seinem Mandanten,[1032] **Betreuer** gegenüber dem Betreuten,[1033] nach dessen Tod auch gegenüber den Erben[1034] **Geschäftsführer** einer GmbH gegenüber der Gesellschaft,[1035] **Vorstands- und Aufsichtsratsmitglieder** einer AG[1036] (auch gegenüber einer im Konzernverbund abhängigen GmbH),[1037] **(Ober-)Bürgermeister und Kämmerer** gegenüber der Gemeinde.[1038]

Umstritten ist, ob auch weisungsabhängige Tätigkeiten für ein Vermögensbetreuungsverhältnis infrage kommen. Die Rspr. bejaht das, sobald zu dem Umgang mit fremdem Vermögen buchhalterische Tätigkeiten (Führen von Eingangs- und Ausgangsbüchern, Quittungserteilung und Wechselgeldausgabe) oder treuhandähnliche Beziehungen hinzukommen.

Beispiele: Verwalter eines Fahrkartenschalters,[1039] sonstige Kassenverwalter[1040]

1024 BGHSt 22, 190, 191; OLG Düsseldorf NJW 1998, 691; NJW 2000, 529.
1025 BGHSt 22, 190.
1026 BGH NStZ 1989, 72.
1027 BGHSt 28, 20.
1028 OLG Köln StV 1989, 66.
1029 OLG Hamm RÜ 2015, 374.
1030 BGH NStZ 1983, 455.
1031 Sch/Sch/Perron § 266 Rn. 23 a.
1032 BGHSt 15, 376.
1033 Hans. OLG Bremen NStZ 1989, 228.
1034 BGH RÜ 2018, 718, 720.
1035 OLG Hamm NStZ 1986, 119.
1036 BGH RÜ 2002, 219.
1037 BGH RÜ 2004, 422.
1038 BGH NStZ 2011, 520.
1039 BGHSt 13, 315.
1040 BGHSt 18, 312; BGH wistra 1989, 60.

b) Tathandlung

682 Tathandlung des Treubruchs kann **jedes Handeln oder Unterlassen** sein, das **im Widerspruch zu der Treuepflicht** steht. Rechtsgeschäftliches Handeln ist dafür nicht erforderlich.

683 **aa)** Für die Treubruchsuntreue muss nach einer **Vorschrift oder Verhaltensregel** gesucht werden, gegen die der Täter verstoßen hat. Hierbei kann es sich um gesetzliche, satzungsmäßige oder vertragliche Regelungen handeln.

Hauptbeispiele aus dem Wirtschaftsleben: „Sorgfalt eines ordentlichen und gewissenhaften Geschäftsleiters/Geschäftsmannes" (vgl. § 93 Abs. 1 AktG für AG-Vorstände, § 43 Abs. 1 GmbHG für GmbH-Geschäftsführer).

684 **bb)** Die Verhaltensregel muss eine **spezifische Pflicht im Zusammenhang mit der Vermögensbetreuung sein**. Handelt der Täter nur allgemeinen Schuldnerpflichten zuwider, so liegt auch dann keine Untreue vor, wenn sich die vertragliche Rechtsbeziehung insgesamt als Treueverhältnis darstellt. Namentlich die Verletzung von **Herausgabe**- und **Rückerstattungspflichten** fällt nicht unter § 266.[1041]

Beispiel: Aus diesem Grund verneint der BGH Treubruchsuntreue, wenn der Täter persönliche Provisionen oder Schmiergelder entgegen seiner allgemeinen Treuepflicht **nicht an den Geschäftsherrn herausgegeben** hat.[1042]

Gegenbeispiele:

Findet ein leitender Angestellter eines Unternehmens Vermögenswerte, die dem Unternehmen zustehen, aber vor dem Zugriff der Geschäftsleitung verschleiert worden sind, weil sie als sog. **schwarze Kassen** zur Finanzierung von Schmiergeldern dienen, und unterlässt er es, diese Vermögenswerte durch ordnungsgemäße Buchführung seinem Arbeitgeber zu offenbaren, so verletzt er damit den Kernbereich seiner Vermögensbetreuungspflicht.[1043]

Verwendet ein **Rechtsanwalt** die ihm von seinem Mandanten oder von einem Dritten für seinen Mandanten **in Verwahrung gegebenen Gelder** für sich und ist er deshalb nicht mehr zur jederzeitigen Herausgabe fähig, so liegt Untreue vor.[1044]

685 **cc)** Ob die Pflicht selbst darüber hinaus auch **vermögensschützenden Charakter** besitzen muss, ist umstritten.

Beispiel: Verwendet der kaufmännische Vorstand einer Aktiengesellschaft Betriebsvermögen, um damit nach § 119 Abs. 1 Nr. 1 Alt. 2 i.V.m. § 20 BetrVG in strafbarer Weise eine Betriebsratswahl zu beeinflussen, so soll darin keine strafbare Untreue liegen, weil Schutzzweck des § 119 BetrVG allein die Integrität der Wahl des Betriebsrats ist.[1045]

686 **dd)** Ferner wird **Entscheidungsträgern** ein **weiter Beurteilungs- und Ermessensspielraum bei unternehmerischen Führungs- und Gestaltungsaufgaben** zugebilligt. Das beruht darauf, dass Unternehmensentscheidungen in die Zukunft gerichtet sind und aufgrund einer Abwägung von Chancen und Risiken getroffen werden müssen. Wie bei allen Prognoseentscheidungen besteht auch hier die Gefahr von Fehlbeurteilungen, die erst nachträglich erkennbar werden und deshalb nicht erst nachträglich

1041 BGH NStZ 2001, 545.

1042 BGH RÜ 2002, 459.

1043 BGH RÜ 2009, 30, 31 (= Siemens-Fall).

1044 BGH StV 2004, 80.

1045 BGH StV 2011, 25; anders BGH NStZ 2013, 165.

zu strafbarem Verhalten gemacht werden dürfen. Rechtliche Folge des Entscheidungsspielraums: Eine strafrechtliche Pflichtverletzung liegt nicht vor, solange die Grenzen nicht überschritten werden, innerhalb derer ein verantwortungsvoller, am Unternehmenswohl orientierter Entscheidungsträger nach sorgfältiger Ermittlung der Grundlagen handelt. Ist die fragliche Entscheidung aber **überhaupt nicht zu rechtfertigen, weil keinerlei Nutzen für das betreute Vermögen angestrebt wird**, besteht auch kein Handlungsspielraum. Es liegt dann stets eine Verletzung der Vermögensbetreuungspflicht und damit eine Untreuehandlung vor.

ee) Unklar war eine Zeitlang in der Rspr., ob der Grad dieses Fehlverhaltens zudem **gravierend, die Pflichtverletzung also evident** sein müsse. Nach zwischenzeitlicher Verneinung durch den BGH[1046] hat das BVerfG sich für ein solches Begrenzungskriterium des Untreuetatbestandes ausgesprochen.[1047] Dem folgend verlangt nun auch wieder der BGH Evidenz.[1048] **687**

3. Tatbestandsausschluss durch Einverständnis des Betreuten

Sowohl die Missbrauchsalternative als auch die Treubruchsalternative scheiden aus, **688**
wenn der Vermögensträger (bei juristischen Personen das verfügungsberechtigte Organ) der Tathandlung **zugestimmt** hat.[1049] Da dieses „Einverständnis" eine Disposition über das Vermögen ist, gelten die Regeln der rechtfertigenden Einwilligung.[1050] Insbesondere rechtsgutbezogene Irrtümer oder mangelnde Einwilligungsfähigkeit infolge Geschäftsunerfahrenheit führen deshalb zur Unwirksamkeit.

Die Zustimmung ist auch unwirksam, wenn sie ihrerseits pflichtwidrig war. Das wird bei Zustimmungen durch die Gesellschafterversammlung einer Personenhandelsgesellschaft angenommen, wenn die Gestattung zugleich einen Angriff auf die **Liquidität und Existenzgrundlage der Gesellschaft** darstellt. Ein solcher Angriff liegt vor, wenn das Stammkapital der Gesellschaft durch die Ausschüttung angegriffen wird, denn § 30 Abs. 1 GmbHG verbietet jegliche Ausschüttung, die das zur Erhaltung des **Stammkapitals** der Gesellschaft erforderliche Vermögen betrifft.[1051]

4. Vermögensnachteil

a) Durch den Missbrauch oder den Treubruch muss **bei dem zu betreuenden Vermögen ein Nachteil** verursacht worden sein. Kausalität genügt; ein Unmittelbarkeitszusammenhang wie beim Betrug ist nicht erforderlich.[1052] Der Begriff des Vermögensnachteils selbst ist nach allgemeiner Ansicht identisch mit dem des § 263. Zu fragen ist also, **ob infolge der Pflichtverletzung eine objektiv-individuelle Minderung des betroffenen Vermögens eingetreten und nicht durch gleichzeitig zufließende Vermögensvorteile ausgeglichen worden ist.**[1053] **689**

1046 BGH RÜ 2006, 147, 149 (= Mannesmann-Fall). Diese Auffassung wurde in der „Kinowelt-Entscheidung" bestätigt (BGH NStZ 2006, 221).

1047 BVerfGE 126, 170.

1048 BGH NStZ 2013, 715.

1049 Labsch Jura 1987, 411, 415.

1050 BGH RÜ 2006, 147, 149 (= Mannesmann-Fall).

1051 BGHSt 35, 333, 338; BGH RÜ 2003, 507.

1052 OLG Hamm NJW 1982, 190, 192.

1053 Zum Vermögensnachteil als Folge von **Schmiergeldzahlungen** BGH RÜ 20[illegible]9, 236; als Folge einer **riskanten Kreditvergabe** BGH NStZ 2000, 655; als Folge **unzureichender Buchhaltung** BGH NJW 2001, 3638; als Folge der Überschreitung der Grenzen von **Haushaltsmitteln** BGHSt 43, 293; BGH NStZ-RR 2002, 237.

Wird der Vermögensnachteil erst durch eine andere rechtlich selbstständige Handlung beseitigt, liegt keine Schadenskompensation, sondern nur noch eine auf Strafzumessungsebene beachtliche Schadenswiedergutmachung vor.[1054]

Anders kann die Beurteilung bei Geld sein, das dem Täter für einen längeren Zeitraum zur Verwahrung überlassen ist, etwa Guthaben auf Fremdgeldkonten. Vergreift sich der Verwahrer hieran, kann ein Schaden dennoch zu verneinen sein, wenn der Täter eigene flüssige Mittel zum jederzeitigen Ersatz der eigenmächtig verwendeten Summe zur Verfügung hat und auch sein Augenmerk darauf richtet, diese Mittel ständig zum Ausgleich benutzen zu können.[1055]

690 **b)** Wie beim Betrug ist auch bei der Untreue ein Vermögensschaden in Form eines **Gefährdungsschadens** für die Tatvollendung ausreichend. Dieser darf aber nicht allein mit dem pflichtwidrigen Handeln begründet werden („Verschleifungsverbot"[1056]), sondern muss **beziffert** werden. Eine konkrete Vermögensgefährdung liegt erst dann vor, wenn nach den Umständen des Einzelfalls mit wirtschaftlichen Nachteilen ernstlich zu rechnen ist oder wenn die Gefahr des endgültigen Verlustes eines Vermögensbestandteils so groß ist, dass sie schon jetzt eine Minderung des Gesamtvermögens zur Folge hat. Erst die konkrete wirtschaftliche Auswirkung macht eine zukünftige Verlustgefahr zu einem wirtschaftlichen Schaden.[1057]

Beispiel: Veranlasst ein vermögensfürsorgepflichtiger gesetzlicher Betreuer (§§ 1896 ff. BGB) die von ihm betreute, testierunfähige Person, ihn in einem Testament zu begünstigen, so liegt – solange der Betreute lebt – noch kein Gefährdungsschaden vor.[1058]

5. Vorsatz

691 Für den subjektiven Tatbestand genügt **dolus eventualis**. Der Täter muss sich dabei der Pflichtwidrigkeit seines Handelns bewusst sein.[1059]

6. Verhältnis zum Betrug

692 **Tateinheit** zwischen Betrug und Untreue besteht, wenn der Täter die Untreue mit Mitteln des Betrugs begeht. Hat der Täter einen Betrug begangen und liegt der Untreuevorwurf nur in der Weiterführung dieser Tat, tritt **Untreue als mitbestrafte Nachtat** zurück. Umgekehrt ist der **Betrug mitbestrafte Nachtat**, wenn dadurch ohne weitere Schäden der zuvor durch die Untreue erlangte Vorteil gesichert oder verschleiert werden soll.[1060]

II. Straferschwerungen

693 Durch den Verweis in § 266 Abs. 2 auf § 263 Abs. 3 gelten die Regelbeispiele des Betrugs entsprechend. Dabei sind häufig § 263 Abs. 3 Nr. 2 (= Vermögensverlust großen Aus-

---

1054 Vgl. BGH NStZ 1986, 454, 456.
1055 BGHSt 15, 342; OLG Karlsruhe NStZ 1990, 82, 84.
1056 BGH RÜ 2019, 789; zum Verschleifungsverbot allgemein AS-Skript StrafR AT 1 (2018), Rn. 44.
1057 BGH BeckRS 2013, 10904 unter Verweis auf BVerfGE 126, 170.
1058 BGH RÜ 2018, 718.
1059 BGH NStZ 1990, 437.
1060 Sch/Sch/Perron § 266 Rn. 54.

maßes), Nr. 3 (= Herbeiführung wirtschaftlicher Not) und Nr. 4 (= Amtsmissbrauch) einschlägig. Der Verweis auf Nr. 5 (= Versicherungsbetrug) ist dagegen verfehlt.

Untreue, § 266 Abs. 1

Tathandlungen (Systematische Verständnis der h.M.): Missbrauch ist Spezialfall des Treubruchs

Missbrauch, Abs. 1 Alt. 1	Treubruch, Abs. 1 Alt. 2
▪ **Verfügungs- oder Verpflichtungsbefugnis über fremdes Vermögen kraft Gesetzes, behördlichen Auftrags oder Rechtsgeschäfts**	▪ **Vermögensbetreuungspflicht,** Entstehung kraft **Gesetzes, behördlichen Auftrags, Rechtsgeschäfts** oder kraft **tatsächlichen Treueverhältnisses** (= erloschene, unwirksame, nach h.M. sogar sittenwidrige Rechtsverhältnisse) + **durch Fremdnützigkeit typisiert** (bei Verträgen muss Vermögensbetreuung Hauptpflicht sein), ferner **von einiger Bedeutung** (Selbstständigkeit, Bewegungsfreiheit, Verantwortlichkeit)
▪ **Missbrauch ist Handeln im Rahmen des rechtlichen Könnens** (durch Rechtsgeschäfte/Hoheitsakte, die gerade aufgrund der Außenmacht wirksam sind) **unter Überschreitung der** (durch Weisung oder Auslegung konkretisierten) **Grenzen im Innenverhältnis**	
▪ **Vermögensbetreuungspflicht,** nach h.M. inhaltsgleich mit der 2. Alt. ←	
	▪ **Verletzung einer spezifischen Treuepflicht** (nicht allg. Schuldnerpflicht), die dem Schutz des Vermögens dient

Vermögensnachteil bei dem zu betreuenden Vermögen durch den Missbrauch oder den Treubruch (wie Vermögensschaden in § 263; auch bezifferbarer Gefährdungsschaden genügt)

B. Missbrauch von Scheck- und Kreditkarten, § 266 b

§ 266 b musste für den Missbrauch im bargeldlosen Zahlungswesen geschaffen werden, weil die Untreue (§ 266) mangels Vermögensbetreuungspflicht des Karteninhabers diese Fälle nicht erfasst.[1061] 694

Soweit früher zumindest die Fälle des ec-Scheckkartenmissbrauchs von der Rspr. als Betrug angesehen wurden, ist diese Lösung überholt. Durch Einführung des § 266 b hat der Gesetzgeber diesem – im Verhältnis zu § 263 milderen – Tatbestand konkurrenzrechtlichen Vorrang (Spezialität) eingeräumt.[1062]

1061 Vgl. BGHSt 24, 386; 33, 244, 250.

1062 OLG Hamm StraFo 2001, 281.

I. Scheckkartenmissbrauch, Alt. 1

695 Die Vorschrift ist seit der Abschaffung des ec-Scheckverfahrens am 01.01.2002 überholt. Die Girokarte, die heute ohne Scheckbegebung für Bargeldabhebungen oder bargeldlose Zahlungen eingesetzt wird, ist keine „fortexistierende Scheckkarte" oder „Kreditkarte" (s.o. Rn. 478).

II. Kreditkartenmissbrauch, Alt. 2

1. Täter kann nur sein, wer die durch **Überlassung einer Kreditkarte vom Kreditkartenunternehmen** eingeräumte Möglichkeit besitzt, den Aussteller zu einer Zahlung zu veranlassen.

696 **a)** Nach heute h.M. sind Kreditkarten nur Zahlungskarten im sog. „Drei/Vier-Partner-System." Diese ermöglichen dem **Karteninhaber**, bei einem der durch Rahmenvertrag mit dem **Kartenunternehmen** verbundenen **Warenhändler oder Dienstleister** unter Vorlage der Karte gegen Unterschrift auf einem Abrechnungsbeleg oder online durch Autorisierung mit der rückseitigen Kartenprüfnummer eine garantierte Zahlung des Kartenunternehmens auszulösen, z.B. Mastercard, Visa, American Express.[1063]

697 Nicht erfasst werden Karten im „Zwei-Partner-System". Hierbei handelt es sich nur um einen Ausweis über die Einräumung eines Kundenkredits, mit dem der Inhaber Leistungen in Anspruch nehmen kann, ohne dass es jeweils einer erneuten Prüfung seiner Kreditwürdigkeit bedarf, insbesondere an Tankstellen, in Kaufhäusern oder bei Autovermietern.[1064]

698 **b)** Täter des Kreditkartenmissbrauchs kann nur sein, wer seine Benutzungsbefugnis **unmittelbar vom Kreditkartenunternehmen** ableitet.[1065] Es handelt sich also um ein **Sonderdelikt**.

699 **2.** Die Tathandlung des **Missbrauchs** im Sinne der 2. Alt. liegt nur vor, wenn der Täter die ihm mit der Aushändigung eingeräumte Möglichkeit genutzt hat, aufgrund des zwischen dem Händler/Dienstleister und dem Kreditkartenunternehmen bestehenden Rechtsverhältnisses eine Zahlungsgarantie des Kartenunternehmens zu begründen, obwohl die Einkommens- und Vermögensverhältnisse des Karteninhabers einen Ausgleich im Abrechnungszeitraum ausschließen.[1066]

700 **3.** Durch den Missbrauch muss **das Kreditkartenunternehmen geschädigt** worden sein. Hierzu gelten dieselben Regeln wie bei §§ 263/266, d.h., ein Schaden fehlt, wenn dem durch den Missbrauch verpflichteten Unternehmen gegen den Karteninhaber ein auch tatsächlich realisierbarer Ausgleichsanspruch zusteht.[1067]

4. Sonstiges

701 Für den subjektiven Tatbestand ist nur **Vorsatz** erforderlich (dolus eventualis genügt). Nach § 266 b Abs. 2 gilt **§ 248 a** entsprechend.

1063 BGHSt 38, 281.

1064 BGHSt 38, 281 m. krit. Anm. Otto JZ 1992, 1139.

1065 BGH StV 1992, 118.

1066 Ranft JuS 1988, 673, 678.

1067 Sch/Sch/Perron § 266 Rn. 10.

5. Teil: Wichtige Eigentums- und Vermögensgefährdungsdelikte

A. Versicherungsmissbrauch, § 265

Die Vorschrift ist **Vorbereitungsdelikt zum Sachversicherungsbetrug**. Zu beachten ist bei Brand- oder Schiffsversicherungsbetrügereien das straferschwerende Regelbeispiel des § 263 Abs. 3 S. 2 Nr. 5. 702

§ 265 ist **Vergehen** mit Versuchsstrafbarkeit in Abs. 2, das gegenüber einem später begangenen Betrug **formell subsidiär** ist.

Aufbauhinweis*: Obwohl der Betrug zeitlich später liegt, sollte man, wenn es zur Schadensmeldung gegenüber der Versicherung gekommen ist, zuerst diesen darstellen und § 265 danach nur noch kurz abhandeln und zurücktreten lassen.*

I. Tatobjekt ist eine **gegen Untergang, Beschädigung, Beeinträchtigung der Brauchbarkeit, Verlust oder Diebstahl versicherte Sache**. Es kann sich um eine bewegliche oder unbewegliche Sache handeln. Erfasst werden aber nur körperliche Gegenstände, § 90 BGB. Der wichtigste Anwendungsbereich liegt bei kasko-versicherten Kfz, die unter Vortäuschung eines Diebstahls ins Ausland verschoben werden sollen.[1068] Erfasst sind auch alle anderen Sachversicherungen wie z.B. Gebäudeversicherungen. **„Versichert"** ist eine Sache, wenn über sie ein förmlicher, rechtsgeschäftlich nicht wieder aufgehobener Versicherungsvertrag besteht. 703

II. Tathandlungen sind das **Beschädigen** und **Zerstören** – inhaltsgleich mit den Modalitäten des § 303 (s.o. Rn. 650 ff.); ferner die **Brauchbarkeitsbeeinträchtigung**. Wichtiger im Zusammenhang mit Kfz-Verschiebungen sind das **Beiseiteschaffen**, also das Verbringen der versicherten Sache aus dem räumlichen Herrschaftsbereich des Versicherungsnehmers,[1069] und schließlich das **Überlassen** der Sache an einen anderen. Hierbei handelt es sich – ähnlich wie bei dem wortgleichen Merkmal in § 281 – um eine zur Täterschaft erhobene Teilnahme am Beiseiteschaffen. 704

III. Der subjektive Tatbestand verlangt **Vorsatz und die Absicht, sich oder einem Dritten Leistungen aus der Versicherung zu verschaffen**. „Absicht" ist zielgerichteter Wille im Tatzeitpunkt. Es braucht nicht mehr zur Täuschung der Versicherung gekommen zu sein (dann ist § 265 ohnehin subsidiär). „Aus der Versicherung" stammt die (erstrebte) Leistung nur dann, wenn sie eines der im objektiven Tatbestand bezeichneten Versicherungsrisiken abdeckt. Zwischen beiden muss also Deckungsgleichheit bestehen.[1070] Die Absicht braucht nicht „betrügerisch" zu sein! Es kommt nur darauf an, dass eine Versicherungssumme erstrebt wird, gleichviel ob der Versicherungsnehmer einen Anspruch aus der Versicherung hat oder ob dieser wegen § 81 VVG ausgeschlossen ist.[1071] 705

Konsequenz: Selbst derjenige begeht Versicherungsmissbrauch, der dem Versicherten aus der Tat die Versicherungssumme verschaffen will, die dieser – weil § 81 VVG nicht

---

1068 BT-Drs. 13/9064 S. 19.

1069 Lackner/Kühl § 265 Rn. 3.

1070 Vgl. zu § 265 a.F. BGHSt 25, 261; 32, 137.

1071 BT-Drs. 13/9064 S. 19 f.

eingreift – versicherungsrechtlich beanspruchen kann. In diesem Fall liegt in der späteren Schadensmeldung durch den Versicherungsnehmer aber kein Betrug mehr.

706 **IV.** Vollendet ist die Tat schon mit Vornahme einer der Tathandlungen in deliktischer Absicht. Nimmt der Täter von seinem Vorhaben Abstand, ändert dies nichts an der Strafbarkeit. Eine tätige Reue ist gesetzlich nicht vorgesehen.[1072]

B. Vollstreckungsvereitelung, § 288

707 **I.** Täter kann nur sein, wer selbst **Vollstreckungsschuldner** (§ 14) ist. § 288 ist **Sonderdelikt**.[1073]

708 **II.** Dem Schuldner **droht die Zwangsvollstreckung**, wenn nach den Umständen zu erwarten ist, dass der Gläubiger seinen Anspruch demnächst zwangsweise durchsetzen wird. Ein Vollstreckungstitel braucht noch nicht vorzuliegen.

Die Zwangsvollstreckung kann sogar schon dann drohen, wenn der Gläubiger weder Klage erhoben noch sonstige Schritte zur Verwirklichung seiner Forderung getan hat, aber Tatsachen vorliegen, die auf einen entsprechenden Willen schließen lassen, z.B. Wechselprotest.[1074] Eine bereits begonnene Zwangsvollstreckung „droht" so lange, bis sämtliche Vollstreckungsmaßnahmen abgeschlossen sind und zur vollen Befriedigung des Gläubigers geführt haben.[1075]

709 **III.** § 288 schützt nicht die Zwangsvollstreckung als solche, sondern das **materielle Befriedigungsrecht** als Vermögensposition des Gläubigers. Hieraus ergibt sich als ungeschriebenes Tatbestandsmerkmal, dass der drohenden Zwangsvollstreckung ein **materiell-rechtlich begründeter und durchsetzbarer Anspruch vermögensrechtlicher Natur** zugrunde liegen muss.[1076]

Daran fehlt es bei staatlichen Zahlungsbegehren, die nicht auf die Befriedigung wirtschaftlicher Interessen gerichtet sind, sondern Sanktionscharakter besitzen, wie z.B. Zwangsgelder oder Geldstrafen.[1077]

Der Strafrichter hat das Bestehen des Anspruchs selbst zu prüfen und ist gemäß § 262 StPO nicht an ein den Anspruch bejahendes Zivilurteil gebunden.

IV. Tatobjekt Bestandteile des Tätervermögens

710 **1.** Der Begriff „Bestandteil" verdeutlicht, dass nicht nur an körperlichen Sachen, sondern auch an Forderungen und Rechten Vollstreckungsvereitelung begangen werden kann, z.B. durch „Abräumen" eines Girokontos bei drohender Kontenpfändung.

2. Die Gesetzesformulierung „seines" Vermögens legt den Fehlschluss nahe, dass alle Sachen und Forderungen, die dem Täter im zivilrechtlichen Sinne gehören, Gegenstand der Vollstreckungsvereitelung sein können. Normzweck des § 288 ist aber, das materielle Befriedigungsrecht des Gläubigers in der Zwangsvollstreckung zu schützen. Der Begriff des Tätervermögens muss daher **rein vollstreckungsrechtlich** interpretiert wer-

---

1072 Lackner/Kühl § 265 Rn. 5; für eine analoge Anwendung des § 306 e Geppert Jura 1998, 382, 385.

1073 Sch/Sch/Heine/Hecker § 288 Rn. 3.

1074 Vgl. BGH bei Holtz MDR 1977, 638.

1075 Sch/Sch/Heine § 288 Rn. 12.

1076 RG JW 1937, 1336, 1337.

1077 LG Bielefeld NStZ 1992, 284; Fischer § 288 Rn. 2.

den, d.h. erfasst werden **alle Gegenstände, die dem Schuldner so zuzurechnen sind, dass sich der Gläubiger aus ihnen im Wege der Vollstreckung befriedigen kann.**[1078] Konsequenzen: Sachen und Rechte, die dem Täter zwar gehören, aber unpfändbar sind (§§ 811, 850 ff. ZPO), sind vollstreckungsrechtlich keine Bestandteile des Tätervermögens. Obwohl eine Sache dem Täter nicht mehr gehört, kann der Sachbesitz Vermögensbestandteil sein, wenn der Gläubiger aus der Pfändung der Sache Befriedigung suchen darf.

Beispiel: Da der Vorbehaltsverkäufer seine eigene Sache beim Vorbehaltskäufer pfänden darf, ist auch der Besitz an einer solchen Sache Vermögensbestandteil des Schuldners.[1079]

V. Tathandlungen: Veräußern oder Beiseiteschaffen

1. Veräußern ist eine rechtsgeschäftliche Verfügung, durch die ein dem Zugriff des Gläubigers unterliegendes Vermögensstück aus dem Schuldnervermögen ausgeschieden (z.B. Übereignung, Abtretung) oder in einer die Zugriffsmöglichkeit des Gläubigers einschränkenden Weise belastet wird (Verpfändung, Hypothekenbestellung). Im Hinblick auf den alleinigen Schutzzweck des § 288, die Befriedigung des Gläubigers zu sichern, muss jedoch auch die Veräußerung restriktiv ausgelegt werden: 711

Veräußert der Schuldner eine – noch nicht gepfändete – Sache, wird aber das veräußerte Vermögensstück durch einen gleichzeitig zufließenden Wert **kompensiert**, so fällt dies bei drohender Vollstreckung wegen Geldforderungen nicht unter § 288.[1080] Dasselbe gilt, wenn dem Gläubiger trotz Veräußerung noch ausreichende Vollstreckungsobjekte verbleiben.[1081]

Die Befriedigung eines anderen Gläubigers, die dieser in der vom Schuldner gewährten Art und zur fraglichen Zeit beanspruchen durfte i.S.v. § 283 c, ist keine Veräußerung, weil infolge Erlöschens der Forderung das Schuldnervermögen nicht gemindert ist, sog. **kongruente Deckung**.[1082]

2. Beiseiteschaffen ist jede Handlung, die den Gegenstand dem Gläubigerzugriff tatsächlich entzieht, ohne dass der Gegenstand rechtlich aus dem Vermögen des Schuldners auszuscheiden braucht.[1083]

Beispiele: Verstecken, Scheinverkauf, sogar die Sachzerstörung[1084]

VI. Vorsatz und Vereitelungsabsicht

Es genügt dolus eventualis. Der Täter muss zudem in der Absicht handeln, **die Befriedigung des Gläubigers zu vereiteln**. Nach Rspr. und h.M.[1085] braucht es sich dabei nicht um den Beweggrund des Täters zu handeln, sondern es genügt dolus directus zweiten Grades, der vorliegt, wenn der Täter die Befriedigungsvereitelung als sichere Folge seines Handelns voraussieht und in seinen Willen aufnimmt. 712

VII. Verfolgbarkeit 713

Gemäß § 288 Abs. 2 ist die Tat nur auf Antrag verfolgbar.

1078 Allg. Ansicht, vgl. SK-Hoyer § 288 Rn. 14.
1079 BGHSt 16, 330.
1080 RGSt 71, 230.
1081 RGSt 8, 51.
1082 RGSt 71, 231.
1083 BGH GA 1965, 309.
1084 RGSt 19, 25.
1085 RGSt 27, 241; Sch/Sch/Heine/Hecker § 288 Rn. 16–20.

6. Teil: Vermögens-Anschlussdelikte

714 Einziges Anschlussdelikt nach einem Vermögensdelikt ist die **Hehlerei, §§ 259–260 a**.

Anschlussdelikte können zwar auch die Begünstigung gemäß § 257 und die Geldwäsche gemäß § 261 sein. Diese setzen jedoch kein Vermögensdelikt als Vortat voraus und dienen primär der Wiederherstellung des durch die Vortat verletzten gesetzmäßigen Zustandes (§ 257), der Rechtspflege (§ 261 Abs. 1) und der Volkswirtschaft (§ 261 Abs. 2). Sie sind also keine Vermögensdelikte.[1086]

A. Hehlerei, § 259

715 Das Wesen der Hehlerei besteht in der Aufrechterhaltung und Vertiefung der rechtswidrigen Vermögenslage an einer Sache, die ein anderer Vortäter geschaffen hat (Perpetuierung). Grundtatbestand ist § 259, Qualifikationen enthalten die §§ 260, 260 a.

Aufbauschema: Hehlerei, § 259

1. Tatobjekt: Sache, die von einem anderen durch rechtswidrige Vortat, die fremde Vermögensinteressen verletzt, erlangt worden ist
2. Tathandlungen:
   - **a)** Ankaufen
   - **b)** Sich oder einem Dritten verschaffen
   - **c)** Absetzen
   - **d)** Absetzen helfen
3. Vorsatz
4. Absicht, sich oder einen Dritten zu bereichern
5. Rechtswidrigkeit
6. Schuld
7. Antrag gemäß § 259 Abs. 2 i.V.m. §§ 247, 248 a

I. Tatobjekt

muss eine Sache sein, **die ein anderer gestohlen oder sonst durch eine gegen fremdes Vermögen gerichtete rechtswidrige Tat erlangt hat**.

1. Sache

716 Durch die Begrenzung auf Sachen i.S.v. § 90 BGB wird deutlich, dass Forderungen oder Rechte, auch wenn sie durch ein Vermögensdelikt erlangt worden sind, keine tauglichen Hehlereiobjekte darstellen.

Sind rechtswidrig erlangte Forderungen und Rechte dagegen **in einem Papier verkörpert** oder ist ein solches Papier selbst Gegenstand eines Vermögensdelikts gewesen, so ist Hehlerei an solchen körper-

1086 AS-Skript StrafR BT 2 (2021), Rn. 683–704.

lichen Gegenständen möglich, z.B. Sparkassenbücher, Schuldscheine, Pfand- oder Grundschuldbriefe.[1087]

Auch rechtswidrig erlangte Daten auf Datenspeichern sind nach diesen Grundsätzen keine tauglichen Hehlereiobjekte, sofern der Datenträger selbst nicht durch ein Vermögensdelikt erlangt worden ist.[1088]

Das Hehlereiobjekt muss jedoch nicht fremd und beweglich sein. § 259 ist also auch möglich an herrenlosen, z.B. gewilderten Sachen,[1089] an tätereigenen Sachen, insbesondere nach einer Pfandkehr,[1090] oder an Grundstücken.[1091]

Klausurhinweis: *Leiten Sie die Prüfung des § 259 in einem Gutachten immer mit der* ***exakten Benennung des Hehlereiobjekts*** *ein.*

2. Von einem anderen durch gegen fremdes Vermögen gerichtete Vortat erlangt

Das Tatobjekt muss ein **anderer durch eine gegen fremdes Vermögen gerichtete Vortat erlangt haben**. Der Diebstahl („gestohlen") ist nur als häufigste Vortat des § 259 herausgehoben.

a) Erforderlich ist also zunächst eine **rechtswidrige Tat i.S.d. § 11 Abs. 1 Nr. 5**, d.h. eine solche, die den Tatbestand eines Strafgesetzes (und nicht nur einer Ordnungswidrigkeit) erfüllt. Bei einem Vorsatzdelikt muss der Täter auch mit Vorsatz gehandelt haben, d.h. eine rechtswidrige Tat fehlt, wenn sich der Täter in einem vorsatzausschließenden Tatumstandsirrtum befunden hat.[1092] Die Tat muss rechtswidrig gewesen sein. Auf einen Schuldvorwurf gegenüber dem Täter kommt es nicht an.[1093] Auch ein persönlicher Strafausschließungsgrund oder Verjährung oder fehlender Strafantrag sind unschädlich.[1094] **717**

b) Die Vortat muss sich gegen **fremdes Vermögen** richten. Allerdings braucht kein Vermögensdelikt im rein technischen Sinne vorzuliegen, wie etwa Raub, Betrug oder Untreue. Es genügt jede Vortat, durch die **fremde Vermögensinteressen verletzt wurden und die zu einer rechtswidrigen Besitzlage geführt hat**.[1095] **718**

Beispiele: Meineid;[1096] sogar Begünstigung[1097] und Hehlerei selbst (sog. „Ketten-Hehlerei)[1098]

Gegenbeispiele: Keine geeigneten Vortaten sind die nur öffentliche Interessen schützenden Tatbestände, wie etwa Urkunds- und Geldfälschungsdelikte[1099] oder Bestechungsdelikte.[1100]

1087 Vgl. BGH NJW 1978, 710; OLG Düsseldorf NJW 1990, 1492.
1088 Heinrich JZ 1994, 938.
1089 Sch/Sch/Hecker § 259 Rn. 6.
1090 LK-Walter § 259 Rn. 17.
1091 NK-Altenhain § 259 Rn. 4.
1092 BGHSt 4, 76.
1093 BGHSt 1, 47.
1094 Lackner/Kühl § 259 Rn. 4.
1095 LK-Walter § 259 Rn. 17.
1096 RGSt 4, 440, 442.
1097 Rudolphi JA 1981, 1, 2.
1098 BGHSt 33, 44, 48.
1099 LK-Walter § 259 Rn. 20.
1100 Sch/Sch/Hecker § 259 Rn. 8.

Eine rechtswidrige Besitzlage am Versicherungsgegenstand entsteht auch nicht durch Versicherungsmissbrauch nach § 265 oder Versicherungsbetrug nach § 263.[1101]

719 **c)** Das Gesetz verlangt weiter, dass ein **anderer** die Vortat begangen haben muss. Hieraus folgt, dass **ein mittelbarer Täter oder ein Mittäter der Vortat durch die Erlangung der Beute nicht Hehler werden kann**, auch wenn er den Beuteanteil eines anderen Mittäters erwirbt.[1102] Umstritten ist, ob der Dieb dadurch, dass er eine von ihm gestohlene Sache, die er an einen Hehler weitergegeben hat und von diesem zurückerwirbt, zum Hehler wird. Die bejahende Auffassung meint, dass hier der erste Zwischenhehler der Vortäter sei und nicht mehr der Dieb, und dass auch die Hehlerei des Zwischenerwerbers taugliche Vortat sein kann.[1103] Die Gegenansicht hält zwar den Tatbestand für gegeben, lässt aber den Rückerwerb als mitbestrafte Nachtat hinter der Vortat zurücktreten.[1104]

Nach h.M. können dagegen Anstifter und Gehilfe an der Vortat durch späteren Beuteerwerb Hehler werden.[1105]

Auch ist es möglich, dass der Hehler, der schon vor der strafbaren Beuteerlangung seine Mitwirkung bei der Verwertung zusagt, dadurch zum psychischen Gehilfen der Haupttat wird.[1106] Hält er dann sein Versprechen ein, steht die Hehlerei in Tatmehrheit zur Teilnahme an der Vortat.

720 **d)** Der Vortäter muss die Sache durch die Vortat (im Sinne körperlicher Herrschaft) **erlangt haben**. Die Vergangenheitsform des Verbs macht den Charakter des § 259 als Anschlussdelikt deutlich. Durch die Vortat muss eine rechtswidrige Vermögenslage geschaffen worden sein, **bevor** sich die Tathandlung der Hehlerei anschließt. Nach h.M. ist daher eine rechtlich abgeschlossene, in der Regel vollendete Vortat erforderlich. Wird die Vortat erst durch die Weitergabe an den Erwerber begangen, kommt für den Erwerber keine Hehlerei, sondern nur Beteiligung an der Vortat in Betracht.[1107]

Das (klausurrelevante!) Problem der **Zeitgleichheit von Vortat und Hehlerei** taucht bei **Unterschlagung** gemäß **§ 246 und Untreue** gemäß **§ 266** auf:

721 Auch **Unterschlagung** ist nach allgemeiner Ansicht taugliche Hehlereivortat. Obwohl der Täter hier regelmäßig schon vor der Tat Gewahrsam an der Sache hat, wird das Merkmal „erlangt hat" damit begründet, dass er durch die Zueignungshandlung seinen Fremdbesitz in Eigenbesitz umwandelt und damit die rechtswidrige Vermögenslage schafft.[1108]

Stellt man auf diesen Manifestationsakt ab, so lässt sich häufig die zeitliche Trennung zur Hehlerei wenigstens für eine „logische Sekunde" herstellen.

1101 BGH NStZ 2005, 447.
1102 BGHSt 8, 390, 392.
1103 LK-Ruß, § 259 Rn. 41.
1104 Sch/Sch/Hecker § 259 Rn. 48.
1105 BGHSt 7, 134; 33, 50, 52.
1106 Vgl. BGH StV 1997, 250.
1107 BGH StV 2002, 542.
1108 RGSt 58, 230.

Beispiel: A verwaltet selbstständig das Benzinlager einer Großspedition. Er füllt „für billiges Geld" seinem Bekannten B den Tank des Pkw, wobei er das Zählwerk der Zapfsäule abstellt. Das Geld verbraucht A für sich. Nach dem BGH liegt vollendete Unterschlagung und damit ein Erlangtsein der Sache durch den Vortäter darin, dass A die Zähluhr abstellte und das Benzin ohne Kontrolle durch die Zähluhr in den Abfüllschlauch gelangen ließ. Beim Auslaufen des Benzins aus dem Abfüllstutzen in den Tank des Kfz war das Benzin daher bereits eine von A unterschlagene (konkrete) Sache, die sich der Bekannte B verschafft hat.[1109]

Gegenbeispiel: E hat bei A 100 Kartons Seife eingelagert. A, der in Geldverlegenheit ist, bietet dem eingeweihten C günstig 20 Kartons davon an, die sich C, dem er den Lagerschlüssel aushändigt, selbst abholen soll, was C später tut. – Das Verkaufsangebot hinsichtlich der 20 Kartons ist keine vollendete Unterschlagung, da sich hier der Zueignungswille des A noch nicht auf eine konkrete Sache, sondern auf noch unausgesonderte Teile einer Gattung bezog. Hier fallen also die Unterschlagungshandlung des A und das Sichverschaffen durch C zusammen, ohne dass sich die Vollendung der Unterschlagung zeitlich vorverlegen lässt. Die h.M. kann hier folgerichtig keine Hehlerei annehmen, sondern nur eine Beihilfe des C zu der von A begangenen Unterschlagung.

e) Fortsetzung rechtswidriger Besitzlage an dem Hehlereiobjekt

Die Gesetzesformulierung „Wer eine Sache, die … , ankauft oder sonst sich oder einem Dritten verschafft …" setzt voraus, dass **derselbe** Gegenstand, an dem durch das Vermögensdelikt des Vortäters, von dem der Hehler den Gegenstand erwirbt, eine rechtswidrige Vermögenslage geschaffen oder aufrechterhalten worden ist, auch Bezugsgegenstand der Hehlereihandlung ist. Hieraus ergeben sich zwei Konsequenzen: 722

aa) Nur **unmittelbar aus der Vortat** erlangte Sachen können taugliches Hehlereiobjekt sein. Erlangt der Vortäter für diese Sache ohne Straftat eine Ersatzsache, so ist diese kein taugliches Hehlereiobjekt mehr. Man spricht von **strafloser Ersatzhehlerei.**[1110] 723

Die h.M. wendet diesen Gedanken der Sachidentität von Vortat- und Hehlereiobjekt uneingeschränkt **auch auf Bargeld** an. Deshalb liegt in den Fällen, in denen der Vortäter gestohlenes Bargeld in andere Geldzeichen umtauscht und hiervon einen Teil dem in alles Eingeweihten überlässt, nach h.M. für den Erwerber mangels rechtswidriger Vermögenslage an dem eingetauschten Geld keine Hehlerei vor.[1111]

In strafrechtlichen Gutachten wird häufig der Fehler gemacht, vorschnell eine straflose Ersatzhehlerei zu bejahen. Die Bearbeiter übersehen dabei häufig, 724

- dass beim **Erwerb der Ersatzsache zumeist eine neue Vermögensstraftat** (regelmäßig Betrug) begangen worden ist und deshalb auch an dem Ersatzgegenstand eine rechtswidrige Vermögenslage besteht, die es zum tauglichen Hehlereiobjekt macht.

  Beispiel: A verkauft das gestohlene Gut an den gutgläubigen X und schenkt seiner eingeweihten Freundin F 100 € von dem Erlös. – Da der Erwerber, der gemäß § 935 Abs. 1 BGB kein Eigentum an der Sache erwerben konnte, betrogen wurde, ist auch das Geld durch eine Vermögensstraftat eines anderen erlangt worden. Daran hat F eine Hehlerei begangen.

- Übersehen wird auch, dass sich die **Mitwirkung beim Erlangen der Ersatzsache häufig zugleich als Absatz bzw. Absatzhilfe** in Bezug auf die Beute der Vortat darstellt.

1109 NJW 1959, 1377.

1110 Vgl. BGH NJW 1969, 1260.

1111 Sch/Sch/Hecker § 259 Rn. 13; Rengier § 22 Rn. 25 ff.

Beispiel: E hat einen Einbruch begangen. Sein Freund F vermittelt ihm den Hehler H, der die Beute ankauft, und erhält dafür von E aus dem Erlös 100 €. – Diese Geldscheine sind kein taugliches Hehlereiobjekt, da sie nicht mittels einer strafbaren Vermögenstat gegen H erlangt worden sind. F hat aber Absatzhilfe an der Diebesbeute begangen (zur Abgrenzung zwischen Absatzhilfe und Ersatzhehlerei s.u. Rn. 740 f.).

725 **bb)** Auch ohne zwischenzeitlichen Umtausch kann die aus der Vortat stammende Beute ihren **Charakter als Hehlereiobjekt verlieren, weil die rechtswidrige Vermögenslage endet**.

Beispiel: W hat einen von ihm gewilderten Fuchs präpariert und ausgestopft. B erwirbt in Kenntnis aller Umstände das Präparat. – Wilderei als Vermögensdelikt ist zwar taugliche Vortat der Hehlerei. Hier hat W jedoch durch Verarbeitung gemäß § 950 BGB Eigentum an dem ausgestopften Fuchs erworben. Der Jagdberechtigte hat keinen Herausgabeanspruch hinsichtlich des Präparats mehr. Der ausgestopfte Fuchs ist kein taugliches Hehlereiobjekt.

II. Tathandlungen

726 Die im Gesetz genannten **Hehlereihandlungen** sind danach zu unterscheiden, in welchem **„Lager"** der Anschlusstäter steht:

- Handelt der Anschlusstäter **als oder für den Erwerber**, kommen nur die Tathandlungen des Ankaufens, Sichverschaffens oder Einem-Dritten-Verschaffens in Betracht.
- Handelt der Anschlusstäter im **Interesse des Vortäters, kommt nur Absetzen oder Absatzhilfe** infrage.

Diese Einteilung ermöglicht auch die Zuordnung unselbstständiger Mitwirkungshandlungen:

Die **zugunsten des Vortäters** begangene Mitwirkung bei der Weiterveräußerung ist täterschaftliche Absatzhilfe. **Die dem Absetzenden oder Absatzhelfer gewährte Unterstützungshandlung ist dagegen nur Beihilfe zur Hehlerei.**[1112]

Die dem Erwerber geleistete Unterstützung ist keine täterschaftliche Absatzhilfe, sondern nur Beihilfe zum Sichverschaffen.[1113]

1. Sichverschaffen

727 Das Sichverschaffen ist der Oberbegriff der den Erwerb umschreibenden Tathandlungen. Es liegt vor, **wenn Vortäter und Erwerber einverständlich in der Weise zusammenwirken, dass der Vortäter sich der Sache entäußert und die Verfügungsgewalt auf den Erwerber überträgt, sodass dieser zu eigenen Zwecken damit verfahren kann und die Sache ihrem wirtschaftlichen Wert nach übernimmt.**[1114] Im Einzelnen:

728 **a)** Erforderlich ist – das gilt für alle Hehlereihandlungen (!) – ein **einvernehmlicher Erwerb**. Ein solches Einvernehmen liegt auch vor, wenn der Erwerber die Verfügungsgewalt durch einen **Betrug** erlangt, denn auch nach einer Täuschung erfolgt die Weitergabe mit dem Willen des Vortäters.[1115]

1112 BGHSt 33, 44, 49; BGH RÜ 2008, 243.

1113 BGH GA 1984, 427, 428.

1114 Vgl. BGHSt 15, 53, 56; 27, 160, 163; BGH NStZ 1988, 271.

1115 BGH RÜ 2019, 380.

Wer sich dagegen **eigenmächtig** die im Besitz des Vortäters befindliche Sache verschafft, ist kein Hehler, sondern begeht Diebstahl, Unterschlagung oder Raub.[1116] Auch die durch Erpressung und Nötigung erzwungene Überlassung des Hehlereiobjekts ist kein einverständlicher Erwerb im Sinne des Sichverschaffens.[1117]

***Hinweis**: Dieses Detail unbedingt für **Klausuren** merken!*

b) Die Einräumung von Gewahrsam ohne gleichzeitige Gewährung einer vom Vortäter unabhängigen Verfügungsgewalt genügt nicht.[1118] **729**

Beispiele:

Die bloße **Miete, Leihe oder Verwahrung** der Vortatbeute ist **keine** Hehlerei in Form des Sichverschaffens.[1119]

Mangels eigener Verfügungsgewalt ist auch **das bloße Mitverzehren, -verbrauchen oder Mitbenutzen** strafbar erlangter Waren nach h.M. kein Sichverschaffen.[1120] Nach der Gegenauffassung ist keine krassere Art der Perpetuierung denkbar als der bestimmungsgemäße Verbrauch einer Sache, und auf die Dauer des durch den Verzehr gegebenen „Verfügungszustandes" dürfe es nicht ankommen.[1121]

c) Befindet sich die Sache **nicht in der Hand des Vortäters, sondern bei einem Dritten** in Verwahrung, kann die Erlangung der Verfügungsgewalt auch schon dadurch vollzogen werden, dass ihm der Vortäter den Zugriff auf die Sache ermöglicht. **730**

Beispiel: Der Erwerb eines Schließfachschlüssels ist damit schon Sichverschaffen der betreffenden Sache, wenn dem Täter dadurch ermöglicht werden soll, zu eigenen Zwecken darüber zu verfügen.[1122]

d) Besitzerlangung und Verfügungsgewalt zu eigenen Zwecken des Anschlusstäters müssen nicht zusammenfallen. Möglich ist, dass der Erwerber zunächst nur Besitz erhält (z.B. Verwahrung) und sich erst **später** mit dem Vortäter darüber einigt, die Sache in sein Vermögen zu überführen.[1123] **731**

Beispiel: Der Dieb D steckt seinem Freund F heimlich eine gestohlene Sache zu, um sie ihm zu schenken. F findet die Sache später. Er erkennt ihre Herkunft und die gute Absicht des Diebes und behält die Sache für sich. – Vollendetes Sichverschaffen, als F das „Angebot" des D schlüssig annimmt.

2. Ankaufen

Die Gesetzesformulierung „oder sonst sich … verschafft" verdeutlicht, dass das Merkmal Ankaufen nur ein Unterfall des Sichverschaffens ist. Hierfür gelten dieselben Grundsätze wie für das Sichverschaffen. Daraus folgt, dass der Abschluss des schuldrechtlichen Kaufvertrages für sich allein noch nicht den Tatbestand des Ankaufens erfüllt.[1124] **732**

1116 Vgl. Wessels/Hillenkamp/Schuhr Rn. 853.
1117 BGH NJW 1996, 2877.
1118 BGH wistra 1998, 264 m. Anm. Otto, Jurakartei 1999, § 259/19.
1119 BGH bei Holtz MDR 1991, 1022.
1120 BGH StV 1999, 604.
1121 Sch/Sch/Hecker § 259 Rn. 22.
1122 BGHSt 27, 160.
1123 Vgl. BGHSt 15, 53, 58.
1124 Sch/Sch/Hecker § 259 Rn. 26.

3. Sich oder einem Dritten verschaffen

733 Diese Modalität erfasst zwei Fallgruppen:

a) Zum einen die Fälle, in denen der Täter aus eigenem wirtschaftlichen Interesse die Deliktsbeute vom Vortäter unmittelbar einem Dritten zukommen lässt, ohne sie selbst zwischenzeitlich in Besitz zu haben.[1125]

Beispiel: B soll von A gestohlenes Geld erhalten. Um eine fällige Forderung des C gegen B zu tilgen, veranlasst B den A, das Geld direkt dem C zu übergeben. – Vollendete Hehlerei des B in der Form des „Einem-Dritten-Verschaffens".

734 **b)** Erfasst werden auch die Fälle, in denen ein Gewerbegehilfe aufgrund eigenmächtigen Entschlusses für den Geschäftsherrn erwirbt.

Beispiel: Der Angestellte A des Juweliers J erwirbt für seinen zurzeit verreisten Chef billig Brillanten aus der Diebesbeute des D, wobei er für seine Tüchtigkeit eine Gehaltsaufbesserung erhofft. – Vollendete Hehlerei.[1126]

4. Absetzen

Bei dieser Tathandlung wird der Hehler **für den Vortäter** aktiv.

735 **a) Absetzen** ist nach h.M. **die entgeltliche und selbstständige Veräußerung der Sache an Dritte im Interesse und mit Einverständnis des Vortäters** – Stichwort: Verkaufskommissionär oder Zwischenhehler.[1127] Mehrere Absatzhandlungen bilden bei engem zeitlichen und räumlichen Zusammenhang eine einzige Hehlerei.[1128]

Beispiele: Verkauf, Tausch oder sogar Verpfändung[1129]

Gegenbeispiel ist das Verschenkenhelfen, sodass der Bote des Diebes, der aus der Diebesbeute ein Geschenk überbringt, nach h.M. straflos ist.[1130]

736 **b)** Zwei Probleme beschäftigen im Zusammenhang mit dem Absetzen seit jeher Lit. und Rspr.: Zum einen, ob auch der Rückverkauf an den Eigentümer ein Absetzen sein kann; zum anderen, ob für die Tatvollendung ein erfolgreiches Umsatzgeschäft erforderlich ist. Die letzte Frage ist geklärt.

1125 Vgl. Sch/Sch/Hecker § 259 Rn. 23.
1126 Vgl. zu § 259 a.F. schon BGHSt 2, 262, 266.
1127 Vgl. BGH NJW 1976, 1950.
1128 BGH RÜ 2014, 433.
1129 BGH RÜ 2014, 433.
1130 Vgl. Wessels/Hillenkamp/Schuhr Rn. 868.

Fall 37: Rückverkaufsbemühungen an den Eigentümer als „Absetzen"?

B ist in das Antiquitätenlager des A eingestiegen und hat dort einen Kasten mit Tafelsilber entwendet. Entsprechend seinem vorgefassten Plan wendet er sich an C und übergibt diesem die Diebesbeute, damit er einen gutgläubigen Käufer findet. Dafür verspricht B, dem C 300 € Schulden zu erlassen. Auf die Frage des C, woher die „heiße Ware" stammt, erklärt B nur: „Ich habe ein Ding gedreht, das ist die Beute! Am besten, du weißt nichts Genaues!" C übernimmt den Silberkasten. Als möglicher Abkäufer kommt ihm der A in den Sinn und er nimmt mit diesem Kontakt auf. Dass A selbst der Bestohlene ist, ahnt C nicht. Als A sich das Silber beschreiben lässt, erkennt er sofort, dass es sich um das bei ihm gestohlenen Gut handelt und er benachrichtigt die Polizei. Strafbarkeit von B und C?

A. **Strafbarkeit des B als Täter**

Klausurhinweis: *Bei Anschlussdelikten immer vorher klären, ob und inwieweit der spätere Anschlusstäter an der Vortat beteiligt war! War er nämlich vorher Mittäter, so ist er aus §§ 257–261 nicht mehr strafbar; Teilnehmer an der Vortat sind auch nicht mehr wegen Begünstigung, Strafvereitelung oder Geldwäsche strafbar, §§ 257 Abs. 3 S. 1, 258 Abs. 5, 261 Abs. 9 S. 2. Sie können aber Hehler sein (dazu unten).*

I. Infrage kommt **Diebstahl** gemäß **§ 242 Abs. 1** (in einem besonders schweren Fall gemäß 243 Abs. 1 S. 2 Nr. 1): B hat das im Eigentum des A stehende Tafelsilber vorsätzlich weggenommen, als er es aus dem Lager fortschaffte. Durch den Weiterverkauf wollte er sich das Silber auch rechtswidrig zueignen. Die Tat insgesamt geschah rechtswidrig und schuldhaft. Sie ist ein besonders schwerer Fall, weil B zur Tatausführung in die Geschäftsräume des A eingestiegen ist.

II. Der mitverwirklichte **Hausfriedensbruch** gemäß **§ 123 Abs. 1 Alt. 1** steht dazu in Tateinheit.

III. Ob die Überlassung des Silbers zum Zweck des Weiterverkaufs an C als **Unter-** **737**
schlagung gemäß **§ 246 Abs. 1** anzusehen ist, ist umstritten. Dieser Streit wirkt sich aber für B nicht aus. Die Rspr. sieht darin eine tatbestandslose Zweitzueignung. Die Lit. bejaht zwar die Tatbestandsmäßigkeit, lässt aber die Unterschlagung für den aus der Vortat strafbaren Täter als mitbestrafte Nachtat zurücktreten (s.o. Rn. 280).

Zwischenergebnis: B ist strafbar wegen Diebstahls im besonders schweren Fall und Hausfriedensbruch in Tateinheit.

B. **Strafbarkeit des C**

I. Infrage kommt **Hehlerei** gemäß **§ 259 Abs. 1** durch Entgegennahme der Beute und Kontaktaufnahme mit A.

1. Das Tafelsilber hatte ein anderer, nämlich der B, durch Diebstahl erlangt. Hieran setzte sich eine rechtswidrige Vermögenslage fort, als C es entgegennahm.

2. Die Tathandlung des **Sichverschaffens** scheidet aus. C hat zwar den Gewahrsam an der Diebesbeute in einverständlichem Zusammenwirken mit dem Vor-

täter B erlangt. Da er die Ware jedoch für B veräußern sollte, wurde ihm keine Verfügungsgewalt zu eigenen Zwecken eingeräumt.[1131]

738 3. C hat den Gewahrsam an der Diebesbeute mit der Maßgabe erlangt, sie für B zu verkaufen. Insofern könnte die **Tatmodalität des Absetzens** gegeben sein.

a) Da C nur in einen Verkaufskontakt mit A getreten ist, ist vorrangig zu klären, ob die **Rückveräußerung an den Eigentümer** objektiv einen Absatz darstellen kann.

aa) Ein Teil des Schrifttums lehnt dies ab. Hiernach ist die durch die Hehlerei perpetuierte rechtswidrige Vermögenslage durch Aufrechterhaltung der rechtswidrigen Besitzlage gekennzeichnet. Da die rechtswidrige Besitzlage aber mit der Rückveräußerung an den durch die Vortat Verletzten ende, sei Hehlerei nicht gegeben, gleichviel ob der Eigentümer seine Sache zur Wiedergutmachung der Vortat zurückerhalte oder ob er sie – wie im vorliegenden Fall geplant – in Unkenntnis seiner Rechtsposition wiedererlange.[1132]

bb) Die Gegenauffassung verneint Hehlerei bei Rückerwerb des Eigentümers nur, wenn dieser damit seine ursprüngliche Sachherrschaft zurückerhalte. Erfolge die Rückübertragung an den Eigentümer ohne Anerkennung des fortbestehenden Eigentums, liege Hehlerei vor, denn der Absetzende trage zur Aufrechterhaltung der durch die Vortat geschaffenen widerrechtlichen Vermögenslage bei, indem er die wirtschaftliche Verwertung des Hehlereiobjekts übernehme und zugunsten des Vortäters dessen angemaßte Verfügungsgewalt realisiere.[1133]

739 b) Folgt man der letztgenannten Auffassung mit dem Argument, dass der Rückverkauf an den sein Eigentum nicht erkennenden Eigentümer sogar als Zueignung der Sache anerkannt ist (vgl. oben Fall 6, Rn. 124), ist weiter zu fragen, ob die bloße Übernahme der gestohlenen Sache zum Zweck des Absatzes schon die Tatvollendung begründet. Diese Frage war früher zwischen Rspr. und Lit. umstritten. Die Rspr. hat inzwischen ihren früheren Standpunkt aufgegeben. Heute ist einhellige Auffassung, dass die Aufrechterhaltung und Vertiefung einer rechtwidrigen Vermögenslage i.S.d. § 259 **erst mit dem Abschluss des Umsatzgeschäfts vollendet** ist.[1134] Das war hier nicht der Fall.

II. C hat sich jedoch wegen **versuchter Hehlerei** nach **§§ 259 Abs. 1, 3, 22** strafbar gemacht. Er plante einen erfolgreichen Verkauf an A, besaß wegen des erhofften Schuldenerlasses Bereicherungsabsicht (s. dazu unten Rn. 743) und hat mit der Kontaktaufnahme zu A mit der Ausführung seines Vorhabens unmittelbar zur Tatbestandsverwirklichung angesetzt. Auch handelte er rechtswidrig und schuldhaft.

1131 Vgl. BGH GA 1983, 472.

1132 LK-Ruß § 259 Rn. 27; vgl. auch BGH NStZ 1997, 493 m. Anm. Krack NStZ 1998, 462 zur Nichtvollendung der Hehlerei bei Lieferung an einen V-Mann.

1133 Vgl. RGSt 30, 401 zu § 259 a.F.; Fischer § 259 Rn. 16 a; LK-Walter § 259 Rn. 52.

1134 BGH RÜ 2013, 643, 789; Fischer § 259 Rn. 18.

III. Ob in der Kontaktaufnahme mit A noch eine **Beihilfe zur Unterschlagung** gemäß **§§ 246 Abs. 1, 27** gesehen werden kann, hängt zunächst von der Streitfrage ab, ob die Zweitzueignung überhaupt eine teilnahmefähige Haupttat darstellt (s.o. Rn. 279). Selbst wenn man dies mit dem Schrifttum bejahen würde, wäre die Tat aber gegenüber dem Hehlereiversuch formell subsidiär.

IV. **Begünstigung** nach **§ 257 Abs. 1** scheidet aus: Stellt man auf den Besitz der Sache selbst ab, fehlt es an der Vorteilssicherungsabsicht, weil bezüglich des Tafelsilbers die rechtmäßige Besitzlage wiederhergestellt werden sollte. Soweit C dem B zumindest den Erlös an dem Tafelsilber sichern wollte, handelt es sich um keine unmittelbar durch die Straftat des Vortäters erlangten Vorteile mehr.[1135]

V. Gegeben ist aber **Betrugsversuch** gegenüber und zulasten des A gemäß **§§ 263 Abs. 1, 2, 22, 23 Abs. 1**. C wollte den A darüber täuschen, ihm das Eigentum verschaffen zu können, ihn dadurch zum Abschluss eines Kaufvertrages und zur Zahlung des Kaufpreises veranlassen und schädigen, weil aus seiner Sicht wegen § 935 Abs. 1 BGB gar keine Eigentumsverschaffung möglich war. Er hatte ferner die Absicht, B stoffgleich und rechtswidrig zu bereichern. Zur Tat angesetzt hat C mit Aufnahme der Kaufverhandlungen. Er handelte auch rechtswidrig und schuldhaft. Da hierdurch nach dem Tatplan des C eine andere Person geschädigt werden sollte als der ihm unbekannte durch den Diebstahl geschädigte Eigentümer, ist die Tat auch kein bloßer Sicherungsbetrug.

Ergebnis: C ist strafbar wegen versuchter Hehlerei in Tateinheit mit versuchtem Betrug.

C. **Strafbarkeit des B als Teilnehmer**

Indem B dem C den Auftrag erteilte, einen „gutgläubigen" Abkäufer zu finden, hat er diesen zu dessen späteren **Betrugsversuch angestiftet, §§ 263, 22, 23 Abs. 1, 26.**

Gesamtergebnis für B: B ist strafbar wegen Diebstahls im besonders schweren Fall und Hausfriedensbruch in Tateinheit, tatmehrheitlich mit Anstiftung zum Betrugsversuch.

---

5. Absatzhilfe

a) Absatzhilfe ist jede weisungsabhängige Unterstützungshandlung, die dem Vortäter mit dessen Einverständnis und in seinem Interesse beim Weiterverschieben der Beute geleistet wird und zu einem Absatzerfolg geführt hat – Stichwort: **Verkaufsgehilfe.**[1136] 740

Die Absatzhilfe ist nach allgemeiner Ansicht zur Täterschaft erhobene Teilnahmehandlung. Ihre Notwendigkeit ist anerkannt, weil die Absatztätigkeit des Vortäters keine teilnahmefähige Haupttat darstellt – worin de facto eine Anerkennung der Tatbestandslö-

1135 Fischer § 257 Rn. 6.

1136 Vgl. BGH GA 1984, 427; NJW 1990, 2897.

sung der Rspr. zur Zweitzueignung liegt (s.o. Rn. 280). Absetzen und Absatzhilfe stellen gleichwertige Begehungsformen dar und unterscheiden sich nur durch die **Weisungsgebundenheit** des Hehlers.[1137]

741 **b)** Umstritten ist die Abgrenzung zur straflosen Ersatzhehlerei, wenn der Beteiligte sich am Aussuchen oder Verbrauchen von Gegenständen beteiligt, die – wie er weiß – mit Mitteln der Vortat erlangt werden. Die Lit. verneint hier Absatzhilfe, weil der am Absatz Mitwirkende (= „Mitverprassende") nicht im wirtschaftlichen Interesse des Vortäters, sondern ausschließlich im eigenen Interesse handele.[1138] Nach Auffassung des BGH ist die Grenze der straflosen Ersatzhehlerei in solchen Fällen schon durch Aussuchen der Gegenleistung überschritten.[1139]

742 **c)** Auch die Absatzhilfe verlangt zu ihrer Tatvollendung nach nunmehr einhelliger Auffassung in Lit. und Rspr. einen **Absatzerfolg**. Diese Erfolgsbezogenheit ist die Konsequenz der entsprechenden Auslegung der Tathandlung des Absetzens (s.o. Rn. 739) und vermeidet, dass die Absatzhilfe früher vollendet wäre als das Absetzen selbst.[1140]

III. Vorsatz und Bereicherungsabsicht

743 **1.** Hinsichtlich der Umstände aller objektiven Tatbestandsmerkmale genügt dolus eventualis. Daher muss der Täter nur für möglich halten, dass das Hehlereiobjekt aus **irgendeiner rechtswidrigen Vermögens-Vortat** stammt und dass die dadurch begründete rechtswidrige Vermögenslage zur Zeit der Tathandlung noch fortbesteht.[1141] Ferner muss der Täter die Umstände in seinen Vorsatz mit aufgenommen haben, die die Tathandlung ausmachen.

744 **2.** Subjektives Tatbestandsmerkmal ist darüber hinaus die **Absicht, sich oder einen Dritten zu bereichern**. Der Begriff der Bereicherungsabsicht als solcher ist mit dem des § 263 identisch, d.h., der Täter muss es auf eine **günstigere Gestaltung der eigenen oder einer fremden Vermögenslage** abgesehen haben. Daran kann es fehlen, wenn der für den Ankauf des Hehlereiobjekts gezahlte Kaufpreis dem bei legalem Kauf zu zahlenden Verkehrswert entsprach und dem Erwerber dies bekannt war.[1142]

Die **Rechtswidrigkeit** des erstrebten Vermögensvorteils ist schon nach dem Gesetzeswortlaut **nicht** erforderlich. Nach h.M. braucht der Vermögensvorteil auch **nicht stoffgleich** mit dem Hehlereigegenstand zu sein, weil die Perpetuierung einer rechtswidrigen Vermögenslage durch den Hehler auch dann strafwürdig ist, wenn er dafür einen Vorteil aus externem Vermögen erlangen will.[1143]

745 Soll eine Tathandlung i.S.d. § 259 **nur den Vortäter bereichern**, so ist Hehlerei nicht gegeben. Nach Rspr.[1144] und h.M.[1145] ist der Vortäter kein „Dritter" i.S.d. § 259, weil die ihm geleistete Hilfe nach der Tat typischerweise der Begünstigung gemäß § 257 unterfällt.

1137 BGH NJW 1990, 2897.
1138 Sch/Sch/Hecker § 259 Rn. 34.
1139 BGHSt 10, 1.
1140 BGH RÜ 2019, 308, 310.
1141 Vgl. BGH NStZ 1983, 264.
1142 OLG Hamm NStZ-RR 2003, 237.
1143 Vgl. Rengier § 22 Rn. 60 f.
1144 BGH NStZ 1995, 595.
1145 Fischer § 259 Rn. 24; Lackner/Kühl § 259 Rn. 17; a.A. Sch/Sch/Hecker § 259 Rn. 44.

IV. Versuchsbeginn

1. Sowohl das **Sichverschaffen** als auch das **Ankaufen** – als Unterfall des Sicherver- 746
schaffens – setzen die **Erlangung der tatsächlichen Verfügungsgewalt** durch den Hehler voraus. Dementsprechend setzt der Versuch sowohl des Sichverschaffens als auch des Ankaufens ein **unmittelbares Ansetzen zur Übernahme eigener Verfügungsgewalt voraus**; die bloße Vereinbarung mit dem Vortäter, die Sache abnehmen zu wollen, reicht für den Versuchsbeginn nicht aus.[1146]

2. Bei der Tathandlung des **Absetzens** kann der Versuch wegen der nunmehr erforder- 747
lichen Erfolgsbezogenheit der Tathandlung nicht schon im Beginn von Absatzbemühungen gesehen werden, sondern erst ab dem Zeitpunkt, in dem das **Hehlereiobjekt auf den Erwerber übertragen** wird.[1147]

3. Bei der **Absatzhilfe** orientiert sich das Schrifttum daran, dass der Absatzhelfer nur 748
dem Vortäter Beihilfe zu seinem Absetzen der Beute leistet. Auch wenn dies für den Vortäter auch straflos ist, ist die Absatzhilfe doch dazu „quasi-akzessorisch" zu behandeln. Der Versuch des Absatzhelfers beginnt deshalb nach dem Schrifttum erst, wenn er dem Vortäter hilft, die Verfügungsgewalt an der Beute auf den Erwerber zu übertragen.[1148] Für die Rspr. besteht diese Abhängigkeit von Absatzbemühungen des Haupttäters nicht. Danach kommt es nur auf die **Person des Absatzhelfers** an. Nimmt er eine Handlung vor, die sich in einen festgelegten Absatzplan einfügt und einvernehmlich mit dem Vortäter die rechtswidrige Besitzlage an der Beute aufrecht erhalten soll – z. B. durch Transport an einen bestimmten Ort – so kann dies der Versuchsbeginn der Absatzhilfe sein, auch wenn der Vortäter einen Abnehmer erst noch suchen will.[1149]

RÜ-Video 05/19

1146 Allg. Ans. BGH RÜ 2019, 109; Sch/Sch/Hecker § 259 Rn. 46.

1147 Rengier § 22 Rn. 64.

1148 Sch/Sch/Hecker § 259 Rn 48.

1149 BGH RÜ 2019, 308, 310 mit RÜ-Video 05/19 unter t1p.de/svh0.

Tatbestandsstruktur der einfachen Hehlerei, § 259

Tatobjekt

nur **Sachen**, ohne Begrenzug auf fremde oder unbewegliche

→ **Von einem anderen durch eine gegen fremdes Vermögen gerichtete Vortat erlangt**

- Rechtswidrige Tat im Sinne von § 11 Abs. 1 Nr. 5; bei Vorsatztaten auch Vorsatz erforderlich.
- Vortat muss sich gegen fremdes Vermögen richten.
- Es muss die Tat eines anderen sein: Täter der Vortat kann kein Hehler sein, aber Teilnehmer der Vortat können Hehler sein.
- Durch die Vortat muss eine rechtswidrige Vermögenslage geschaffen worden sein, bevor sich die Hehlerei anschließen kann.

Dieselbe Sache, an der durch die Tat des Vortäters von dem der Ansschlusstäter die Sache unmittelbar erlangt hat, eine rechtswidrige Vermögenslage entstanden ist, muss Bezugsobjekt der Hehlereihandlung sein

← (–)

- Bei Ersatzsachen, die mit Mitteln der Vortat erworben werden, ohne dass dadurch eine neue Vermögensstraftat begangen worden ist.
- Wenn die rechtswidrige Vermögenslage nach Regeln des BGB beendet wird.

Tathandlungen

„Lager" des Vortäters

- **Absetzen** ist die erfolgreiche entgeltliche und selbstständige Veräußerung der Sache an Dritte im Interesse und mit Einverständnis des Vortäters.
- **Absatzhilfe** ist jede weisungsabhängige Unterstützungshandlung, die dem Vortäter mit dessen Einverständnis und in seinem Interesse bei Verwertung der Beute geleistet wird und zu einem Absatzerfolg geführt hat (= Verkaufsgehilfe).

„Lager" des Erwerbers

- **Sichverschaffen** ist einvernehmlicher Erwerb der Sache zu eigener Verfügungsgewalt und zu eigenem wirtschaftlichen Interesse (auch durch Betrug).
- **Ankaufen** ist Unterfall des Sichverschaffens durch entgeltliches Geschäft.
- **Einem Dritten verschaffen** erfasst die Fälle der Weiterleitung ohne zwischenzeitlichen Besitz; ferner den eigenmächtigen Erwerb des Gewerbegehilfen für den Geschäftsherrn.

B. Gewerbsmäßige Hehlerei, Bandenhehlerei, § 260

I. Gewerbsmäßigkeit i.S.v. § 260 Abs. 1 Nr. 1 liegt vor, wenn der Täter in der Absicht handelt, sich durch wiederholte Tatbegehung eine fortlaufende Einnahmequelle von einiger Dauer und einigem Umfang zu verschaffen. Liegt ein solches Gewinnstreben vor, ist schon die erste der ins Auge gefassten Tathandlungen als gewerbsmäßig anzusehen.[1150] **749**

II. Bandenhehlerei (§ 260 Abs. 1 Nr. 2) setzt voraus, dass sich mindestens drei Personen mit dem festen Willen zur mehrfachen Tatbegehung von Raub, Diebstahl oder Hehlerei verbunden haben (vgl. oben Rn. 191 ff.). Auf die Mitwirkung mehrerer Bandenmitglieder am Tatort kommt es hierbei nicht an. Deshalb kann die Tat auch von einem einzelnen Bandenmitglied ausgeführt werden.[1151] **750**

C. Gewerbsmäßige Bandenhehlerei, § 260 a

Dieser Qualifikationstatbestand macht aus dem Vergehen der Hehlerei ein Verbrechen (wichtig für §§ 30, 261). Die Struktur entspricht dem § 244 a (s.o. Rn. 197), d.h. zwei an sich selbstständig erfüllbare Strafschärfungsgründe (§ 260 Abs. 1 Nr. 1/Nr. 2) lösen im Falle gemeinsamer Verwirklichung eine neue, selbstständige Deliktsstufe aus. **751**

1150 BGH NStZ 1995, 85.
1151 BGH NStZ 2000, 473.

Stichwortverzeichnis

Die Zahlen verweisen auf die Randnummern.